GRAFOLOGIA EXPRESSIVA

Dados Internacionais de Catalogação na Publicação (CIP)
(Câmara Brasileira do Livro, SP, Brasil)

Camargo, Paulo Sergio de
Grafologia expressiva / Paulo Sergio de Camargo – 4. ed. –
São Paulo : Ágora, 2018.

Bibliografia.
ISBN 978-85-7183-063-9

1. Grafologia I. Título.

09-09339 CDD-155.282

Índices para catálogo sistemático:
1. Grafologia: Psicologia individual 155.282
2. Sinais gráficos por zonas: Interpretação: Grafologia:
Psicologia individual 155.282

Compre em lugar de fotocopiar.
Cada real que você dá por um livro recompensa seus autores
e os convida a produzir mais sobre o tema;
incentiva seus editores a encomendar, traduzir e publicar
outras obras sobre o assunto;
e paga aos livreiros por estocar e levar até você livros
para a sua informação e o seu entretenimento.
Cada real que você dá pela fotocópia não autorizada de um livro
financia o crime
e ajuda a matar a produção intelectual de seu país.

GRAFOLOGIA EXPRESSIVA

PAULO SERGIO DE CAMARGO

GRAFOLOGIA EXPRESSIVA
Copyright © 2006 by Paulo Sergio de Camargo
Direitos desta edição reservados para Summus Editorial

Editora executiva: **Soraia Bini Cury**
Editoras assistentes: **Andressa Bezerra e Bibiana Leme**
Capa: **Alberto Mateus**
Projeto gráfico e diagramação: **Sidnei Simonelli**

Editora Ágora
Departamento editorial:
Rua Itapicuru, 613 – 7º andar
05006-000 – São Paulo – SP
Fone: (11) 3872-3322
Fax: (11) 3872-7476
http://www.editoraagora.com.br
e-mail: agora@editoraagora.com.br

Atendimento ao consumidor:
Summus Editorial
Fone: (11) 3865-9890

Vendas por atacado:
Fone: (11) 3873-8638
Fax: (11) 3873-7085
e-mail: vendas@summus.com.br

Impresso no Brasil

SUMÁRIO

Prólogo | 7

1. Proposta | 9
2. Ambiente gráfico | 30
3. Síndrome | 37
4. Ordem | 48
5. Dimensão | 79
6. Pressão | 108
7. A condução do traçado | 138
8. Forma | 149
9. Continuidade | 175
10. Ligação | 203
11. Velocidade | 214
12. Inclinação | 224
13. Movimento | 233
14. Direção | 247
15. Escritas discordantes | 267
16. Signos especiais | 273

17. Assinaturas | 284

18. Signos livres | 294

19. Análise grafológica: um resumo | 308

   Resumo dos gêneros | 315

   Bibliografia resumida | 317

PRÓLOGO

A edição anterior deste livro apresentou uma pequena revisão dos gêneros e espécies da grafologia jaminiana e as diversas correlações com a escola italiana de Girolamo Moretti, e as pesquisas baseadas na escrita de brasileiros de mais de vinte estados alicerçavam a tentativa de realizar uma grafologia com foco em nosso país. Logo após o lançamento, recebi inúmeras sugestões para aprimorar este trabalho. Se, por um lado, a receptividade foi acima do esperado, notei diversas resistências às mudanças, especialmente de alguns grafólogos que têm como referência apenas dois ou três livros da área para realizar seu trabalho.

Um ano após o lançamento do meu livro, a Sociedade Francesa publicou a revisão e a organização dos gêneros e espécies, na mesma linha que eu vinha fazendo de forma isolada há anos. O caminho trilhado era o certo; deu-me forças e certeza de que ainda existe muito a ser mudado.

A escrita, como qualquer outro produto da sociedade, sofre as mais diversas influências; assim, muda e transforma-se com o tempo. Em 1926, uma menina de 16 anos escrevia em seu diário sobre o enxoval de casamento e a primeira peça que começaria a bordar em junho para terminar em dezembro. Nos dias atuais, isso é impossível na cabeça de uma adolescente. Novos traços surgiram, outros se transformaram; o ensino mudou, a sociedade mudou e a escrita também. Cabe ao grafólogo atualizar-se constantemente.

Outra questão que enfatizo neste livro é a necessidade de o grafólogo se ajustar a um método de grafologia sem esquecer os demais. Contudo, a mescla de várias escolas acaba resultando em fracasso. Ao adotar o método da escola francesa, devemos seguir sua gênese e com isso agregar outros conhecimentos, mas não outros métodos. Insisto nisso porque os métodos das escolas alemã, francesa e suíça são distintos.

Também procurei passar as mais diversas informações para que a terminologia grafológica pudesse atingir um alto nível de precisão. Sem um direcionamento concreto, a confecção do perfil grafológico torna-se falha. Realço também a necessidade de conjugar as espécies e de conhecer as resultantes desse processo, elevando assim a qualidade do perfil. Somente dessa maneira compreenderemos a verdadeira dinâmica da personalidade.

Nunca é demais lembrar que a formação do grafólogo deve levar no mínimo três anos.

Concito os alunos e amantes da grafologia a pesquisarem, visando agregar aos estudos um maior rigor científico, sem o qual não chegaremos a lugar nenhum. Precisamos de mais pesquisas e dados; as respostas aos críticos da grafologia não devem ser apaixonadas, mas científicas.

A lista de agradecimentos seria extensa. Para não correr o risco de esquecer nomes, decidi eleger alguns representantes.

À editora Ágora, que há anos vem prestigiando a grafologia no Brasil.

Aos meus alunos, parceiros e colaboradores, um justo momento de carinho.

Finalmente a você, prezado leitor. Espero que este livro preencha todas as suas expectativas.

Este livro é dedicado a Maria Irene e Fernando Pereira dos Santos, pelo contínuo empenho no desenvolvimento profissional da grafologia no Brasil.

Conhecimento retido é conhecimento parado; estagnado; facilmente ultrapassado.

O autor

1 | PROPOSTA

Como realizar análises grafológicas

Talvez este capítulo deva ser lido por último ou, quem sabe, devesse ter sido colocado no final. Na dúvida, ele permaneceu aqui.

A grafologia, assim como toda ciência, está baseada em um método, ou seja, para realizar uma análise da escrita e traçar o perfil psicológico de uma pessoa, temos de seguir alguns procedimentos. Cada escola de grafologia adota um método próprio, o qual é necessário estudar com afinco. É óbvio que, depois de aprendido o método, o futuro grafólogo pode adaptar os procedimentos à sua personalidade, mas sempre mantendo o espírito que o acompanha.

A base do conhecimento na grafologia é o estudo dos gêneros, espécies e modos, e, antes de realizar a análise, esse conhecimento deve estar bem estruturado. O segundo passo é escolher uma das técnicas para a realização do perfil grafológico. Nessa técnica incluem-se várias escolas e estudos específicos.

É importante reafirmar, mesmo correndo o risco de ser redundante, que a base da grafologia está no perfeito conhecimento dos gêneros, espécies e modos. Somente manejando esses instrumentos com precisão, o grafólogo obterá sucesso em suas avaliações.

Para a realização de um perfil grafológico, utilizamos a técnica de observação ao grau máximo, o que exige estudos constantes e treinamento intenso. Sugere-se pelo menos dois anos de treinamento e a observação de centenas de grafismos ao longo desse tempo para a formação do grafólogo.

Indicamos os seguintes passos para a realização de uma análise grafológica:

1. Observação passiva
2. Observação ativa – sínteses de orientação
3. Estudo dos gêneros – definições

4. Hierarquização das espécies
5. Observação das dominantes
6. Assinaturas e outros sinais
7. Perfil psicológico
8. Revisão

Observação passiva

No primeiro passo, o grafólogo observa margens, traços, assinatura, números, retoques, inclinações, linhas, pressão, variações do texto etc.

Neste momento, o grafólogo isola-se e toma uma atitude receptiva, deixando as outras impressões de lado e avaliando a página como um todo, literalmente "mergulhando" na escrita. Aqui, as impressões precisam fluir livremente, e a intuição deve falar mais alto. O profissional tem de se familiarizar com a escrita, observar aquilo que existe nela e o que há de igual e de diferente em relação aos grafismos conhecidos.

A experiência é fundamental, portanto aconselha-se que o grafólogo guarde uma pasta com os exemplos mais importantes que encontrou em seu trabalho e, ao longo dos anos, vá acrescentando novos e interessantes casos.

Somente após essa observação, devemos ler o que está escrito. A leitura do texto traz informações importantes, tais como erros ortográficos, erros de concordância, uso de verbos no imperativo e uso de pronomes, sinalizando características da personalidade que são comparadas com a interpretação psicológica.

Observação ativa – sínteses de orientação

Antes de iniciar a análise, o grafólogo escolhe uma síntese de orientação, a qual passará a ser o farol para toda a análise, facilitando seu trabalho e conferindo maior precisão ao perfil grafológico.

Existem várias sínteses de orientação dentre as quais o grafólogo pode escolher uma ou mais e, dependendo da análise, trocar por outra síntese que pareça mais adequada ao caso.

No Brasil, poucos grafólogos concedem a devida importância a essa parte da grafologia, mas convém lembrar que realizar análises grafológicas sem a síntese apropriada fatalmente conduz o profissional a diversos erros graves.

As principais sínteses são as seguintes:

- Organização (evolução)
- Harmonia
- Nível de forma (NF)
- Síntese entre forma e movimento

A escolha das sínteses leva em conta principalmente os seguintes fatores:

- Tipo de perfil grafológico

- Características a serem avaliadas
- Preferências pessoais

O meio gráfico deve ser observado com grande atenção para que a síntese escolhida seja a mais precisa possível. O meio gráfico é o contexto de cada unidade gráfica que nos mostrará o panorama de cada espécie, gesto ou pequeno signo, todos baseados na psicologia da *Gestalt* – do alemão, "forma", "estrutura".

Para Jamin, a interpretação dos movimentos na escrita deve ser feita em função do meio no qual se manifesta. Assim, era necessário encontrar maneiras de determinar esse "meio" por métodos rápidos.

A primeira maneira encontrada foi o desenvolvimento escritural da pessoa; partindo da escrita inorganizada das crianças, de acordo com as condições de uma educação normal.

A segunda maneira foi a síntese da harmonia e da falta dela (inarmônica). Como veremos, é nesta segunda que está a alma da obra jaminiana. É certo que as duas sínteses podem se sobrepor quando o grafólogo realizar a avaliação.

O grafólogo deve se ater à síntese de harmonia, pois seus conceitos trazem várias e precisas informações para o levantamento do perfil grafológico. Tem sempre de levar em conta a visão do conjunto, sem perder os detalhes. Essa visão mostrará um caminho mais preciso e seguro para o perfil grafológico.

As sínteses de orientação familiarizam o grafólogo com as formas e os movimentos da escrita, o que facilita a interpretação final do perfil.

Normalmente, quase todas as sínteses guiam-se pelos seguintes princípios:

- Procura-se o significado de um traço na escrita, considerando-o como movimento fisiológico e pondo-o em relação e extensão, de constância e de energia, com o movimento psicológico correspondente.
- Todos os signos têm valor relativo e o mesmo movimento pode ser determinado por várias causas.
- A arte do grafólogo, como dizem os principais autores do mundo, está em escolher, dentre os vários significados, aquele que mais se ajusta a cada escrita.

Aprender grafologia é familiarizar-se com as distintas causas das variedades de escritas e seus significados, saber vê-las por meio de suas concepções sintéticas, em sua substância profunda, ao amparo das grandes ideias que originam a multiplicidade das pequenas manifestações.

Crépieux-Jamin foi um dos primeiros a reconhecer a importância de se realizar uma síntese grafológica na execução da análise. Ele dizia que, sem a síntese, a grafologia não teria um fio condutor, e a análise se perderia num labirinto de particularidades.

Ao trabalhar com uma síntese, temos ampla visão da escrita e, consequentemente, das diversas características psicológicas da pessoa. O aprofundamento dos estudos depois disso confirma (caso a síntese seja bem selecionada) nossa avaliação inicial.

Também é de grande utilidade quando a avaliação inicial não é confirmada, pois precisamos revisar toda a análise para encontrar o erro ou acerto inicial.

Organização (evolução)

Jamin criou as duas primeiras sínteses citadas: organização (evolução) e harmonia. A síntese de organização ou evolução observa os detalhes:

- Inorganizada
- Organizada
- Combinada
- Desorganizada

Inorganizada

Resultado da cultura gráfica insuficiente, doenças ou acidentes, essa escrita apresenta grafismo torpe, com formas infantis, torcidas, grosseiras etc. O modelo caligráfico e a organização espacial do campo gráfico estão sempre comprometidos. Praticamente não existe direção das linhas e é possível que a pessoa escreva com a folha colocada no sentido horizontal. O tamanho das palavras não tem constância e quase todos os gêneros gráficos revelam, por assim dizer, problemas.

A escrita inorganizada é comum em crianças com dificuldades de aprendizado, problemas familiares, entre outros. Em idosos, pode ser notada a deterioração gráfica. Ao observar tais escritas, o grafólogo precisa conhecer as causas dessa falta de organização, que muitas vezes tem origem em fatores exteriores ao indivíduo.

A interpretação é ampla: insegurança, imaturidade, doenças, timidez, falta de atenção, vulgaridade, ignorância etc.

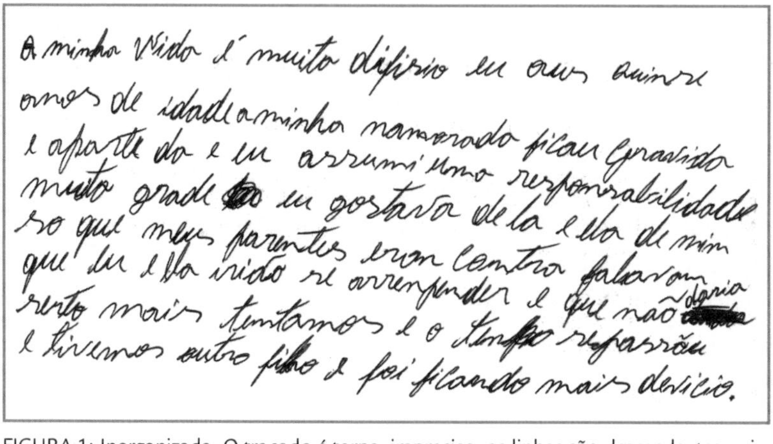

FIGURA 1: Inorganizada. O traçado é torpe, impreciso, as linhas são descendentes, existem retoques, falsas ligações. A pressão é deslocada. Escrita suja. Os espaços são irregulares. Homem, 24 anos, desempregado, primário incompleto.

Organizada

Considera-se a escrita organizada quando é estruturada e apresenta desenvoltura, sem qualquer tipo de afetação. Existem vários graus de organização, que vai da escassa até a organização extrema. A organização do texto e da escrita é produto da evolução mental, psicológica e motora, que só pode ser atingida por meio de treinamento, o qual é iniciado com as primeiras garatujas.

Na escrita organizada, nota-se a ausência de traços e formas grosseiras, confusão, enganchamentos, lentidão excessiva, erros crassos de ortografia. A organização indica o nível de maturidade, educação, ordem, cultura e organização das atividades emocionais, temporais e financeiras.

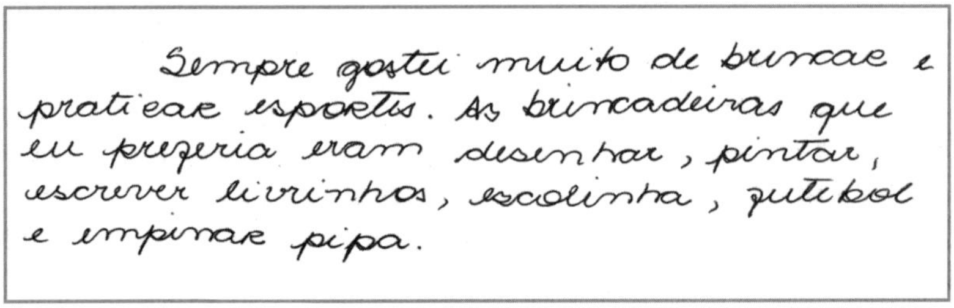

FIGURA 2: Organizada. Escrita limpa, clara, legível, traços simplificados. Mulher, 24 anos, nível superior.

Combinada

A escrita é combinada quando suas formas estão sempre mais ou menos ligadas e bem-dispostas no campo gráfico. Normalmente, está relacionada com escrita simples, clara, rápida etc. Destaca-se pela combinação das formas, fusões das ligações, por exemplo: o final de um traço dá origem a outra letra, partes das letras geram acentos, um traço pode representar duas letras ao mesmo tempo.

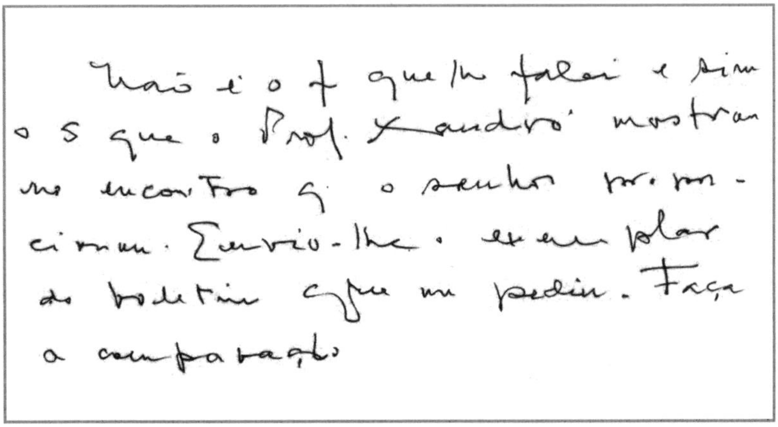

FIGURA 3: Combinada. Os traços são combinados, originais. A letra E maiúscula (ε grega) é para os grafólogos sinal evidente de cultura.

Correção e rapidez não bastam para alcançar um grau de perfeição que chegue até a escrita combinada, cujo indício particular é a aparição de enlaces e de simplificações. Estes são associados de forma a abreviar elementos do grafismo em seu traçado, resultando em uma escrita cômoda e rápida.

A escrita simplificada mostra capacidade de síntese; a combinada, personalidade bem estruturada, flexibilidade, espírito inventivo e cultura. A velocidade na organização indica agilidade mental e inteligência. Simplicidade e organização, memória, atenção, criatividade, associação de ideias e imagens. A simplificação e a combinação mostram superioridade intelectual e pensamento rápido.

Trata-se do supremo grau da escrita organizada. As formas são originais em todo o grafismo, os enlaces entre as letras são criativos e únicos.

A escrita flui criando sempre novas e interessantes formas. Para Jamin, era o signo mais qualitativo de inteligência, espírito inventivo e flexível.

O grafólogo deve, antes de tudo, examinar a qualidade dessas associações e não sua quantidade e extensão. Uma escrita combinada em todas as palavras e letras, comprometeria muito a qualidade e a legibilidade do conjunto.

A alternância de ângulos e curvas favorece a rapidez e é a marca superlativa da escrita combinada, ou seja, o triunfo da semiangulosa e da semiarredondada.

Desorganizada

Quando comparamos a escrita desorganizada com os dois grafismos anteriores, existe a perda considerável de qualidade. O texto torna-se ilegível, as palavras e as letras são confusas. Existe, por assim dizer, uma falta de estrutura que compromete o conjunto.

São sinais de desorganização: palavras inacabadas, borradas, traços descontínuos, retoques, sacudidas, linhas convexas, côncavas, imbricadas, tremores, entre outros. Indica falta de atenção, imaturidade, doenças, falta de firmeza e, em certos casos, velhice.

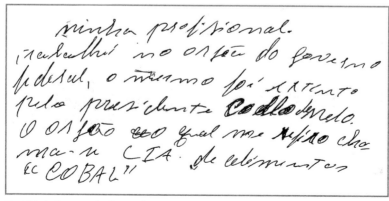

FIGURA 4: Desorganizada. Escrita imprecisa, confusa, com torções, pouco legível. Homem, 44 anos.

Harmonia

Esta é outra noção típica da escola jaminiana. Jamin a considerava a *alma de sua obra*, em que poderíamos tirar as dúvidas, ao escolher as melhores ou piores expressões do escritor, somente com uma simples observação na escrita.

Os conceitos para a escolha do critério *harmonia* foram inspirados no humanismo clássico. A escola alemã acompanhou esses conceitos até 1904, quando Klages acusou Jamin de confundir harmonia com qualidade estética. Atualmente, a maioria dos grafólogos alemães não aceita essa terminologia, o que não impede que utilizem seus conceitos.

Divide-se em harmônica e inarmônica.

Harmônica

A escrita harmônica define-se por ser clara, rápida, simples, sóbria, ordenada, sem floreios desnecessários (certa liberdade dos modelos escolares) e apresenta boa proporção. A simplicidade na escrita é um dos indicativos de objetividade. A harmonia na escrita corresponde à harmonia do caráter e é o grande signo de superioridade.

Para Jamin, a escrita harmônica exige alto nível de personalização. Trata-se do mais alto grau de moralidade e superioridade intelectual.

Indica equilíbrio, serenidade, claridade de espírito, moralidade e intelectualidade. Pode revelar também falta de ambição.

Os franceses distinguem três graus de harmonia na escrita:

- Grau um: mostra inteligência ligeiramente superior à média.
- Grau dois: revela talento.
- Grau três: indica genialidade.

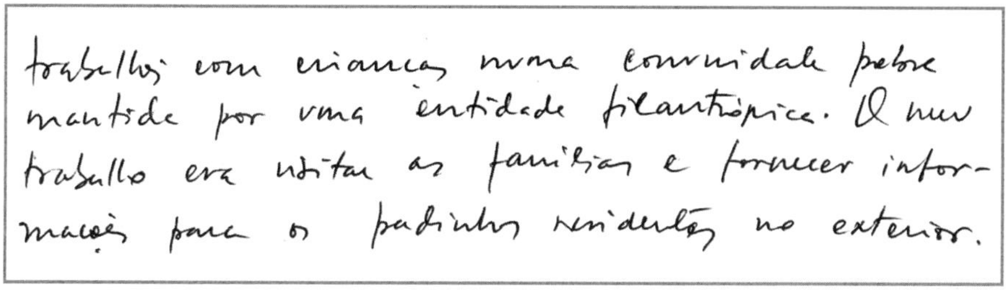

FIGURA 5: Harmônica. O traçado é equilibrado, e os espaços integram-se.

Inarmônica

Basta qualquer desproporção, discordância e exagero para se caracterizar a escrita inarmônica, que em sua pior forma demonstra confusão, complicação e, sobretudo, vulgaridade. A escrita inarmônica revela a inferioridade do caráter.

Apresenta-se desproporcional, lenta, confusa, exagerada, com apego às formas caligráficas, complicada, vulgar, desordenada (os gestos são confusos, imprecisos e inúteis). Indica vulgaridade, mediocridade, dispersão, ambiguidade, conflitos internos, dificuldade de adaptação e falta de tato.

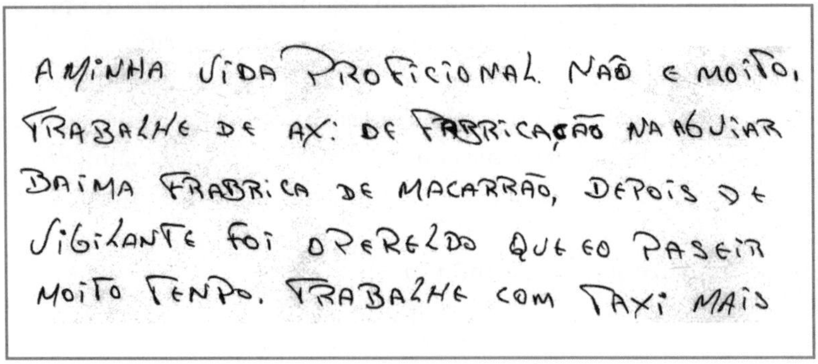

> A minha vida proficional. Naõ e moito, trabalhe de ax: de frabricação na abuiar daima frabrica de macarrão, depois de vigilante foi oberedo que eo paseir moito tenpo. trabalhe com taxi mais

FIGURA 6: Inarmônica. Variações de pressão, tamanho e forma.

São três os tipos de indivíduos com escrita inarmônica:

- Indivíduos medíocres (grosseiros e pretensiosos) – caracterizam-se pelos traços inúteis, laços e floreios, finais longos e exagerados.
- Indivíduos insignificantes (falta de imaginação) – escrevem conforme os modelos escolares e com ligações convencionais.
- Indivíduos vulgares e estúpidos (falta de elegância) – usam movimentos grandes e desproporcionais, traços confusos e malfeitos.

Como avaliar a harmonia:

1. Proporção: avaliar o tamanho das palavras e as relações entre as zonas média, superior e inferior.
2. Ordem: observar a distribuição espacial no texto, pontuação, acentos etc.
3. Clareza no traçado: borrões, retoques, rabiscos desnecessários.
4. Simples: verificar a ausência de exageros, complicações, ornamentos estranhos etc.
5. Fluidez do gesto: notar ausência de torções, quebras, crispações etc.
6. Sobriedade: não existe harmonia sem traços sóbrios.

A harmonia do escritor no espaço gráfico revela uma perfeita conjugação entre os traços e o branco no papel. Esse equilíbrio revela que o escritor controla seus impulsos, é disciplinado, escrupuloso e aceita as normas e valores da sociedade, sem perder a individualidade.

O grafólogo mais atento notará o equilíbrio entre forma e movimento e os eixos da escrita; todos contêm características que foram estudadas na síntese da harmonia.

Por fim, a harmonia é elemento de serenidade e equilíbrio, mas também de mediocridade, moderação e falta de ambição para alcançar êxitos extraordinários. Nenhuma obra-prima foi executada por um indivíduo harmonioso (Renna Nezos).

Nível de forma (NF)

A concepção global da grafologia – sustentada essencialmente por grafólogos alemães sobre a base da "síntese de orientação", "ritmo de espaço, forma e movimento", "características gerais do grafismo", "complexos grafológicos" (Pfanne), "graus de unicidade", "níveis de tensão e inibição" etc. – é a base para o progresso autêntico dessa ciência (Jaime Tutusaus, grafólogo espanhol).

Para muitos grafólogos, o conceito de nível de forma (NF) está ultrapassado por novas técnicas de observação da escrita. Contudo, deve ser estudado para que se possa compreender os conceitos de evolução dos métodos grafológicos.

O grafólogo alemão Klages (1872-1956) chamou de nível de forma (*Formniveau*) o aspecto geral da escrita, ou seja, aquele que nos dá a exata noção de superioridade ou inferioridade do grafismo e, consequentemente, da pessoa que escreve. Em linhas gerais, revela o grau de organização, cultura, espontaneidade, originalidade, ritmo e dinamismo do escritor.

Klages diz que o homem está constantemente dividido entre a natureza, isto é, entre os impulsos instintivos e o espírito. E é pelo poder da vontade que o homem domina seus impulsos. A personalidade harmônica é aquela em que existe equilíbrio entre os impulsos instintivos (nível vital) e a vontade (espírito de organização). Para que exista harmonia, é preciso que aos impulsos instintivos corresponda uma força de vontade na mesma intensidade, sem que nenhum sufoque o outro. A harmonia também pode existir quando há um nível vital fraco (fraco impulso instintivo), o que corresponde a um nível de vontade igualmente fraco.

Uma das críticas feitas ao estudo do NF é que nele estavam embutidos alguns conceitos de antissemitismo, o que se observa facilmente quando no mais alto grau teríamos pessoas extremamente evoluídas; e no baixo, a escória da sociedade ou pessoas com distúrbios, ladrões, assassinos etc.

A escala de Klages apresenta cinco graus:

1 - Muito elevado

2 - Elevado

3 - Médio

4 - Inferior

5 - Muito inferior

Para melhor avaliação, o grafólogo pode recorrer às teorias de ritmo do próprio mestre alemão.

- Ritmo de forma (*Gestaltungsrhythmus*)

- Ritmo de espaço (*Verteilungsrhythmus*) ou de distribuição
- Ritmo de movimento (*Ablaufsrhythmus*) ou de fluidez

Normalmente, os ritmos têm a mesma diretriz, porém nada impede que eles se oponham, ou seja, que a escrita apresente um bom ritmo de forma e um péssimo ritmo de espaço. O ritmo de movimento possui uma classificação especial, criada por Roda Wieser, chamada de ritmo de base (*Grundrhythmus*).

Os ritmos podem ser débeis, marcados, perturbados, confusos etc. É preciso lembrar que não ocorrem separadamente e sim em conjunto.

O ritmo é a manifestação qualitativa primordial da vida; é a origem da interpretação, por Klages, dos fenômenos de expressão da escrita (R. Wieser).

A cultura permite alianças entre a vida e o espírito, que Klages simbolicamente citava como a luta entre Apolo (personificando a razão) e Dionísio (personificando a paixão). A falta de cultura pode trazer banalidade, rotina escolar e convencionalismo, e, consequentemente, baixo NF. No entanto, nem sempre a falta de cultura indica baixo NF.

Muitas vezes, para o iniciante, é difícil perceber o NF. Porém, com estudo e prática, chegamos facilmente a grandes conclusões.

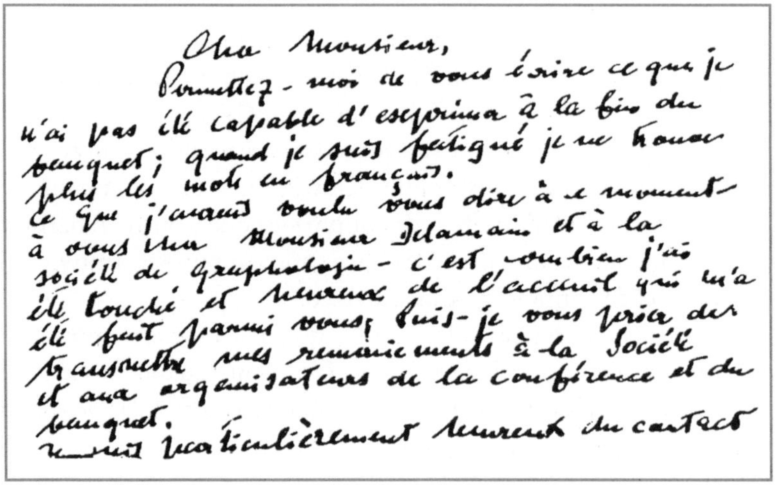
Cher Monsieur,
Permettez-moi de vous écrire ce que je n'ai pas été capable d'exprimer à la fin du banquet; quand je suis fatigué je ne trouve plus les mots en français.
Ce que j'aurais voulu vous dire à ce moment à vous cher Monsieur Delamain et à la société de graphologie - c'est combien j'ai été touché et heureux de l'accueil qui m'a été fait parmi vous; puis-je vous prier de transmettre mes remerciements à la Société et aux organisateurs de la conférence et du banquet. Particulièrement heureux du contact

FIGURA 7: Nível de forma forte. Equilíbrio entre os espaços e as formas.

Como avaliar o nível de forma:

1. Ordem e organização: um texto bem organizado e com boa disposição entre palavras, margens e letras é sinal de boa organização e adaptação às regras sociais.
2. Inteligência: revelada pela velocidade, pelo pingo no *i*, por ligações.
3. Pressão: a força exercida no papel revela energia psíquica. Escrita com boa pressão (firme, profunda, em relevo etc.) indica energia, vigor, entusiasmo,

capacidade de realização e criação de quem escreve. Comum em personalidades marcantes.

4. Elasticidade: dado difícil de ser percebido pelo iniciante em grafologia. Em linhas gerais, poderíamos dizer que é a fluência com que a escrita desliza no papel.
5. Harmonia: não no sentido de Jamin, mas de equilíbrio.
6. Originalidade: maneira de afastar-se dos modelos escolares, usando formas únicas e criativas. Klages diz que é preciso pesquisar todas as particularidades banais que são como a "negação da forma". A originalidade em si tem pouco valor se não está equilibrada com uma distribuição harmônica das massas gráficas. Aparecem em artistas, intelectuais, cientistas, entre outros.
7. Ritmo: é o ritmo que dá forma à grafia. Pode ser observado pela disposição correta e harmônica das letras no papel. Quanto mais equilibrada a personalidade, melhor o ritmo.
8. Regularidade: quanto maior a amplitude das variações, menos regular é a escrita; quanto menor a amplitude das variações, maior a regularidade. São levadas em conta todas as variações: pressão, inclinação, tamanho, entre outras. Klages sugere uma observação constante das hastes e das pernas, para que o grafólogo se familiarize com essas variações. Ainda segundo Klages, a luta da vontade (reguladora-espírito) contra os sentimentos cria a irregularidade. Pode existir equilíbrio tanto se a vontade e os sentimentos forem fortes como se ambos forem fracos. Pode-se estar diante da regularidade (predomínio da vontade), quer pela força da vontade quer pela debilidade de sentimento; ou diante da irregularidade (predomínio do sentimento), quer pela força do sentimento quer pela debilidade da vontade. Encontra-se, assim, essa dualidade de significações tão cara a Klages (Giséle Gaillat).
9. Proporção: trata-se da relação entre a dimensão das letras (zona média) e todo o restante da página. Para que exista proporção, é necessário que a letra seja equilibrada entre as três zonas e a sua largura. A proporção pode originar-se da força do sentimento ou da fraqueza da emotividade. A desproporção advém tanto da fraqueza do sentimento, como da força da emotividade.

Resumo

Alto nível de forma	Mostra convicção, capacidade de integração, potencial, energia e paixão. Escrita com bom ritmo, formas plenas e originais, matizada ou em relevo.
Baixo nível de forma	É sinal de fraqueza de caráter, pouca energia e convicção, personalidade fraca e inferioridade intelectual. Escrita com formas toscas, monótonas, exageradas, sem relevo e ritmo.

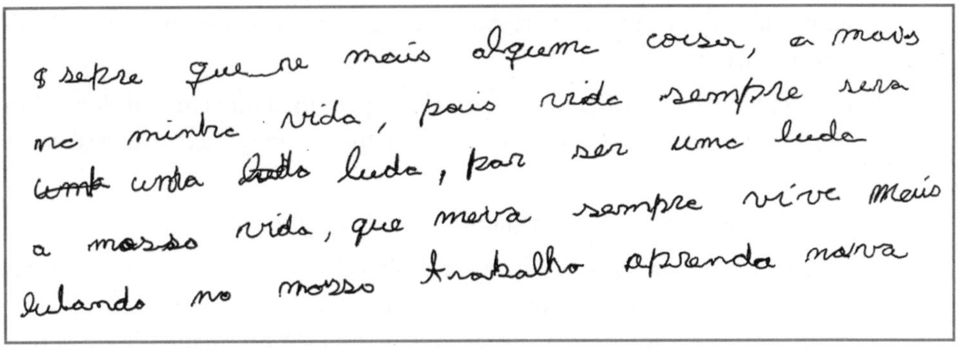

FIGURA 8: Nível de forma fraco. Escrita caligráfica, com torções e variações de pressão, ligações imprecisas.

Habilidade gráfica e dom gráfico

Klages define esses dois conceitos, que são de grande valia para o grafólogo. Uma pessoa pode ter só a primeira, só a segunda, as duas ou nenhuma das habilidades.

- **Habilidade gráfica:** é um talento especial que cada um de nós tem para traçar as letras no papel. Quanto maior a habilidade gráfica, mais facilidade se tem em escrever. Difere de outras habilidades e até mesmo da habilidade de desenhar. A habilidade manual poderá realçar a habilidade gráfica.
- **Dom gráfico:** é também um talento, mas totalmente diferente do anterior. Diz respeito à facilidade de criar novas formas gráficas, ou seja, a pessoa "inventa" novas letras e traços. Normalmente, o dom gráfico é característica de pessoas cultas. A cultura aparece na escrita principalmente pelo aspecto de organização do texto na página.

Síntese entre forma e movimento

Trata-se de uma das mais recentes sínteses. Foi desenvolvida por Müller-Enskat com base nas teorias de Heiss, segundo as quais na escrita predomina um dos fatores "forma-movimento". Existem escritas em que o movimento dá origem às formas e escritas em que o movimento não é adequado às formas. Esse assunto foi estudado de maneira independente por S. Bresard.

A forma é o aspecto construtivo, delimitado, unificado e reunido de um traço em todos os níveis. Quando uma forma repete-se de maneira constante, temos a forma-tipo. A forma é o aspecto mais intencional da onda gráfica (Vels).

O movimento está ligado às nossas motivações e temperamento, e é o motor do grafismo que o faz avançar da esquerda para a direita (na escrita ocidental), para o alto e baixo, em todas as direções do espaço gráfico.

Predomínio da forma

Indica sentido de realidade em detrimento do prazer, autocontrole dos impulsos, capacidade de aceitar regras e normas, valores éticos e sociais, convencionalismo, conservadorismo e conformismo. Em casos nos quais a forma é por demais excessiva, há indício de personalidade com pouca naturalidade, *persona* de Jung. Em alguns casos, as tensões são guardadas dentro de si e jamais colocadas para fora. O predomínio da forma revela ainda pessoas perfeccionistas e com atitudes previsíveis e metódicas.

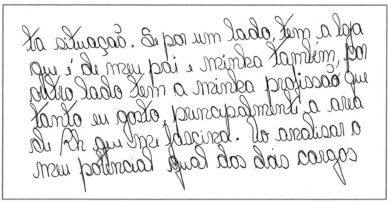

FIGURA 9: Predomínio da forma. A escrita é lenta, alta, redonda, inclinada à esquerda, ovais fechadas, barra do *t* ascendente. Alguns traços invadem as linhas inferiores. Mulher, 32 anos, psicóloga.

Predomínio do movimento

Impulsividade, capacidade física, falta de domínio das emoções e instintos, dificuldades de controle, atividade. Quando o traço é firme, indica espontaneidade, pouco apego às convenções e reação às pequenas contrariedades. Necessidade de agir sem direção. Ação sem intenção, imediatismo e pragmatismo. Pode assinalar imaginação, criatividade, dinamismo e ação com eficiência.

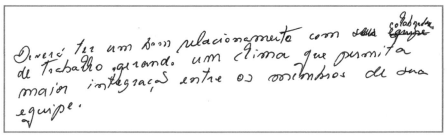

FIGURA 10: Predomínio do movimento. Escrita desordenada, sem uma direção. Utilização dispersiva das energias, ação sem intenção.

Equilíbrio entre forma e movimento

Eficiência e eficácia. Dinamismo equilibrado. Capacidade de conduzir ações de acordo com as normas e regras. Capacidade de adaptação. Qualidades para mudar e analisar os fatos em pleno movimento. Visão profunda, capacidade de compreender o ser humano e a sociedade. Equilíbrio entre as motivações e a capacidade de realização. Domínio de si, precisão de ordens, inteligência, ponderação e clareza de espírito. Uniformidade de humor, julgamento firme, sólido e decisivo. Moral respaldada em critérios eticamente situados em contextos universais. Coesão interna. Acima da ordem moral e jurídica existe uma ordem ontológica. Autenticidade e capacidade de liderança.

O grafólogo deve observar os espaços, ou seja, os vazios entre as letras, palavras, linhas e margens. O juízo, a objetividade, a conduta, as distâncias e o relacionamento entre o "eu" e o "tu" podem ser analisados nos espaços em branco.

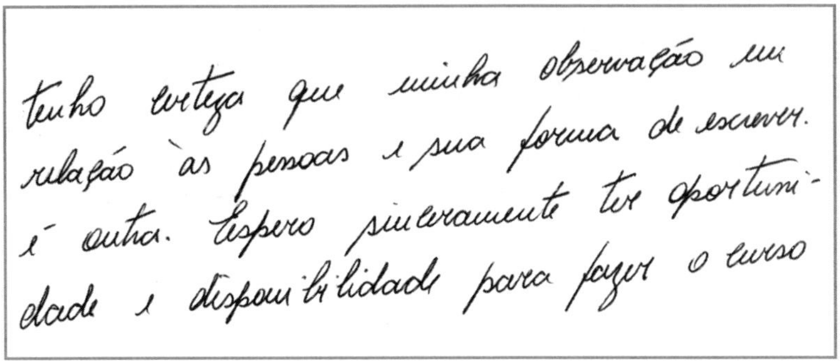

FIGURA 11: Equilíbrio entre forma e movimento. Neste caso, já existe uma utilização mais pragmática das energias. A escrita é ascendente, inclinada, ligada; a barra do *t* é alta.

Outras sínteses de orientação

Existem muitas outras sínteses de orientação que não estão no foco deste livro, como a escala de tensão/dureza do dr. Pophal. Podemos citar ainda o uso pela escola francesa das manifestações gráficas de inibição, descobertas no final do século XIX e que foram aperfeiçoadas por André Lecerf, o principal discípulo de Jamin.

Os alemães, por exemplo, separam o nível de forma da síntese de ritmo. Renna Nezos cita como sínteses de orientação, espaço, eixos, movimento (segundo S. Bresard, Gobineau, Crépieux-Jamin), estruturas (Müller-Enskat, Heiss) etc. Christiansen e Carnap falam de escrituras tensas e tranquilas.

Muitas sínteses apresentam similaridades entre si, e o grafólogo tem liberdade para escolher aquela a que melhor se adaptar.

Estudo dos gêneros – definições

Foi Lavater quem primeiro realizou uma classificação da escrita; evidentemente, não tinha a mesma clareza da proposta por Jamin, tempos depois.

As escritas foram reunidas de acordo com as características gráficas, e Jamim as chamou de "signos gerais" (grande, vertical, pequena etc.) e de "signos particulares" (curvas, ângulos, letras etc.) e considerava os gêneros "elementos fundamentais". Segundo seus próprios termos, "uma redução severa nos signos gerais".

Inicialmente, os gêneros eram seis: intensidade, forma, dimensão, direção, continuidade e ordem. No livro *ABC da grafologia* de 1930, foram fixados sete; a intensidade repartiu-se em velocidade e pressão.

O gênero *direção* foi dividido pela grafóloga francesa Saint Morand, que passou a considerar diferentes a direção das linhas e a inclinação das letras.

No livro *Cours supérieur de graphologie*, André Lecerf prosseguiu o trabalho de seu mestre Jamin. As espécies qualitativas e as sínteses de orientação devem ser consideradas sinônimos e acompanham as ideias de seu mentor.

Para o discípulo de Lecerf, Gille-Maisani, as grandes espécies qualitativas em número muito limitado são aquelas que analisamos de maneira sistemática e que aparecem com mais frequência na maioria das escritas.

Atualmente, alguns autores franceses, como Danièle Dumont, dividem o gênero *pressão* e agregam a *condução do traço* como mais um gênero.

A Sociedade Francesa de Grafologia, no ano de 2007, deixou de considerar a velocidade como gênero, dando importância capital para o estudo do *movimento* na escrita.

O prof. Tutusaus faz interessantes aportes sobre os gêneros e contesta em muitos pontos a classificação francesa, propondo com certa razão uma classificação mais racional. Todavia, a polêmica está longe de se acabar, pois a dinâmica do estudo da escrita leva-nos a novas contribuições.

Os gêneros são, na realidade, categorias de movimento. Cada gênero divide-se em várias espécies que nada mais são do que os significados gerais dos gêneros. É por meio do estudo dos gêneros e das espécies que classificamos cada um dos elementos de uma escrita.

São definidos com base no modelo caligráfico dos bancos escolares, por isso insistimos que ainda não há uma grafologia típica brasileira e sim uma adaptação da europeia, em especial da espanhola, graças à influência dos grandes mestres Vels e Xandró no Brasil. Estes, por sua vez, tiveram como mentora Matilde Ras, "prima dona" e aluna de Jamin – o que, aliás, explica a grande influência da escola jaminiana na Espanha.

Após aprender o modelo caligráfico ensinado, a criança coloca sua individualidade na escrita, e uma série de fatores transformará ou manterá o modelo aprendido. Fatores que vão desde escolhas conscientes, como a imagem de si, a impressão que deseja passar aos demais, até motivações inconscientes. A criança também é influenciada pelo meio em que vive, pelas condições econômicas, entre outros aspectos.

Os gêneros e suas interpretações:

- Ordem – disciplina social.
- Dimensão – afirmação do indivíduo no ambiente.
- Pressão – necessidade de mostrar energia.
- Forma – determina a consciência reflexiva.
- Velocidade – ligada à atividade e ao ritmo.
- Inclinação – contato com o mundo.
- Direção – vontade em ação.

- Continuidade – exprime a condução de atos, sentimentos e ideias.

Cada um desses gêneros é dividido em espécies e, antes de realizar qualquer tipo de análise grafológica, devemos ter pleno conhecimento de cada uma delas. Esse estudo sistemático é levado até o final da vida, uma vez que a correta identificação da espécie nos remete de pronto a uma correta interpretação psicológica.

Conforme nossa experiência, a maioria dos erros na hora de traçar perfis grafológicos se deve, em grande parte, à errônea avaliação dos gêneros e das espécies. No Brasil, alguns autores propagam definições de gêneros e espécies com grande facilidade, e um dos objetivos deste livro é justamente esclarecer esses equívocos.

A grafologia divide-se em:

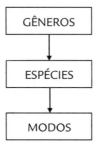

Essa hierarquia precisa ser bem compreendida por todos aqueles que desejam conhecer profundamente a grafologia. De acordo com Jamin, os gêneros dividem-se em espécies, e as espécies são as qualidades particulares de cada gênero.

Os sinais particulares são modos dos sinais gerais; os sinais gerais são espécies de outros movimentos irredutíveis que constituem os gêneros. Por exemplo, o gênero velocidade inclui as espécies acelerada, disparada, lenta, rápida etc.

Segundo Gille-Maisani, a obra de Jamin estrutura-se em torno de uma ideia central: "Não há signos particulares independentes, mas apenas signos gerais que aparecem em formas variadas".

Essa frase joga a pá de cal sobre a grafologia que estuda os pequenos signos. Com todo respeito, se você tiver um daqueles livros que mostram dicionários de letras, isso não é grafologia e sim puro exercício de adivinhação.

Existe, portanto, uma hierarquia de signos; e os pequenos signos localizam-se na base da hierarquia, principalmente quanto à importância. Eles devem ser analisados de acordo com os seguintes aspectos: quantidade, qualidade, posição no texto, nível de forma da escrita etc. São manifestações conhecidas como *espécies*, as quais se dividem em *formas* ou *modos* (Gille).

Para melhor entender o parágrafo anterior, o *arpão* na escrita é um *modo* de uma *espécie*. Por exemplo, a barra do *t* em pontas é um *modo* da escrita de *espécie* acelerada.

Contudo, o modo pode aparecer de várias maneiras, ou seja, conforme ele aparece no texto, pode pertencer a uma ou outra espécie. Por si, um arpão (modo) não tem valor; ele deve ser interpretado segundo a espécie à que pertence.

A regra "Só existem signos gerais que têm vários modos" determina que essa característica seja considerada uma manifestação particular, como um modo das características gerais (grandes espécies) (Gille).

O arpão, por exemplo, pode tanto pertencer à espécie direção, como à espécie forma. Isso dependerá do contexto gráfico em que ele está inserido, e cabe ao grafólogo classificá-lo na espécie mais adequada. Para isso, é necessária boa experiência em traçar perfis ou o acompanhamento de um supervisor.

Algumas espécies são chamadas de qualitativas, pois assinalam qualidades essenciais, facilmente observadas: escrita rápida, lenta, pausada etc.

Um signo gráfico, para ser chamado de espécie, deve sempre ter como características repetição e intensidade.

Sinais isolados – uma barra do *t* faltando, um pingo no *i*, por exemplo – devem, nas devidas proporções, ser ignorados. Relatar que a base vertical da letra *t* torcida é indicativo de suicídio é no mínimo ignorância ou miopia grafológica.

A barra do *t* ondulante pode ser apenas isso, "ondulante" e nada mais. O que vai determinar seu significado é o conjunto do texto.

Cada signo grafológico tem um valor relativo, já que o mesmo movimento pode ser determinado por várias causas.

Busca-se o significado do traço gráfico considerando-o um movimento fisiológico e relacionando sua qualidade, extensão, constância e energia com o movimento psicológico correspondente (Crépieux-Jamin). A arte do grafólogo consiste nisso: escolher entre os distintos significados aqueles mais convenientes, mais seguros logicamente e mais necessários psicologicamente.

Realizar análises observando um dicionário de pequenos sinais e relatando a frequência de cada sinal é um dos piores métodos de análise grafológica. Isso foi abandonado no início de século XX; no entanto, ainda é utilizado até os dias atuais por alguns grafólogos desavisados.

Os primeiros grafólogos diziam que o significado dos signos era constante, praticamente estático. Esse sistema, conhecido como "signos fixos", baseava-se no livro de Michon, *Système de Graphologie*, mas o próprio autor, em seus escritos posteriores, reconheceu a necessidade de deixar de lado a interpretação fixa dos signos. Contudo, não teve tempo para desenvolver novos estudos.

Crépieux-Jamin refutou o conceito de signos fixos. Todavia, ainda hoje, inclusive no Brasil, existem "grafólogos" que se apegam a eles como boia de salvação, e, pior, propagando essas sandices grafológicas. Se realizar análises grafológicas usando dicionários de letras é um erro absurdo, escrever livros sobre eles é outro maior ainda.

Avaliamos os gêneros e as espécies de acordo com Ania Teillard, segundo a qual os sinais podem ser: predominantes, complementares, compensadores e contraditórios. E a arte do grafólogo é descobrir o jogo entre eles e dar a cada sinal seu valor relativo.

Espécies

O conceito de que as espécies se agrupam em gêneros vem dos primórdios da grafologia, baseado em alguns princípios da botânica. Conforme já foi dito, algumas espécies são qualitativas, pois representam qualidades essenciais e são observadas facilmente – por exemplo, escrita rápida e lenta.

Um signo gráfico pode ser chamado de espécie quando ocorre de forma intensa e repetitiva. Um pequeno arpão isolado não é nada mais do que isto: um pequeno arpão isolado; portanto, sua relevância grafológica é muito pouca, nula, por assim dizer. Uma espécie marca o grafismo por sua presença constante, quando sua ocupação do espaço no campo gráfico é por demais importante para ser ignorada.

No ano de 2002, os grafólogos Margaret Constantineau e Laurent Lamoureux fizeram estudos sobre o problema da nomenclatura das espécies. O trabalho estatístico mostra as espécies com maior probabilidade de aparecer nas escritas.

Ao individualizar cada espécie, devemos levar em conta que o mais importante é conjugar a interpretação com as demais. Com isso, o significado final normalmente muda. São necessários anos de estudo para realizar as mais diversas combinações de signos grafológicos. Todas as espécies devem ser consideradas de forma unitária e interdependente. Cada espécie, sem levar em conta a intensidade, age de maneira mais ou menos intensa na avaliação da escrita.

Combinar significa especificar cada espécie em si e relacioná-las com as demais. Para isso, é importante conhecer cada característica psicológica das espécies; e, mais do que isso, saber definir cada uma delas com precisão.

A escrita pequena, por exemplo, agrega ao seu significado novas nuances dependendo se é ascendente ou descendente, e isso é ampliado caso seja rápida ou lenta.

Algumas espécies têm relações entre si, as quais o grafólogo necessita conhecer; juntas, podem potencializar as características psicológicas. Em outros casos, determinadas espécies podem até mesmo diminuí-las. Algumas também podem ser indiferentes.

Assim, muitas espécies grafológicas evoluem e outras morrem. Tornam-se "dinossauros no tempo" – como os grafólogos que não se atualizam.

Um exemplo clássico é a escrita "à encoches" – "con muescas", especialmente descrita por Paul Carton no livro *Diagnostic et conduite des tempéraments* (p. 92), também relatada pelo livro *ABC de la grafologia* (Ed. Ariel, p. 419).

Trata-se de um freio nos gestos verticais da caneta-tinteiro; a pressão aumenta e as pontas da pena se abrem, formando uma espécie de pequeno chifre. Esse tipo de escrita não é possível com a caneta esferográfica e dificílimo com as canetas-tinteiros atuais, pois o corte central – muitas vezes feito a laser – não permite tal abertura; ainda que com forte pressão.

É óbvio que o iniciante em grafologia dificilmente encontrará exemplos de grafismos iguais aos que foram mostrados. Portanto, é necessário que o grafólogo se ajuste aos "novos" tipos e exemplos de escritas – especialmente se for professor e ministrar aulas de grafologia.

Este livro estuda cada um dos gêneros e suas espécies, fundamentando-se, principalmente na obra de Jamin, mas incluindo interpretações feitas, de forma independente, por outras escolas, como a italiana e a alemã.

O estudo das espécies tem origem na escola francesa. Outras escolas atribuem conotações diferentes ao significado de determinadas características grafológicas, embora a interpretação psicológica possa ser idêntica.

Torbidoni e Zanin agruparam os signos de Moretti com base nesse princípio, mas afirmam que não se tratam de espécies tal como preconizou Jamin. No entanto, as classificações apresentam grandes semelhanças.

Colocar ao lado das espécies jaminianas os conceitos de outras escolas não significa que elas pertençam à escola francesa. É apenas um modo prático de aprofundarmos nossa avaliação grafológica.

Hierarquização das espécies

Outra atribuição do grafólogo é classificar ou hierarquizar, segundo a ordem de importância, as espécies que aparecem na escrita. Isso é possível após longo tempo de treinamento.

Em determinado grafismo, a pressão ocorre com mais intensidade do que a inclinação, a velocidade precipitada mais que a direção e assim por diante. Essa valorização é feita em relação a todas as espécies observadas na escrita.

Comparamos as espécies entre si e elegemos aquela que se sobressai perante as outras. Trata-se da escolha do gênero dominante na escrita. E esse terá um grau maior de importância para o perfil grafológico final.

A seguir, veremos como escolher a espécie dominante.

Observação das dominantes

Ao analisar todos os gêneros e as suas respectivas espécies, notamos que alguns deles têm mais possibilidade de se destacar. Esses sinais, que desempenham papel determinante na interpretação psicológica do grafismo, são chamados de *dominantes*, verdadeiros faróis para uma análise bem realizada.

Segundo Gille-Maisani, na determinação das dominantes devem ser observados os seguintes detalhes:

- Para merecer o título de dominante, a característica no grafismo deve ser acentuada, *muito* inclinada, *bastante* pequena, *exageradamente* angulosa etc.
- Somente as grandes espécies – e, em casos especiais, as menores – devem ser consideradas dominantes.
- As espécies devem ser analisadas de maneira qualitativa. As espécies qualitativas são aquelas que podem ser aplicadas a quase todos os grafismos.

Para analisar um sinal isolado, é de capital importância reconhecer sua espécie dominante.

Assinaturas e outros sinais

Sinais grafológicos isolados têm pouca validade para a grafologia, portanto, é necessário analisar a assinatura tendo em vista sua relação com o texto. Mais adiante, o leitor poderá estudar o capítulo dedicado à assinatura e às suas interpretações.

Perfil psicológico

Nas etapas anteriores, trabalhamos apenas com grafologia. A partir de agora, entramos na parte do levantamento psicológico. É óbvio que, na prática, desde o primeiro momento, o grafólogo experiente já inicia a montagem do perfil psicológico mentalmente. Mas isso não quer dizer que deixe de lado as etapas anteriores. Aliás, deixá-las de lado é o caminho mais fácil para o surgimento de erros básicos de avaliação.

Ao lado de cada espécie escolhida, colocam-se as características psicológicas que mais se enquadram no perfil da escrita, de acordo com os sentidos positivo e negativo. Nesse momento, os grafólogos experientes começam a se diferenciar dos amadores, pois essa escolha definirá a profundidade do perfil grafológico.

Somente a experiência com grafologia e a realização de perfis sob a supervisão de grafólogos experientes, levará o aluno a atingir a eficiência desejada. A quantidade de escritas estudada deve ser qualitativa e não quantitativa, e distribuída ao longo de no mínimo dois anos.

Já escutei "grafólogos" dizerem ter feito cinco mil "perfis" em um ano. O absurdo da afirmação revela-se no fato de que, para isso, o profissional precisar realizar cerca de quinze perfis por dia. Nesse caso, o tempo seria insuficiente para que a mente trabalhasse com informações e apresentasse um resultado qualitativo.

Como em qualquer profissão, é importante lembrar que a figura do professor é essencial ao aprendizado da grafologia.

Revisão

Revisar os passos anteriores é uma etapa obrigatória para evitar erros. Depois é necessário conjugar novamente os diversos gêneros e espécies entre si, a fim de confirmar ou revalidar as conclusões.

Traçado o perfil, abandone a escrita, esqueça tudo e vá tomar um café ou realizar outras tarefas – quanto mais tempo você puder se afastar desse trabalho, melhor. Algum tempo depois, volte ao grafismo. Coloque-o em sua frente, comece a ler, se possível em voz alta, as características psicológicas e avalie, a cada frase, se aquilo que está dizendo "combina" com o que você vê no grafismo.

Muitos profissionais surpreendem-se ao fazer isso, reconhecendo, de imediato, os erros de avaliação. Nesse momento, o cérebro está fazendo "grafologia inversa" (não dispomos de outro termo que explique melhor esse procedimento).

Arquive todos os casos que achar interessante e volte a estudá-los sempre que possível, pois ao longo do tempo alguns "casos" parecidos (mas nunca iguais) chegarão até você e, então, a facilidade de estudá-los será maior.

Conclusão: somente a prática constante de análises grafológicas, supervisionadas por um grafólogo com vasta experiência, dará ao estudante de grafologia os conhecimentos necessários para utilizar a técnica em sua plenitude. São necessários, para isso, no mínimo dois anos de estudo – embora a experiência nos mostre que a maturidade só seja alcançada muito tempo depois.

2 | AMBIENTE GRÁFICO

Klages demonstra a validade do duplo significado dos traços por meio dos conceitos de proporção e regularidade na escrita.

Qualquer sinal deve ser determinado conforme seu ambiente gráfico, seja ele positivo ou negativo. Por exemplo, se aparecerem traços de agressividade no grafismo, devem ser estudados de acordo com seu duplo significado. A agressividade, se canalizada de modo positivo e direcionado, é de extrema valia para o ser humano; contudo, se for canalizada de outro modo, pode ser destrutiva. Portanto, a avaliação do ambiente é de suma importância para chegarmos à conclusão final.

Existem algumas críticas a esse tipo de avaliação, mas ele nos leva a excelentes resultados, desde que não seja encarado como um carimbo definitivo ou uma polaridade do tipo bem/mal separada de forma absoluta.

Ao determinar se o ambiente é positivo ou negativo, a principal observação que o grafólogo não deve fazer é avaliar se a escrita é positiva ou negativa.

A priori, isso pode parecer um paradoxo, mas certamente não é. Devemos entender a dinâmica do movimento e como determinadas características, habilidades etc. são utilizadas pela pessoa. Na interpretação das espécies colocamos em primeiro plano as características mais positivas e depois as demais. Cabe ao grafólogo interpretar de modo correto qual delas "se ajusta" ao grafismo avaliado. Em tese, isso diferencia o profissional do amador; somente com experiência e supervisão constante o futuro grafólogo conseguirá esse pleno entendimento.

Não basta avaliar a espécie: é necessário conjugá-la com as demais para entender o contexto no qual está inserida.

Temos de compreender como essas pulsões determinam a maneira de agir da pessoa nos mais diferentes contextos.

Avaliar o ambiente gráfico significa apenas sinalizar, e não tomar uma posição definitiva a respeito da escrita. Vale lembrar que, embora possa parecer difícil entender, o grafólogo interage com a escrita, e esta por sua vez influencia na maneira de avaliar. Contudo essa é uma questão filosófica que foge ao contexto do livro.

Antes de estudar o ambiente gráfico, vejamos os conceitos de regularidade.

Regularidade

Para Pulver, a regularidade é um critério qualitativo e mensurável; mas não existe regularidade absoluta em nenhuma escrita, pois somente poderíamos chegar a ela por meio de processos mecânicos. Antes de Pulver, Jamin, em *L'écriture et caractère*, dizia que o automatismo absoluto não é próprio da máquina humana.

Nos modelos caligráficos é que se supõe regularidade, o que, neste caso, como em outros, indica dificuldade técnica entre a exteriorização espontânea e a expressão final.

Segundo Pulver, a escrita regular apresenta constância relativa nas proporções básicas:

- altura da zona média da letra *i*;
- relação entre a altura dos traços e a largura da base;
- amplitude de oscilação do ângulo de inclinação referido à linha diretriz da escrita.

Ainda de acordo com Pulver, a regularidade é a expressão da vontade na sua dupla natureza: princípio de organização e de inibição.

Nesse caso, na maioria dos parâmetros estudados em que aparece a regularidade, percebe-se que as características estão relacionadas com constância, autocontrole, falta de criatividade e impulsividade, autenticidade, apego a determinados esquemas, dissimulação etc.

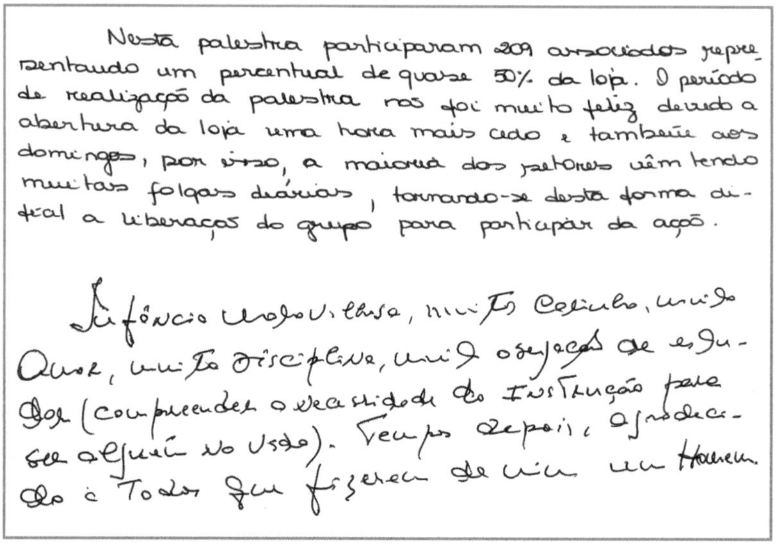

FIGURA 12: As escritas acima mostram que tanto a regularidade como as irregularidades excessivas tendem a não ser avaliadas de forma positiva na grafologia.

Interpretação de Klages

	Regularidade	Irregularidade
Positivo	Resistência, firmeza, estabilidade, decisão, solidez, constância, perseverança, sentimento de dever, sentido de ordem, consequência.	Força e vivacidade de sentimentos, intensidade, paixão, impulsividade, ardor de sentimento.
Negativo	Frieza, pobreza de sentimentos, vazio interior, indiferença, rotina.	Debilidade de vontade, inconstância, veleidade, vacilação, desorientação, inconsequência, falta de perseverança, de finalidade, de método etc.

Proporção

Segundo Klages, a presença de proporção é sinal de pouca emotividade, ao passo que, inversamente, a falta de proporção indica muita emotividade. Essa regra pode ser aplicada tanto no tamanho das palavras quanto na distribuição do texto ao longo do campo gráfico.

Por um lado, a proporção elevada pressupõe duas qualidades: distribuição rítmica das qualidades motrizes da escrita e equilíbrio das formas produzidas. Por outro, um grau baixo de proporção supõe ritmo distributivo defeituoso e desequilíbrio das formas.

Interpretação de Klages

	Proporção	Desproporção
Positivo	Pouca emotividade, equanimidade, tranquilidade, contemplação, harmonia, serenidade.	Ânimo, receptividade, delicadeza, finura de sentimentos, impressionabilidade, sensibilidade, espírito alerta.
Negativo	Falta de receptividade, rigidez, apatia, indiferença.	Vulnerabilidade, excitabilidade, irritabilidade, desgosto, agitação, instabilidade, inquietude, caprichos, curiosidade, indiscrição.

A análise dos dois conceitos anteriores nos ajuda a definir o ambiente gráfico com maior precisão. Ao longo do livro, voltaremos ao estudo da proporção.

Como definir ambiente gráfico

Segundo o grafólogo francês Robert Olivaux, não existem escritas "boas" ou "ruins", mas sim escritas que somente superam de modo mais ou menos feliz o primeiro conflito do sujeito, ou seja, escritas que estão encaminhadas para alcançar seu objetivo com maior ou menor dificuldade ou que nunca se tornarão eficazes nem pessoais ou estéticas.

Ao avaliar a escrita, certamente vamos encontrar as mais variadas tendências contraditórias na personalidade, muitas vezes chegando à ambivalência exagerada. Temos de avaliar isso dentro de um contexto dinâmico e descobrir como a pessoa se mostra aos demais, como se sente etc.

A contradição faz parte do ser humano, por isso, como veremos adiante, não existe uma escrita que seja totalmente positiva ou negativa. Nem mesmo as de inúmeros santos da Igreja Católica. São humanos, com muito mais virtudes do que defeitos, mas essencialmente humanos.

As nuanças são várias, e a personalidade é matizada. Existem características que não se definem totalmente, ao contrário de outras. Muitas vezes determinados traços anulam outros ou potencializam suas características. Isso sem contar fatores externos, como a influência do meio, do momento etc.

Assim, ao observar o ambiente gráfico, não devemos rotular a pessoa de forma definitiva; pelo contrário, é apenas uma indicação do melhor caminho para a compreensão da personalidade do escritor. Para Crépieux-Jamin: "a oposição entre dois níveis proporciona a chave do caráter".

O grafólogo, ao observar características contraditórias na escrita, não deve pensar em conciliá-las de imediato, e sim em fazer isso sob a avaliação das causas que ocorrem e mediante a avaliação dos impulsos e inibições. Assim pode entender com mais facilidade a dinâmica da personalidade e depois mostrar no perfil a causa dos contrastes. As contradições unem-se formando novas características de comportamento no plano afetivo, social, moral etc.

O ambiente gráfico, como foi definido em seus primórdios, é um conceito ultrapassado; serve para o grafólogo observar o grafismo com o qual vai trabalhar. Conceitos como os de harmonia de Jamin trazem informações mais seguras para o perfil grafológico. O grafólogo precisa evitar qualquer tipo de preconceito, manter a mente aberta, e, após alguns momentos de reflexão, avaliar se os movimentos gráficos colocados no papel o agradam ou não à primeira vista.

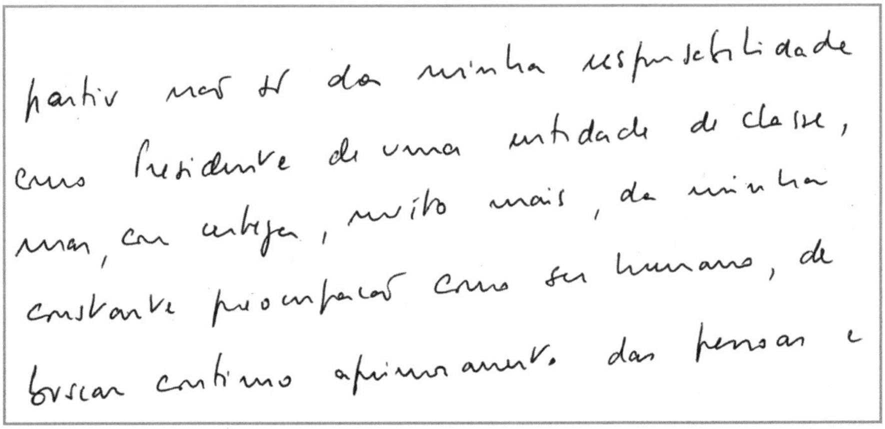

FIGURA 13: Sentido positivo. Forte sensibilidade, traços frouxos, alguns combinados. Limpeza, organização e claridade dos espaços são visíveis. Escrita feminina.

É óbvio que a avaliação final depende de uma série de detalhes. Quanto mais experiente for o grafólogo, maior a facilidade de definir o ambiente gráfico, pois já terá estudado uma grande variedade de escritas, muitas das quais relacionadas com a escrita observada.

O ambiente gráfico positivo requer:

- Ordem e harmonia no traçado, proporção entre zonas.
- Espontaneidade das formas gráficas.
- Ausência de excessos, boa continuidade.
- Pressão firme e constante.
- Equilíbrio entre as margens.
- Pontos e acentos colocados de maneira precisa (ou quase).

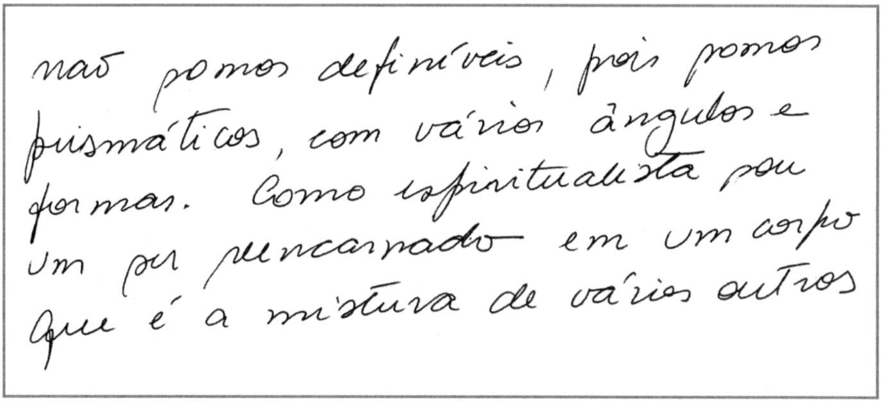

FIGURA 14: Sentido positivo. Escrita limpa, ausência de excessos, ligeiramente ascendente, inclinada. Mulher, 32 anos.

O ambiente gráfico negativo contém:

- Movimentos desproporcionais, ilegíveis.
- Escrita confusa e desordenada.
- Presença de borrões e rabiscos desnecessários.
- Margens desiguais.
- Assinatura confusa e contrária ao texto.
- Espaçamentos confusos.
- Mesclas entre palavras e letras, borrões, retoques, torções.

A limpeza, a legibilidade e a clareza no traçado quase sempre exprimem boas qualidades do escritor.

Com essas observações, concluímos se determinado grafismo tem sentido positivo ou negativo. Não existe escrita totalmente negativa ou 100% positiva, mas pode ocorrer o predomínio de uma ou de outra.

Sentido positivo dos signos

A pessoa cujo grafismo apresenta sentido positivo possui bom grau de adaptação ao meio em que vive. Transita no mundo com fluidez e evita tanto os conflitos externos como internos.

Demonstra, com certa facilidade, o bom grau de equilíbrio entre o que pensa, sente e deseja e as condições do mundo ao seu redor.

Tem forte integridade de conduta, incapacidade de fazer qualquer tipo de concessão à moral ou à ética. Avalia de modo correto as suas próprias emoções, reconhecendo-as assim que se manifestam. É capaz de discriminar, com boa precisão, a maioria de seus verdadeiros sentimentos. A empatia, ou seja, a capacidade de reconhecer sentimentos nas outras pessoas, entrando em sintonia com suas manifestações, é bastante desenvolvida.

Concilia, harmoniza ou ajusta suas tendências e necessidades ao mundo exterior e às exigências sociais. Apresenta bom grau de tensão, que lhe permite negociar com seu ambiente sem qualquer tipo de traumas.

Sentido negativo dos signos

A pessoa cujo grafismo apresenta sentido negativo tem tendências a reações inadequadas que a privam da capacidade de encontrar uma solução equilibrada para seus problemas, seja por bloqueio ou inibição, seja por uma dose de agressividade provavelmente em razão de complexos psicoafetivos, que normalmente geram dificuldades de adaptação (Vels).

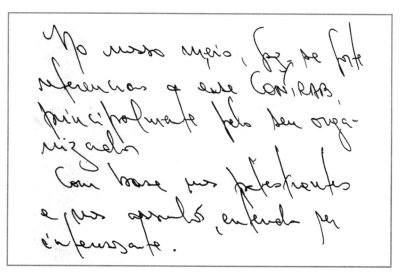

FIGURA 15: Escrita confusa, desproporcional, invertida, suja, com alguns finais em arcada. As ovais apresentam intensas variações, arpões na haste do *t*, traços inúteis. O traço vertical da letra *p* sobe para a zona superior – os grafólogos italianos chamam isso de traço da independência – indicando alto nível de exigência, altivez, fixação em um ideal, necessidade de mandar e sofrimento em posições subalternas.

Quase sempre busca de forma compulsiva, desordenada e desequilibrada as relações com os demais; não raro, valoriza as falsas relações em detrimento das verdadeiras, pois não sabe discriminar com precisão os sentimentos honestos e verdadeiros daqueles passionais e falsos. É comum que tente manipular suas relações pessoais e profissionais. Mas como lhe falta habilidade, isso se torna motivo de realimentação de seus conflitos, os quais, sem dúvida, o indivíduo leva para seu ambiente.

Sua vontade e desejos estão sempre em desacordo com o meio em que transita. Vive insatisfeito consigo mesmo e com o mundo.

Precisa criar conflitos com o meio para receber, dar ou trocar "carinhos", sentimentos e emoções. Age com superficialidade, exageros e distorções de conduta.

3 | SÍNDROME

Definição

O termo "síndrome" provém do vocabulário médico e indica uma quantidade de sintomas que determinam uma doença.

As síndromes associadas mostram, por meio da escrita, características do caráter, do comportamento e das atitudes das pessoas com maior precisão.

Na escrita, a síndrome revela os aspectos que advêm de uma mesma tendência psicológica. Existem vários tipos de síndrome, e a tipologia é observada com base nelas.

Na grafologia moderna, o agrupamento ou a combinação de certos gêneros determina as síndromes. Quando esses gêneros são dominantes em uma escrita, podemos estudar mais profundamente as atitudes em relação às quais elas se manifestam.

Esse vocabulário foi utilizado por H. Gobineau em seu livro *Génétique de l'écriture*. Na obra, a autora propõe duas síndromes de base, pela simplicidade de serem constituídas por dois ou três elementos e por mostrarem comportamentos comuns.

Das duas síndromes-tipo derivam outras variantes de acordo com o meio gráfico:

- Escrita grande, superficial (falta de firmeza, traços infantis, um pouco arredondados), traços largos. Esse tipo de escrita exprime uma riqueza de sensações e contatos íntimos.
- Escrita pequena com movimentos flutuantes ou escrita imóvel, sóbria, letras malformadas. Demonstra timidez, hesitação, contração, adaptação malconduzida.

Vários autores criaram síndromes para facilitar o perfil grafológico, como Robert Olivaux, criador da síndrome de inadaptação (*L'analyse graphologique*).

Olivaux define como síndrome "o agrupamento de sinais, de espécies que mostram um potencial insuficiente ou de dificuldades, ou de bloqueios mais importantes".

O renomado autor descreve primeiramente as síndromes de "involução" gráfica, relatando a impessoalidade gráfica e como ela se manifesta na escrita: "Não apresenta simplificações nem combinações e é pouco progressiva, lenta, pode acorrer forte pressão, chega a ser banal".

As síndromes podem ser observadas de acordo com várias perspectivas:

- Síndromes de espécies com sentido idêntico: escrita ligada, regular, proporcional etc. Esse tipo facilita a vida do grafólogo ao permitir maior agilidade na conclusão, pois as espécies afins colocam em relevo as características mais destacadas da personalidade do escritor.
- Síndromes de espécies com matizes entre elas: escrita ligada, apoiada, filiforme etc. A mesma gênese na condução da escrita dá ao grafólogo maiores nuances a respeito da escrita que está sendo analisada.
- Síndromes de espécies contraditórias. Segundo Peugeot, elas podem ser positivas ou negativas. No primeiro caso, indicam compensação, por exemplo: escrita pequena, desigual, apoiada, estreita etc; no segundo caso: escrita pequena, ligada, descendente, acentuação pesada e baixa.
- Síndromes de espécies que apresentam associações originais. Ocorre quando a determinada escrita se mostra imediatamente, sem fazer parte das síndromes descritas anteriormente.

A elaboração das síndromes visa observar as dominantes na escrita, e assim tirar conclusões e realizar interpretações mais profundas sobre a personalidade do escritor.

Para que a síndrome possa ser avaliada com profundidade, fazem-se necessários treinamentos exaustivos e conhecimento extenso das interpretações psicológicas que decorrem das espécies gráficas específicas. A inter-relação dessas espécies é um processo que exige muita experiência, vivência, maturidade e perspicácia do grafólogo. Com anos de treinamento, certamente esse tipo de estudo separará os grafólogos amadores dos profissionais.

Essa avaliação faz parte do conjunto de avaliações e não deve ser encarada como meio principal para se traçar o perfil grafológico da pessoa. Alguns grafólogos experientes realizam as síndromes antes do levantamento dos gêneros, contudo aconselhamos aos novatos primeiramente avaliar os gêneros para então, com mais precisão, chegar à síndrome da escrita.

Personalização da escrita

O processo de adaptação da escrita ocorre ao longo de toda a vida do escritor.

A criança começa a aprender a escrever de acordo com determinado modelo escolar. Em muitos casos, ela é repreendida por sair daquilo que foi solicitado. Fatores como a motricidade individual, o ambiente que vive, tanto escolar como familiar, os métodos de ensino e sua personalidade fazem que se afaste ou assuma o modelo.

Na adolescência, a escrita tende a sofrer alterações diversas, pois, além de ser um instrumento de comunicação, passa a ter a função de identificação e expressão da personalidade. Ao longo dos anos, a escrita começa a se distinguir das demais, principalmente quando se afasta do modelo caligráfico que foi apresentado nos primeiros anos de vida.

Nada é mais contra a criatividade e a inteligência do que a escrita monótona e caligráfica. A evolução pessoal, social e intelectual influirá diretamente na condução do grafismo. Novas formas e combinações são criadas; muitas nunca vistas antes. O estilo e a expressão da individualidade aparece na escrita, bem como as vivências pelas quais está passando o escritor.

Algumas características mostram a personalização da escrita:

Simplificações

As letras são reduzidas ao essencial sem que percam a legibilidade. As iniciais, embora altas, não têm ornamentos e retoques desnecessários. Ao eliminar o supérfluo, o escritor mostra praticidade e agilidade, assim como não deseja complicações em sua maneira de atuar. As simplificações favorecem muito o movimento escritural, principalmente quando são agregados traços combinados a elas.

Combinações

As combinações são ligações, associações de letras altamente personalizadas. Para isso, faz-se necessário tempo de treinamento e habilidades motoras, pois elas favorecem de modo intenso o movimento gráfico. É muito difícil a criança conseguir isso logo nos primeiros anos de aprendizado. Normalmente, as combinações são feitas entre duas ou três letras, formando estruturas únicas, por exemplo, quando na palavra "ação" a letra *o* volta para trás e se transforma no til, sendo assim os dois indissociáveis.

As combinações na escrita são altamente personalizadas e, ao que se saiba, a maioria não é ensinada, é fruto da aquisição que vai se estruturando ao longo do tempo. É certo que depois de adquiridas, tornam-se muito difíceis de serem desfeitas, pois o gesto gráfico está em pleno funcionamento, arraigado às estruturas da personalidade do escritor. Voltar para o modelo anterior seria perder aquilo que conquistou. A escrita combinada é, sem dúvida, sinal de cultura, originalidade e inventividade; de pensamento ágil e rápido.

Progressividade

A escrita é um movimento que se desenvolve da esquerda para a direita e simbolicamente vai ocupando o espaço em branco. Escrever é ir de encontro ao outro. É transmitir uma mensagem, mas não necessariamente querer ser entendido.

Com as duas características anteriores, o escritor faz esse avanço sem querer complicações, no intuito de passar a mensagem da maneira mais equilibrada possível. É lógico que a motricidade vai influir de forma definitiva na maneira como conduz o gesto gráfico; aqui deve existir o predomínio das curvas sobre os ângulos. A abertura nas ovais e a rapidez do traço são indicativas da personalização gráfica.

Predomínio das curvas

É certo que a escrita executada com base nas curvas é muito mais progressiva que angulosa. As mudanças de direção são mais fáceis e não exigem grandes doses de energia como a contenção necessária para executar os ângulos. Em maior grau de evolução, as curvas em arcadas (n) tendem a formar guirlandas (u); um movimento mais ameno, amável e receptivo. Por certo, esse movimento facilitará outras duas características da personalidade escrita, que são a verticalidade ou a inclinação. Contudo é possível notar que o excesso de guirlanda, aliado à escrita frouxa e aberta, significa ser influenciável e sem firmeza. Nesses casos, o movimento gráfico perde tensão e agilidade.

Verticalidade ou inclinação

R. Zazzo considera a inclinação para a direita uma tendência natural do aprendizado, e a escrita invertida (à esquerda) uma manifestação contrária a este. As irregularidades são consideradas signos de hesitação. A escrita vertical assinala o controle de si, a capacidade de manter sua posição e seus pontos de vista; o escritor tem "coluna vertebral". A inclinação facilita a motricidade do gesto gráfico da esquerda para a direita. No que diz respeito à praticidade, é muito mais fácil escrever se a mão estiver sendo conduzida para a direita. Alguns especialistas dizem que quando a criança tem dúvidas sobre a mão dominante que usará para escrever, deve ser incentivada a direita, pois a fluidez do gesto tende a ser mais adaptável.

A espontaneidade de ir ao encontro dos demais é facilitada pela escrita inclinada. Para muitos grafólogos, sinal de afetividade; diferentemente da invertida, que indica que a pessoa tende a evitar ou temer contatos.

Rapidez e desigualdades

A rapidez na escrita só é atingida quando existem, ao mesmo tempo, motricidade suficiente e treinamento intensivo. A criança, nos primeiros momentos, não consegue escrever de modo rápido. Existem vários sinais que mostram a rapidez: simplificações, inclinações, combinações etc. É certo que a pressão influi, mas não é considerada fator de progressividade na escrita.

A desigualdade é um signo importante para avaliar a rapidez. Não somos máquinas e, por isso, quanto mais rápido o gesto certamente mais variações a escrita tende a apresentar. As pequenas variações matizam o gesto gráfico e dão ritmo à escrita, não permitindo que ela apresente monotonia nas formas. As nuanças aparecem especialmente na direção das linhas, no tamanho e na inclinação das letras; nesse caso, podendo ocorrer na mesma palavra.

Clareza e simplificações

Não é a pressão nem a progressividade que favorece a legibilidade da escrita, e sim os dois parâmetros aplicados acima. Quando a escrita apresenta bom espaçamento entre linhas, letras e palavras, margens, acentuação, pontuação etc. (clareza) e simplificações ao mesmo tempo é sinal de maturidade e inteligência do escritor. Escrever é comunicar-se. Quanto mais legível a letra, melhor o resultado.

O desejo de legibilidade leva o escritor a realizar traços precisos que não se misturam com os demais; todavia, a necessidade de simplificar faz que a escrita apresente pequenas irregularidades. Por isso, somente a personalidade equilibrada conseguirá essas duas características de modo que uma não predomine sobre a outra.

Pressão

Para o grafólogo experiente, a pressão mostra-se de imediato. Os traços precisos e firmes revelam a boa motricidade e saúde do escritor. O equilíbrio da pressão no papel não é muito comum em adolescentes, pois as tensões internas não estão equilibradas. A constância dos traços – ou seja, o equilíbrio entre os traços ascendentes e descendentes das letras – mostra maturidade física e psicológica; capacidade de mobilização voluntária de suas energias em prol de um objetivo.

As variações, o engrossamento dos traços e a pastosidade excessiva indicam as mais diversas perturbações, tanto no aspecto psicológico como no motor. A pressão será estudada em detalhe mais adiante.

Principais síndromes gráficas

Inibição

A inibição gráfica é vista pela diminuição da progressão, retoques, contração e espaços interiores das letras etc. A inibição pode se manifestar por meio de uma ou duas síndromes.

A inibição mais normal é provocada pela emotividade. A pessoa emotiva reage à solicitação e aos relacionamentos interpessoais de diversas maneiras. Uns tendem a minimizar, outros a exacerbar as reações.

A escrita inibida manifesta-se pela diminuição ou interrupção mais ou menos brusca dos movimentos. Portanto, divide com o antônimo da escrita dinâmica e sua associada, a desigual, o privilégio de afetar todos os modos de expressão do grafismo.

Essas três grandes espécies qualitativas são inseparáveis no pensamento do grafólogo, sua importância é enorme; e sua ação, flexível e constante (Crépieux-Jamin, *ABC da Grafologia*).

O movimento normalmente é travado por interrupções, letras suspensas, endurecimento ou abandono das formas. As letras inutilmente barradas são sinais de inibição voluntária e consciente, uma diminuição do impulso dentro do caráter que se seduz facilmente.

A escrita pode ser baixa, estreita, fina; possuir margens (superiores e inferiores, direita e esquerda) grandes ou enquadradas e espaçamentos no interior do texto.

Entre as dominantes gráficas da inibição, destacam-se as escritas indecisa, inacabada, pequena, invertida, pontuada, massiva, lenta/pausada, retocada, sóbria e suspensa. Cada uma dessas particularidades representa características do caráter inibido. A pessoa pode se inibir com algum assunto, mas não se inibir diante de outros.

De outra maneira, uma espécie de inibição não constitui uma escrita inibida; ela resulta da conjugação de muitos signos de inibição e de suas influências recíprocas. O deslocamento da pressão é uma reação à inibição. Como afirma Crépieux-Jamin, a inibição deveria ser um meio de dominar-se, não de se sujeitar.

O conceito é expresso pela linha de base e pela verticalidade das letras, pressão nos pontos e acentos, e outros detalhes que assinalam vigilância ativa.

Em resumo, podemos dizer que a síndrome de inibição, que se manifesta por meio da soltura ou contração do gesto, permite observar inibições de ordem afetiva.

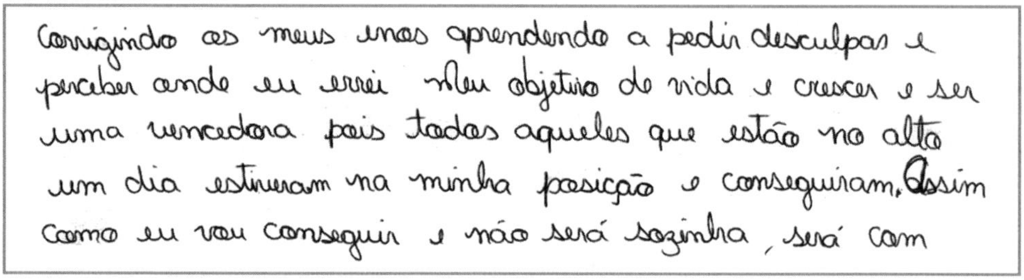

FIGURA 16: Síndrome da inibição. Escrita caligráfica, lenta, monótona. A rigidez pode ocorrer em qualquer tipo de escrita, mesmo que não seja caligráfica.

Expansão

A expansão gráfica manifesta-se pelo aumento da dimensão e do movimento e, em geral, a escrita tende a invadir os espaços gráficos da folha. O traço pode ser apoiado e com tendência à filiformidade, o que dificilmente ocorre quando temos o predomínio da forma. As pernas e hastes são grandes e normalmente infladas. A escrita é grande, extensa e com tendência a um aumento dos espaços entre linhas e palavras.

A assinatura pode revelar importantes sinais, principalmente os mecanismos de compensação; notam-se complexos de inferioridade ou superioridade, comparando-se as três zonas do texto com a da assinatura. Pode, também, estar associada à necessidade de imposição ou de afirmação no meio social.

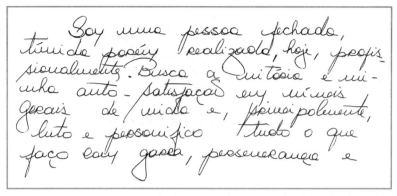

FIGURA 17: Nota-se a expansão pelas formas grandes e exageradas, barra do *t* disparada, inflada etc. O traço inicial longo partindo da zona inferior (letra *s* de satisfação) é chamado de traço da insegurança material, mostrando aferramento à vida, materialismo, carência na infância. A escola italiana fala em hipocondria, outros autores, em ressentimento, o que nos parece mais viável.

Impulsividade

A escrita é progressiva; e o gesto, normalmente, acelerado. Implica quase sempre certa imprecisão das letras. Contudo, existem grafismos precisos que ocasionalmente podem indicar impulsividade.

Para determinar a síndrome é necessário detectar a presença das características marcantes: direção ascendente, dimensão crescente (ou grande), inclinação acentuada, pressão forte nos traços, lançada, acelerada, angulosa, velocidade e desigualdades.

A síndrome da impulsividade afeta todos os gêneros: ordem, dimensão, inclinação, continuidade, direção, pressão.

Em relação à ordem, podem ocorrer alteração das páginas e sinuosidade na direção, a qual pode ser imbricada dos dois modos: ascendente e descendente.

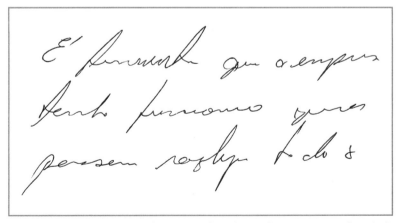

FIGURA 18: A síndrome da impulsividade tende a afetar todos os gêneros gráficos: inclinação, pressão, tamanho etc. A escrita perde legibilidade, e o campo gráfico é invadido por formas estranhas e imprecisas.

Nos adolescentes, as desigualdades de inclinação mostram a constante indecisão em que eles vivem.

O escritor impulsivo apresenta desde nuanças pequenas ou discretas desigualdades de gêneros até a escrita discordante – neste último caso, entrando no terreno da deterioração gráfica.

Relaxamento do traço

Pode aparecer durante o aprendizado e posteriormente na adolescência – neste caso, é indicativo de regressão ou ainda uma forma de bloqueio em sua energia e capacidade de adaptação. Normalmente, denota variações passageiras que acompanham o adolescente.

A rigidez (excesso de tensão) ou a frouxidão (excesso de relaxamento) podem persistir na vida adulta, mostrando dificuldades de adaptação.

Se a vontade for fraca, o indivíduo será facilmente influenciado e apresentará até mesmo certo mimetismo ou capacidade de se adaptar ao meio segundo suas comodidades.

A liberdade de movimento é:

- aparente dentro das escritas bastante frouxas;
- adaptada nas escritas firmes, sem a perda de certa frouxidão;
- razoável nas escritas controladas;
- contrária nas escritas rígidas;
- falsamente adaptada quando a contração é permanente;
- descontrolada em escritas tensas, com bruscas variações.

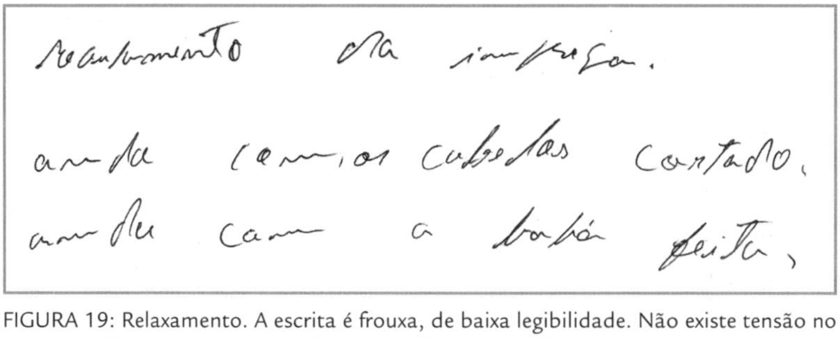

FIGURA 19: Relaxamento. A escrita é frouxa, de baixa legibilidade. Não existe tensão no gesto gráfico nem vigor no movimento. A direção das linhas é imprecisa, os espaçamentos são aleatórios.

São características da escrita frouxa:

- ligações combinadas;
- aspecto dextrogiro, fino;
- direções múltiplas, sinuosidade;
- curvas rápidas, pastosidade;
- guirlandas sem profundidade e abertas;

- curvas nas bases das letras;
- traços variados, filiformes;
- aspecto de inacabada.

Rigidez e frouxidão são complementares, assim como a abertura e o fechamento, e as escritas dextrogira e sinistrogira são complementares para o resultado final da estrutura gráfica.

Rigidez do traço

A predominância da tensão implica traço rígido e movimento brusco, irregular. O indivíduo é incapaz de progredir, o que resulta em forte tensão. Para M. Desurvire, a tensão é a caricatura da firmeza e exprime disciplina, intolerância, oposição e rigor consigo e com os outros.

São características da escrita rígida:

- predomínio do ângulo;
- predomínio de traços retos em detrimento da curva;
- organização rígida das linhas e margens;
- base das letras angulosas (seca);
- letras desenhadas;
- traços limpos e direção fixa;
- letras e palavras estreitas;
- mudanças bruscas de direção.

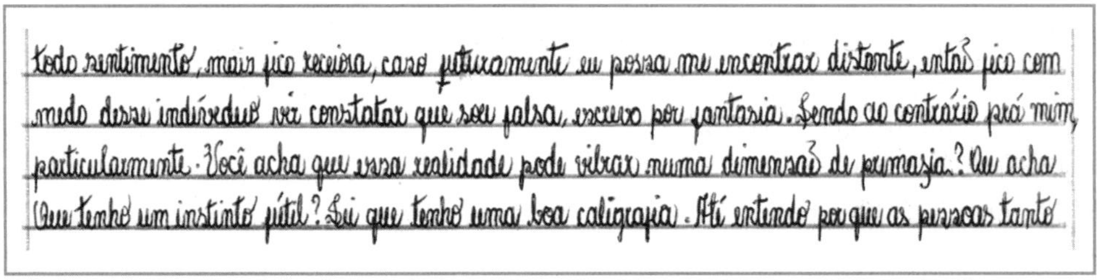

FIGURA 20: Rigidez no traço. Há pouca elasticidade entre pressão e tensão, e o controle é constante.

Deterioração gráfica

A deterioração gráfica acontece quando o ato de escrever resulta em anormalidades e existe certo exagero nos signos gráficos. Pode ocorrer tanto com a inibição quanto com a expansão gráfica.

São sinais de que está havendo deterioração gráfica: torções e fragmentações, tremores, quebras, pontuação inútil. Nas escritas fragmentadas, nota-se os traços verticais e a letra *m* com as pernas separadas.

A deterioração pode vir acompanhada pela diminuição da velocidade e da rigidez da escrita que mantém a direção das linhas.

Precisamos observar que, na infância e na adolescência, a fragmentação das letras pode indicar inquietação, necessidade de acerto, ansiedade e medo do futuro. No adulto, resulta de ansiedade e angústia ou de um estado que deve ser avaliado por médicos.

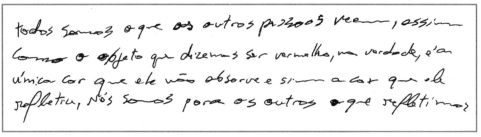

FIGURA 21: Deterioração gráfica. Escrita com torções, retocada, pequena, imprecisa, com variações de pressão e inclinação. Normalmente, é sinal de problemas físicos e até mesmo de doenças mentais. O grafólogo não deve tirar conclusões apressadas, pois o diagnóstico é privativo dos médicos.

Impessoalidade

A tendência de nossa escrita é evoluir com base no modelo escolar. Entretanto, algumas pessoas mantêm a escrita impessoal, tipo em que as qualidades gráficas não evoluem, parecem estagnadas no tempo.

São características do traço impessoal:

- escrita lenta, sem ritmo, ligada ou hiperligada, tremida e monótona;
- apresenta organização espacial da página banal;
- ponto de solda;
- pressão com irregularidades;
- erros ortográficos;
- dificuldades nas ligações;
- regularidade na proporção das letras;
- atenção aos detalhes (acentuação);
- direção incerta.

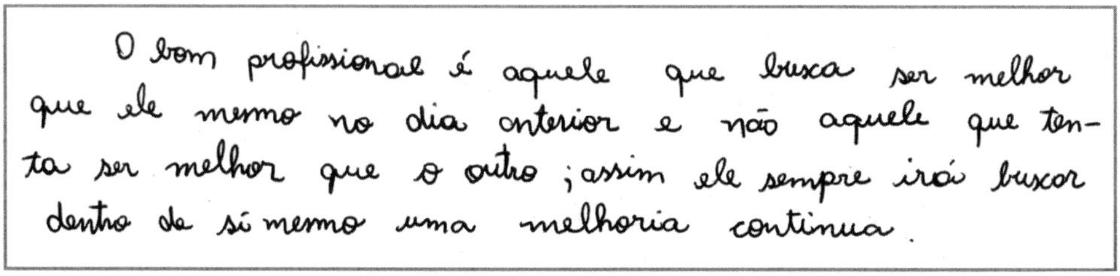

FIGURA 22: Impessoalidade. A escrita é caligráfica, simples, monótona, sem grandes variações. A pessoa não deseja se expor ao mundo, cada gesto é uma pausa para pensar. Não existe flexibilidade no grafismo.

A impessoalidade pode ser indício de dificuldades no aprendizado. Indica, entre outras características, compensações e defesas pessoais.

Outros tipos de síndrome

Existem ainda outros tipos de síndrome, entre as quais podemos citar:
- Afetiva: pressão e inclinação.
- Moral: forma e direção.
- Social: ordem e dimensão.
- Realização: velocidade e continuidade.

4 | ORDEM

O gênero *ordem* é avaliado pela maneira como a pessoa distribui a massa gráfica no papel, coloca a pontuação, executa as quatro margens (superior, inferior, direita e esquerda), enquadra o texto etc.

A folha em branco deve ser considerada o "mundo" ou o espaço no qual o escritor transita e se envolve. É nesse espaço que as ideias e os pensamentos são expressos de forma consciente e inconsciente.

A ordem revela, nos mais diversos graus, a capacidade de organização, a clareza com que o escritor concebe, idealiza e realiza seus empreendimentos, como se adapta às normas e aos deveres sociais, como classifica e maneja os elementos do dia a dia, a objetividade com que atua no mundo, entre outros. Mostra também a adaptabilidade do escritor no espaço, o método e o senso de organização, tempo, atividade etc. Podemos dizer que a forma organizada ou desorganizada como o escritor escreve é a mesma que conduz a sua vida.

O gênero ordem divide-se em: distribuição, disposição e proporção. Contudo, para efeitos práticos, fixamo-nos apenas nas espécies da distribuição e da proporção. Estudaremos também o espaço do ponto de vista da escola italiana do padre Moretti.

Distribuição na escola jaminiana

Segundo Jamin, distribuição é a maneira como as letras, palavras e linhas são dispostas ao longo do campo gráfico. As distâncias entre esses elementos são observadas. Corresponde à ordem das ideias. A escrita bem distribuída obedece aos seguintes parâmetros:

- ausência de excessos;
- as palavras de uma linha não se misturam com as de outras;
- os espaçamentos são regulares;

- a distância normal entre uma letra e outra é equivalente à largura média das letras ovais *a, o, g* (Marchesan).

Esses parâmetros sofrem variações de acordo com as diferentes escolas de grafologia, principalmente porque cada país tem seu próprio modelo caligráfico.

A distribuição pode ser: clara, arejada, confusa, legível, ilegível, concentrada, condensada, espaçada, organizada, desorganizada, limpa, suja, invasiva.

Mas antes de avaliarmos a distribuição, algumas considerações sobre os espaços interlineares se fazem necessárias.

Segundo Vels, os espaços entre as linhas medem a capacidade de abstração que a pessoa tem para pensar de forma panorâmica sobre o passado, o presente e o futuro.

Ao escrever, deixamos o passado para trás (linhas anteriores). Linhas próximas indicam maior ligação com o passado e o presente cotidiano. Linhas afastadas mostram capacidade de raciocinar em longo prazo.

O espaço curto entre as linhas revela a capacidade de trabalhar em "nível tático", e o uso de grandes espaços demonstra "capacidade estratégica".

Palavras colocadas de maneira distante umas das outras indicam restrições nos contatos interpessoais, atitudes de pausa e reflexão nos relacionamentos. Caso a pausa seja exagerada, isso indica que a pessoa se perde em conjecturas, não demonstra interesse em seus contatos. Quando a escrita é pequena, sinaliza concentração de esforços na tentativa de ampliar horizontes.

Palavras espaçadas e letras grandes indicam sentimentos de superioridade, tentativa de manter a distância pela força.

Pouca separação entre as palavras denota necessidade de ocupar espaços, aproximação exagerada entre as pessoas, pouco respeito ao espaço físico e psicológico do outro, juízos mal ajustados, visão distorcida de seus direitos.

Espaçamento desigual sugere ambivalência nos contatos. Esse sinal adquire maior importância quando existem desigualdades de inclinação.

Em seu livro *Grafologia estructural e dinámica*, o professor Vels compara os espaços grandes entre as linhas com os da visão de um aviador (ampla perspectiva); e os espaços curtos, com a visão de um motorista de automóvel.

Espaços desiguais entre as linhas indicam pouco aproveitamento do tempo e falta de planejamento.

A escola francesa avalia as entrelinhas inferiores a quatro alturas de minúsculas, sem hastes nem pernas, como *serrée entre les lignes* – apertada entre as linhas.

Se o espaço entre as palavras inferiores é equivalente a duas larguras de letras minúsculas, a escrita é *serrée entre les mots* – apertada entre as palavras.

Um bom espaço entre as linhas é sinal de que o indivíduo é reflexivo, moderado, de sentimentos ponderados. Espaços exagerados revelam riscos de sair da realidade e pouca vontade de engajar-se nos contatos.

Na distribuição do espaço no papel, os franceses fazem interessantes observações, as quais denominam *mise en page* ou apresentação gráfica. São estudados a distribuição das quatro margens, os parágrafos e a posição da assinatura.

O perfil completo desse tipo de avaliação pode ser visto no livro *Psicodinâmica do espaço na grafologia*.

No que diz respeito ao ritmo, dizemos que uma escrita rítmica apresenta espaços regulares entre linhas e palavras; do contrário, ela é denominada arrítmica.

Vejamos agora as subdivisões da distribuição.

Clara

É aquela em que existe boa separação entre letras, linhas e palavras. Em outros termos, os espaçamentos são distribuídos de maneira equilibrada ao longo do campo gráfico. A escrita clara tende a ser legível, embora a escrita com equilíbrio no espaçamento costume apresentar boa legibilidade. Esse tipo de escrita é um sinal de ajustamento nos "espaços sociais". O oposto da escrita clara é a escrita concentrada, compacta.

Para nós, o que diferencia a escrita clara da arejada é o fato de que os espaçamentos da primeira se aproximam do modelo escolar sem serem exatamente iguais. No segundo caso, é evidente o afastamento do modelo caligráfico nas distâncias entre linhas, letras e palavras. A escrita arejada normalmente é superior à clara.

> Equilíbrio entre os momentos de reflexão e ação. Autonomia pessoal e social. Capacidade de inserir-se nos mais diversos meios sem se promiscuir. Clareza de ideias e de intenções. Para Jamin, a claridade na escrita é sempre um bom sinal, indício de convivência social harmônica e de respeito às normas e aos ritos sociais sem ferir os próprios sentimentos (assertividade).
>
> Habilidade para encarar de maneira positiva os problemas da vida. Necessidade de um espaço que seja só seu. Capacidade para enxergar o essencial em cada situação sem se perder nos detalhes. Predomínio da atividade consciente, claridade de espírito e de julgamento na correta proporção dos fatos e acontecimentos. A razão dirige a imaginação. Ordem nas áreas de trabalho. Simpatia, fidelidade e amor à verdade. Correta visão dos fatos sociais. Reflexão, objetividade, espírito de síntese. Necessidade de orientar-se, compreender e esclarecer conceitos, teorias e métodos de outras disciplinas ou mesmo do raciocínio geral. Busca sistemática da verdade, procurando sempre a observação e o raciocínio (empirismo e racionalismo). Uso da razão e da argumentação como instrumentos para alcançar a verdade. Se usada com escrita extensa, denota generosidade. É potencializada de forma positiva pela escrita limpa, organizada, rápida, inclinada.
>
> Diletantismo. Pouca capacidade intelectual. Normalmente, atua de modo convencional e segue hábitos e rotinas preestabelecidas. Incapacidade de ver o contexto das ideias. Dificuldade de comunicação no plano social, afetivo e emocional. Falta de imaginação. Visão única, distorcida e simplista de suas obrigações sociais. O escritor tende a se concentrar mais nos

fatos do que nas suas reais possibilidades. Escassa disponibilidade para acolher ideias dos demais, pois sua capacidade de compreensão é convencional, muitas vezes abaixo da média, e não consegue acrescentar nada ao que já existe. É potencializada de forma negativa pela escrita suja, desorganizada, lenta, desproporcional, invertida.

> do cada vez mais um diferencial competitivo em relação as suas concorrentes, temos também que nos adaptar a estas constantes mudanças, que as vezes pode significar parar ... repensar sobre nosso futuro profissional e até tomar a decisão de mudar completamente nosso dis

FIGURA 23: Escrita clara, limpa, sóbria, organizada, vertical, ovais fechadas, pequena, velocidade moderada. Barra do *t* baixa, executada em um só impulso com a haste.

Arejada

Segundo Gille-Maisani, este tipo de escrita caracteriza-se pela importância harmoniosa dos espaços em branco na página. Suas características são:

- espaços amplos entre as palavras;
- distância entre linhas bem definida – elas jamais se misturam;
- excelente proporção entre as margens direita e esquerda;
- proporção harmoniosa entre o tamanho das margens e o texto.

Na escrita arejada, a proporção entre os espaços é notória, mas nunca rígida. As zonas superior, média e inferior estão em plena harmonia com os espaços.

Como a integração é total, os espaços têm muito destaque para o grafólogo, por menores que sejam. Se os espaços fossem mais amplos, classificaria-se a escrita como espaçada.

A escrita arejada denota clareza mental, capacidade de julgamento objetivo e independente, além de uma intuição que não domina o escritor, mas que favorece sua capacidade de associar premissas e conclusões. Demonstra também, segundo Caille, visão abrangente e, de acordo com Pulver, habilidade para realizar sínteses com precisão. Outras características são: capacidade de penetrar e compreender de maneira clara as ideias dos demais; firmeza para manter coerência com as relevâncias e considerações feitas; forte penetração psicológica na procura da realidade das pessoas e situações; equilíbrio nos contatos interpessoais; personalidade forte, que se adapta aos ambientes de maneira própria. O indivíduo que escreve desta maneira assimila com facilidade as noções expressas de forma clara nos contextos, bem como capta de forma singular particularidades não incluídas neles de modo expresso.

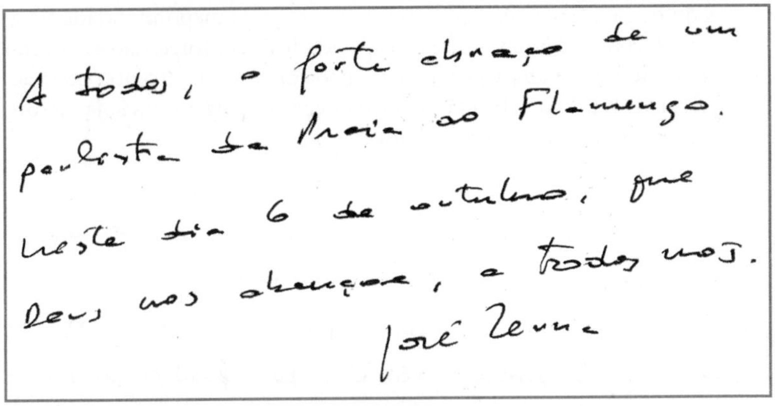

FIGURA 24: Arejada. Os espaçamentos entre as palavras e linhas são equilibrados. A escrita é ascendente, rápida. A dupla barra na letra *t* é sempre considerada um ótimo sinal grafológico. As ovais são mais largas do que altas, caracterizando a *escrita ovalada*; neste caso, sinal de timidez, reserva, escrúpulos, aliado à introversão (vertical, pequena etc.) e à intuição (desligada), assinalando inteligência acima da média e concentração.

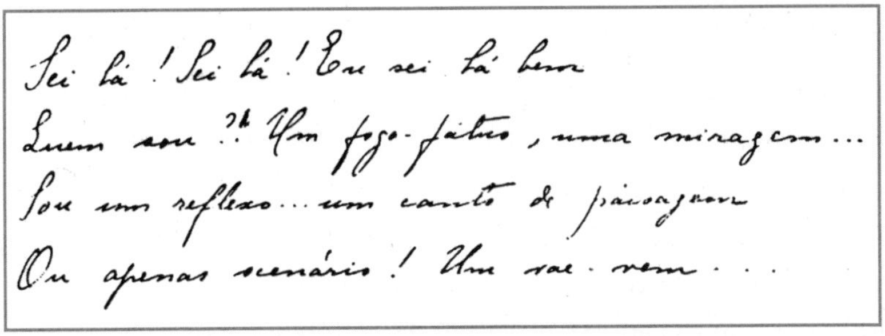

FIGURA 25: Apesar da desproporção entre as zonas, o grafismo de Gabriela Espanca pode ser considerado arejado, pois o ar circula entre as letras. O brilhantismo e a ansiedade se confundem.

Confusa

Trata-se da escrita que apresenta distribuição bastante deficiente no campo gráfico das palavras, linhas e espaços. As palavras chocam-se, entrelaçam-se e misturam-se. A massa gráfica avança pelo papel de modo descontínuo e desordenado. Para Crépieux-Jamin, o principal signo de confusão é a forma imprecisa das letras. A confusão espacial mostra que o indivíduo ocupa espaços indevidos, não cede quando necessário e avança de maneira imprópria os "espaços psicológicos e territoriais" das outras pessoas.

A mistura entre as linhas é sinal de incapacidade de apreciar corretamente os fatos, falta de hierarquia social e profissional, além de atividade mal organizada.

Em crianças e adolescentes, a causa mais frequente da confusão é a instabilidade; seus traços são desiguais, sacudidos, com tremores etc. Nos adultos a confusão pode ter origem na precipitação, negligência, moleza e agitação. Seu antônimo é a escrita clara, legível.

Normalmente, mescla a vida instintiva, emotiva e intelectual. Entusiasmo juvenil, imaginação transbordante, afetividade e originalidade. Necessidade de trocar com o meio ambiente sem qualquer capacidade de triagem.

Incapacidade de expor o pensamento de forma objetiva e clara, razão pela qual muitas vezes o escritor passa por incompreendido e criador de conflitos com o meio em que transita. Má utilização do tempo. Escassa habilidade para reconhecer as origens dos estímulos e seus objetivos, impedindo o escritor de trabalhar de modo eficiente com esses estímulos, que tendem a permanecer mais do que o tempo necessário, causando tensões de toda ordem, inibindo o ritmo do escritor. Ansiedade e angústia. Inquietudes. Desequilíbrio e complicações de ordem moral. Excesso de imaginação, exaltação, pretensão e certa utopia por excessiva espontaneidade. Falta de recato e de pudor. Indivíduo ingênuo, crédulo e sugestionável. Contato fácil com pessoas imorais e amorais. Complacência com afetos legítimos e ilegítimos. Sentimentos exagerados. Necessidade de envenenar as relações entre os membros de seu grupo ou convívio. Somado a outros signos de desorganização, é indicativo de distúrbios psicológicos e até doenças físicas. Potencializam a escrita confusa os traços desproporcionais, a pressão deslocada, a escrita acelerada etc.

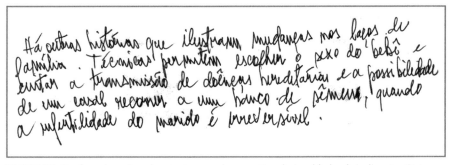

FIGURA 26: Confusa, desordenada, estreita, angulosa, arpões, desigualdades de inclinação. Os traços finais para a direção nordeste lembram a *escrita ríspida* (angulosa, seca, brusca).

Legível

Para Crépieux-Jamin é a escrita que se lê facilmente. Seu signo primordial, qualitativo, é a formação regular e sem complicações das palavras e letras. Jamin dizia que a distância entre as letras era em torno de um milímetro, e entre as palavras, de dois milímetros.

Embora a escrita clara contribua para a boa legibilidade do texto, assim como a caligráfica, não podemos nos fixar nesses dois gêneros para definir se a escrita é legível ou não. A fim de que a legibilidade seja avaliada corretamente, o grafólogo precisa avaliar outros signos concomitantes. São necessárias capacidade de interpretação e experiência para definir a escrita legível com precisão, pois o leitor comum tende a preencher certas lacunas no texto inconscientemente e considerar, de forma errônea, a escrita legível.

De acordo com Crépieux-Jamin, a escrita legível, associada à escrita harmônica, é um dos melhores signos de inteligência e de retidão.

A legibilidade seria a condição *sine qua non* em uma escrita. Em alguns casos, ela é resultado de habilidade profissional como a de professoras, principalmente das escolas primárias, pela intensa necessidade de fazer que os alunos entendam e reproduzam o modelo ensinado. O antônimo dessa escrita é a ilegível.

> Simplicidade e sinceridade de propósitos. Capacidade de expor ideias e pensamentos com clareza e objetividade. Necessidade de ser compreendido pelos demais. Preferência por relações claras, sem o oculto. Coordenação mental e psíquica.

> Tendência à meticulosidade e a escrúpulos exagerados. Complexo de culpa. Necessidade de passar aos outros uma imagem ideal de si que muitas vezes não corresponde à realidade.

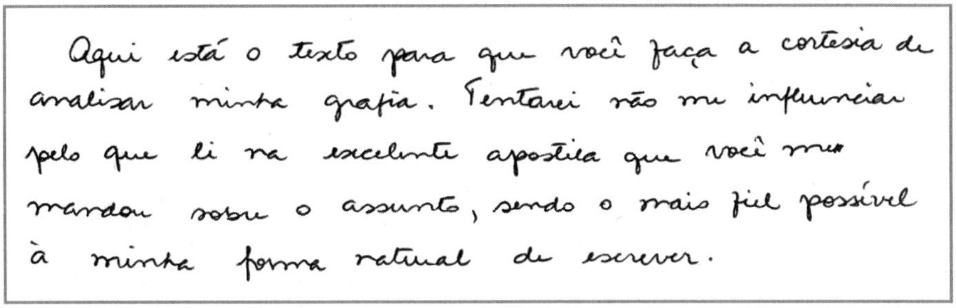

FIGURA 27: Legível. A legibilidade é sempre um sinal de que a pessoa deseja ser compreendida. Normalmente, quanto mais legível a escrita, mais outras espécies podem ser "sacrificadas" em detrimento da legibilidade.

Ilegível

Quando tentamos ler as palavras ao longo do texto e não conseguimos e/ou o fazemos com grandes dificuldades, precisamos "traduzir o texto". A legibilidade é menor se não conseguimos ler pequenas palavras com traçados de fácil execução tais como preposições, artigos etc.

A falta de legibilidade pode ser produto de pressa (escrita precipitada), condições precárias para escrever (por exemplo, doenças), deformação das letras (bizarrice), supressão de letras nas palavras (no fim, começo ou meio) etc.

Qualquer que seja o motivo, a falta de legibilidade é sempre um dado que deve ser observado com cuidado na análise grafológica.

A escrita ilegível, conforme nosso entender, pode ser característica de pessoas que desejam se mostrar, mas não têm coragem de aparecer, ou seja, querem marcar presença sem serem vistas. É o caso das pichações, que quase sempre reproduzem escritas, ou desenhos, de forma ilegível, enigmática. Entretanto, essa é apenas uma avaliação superficial, e outros comentários estão além do objetivo deste livro.

Outro ponto interessante sobre a escrita ilegível é o endereçamento de envelopes. Estão errados os grafólogos que não analisam a escrita de envelopes. A falta de legibilidade no nome e no endereço do destinatário é sinal preocupante, podendo em alguns casos indicar patologias. É óbvio que jamais faríamos uma análise completa com base nesse único fato, mas teríamos alguns indicativos importantes sobre a personalidade do escritor.

A escrita nos envelopes mostra atitudes cerimoniosas, vontade extrema de ser compreendido; revela certa tendência ao aumento de pressão no campo do destinatário. A ordem no envelope, inclusive a colocação correta do selo indica bom ajustamento social. Certos países, como os Estados Unidos, têm um tipo de ordem diferente para endereçamento postal. Seu antônimo é a escrita legível.

> Incapacidade de realizar a triagem dos estímulos. Confusão mental e tendência a enrolar certas situações. Atividade febril, neurose ativa (Vels). Dissimulação, mistério. Apreensão, insegurança, ansiedade e incapacidade para expor ideias, mesmo as mais elementares. Visão pessoal e confusa dos fatos e acontecimentos, falta de habilidade para considerar o valor dos resultados.

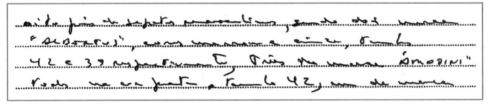

FIGURA 28: Ilegível. Pequena, filiforme, invertida, com finais em unha de gato. Escrita inacabada em palavras no início, meio e fim. Ovais fechadas. Regressiva.

Concentrada

Neste tipo de escrita, os intervalos entre letras, palavras e linhas são sempre menores que o modelo escolar, mas isso não significa que ela seja ilegível. Para Crépieux-Jamin, é o principal modo de condensar os movimentos.

Não podemos confundir esses espaços com o tamanho, pois a escrita pode ser grande e ter espaçamentos pequenos ou vice-versa. A concentração também pode ocorrer apenas nas linhas ou somente nas palavras.

Algumas espécies tendem a aparecer juntas, como concentrada, pequena, contida, sóbria, simples, proporcional etc., o que não quer dizer que seja um padrão. A escrita concentrada não deve ser confundida com a escrita confusa, uma vez que, nesta, as linhas, as palavras e as letras se misturam.

A pessoa que coloca as letras próximas umas das outras necessita de contatos reais e concretos; sua assimilação ao cotidiano só se faz dentro do que pode observar.

A concentração dos movimentos evita, *a priori*, a dispersão de energias tanto no sentido físico quanto no mental.

Em alguns presidiários, tem-se observado esse tipo de escrita, indicando, talvez, que o cerceamento do espaço físico conduz a uma síndrome de escrita pequena, lenta, monótona e concentrada – mas essas conclusões carecem de mais estudos.

A proximidade entre as pessoas pode ter diferentes motivações: amor, carinho, desejo de dominação, vontade de mostrar-se, de ser elogiado etc. O grafólogo deve avaliar o conjunto do texto para chegar a essas conclusões. O antônimo da escrita concentrada é a espaçada.

> Concentração mental e bom aproveitamento do tempo. Necessidade de dirigir a atenção para o centro vital da questão. Necessidade de intensos contatos com o meio social. Atenção, concentração de ideias, ordem, circunspecção. Concentração de esforços para obter resultados favoráveis.
>
> Necessidade de economia levada até à avareza, tendência a guardar, economizar e acumular bens. Difícil acesso aos sentimentos generosos. Visão limitada e estreita dos fatos e do mundo. Insegurança, egoísmo. Pouca capacidade de triagem em suas relações afetivas, amorosas e sociais. Falta de seletividade com o meio ambiente. Liga-se a qualquer tipo de pessoa sem avaliações prévias. Covardia, mesquinhez. Desconfiança exagerada. Associada à escrita angulosa, denota visão limitada dos fatos, falta de senso social; à escrita suja, promiscuidade.

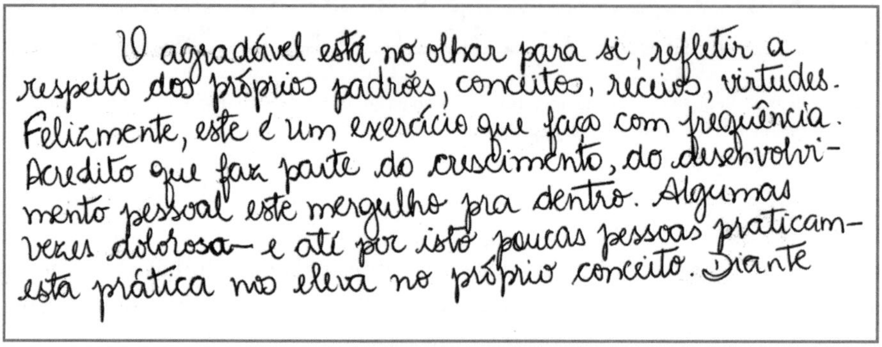

FIGURA 29: Concentrada entre linhas e palavras. Algumas letras são coladas.

Condensada (ou compacta)

Segundo Jamin, trata-se da escrita concentrada em todos os seus aspectos possíveis: nas letras, entre as letras (estreita), nas palavras e linhas. As margens são reduzidas ou inexistentes. Neste tipo de escrita, os gestos e a consequente concentração de todos os movimentos são evidentes. Utiliza-se o campo gráfico com rara avareza. Parece evidente que em muitos casos as características da escrita concentrada são exacerbadas. A concentração exagerada também pode ocorrer em virtude do frio e de pouco papel para escrever, e, nesse caso, a interpretação deve ser evitada.

A principal diferença entre a escrita concentrada e a condensada reside no interior das palavras: na primeira, as palavras podem ser extensas e sem contração entre os espaços; na segunda, as palavras são obrigatoriamente estreitas, e os espaços, contraídos. Seu antônimo é a escrita espaçada.

Corresponde a atenção extremamente concentrada. Denota natureza mesquinha que não deseja se comprometer com nada, egoísmo exagerado, necessidade de utilizar até a última gota, o último grão em benefício próprio. Aproveita-se tanto de bens materiais disponíveis como do trabalho das pessoas. Demonstra falta de moralidade no contato com os outros. A pessoa vive dominada por tensões internas das quais não consegue se libertar.

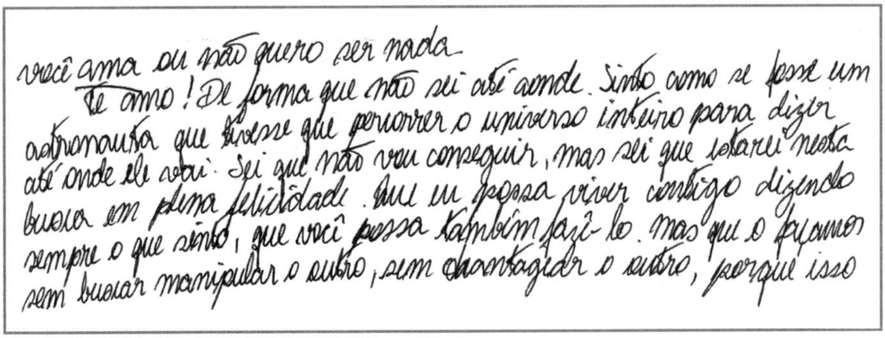

FIGURA 30: Condensada. Trata-se da exacerbação da concentração dos espaços entre as palavras, letras e linhas. A escrita é estreita, vertical. Com um pouco de experiência, o grafólogo nota a angústia de um enamorado, não por isso menos confuso.

Espaçada

Nesse caso, os espaços entre as letras e as palavras são maiores que os do modelo caligráfico. O espaço na escrita sempre indica um momento de silêncio, de contato consigo mesmo, de isolamento. Grosso modo, reflete sentimento de espiritualidade. O grande isolamento pode indicar preparação para entrar em ação. Seu antônimo é a escrita concentrada, condensada.

> Prudência, liberdade, reserva, tranquilidade, independência, expansividade, claridade de espírito. Necessidade de viver ao ar livre. Amplitude do campo de consciência, de ideias e sentimentos. Bondade natural, precaução e generosidade, simpatia e contato com os demais. Certo gosto pela vida folgada e ambientes largos. Associada à escrita limpa, legível e combinada, denota recursos intelectuais de grande monta, mente clara e de grande valor. Trata-se de uma excelente combinação de espécies, altamente favorável ao escritor. Associada à escrita vertical e sobressaltada, indica orgulho, necessidade de distanciar-se dos demais. Desejo de ser singular e não interagir com certos tipos

de pessoa. Seletividade exagerada. Associada à escrita sóbria, pequena e moderada, demonstra que a pessoa tende ao planejamento estratégico, gosta de pensar e agir com dados em longo prazo.

Falta de juízo e reflexão. Propensão impulsiva, ingênua, confiável e sugestionável. Ausência do sentido de economia. Isolamento do ambiente em que vive e atua. Escassos contatos com as pessoas ao redor. Associada à escrita vulgar, imprecisa e confusa, indica relaxamento e exageros; ou seja, existe, além de certo desperdício de tempo e papel, receios, tentativas de manter distância, medo, orgulho, ansiedade.

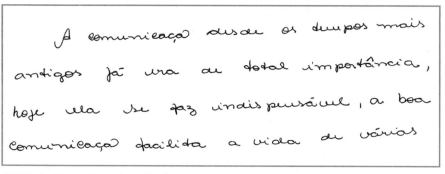

FIGURA 31: Espaçada. Escrita caligráfica, limpa, legível, traços com pouca profundidade, rebaixada, lenta.

Organizada

A escrita é organizada quando o ato de escrever se realiza sem esforços, ou seja, o grafismo é executado naturalmente, sem afetações. As margens, o cabeçalho, o texto e o fecho são bem executados e apresentam pequenas variações que não chegam a comprometer o conjunto do grafismo. A escrita organizada só é conseguida mediante treinamento. Pode ser reconhecida pela ausência de traços grosseiros, de exageros, de confusão, de frequentes erros de ortografia e lentidão excessiva. Uma vez adquirida, a escrita organizada está sujeita a eventuais regressões. Segundo Crépieux-Jamin, apesar de suas virtudes, características parasitas que tendem a reduzir sua ação podem se desenvolver e levá-la à desorganização. Seu antônimo é a escrita desorganizada.

> Adaptação ao meio sem traumas, aceitação das normas da sociedade sem ferir seus próprios sentimentos. Capacidade e habilidade para organizar as próprias ideias e representá-las de forma clara e constante na escrita (assertividade). Crença de que a virtude é baseada no conhecimento e que a razão é o princípio que governa a natureza. Necessidade de conhecimento e justificação dos fatos que ocorrem ao seu redor. Inteligência cultivada. Associada à escrita caligráfica, monótona e cuidada, indica adaptação ao meio sem contestação, com aceitação e submissão.

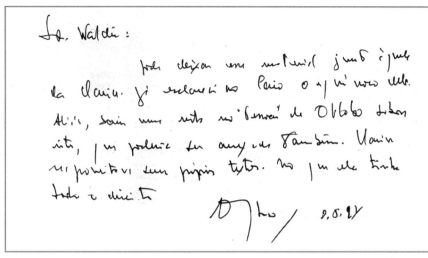

FIGURA 32: Organizada. Na realidade, para o grafólogo, esta escrita é belíssima. Os traços e os espaçamentos levam à escrita combinada, o mais alto grau da organizada. As combinações entre as letras formam-se mediante ligações originais. Alguns traços lembram a escrita cortante em forma de bisturi, índice de mente analítica, incisiva e cáustica. A característica principal da escrita cortante é a aparência de incisão, como se a caneta rasgasse o papel, enquanto as bordas dos traços são perfeitamente nítidas e o relevo é forte.

Desorganizada

Ao compararmos esta escrita com grafismos anteriores, notamos uma perda considerável de qualidade. O texto se torna ilegível, as palavras e as letras são confusas. Há, por assim dizer, uma falta de estrutura que compromete o conjunto. Existem inúmeras causas para desorganização, por exemplo, traumas, doenças, idade avançada, problemas motores e distúrbios psicológicos.

Segundo Jamin, aqueles em que a vida vai se apagando costumam regressar aos traços de desorganização: lentidão, deformações, torções, incoerências, tremores, linhas descendentes ou convexas, palavras inacabadas etc. O antônimo da escrita desorganizada é a escrita organizada.

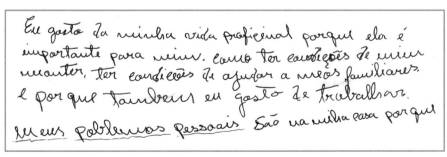

FIGURA 33: Desorganizada. A utilização de grafismos anteriores é muito rara nos processos seletivos das empresas, quando não inviável, exceto as que possuem arquivos para a promoção de funcionários ao longo dos anos.

A escrita desorganizada revela precipitação e certa desordem moral, o que muitas vezes pode ser produto de enfermidades passageiras ou de traumatismos resultantes de acidentes. Também pode ser indício de comportamento social indeterminado, sujeito a variações de qualquer espécie por causa dos estímulos que recebe. No escritor desorganizado, a capacidade de adaptação ao meio faz-se de maneira defeituosa ou fora dos padrões desejáveis. O escritor tenta influenciar aqueles que estão ao seu redor de modo nem sempre leal ou correto. Esse tipo de escrita denota também ajustamento social crítico e instintivo.

Limpa

Para considerarmos uma escrita clara, basta que ela seja lida com facilidade; para ser classificada como limpa, de acordo com Crépieux-Jamin, é necessário que seja espaçada e harmonicamente ordenada. Aqui, executam-se os traços sem manchas, borrões ou rasuras; os sinais de ordem e claridade são dominantes. São escassos os traços sobrepostos, que se cruzam nas mesmas palavras ou na mesma letra. É impossível classificar como limpa uma escrita em que palavras se misturem com as outras. As bordas interiores e exteriores das letras não têm "rebarbas". A limpeza é um dos melhores sinais que podemos encontrar em uma escrita.

Uma das mais inesperadas interpretações da escrita limpa é a de insignificância, mas isso só ocorre quando os espaços são excessivos e não guardam proporção com o tamanho da letra, não existem simplificações, as formas são infantis, e a velocidade é lenta ou pausada (signos de pouca inteligência).

A escrita limpa indica capacidade intelectual e moral para solucionar dilemas ou tomar decisões técnicas que ultrapassam o senso comum e que necessitam de novos conceitos elaborados na base de uma nova ética. Denota também a busca sistemática e inexorável da verdade como princípio de vida, além de: claridade moral, juízos ponderados e equitativos, necessidade de uma ordem interna que respeite os demais e a si mesmo, superioridade moral acima da média e nobreza de caráter.

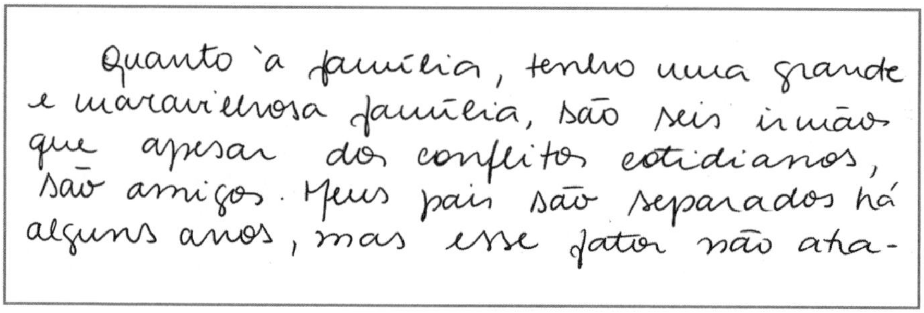

FIGURA 34: Limpa. Escrita rápida, legível, alguns traços regressivos, pequenas variações de inclinação, ligada.

Suja

Embora a escrita suja no sentido clássico da grafologia jaminiana não pertença ao gênero ordem e sim ao gênero pressão, resolvi incluir aqui o termo em função de algumas observações que fiz ao longo do tempo. Também não se trata de uma nova espécie na grafologia e sim de um estudo prático que pode levar a melhores conclusões sobre a escrita analisada.

Existem pessoas que, apesar da imoralidade e deficiência de caráter, frequentam com desenvoltura os meios sociais, recebem honrarias, têm uma vida "brilhante", por assim dizer. Pois bem, a escrita desses indivíduos não se mostrará confusa, apresentando até mesmo uma boa separação de espaços; contudo, os traços serão visivelmente executados com manchas, borrões ou rasuras.

Esses sinais de desordem só podem ser avaliados de acordo com o conjunto, pois a legibilidade transita em um terreno extremamente pantanoso. Em casos como estes, palavras facilmente lidas no conjunto do texto podem se tornar ilegíveis se observadas individualmente. Também são comuns palavras inabacabas e traços sobrepostos. É como se a caneta estivesse soltando tinta demais, o que nos remete ao gênero pressão.

Não chegaríamos a dizer que essa escrita é própria de criminosos de "colarinho branco", mas ela é de fato muito comum em pessoas amorais que transitam entre as colunas sociais e as páginas policiais.

Nos grafismos de adultos normais, quando comparados com os anteriores, podemos observar alguns traços desse tipo de escrita tal como entendemos: trata-se de forte interação com um ambiente em que diversos traumas ocorreram.

> Dissimulação, mentira, falta de tato. Nível ético, social, estético e moral desqualificado. Desordem nas áreas de trabalho. Falta de respeito ao espaço físico e mental de outras pessoas. Negligência nas tarefas e deveres. Amoralidade. Adepto aos prazeres físicos e sexuais. Associada à escrita fusiforme, indica exacerbação da sexualidade.

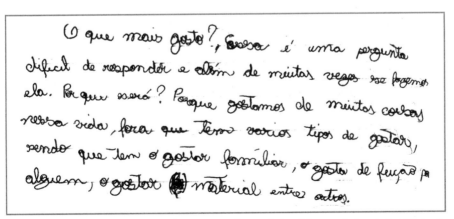

FIGURA 35: Suja. Escrita lenta, retocada. Apresenta direção desigual, letras coladas, desigualdades de tamanho, pressão e inclinação. Pressão em sulco. Invasiva, pois as linhas ultrapassam espaços não permitidos – a linha superior chega a ter quase a mesma direção da linha de baixo.

Invasiva

A escrita invasiva pertence à distribuição. Colocamo-na aqui por uma questão de praticidade, pois cremos que os aspectos cuidada e descuidada podem ser vistos em todo o grafismo.

Este tipo de escrita ocorre quando o traçado tende a ultrapassar todos os limites do campo gráfico, como a escrita nas margens da página e de forma vertical. O termo foi criado por G. Beauchâtaud.

A avaliação da escrita invasiva deve ser feita em conjunto com todo o texto, porque assim será mais fácil descobrir quais motivações levam a pessoa a invadir espaços e se afastar do modelo caligráfico (de ocupação da página) de forma tão intensa.

Algumas vezes, a escrita invasiva pode ocorrer por mau planejamento de tempo. A afinidade do escritor com o destinatário também deve ser levada em conta. Escritas invasivas enviadas a pessoas desconhecidas demonstram falta de tato, de educação e de capacidade de se conduzir pelas regras mais elementares.

Certos autores consideram as colas de zorro (rabos de raposa) e a escrita em leque tipos de escrita invasiva. Concordamos em parte com essa interpretação, uma vez que os traços invadem locais que não deveriam. Mas discordamos em outra parte porque, nesse sentido, a invasão entre as zonas também caracterizaria a escrita invasiva e, na verdade, ela se aproxima mais da escrita confusa.

Esse tipo de escrita denota: atividade contínua e vitalidade acima da média; pouca capacidade de reconhecer seus verdadeiros limites; intensa necessidade de contatos pessoais, principalmente de maneira intempestuosa (com traços lançados), sem seletividade; necessidade de ocupar espaços e de criar conflitos com o meio social.

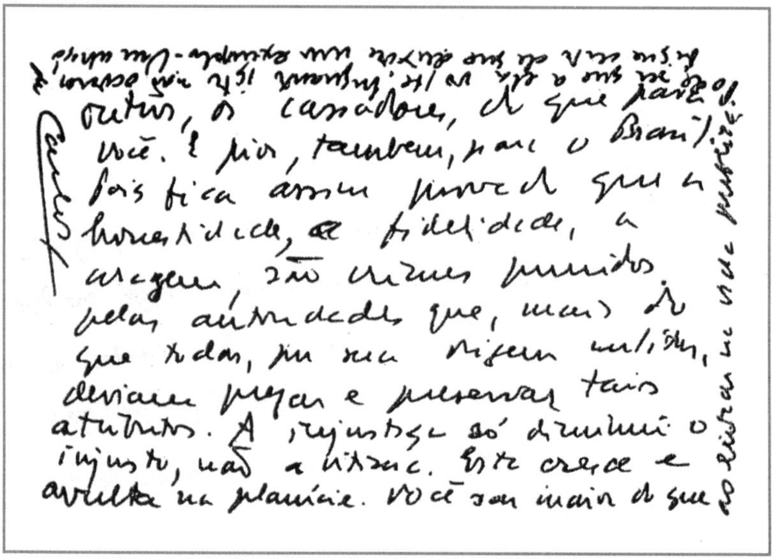
outros, os canalhas, de que fale
você. E pior, também, para o Brasil.
Pois fica assim parecendo que a
honestidade, a fidelidade, a
coragem, são virtudes punidas
pelas autoridades que, mais do
que todos, por seu dever moral,
deveriam pregar e preservar tais
atributos. A injustiça só diminui o
injusto, não a vítima. Este cresce e
avulta na planície. Você vai muito além do que

FIGURA 36: Invasiva. Escrita precipitada, baixa legibilidade, com variações de pressão intensas. A pressão tem traços da escrita *cortante*, finais em forma de ponta, agressividade impulsiva, instintiva, que não leva em conta os efeitos de suas ações.

O espaço na escola morettiana[1]

Embora Moretti não use o termo distribuição, a escola italiana estuda o espaço entre linhas, letras e palavras de maneira especial, como veremos a seguir.

Nas palavras de Torbidoni – principal discípulo de Moretti –, em palestra proferida na Sociedade Espanhola de Grafologia:

> Para esclarecer a dinâmica interpretativa do método morettiano, é necessário lembrar que o centro de sua indagação é o "gesto" escritural que foi elaborado em um simbolismo que poderíamos definir como "**gráfico**", para distingui-lo do "**espacial**", de Max Pulver.
>
> Moretti atuou isoladamente e sem conhecer o pensamento de outros autores; em 1914, cerca de dezessete anos antes da obra de Pulver, foi publicado o primeiro livro de Moretti, em que podemos encontrar os fundamentos de um simbolismo baseado na relação que o escritor vive e projeta sobre a folha através da dinâmica gráfica.
>
> Não aparece em Moretti a noção explícita do simbolismo espacial, mas sem dúvidas que se pode encontrar toda amplitude deste conceito e, como veremos adiante, surpreendentes conexões e analogias com o pensamento de Pulver.
>
> Em outras palavras, segundo Moretti, o EU do escritor projeta-se sobre o espaço gráfico, seja neurofisiológica ou psicossomaticamente, descrevendo-se, por assim dizer, através do movimento gráfico afirmativo do "alto-baixo" e do expansivo horizontal "esquerda-direita", que chega a individualizar ao mesmo tempo a dinâmica extrovertida do EU e a representação de suas relações com o TU e as experiências da vida.
>
> Assim, a estruturação das letras está representada no modo como o EU se relaciona com a realidade, e a primeira realidade do indivíduo é a própria; por isso, na formação de cada letra, em sua forma de curva ou ângulo, em sua altura ou dimensão vertical, na amplitude e na energia com que essa escrita projeta simbolicamente o EU; assim dizendo, sua força vital, sua amplitude física, mental e afetiva, o espaço que supõe ocupar.
>
> O movimento que liga uma letra à seguinte simboliza mudança na forma como se relaciona o EU com o TU: um movimento de união, de continuidade e de fluidez, quando não existem travas para avançar sobre os demais. Um movimento interrompido, pelo contrário, inibido ou rígido, em relação ao outro – observa-se com preocupação – indica defesa preventiva.
>
> O espaço que existe entre uma letra e a outra assume simbolicamente o valor do espaço que estamos dispostos a ceder para os outros nos âmbitos de nossas relações sociais e afetivas.
>
> Sempre, segundo a interpretação do simbolismo gráfico, a palavra é vivida pelo escritor como uma série de relações sucessivas com o TU, por isso, a inclinação de uma letra ou grupo de letras para as outras é indício de como o EU se conduz para realidades objetivas. O espaço entre as palavras representa, ao contrário, simbolicamente, a pausa que o escritor interpõe entre o final de uma experiência e o início de outra, o espaço dedicado à reflexão e ao raciocínio.

---

[1] Capítulo do livro *Psicodinâmica do espaço na grafologia*, de minha autoria.

Do mesmo modo que, inclusive na inclinação da escrita, representa o simbolismo morettiano da atitude de fundo do escritor diante de suas relações com as realidades objetivas; assim também, no proceder da escrita com relação à linha de base, o sujeito projeta sua forma de comportar-se com a realidade, sua capacidade de manter-se aderido às normas e ao sentido do concreto, de atuar de forma linear com respeito aos programas planejados, bem como a tendência para exaltar o impulso dos sentidos, a lançar-se para o idealismo; inclusive para a tendência a se desencorajar e debilitar a sua vontade. Na modalidade de "**manter a linha de base**", Moretti também observa a projeção simbólica somática do escritor na forma de andar e de caminhar.

Como se pode compreender, inclusive por essas indicações necessariamente breves, mas que serão ampliadas depois, na descrição da semiótica morettiana, no simbolismo gráfico de Moretti, estão implicitamente expressos muitos dos conteúdos próprios do simbolismo de Pulver, particularmente no que se refere ao modo como o dinamismo gráfico subjetivo se relaciona com os vetores "direita-esquerda", "alto-baixo".

Com muitos anos de distância, de forma original, um prescindindo do trabalho do outro, Pulver e Moretti elaboraram uma concepção simbólica do dinamismo gráfico que tem, sem dúvidas, muitos e interessantes pontos de contatos (embora Moretti não faça deduções de caráter psicanalítico e não aplique o seu simbolismo ao estudo da psicologia profunda, "limitando-se" a descrever o comportamento e as tendências inatas diretamente expressas pela escrita), a fim de sugerir a possibilidade, como tem sido feito por alguns discípulos de Moretti na Escola Superior de Estudos Grafológicos da Universidade de Estudos de Urbino, de um verdadeiro e autêntico estudo analítico comparativo de ambos os métodos.

Isso, em nossa opinião, além de evidenciar a originalidade e a extraordinária profundidade científica de Moretti, constitui uma posterior confirmação da validade e da amplitude de suas intuições.

Vejamos, de maneira resumida, alguns conceitos para a melhor compreensão deste capítulo.

Largura

Trata-se de um critério fundamental com o qual Moretti valoriza simbolicamente o movimento escritural da esquerda para a direita, sem atribuir importância às margens – que são de grande valor para Pulver.

Segundo Moretti, a projeção e as dilações, a amplitude ou a estreiteza na visão dos problemas estão relacionadas com o movimento amplo ou lançado na escrita, ou com o movimento bastante restrito no traçado e nas ligações das letras, e não com a maneira como as margens são ocupadas. Esse é o princípio que informa sua metodologia (Torbidoni).

As motivações neurofisiológicas que se supõem a **largura** e a **estreiteza** das letras e entre as letras são as mesmas que determinam o movimento curvilíneo ou anguloso. Quando não se tem inibições para expor aos outros suas ideias e propostas, o movimento é solto e impulsivo, expresso graficamente por letras que representam um traçado amplo; todavia, quem está mais preocupado em defender ideais e critérios expressa-se por um movimento agudo e com letras muito próximas umas das outras, inclusive com escrita colada (*adossata*).

A seguir, os critérios de largura conforme a escola morettiana.

Larga entre as palavras (distante entre as palavras)

Este item é avaliado de acordo com a distância entre duas palavras.

Parâmetro: Quando podemos colocar oito letras *a*, *o* ou suas derivadas entre uma palavra e a seguinte, temos o grau máximo que Moretti valoriza em 10/10 (100%). Se cabem quatro, temos 5/10 (50%). Menos que isso caracteriza-se a **escrita estreita entre as palavras**.

Interpretação: para Moretti, trata-se de um signo substancial de inteligência que indica a capacidade de avaliação crítica. A escola italiana trabalhou com porcentagens (10/10 – 100%, 8/10 – 80%) e, neste caso, é muito importante determinar o grau de intensidade do signo. Grau inferior a 3-4/10 indica pouca capacidade crítica, superficialidade nas avaliações. Já um grau muito elevado pode mostrar forte senso crítico.

A largura entre as palavras expressa a atitude de quem reflete e quer se valorizar antes de iniciar qualquer empreendimento ou de fazer uma escolha.

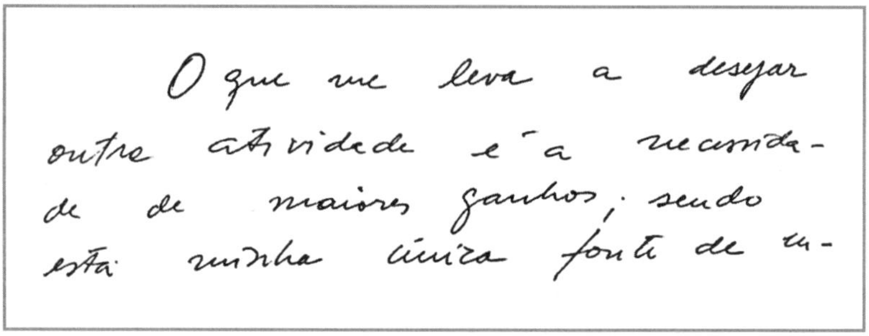

FIGURA 37: Espaçada entre as palavras. Rápida, inclinada.

Larga nas letras (letras largas)

Neste caso, a avaliação é feita na própria letra. Caracteriza-se pelo fato de as maiúsculas serem estendidas horizontalmente em relação à altura. Podemos observar as ovais sem descuidar das letras *m, n, p, e, i*.

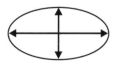

A distância entre os vértices mais distantes é o denominador; e, entre os vértices mais próximos, é chamada numerador. Trata-se de um sinal que indica, em proporção ao grau, a medida da profundidade intelectual e da compreensão.

Quem apresenta alto grau (7-8/10) tem a mente aberta e enfrenta a verdade árdua e os problemas mais complexos; não se limita a poucos aspectos de uma questão, é capaz de se aprofundar e compreender o valor global daquilo que está sendo considerado. Valoriza os fatos e as situações com base em seu significado completo, e não nos reflexos aparentes e marginais. Enxerga sob diversas perspectivas e não somente nas implicações imediatas (Torbidoni). Necessita mais da qualidade que da quantidade para se expressar em uma questão concreta.

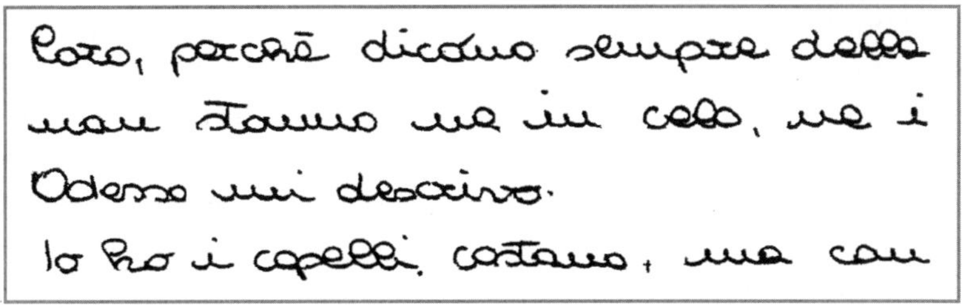

FIGURA 38: Letras largas e coladas. Escrita lenta, traços curvos, pequena sinuosidade na direção das linhas.

Estreita nas letras

Quando as letras são mais altas do que sua largura na proporção de ½. A escola italiana divide-as em duas: *acuda* e *irta* (*aguda* e *erizada*, para os espanhóis; e *aiguë* e *hérissée*, para os franceses).

Aguda

Quando a escrita é estreita horizontalmente e apresenta ângulos agudos nos vértices inferiores e superiores das letras. É diretamente contrária à larga nas letras. Os ângulos A e B são elementos construtivos do signo "aguda".

Trata-se de um signo substancial da inteligência que indica a sutileza intelectual, a aptidão para a contradição e, quando em grau elevado, espírito de contradição.

O escritor não possui a verdadeira capacidade de aprofundar-se e tomar somente algum aspecto como verdade sem compreendê-lo como um todo. Geralmente, demonstra vivacidade ao fazer observações, está pronto a dizer o que pensa, atraindo para si a atenção dos demais. Para sustentar seu ponto de vista recorre a argumentos sutis – e facilmente abusa deles, incorrendo no argumento enganoso.

Pode desconcertar as suas contradições, mas depois termina por irritar seus interlocutores, especialmente se eles tiverem a mente aberta e profunda e forem pessoas que buscam a essência das coisas e não querem perder tempo em discussões de importância marginal. Tem expressão verbal correta, afronta questões distinguindo-as e demonstra com frequência sua animosidade, especialmente quando é contestado.

Trata-se do agressivo capaz de vingar-se. Deixa-se levar pela ambição, e o desejo de se sobressair transparece claramente em suas palavras e atitudes. Acredita valer mais do que realmente vale.

Pelo seu gosto em irritar e golpear, sabe recorrer à ironia e ao sarcasmo, e fica feliz quando vê os apuros daqueles que ousam atacá-lo. Seu perfil psíquico é o de uma pessoa demasiado suscetível e que se ofende facilmente ante tudo que carece de consideração ou delicadeza em suas confrontações.

Sobre o perfil de aptidões, é capaz de realizar tarefas que requeiram a habilidade discursiva e a perspicácia. Pode ter êxito no estudo de matérias jurídicas, nas estatísticas e, particularmente, no exercício de advocacia, por sua habilidade em copiar os adversários e aderir a artifícios para manter as próprias teses (Torbidoni).

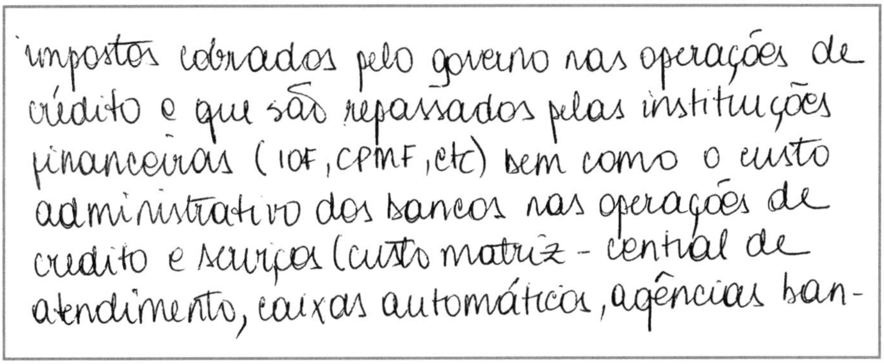

FIGURA 39: Aguda, vertical, grande, zona média dominante.

Eriçada

Quando ocorre a acentuação da aguda, a escrita apresenta todos os vértices superiores e inferiores das letras extremamente pontiagudos, com reduzidíssima extensão horizontal das letras.

Signo substancial da inteligência, mas que influi profundamente na vontade e no sentimento, porque se opõe frontalmente aos gestos curvos.

Na interpretação psicológica, as características da escrita aguda devem ser levadas ao máximo grau. Forte espírito de contradição, animosidade, apreensão infundada, juízos pouco reflexivos, chegando até a exasperação. Em muitos casos, trata-se de sinal que mostra tendências patológicas.

Passa perto da verdade, mas não consegue penetrar nela porque não tem a verdadeira capacidade intelectual para se aprofundar; não compreende o pensamento dos sinais e então os contesta contradizendo-os, muitas vezes de maneira sutil. Tem mania de contradição; em sua mente não há espaço para teses ou planejamentos distintos dos seus. Daí seu egoísmo acentuado.

Também está em contradição consigo mesmo e termina sempre agitado, inquieto, descontente – o pessimista. Essa agitação constante com os demais tira seu sossego, e parece que cai no desespero quando, por causa de sua violência, chega a encontrar-se só. Acredita que é muito inteligente e, por suas sutilezas, pensa que os demais não o entendem e que estão sempre contra ele; tende a ser litigioso e tendencioso.

Sobre o perfil de aptidões trata-se da acentuação dos signos mostrados pela aguda. De todas as formas, a exasperação das qualidades e das tendências o priva da eficácia nos trabalhos intelectuais, que normalmente revelam por aspectos negativos.

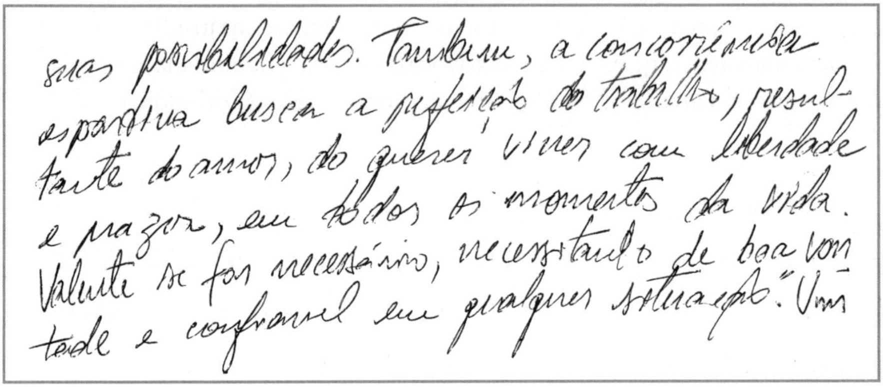

FIGURA 40: Eriçada, desproporcional, invasiva.

Larga entre as letras

Este sinal é expresso na distância entre as letras de uma mesma palavra.

J ⟷ O Ã O

Parâmetro: quando entre uma letra e a seguinte podemos colocar dois *a* ou *o*, ou suas derivadas, temos o grau 10/10. Caso caiba apenas uma letra *a* ou *o*, ou suas derivadas, temos o grau 5/10. Os graus intermediários são medidos segundo essa mesma proporção.

Este tipo de escrita revela mente e coração abertos. Indica que o escritor considera e aceita as propostas teóricas e práticas oferecidas pelos outros. É dócil e maleável. Não encontra dificuldades para se adaptar aos novos métodos e teorias. Está sempre valorizando os aspectos positivos das questões, porque, na maioria das vezes, é liberal em seus juízos. Adapta-se com facilidade ao meio ambiente. É generoso e espontâneo em suas relações sociais. Simpático e jovial, entusiasma-se facilmente.

A escrita 3-4/10 indica que o indivíduo é mesquinho tanto de mente como de coração. Busca satisfazer suas exigências sem pensar nos demais. Comporta, ainda, avareza psíquica e intelectual. Trata-se de uma forma de egoísmo que produz reações instintivas de inveja e ciúmes.

Quando em exagero, esse sinal demonstra generosidade demasiada, sem capacidade de valorização, otimismo exagerado, sem critério.

Quando existe exacerbação das distâncias, a escola italiana chama-a de profusa. Por praticidade, interpretamos essa escrita no gênero dimensão.

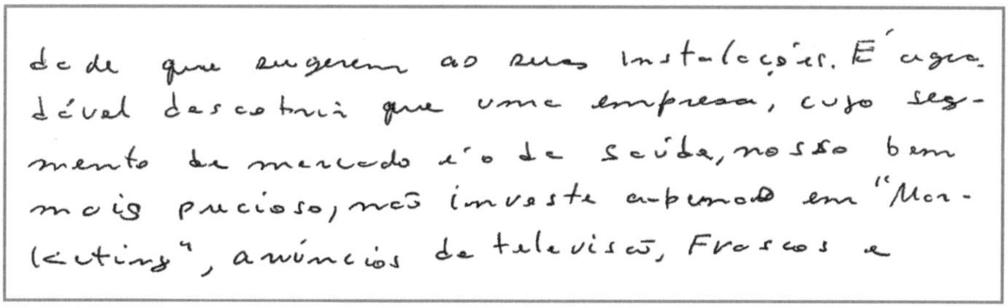

FIGURA 41: Espaço largo entre letras. Escrita pequena, desligada, frouxa, imprecisa, sinuosa, inclinação desigual.

Letras coladas (adossadas)

Adossata ou *lettere addossate* é um conceito da escola morettiana que ocorre quando as letras minúsculas estão apoiadas ou coladas umas nas outras.

A avaliação do movimento neste caso pode ser fundamental para o estudo grafológico. Este tipo de signo estaria mais ligado ao movimento monótono e lento, mas, na escrita em que o movimento se dá com mais intensidade, ele seria um sinal de desacordo entre o caminhar para a frente ou para trás.

A extensão vertical deve ser mediana; e a escrita, pequena (em certos momentos, não existe nenhuma ligação, as letras aparecem juntas).

Esse signo gráfico mostra que a pessoa preocupa-se em fazer deduções sem conseguir chegar a um resultado, porque tem medo de se equivocar. Considera a verdade e os problemas de modo apreensivo e ansioso. Vive em estado permanente de preocupação obsessiva, o que lhe priva de uma capacidade para julgar os fatos e acontecimentos corretamente. Tem dificuldades para tomar decisões. Cada obstáculo lhe infunde medo e enxerga os pequenos perigos como grandes obstáculos ou desgraças. Esse ajuntamento de letras pode ser visto como um gesto instintivo de recolhimento para se proteger e se defender de qualquer ameaça.

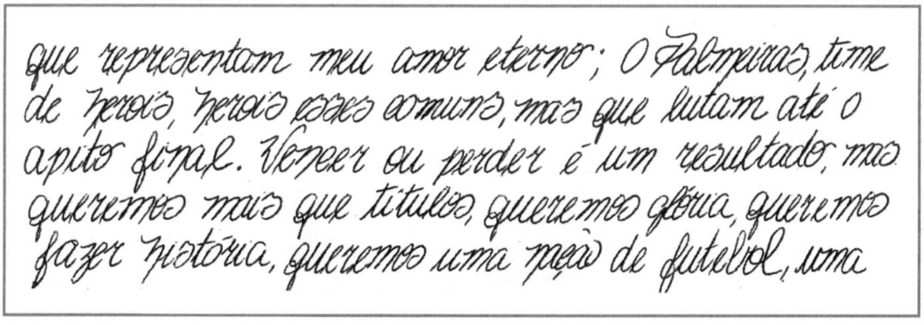

FIGURA 42: Espaço estreito entre letras e palavras. Letras coladas. Escrita alta, grande, inclinada, rebaixada.

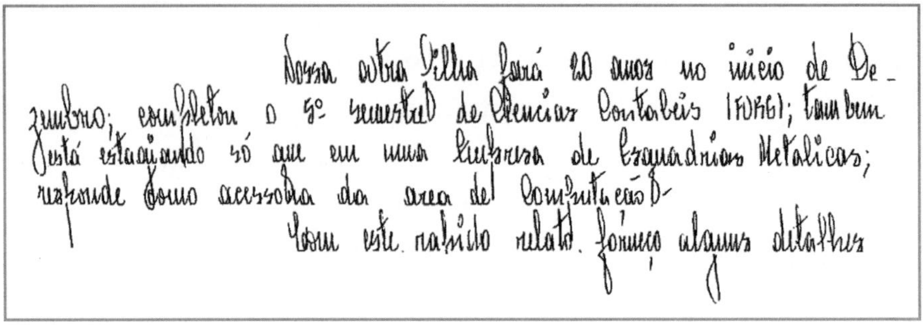

FIGURA 43: Estreita entre letras. Escrita alta, vertical, estreita.

Letras encavaladas

Muito embora esteja descrita neste capítulo, por questão de praticidade as letras encavaladas devem ser consideradas uma deficiência na continuidade. Certamente inibem o ritmo da escrita.

Quando a letra seguinte, em vez de ocupar seu espaço, é grafada em cima da letra anterior, passando por cima dela, encobrindo-a, é chamada de letra encavalada – termo criado para a língua portuguesa.

Denota sentimento de culpa e de autopunição. Este tipo de escrita pode ser inserido, dependendo do grafismo, na escrita confusa. Gasta energia de forma inadequada, precisa esconder a insegurança e o medo, encobrindo aquilo que fez ou disse anteriormente. A pessoa diz algo e depois se contradiz. Não sabe esconder sua ansiedade, insegurança e medo. Frequentemente, é sinal de dissimulação e mentira. Todo traço que encobre o anterior, *a priori*, não deve ser encarado com um sinal grafológico de qualidade.

Como prejudica a legibilidade, o encavalamento indica que o escritor não gosta de ser compreendido, o que, em muitos casos, confirma a tendência à desonestidade (que precisa ser confirmada por outros traços).

Associadas à escrita acerada, angulosa, as letras encavaladas indicam masoquismo; todavia, o grafólogo deve ter bastante cuidado ao emitir esse tipo de juízo.

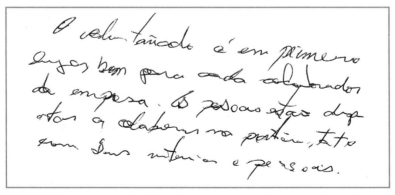

FIGURA 44: Letras encavaladas, linhas descendentes, truncadas, excesso de tensão.

Consideramos a escrita estreita e a extensa formas de escrita desproporcional. A desproporção ocorre no eixo horizontal, e, por isso, esses tipos de escrita não podem ter seu conjunto avaliado como proporcional, mesmo que apresentem grafismo de distribuição organizada e equilíbrio entre as margens. Nesse caso, as escritas são consideradas mistas. Nos dois tipos de escrita, a pessoa se comporta de acordo com os ritos sociais. Sua aceitação na sociedade pode ser semelhante, mas interiormente os motivos são completamente diferentes. A isso deve-se acrescentar o estudo de outros gêneros gráficos.

Tríplice largura (tríplice espaçamento)

A fim de constatarmos um verdadeiro equilíbrio intelectual, é necessário que exista uma grande harmonia entre as mais diversas larguras da escrita e que a distribuição das massas gráficas no papel se processe de modo constante mas nunca monótono.

Da correlação entre as três principais larguras, Moretti tira uma brilhante conclusão, a qual chama de tríplice largura:

- larga entre as letras: capacidade de fazer julgamentos;
- larga nas letras: capacidade de compreensão;
- larga entre as palavras: capacidade de manter suas posições.

Os dois últimos podem estar presentes no mesmo grau, mostrando o equilíbrio intelectual e individual.

Para que esse perfeito equilíbrio exista, é necessário que haja duas larguras em equilíbrio, ou ainda melhor, que o grau de 5/10 esteja presente nas três larguras. Quando o tamanho das letras for pequeno, esse equilíbrio tende a ser reforçado, pois esse tipo de escrita indica concentração de esforços, demonstrando, sobretudo, moderação tanto na esfera intelectual como na sentimental. É óbvio que nem sempre as três larguras estão perfeitamente equilibradas – podendo existir pequenas variações – o que não tira a interpretação positiva que fazemos desse tipo de escrita.

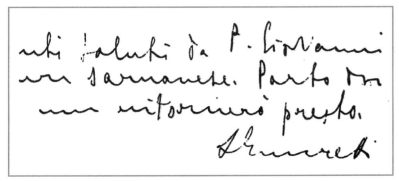

FIGURA 45: Palavras alargadas. Padre Moretti.

Se, por exemplo, a *larga entre as palavras* for 7/10, é indispensável para o equilíbrio intelectual que a *larga nas letras* não tenha um grau inferior, e a altura média entre letras permaneça em 5/10 (Torbidoni e Zanin).

Moretti vê equilíbrio mental quando a largura das letras e a largura das palavras apresentam um grau quase equivalente, mas sempre pouco acima da média, desde que a largura entre as letras não esteja nem acima nem abaixo da média. Esse equilíbrio resulta da boa aprendizagem escolar. Pode indicar equilíbrio e criatividade do indivíduo.

Na realidade, essa escrita indica que o escritor tem bom equilíbrio mental e físico, domina suas energias e sabe como trabalhar com elas de maneira adequada. Equilíbrio afetivo, moral e mental aliados a um senso prático de vida e de intenções.

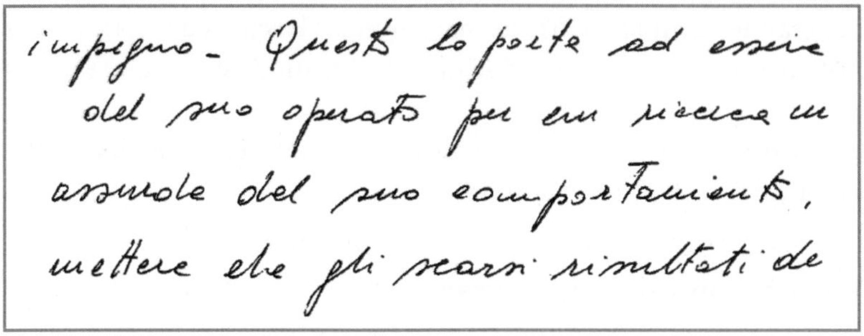

FIGURA 46: Bom equilíbrio na tríplice largura.

Margens

Estudam-se as margens de acordo com seu enquadramento na página. A escola dos simbolistas dá grande importância ao seu estudo, fato que é contestado, com certa propriedade, pela escola italiana. Segundo esta, as características psicológicas que ocorrem nas margens são vistas na projeção das letras e palavras.

O simbolismo direita e esquerda das teorias de Pulver é estudado por grafólogos de todo o mundo. Em nossa opinião, as duas metodologias completam-se facilmente. Costumamos estudar todas as margens: superior, inferior, esquerda, direita, assim como as combinações entre elas.

A dinâmica das margens é bastante ampla e complexa, e é estudada em conjunto com outras teorias grafológicas.

As margens mostram como a pessoa se posiciona em relação ao mundo circundante, de maneira que seus contatos se iniciam e terminam. Indicam espontaneidade, senso de ordem e organização, capacidade de planejamento e senso de economia, habilidade de trabalhar com o tempo e necessidade de contato com o mundo. Pertencem ao gênero **ordem** da escrita:

- ordem exterior – exterior ao texto – distribuição na página;
- ordem interior – interior ao texto – espaços entre palavras e linhas.

GRAFOLOGIA EXPRESSIVA | 73

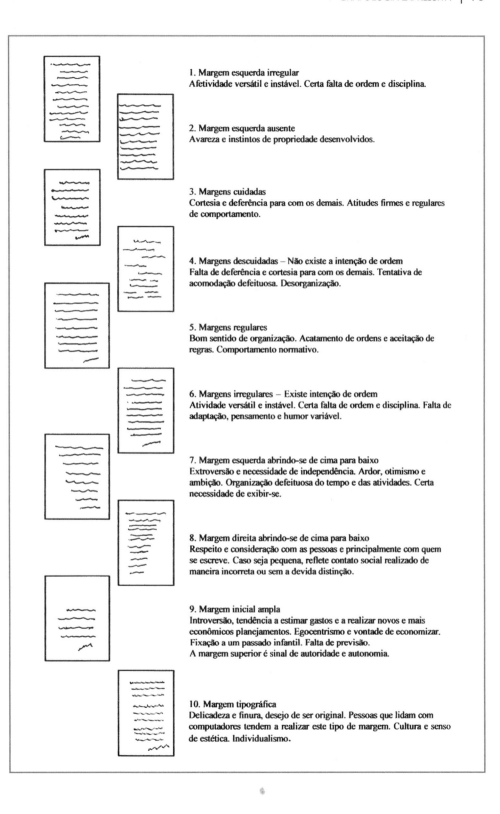

1. Margem esquerda irregular
Afetividade versátil e instável. Certa falta de ordem e disciplina.

2. Margem esquerda ausente
Avareza e instintos de propriedade desenvolvidos.

3. Margens cuidadas
Cortesia e deferência para com os demais. Atitudes firmes e regulares de comportamento.

4. Margens descuidadas – Não existe a intenção de ordem
Falta de deferência e cortesia para com os demais. Tentativa de acomodação defeituosa. Desorganização.

5. Margens regulares
Bom sentido de organização. Acatamento de ordens e aceitação de regras. Comportamento normativo.

6. Margens irregulares – Existe intenção de ordem
Atividade versátil e instável. Certa falta de ordem e disciplina. Falta de adaptação, pensamento e humor variável.

7. Margem esquerda abrindo-se de cima para baixo
Extroversão e necessidade de independência. Ardor, otimismo e ambição. Organização defeituosa do tempo e das atividades. Certa necessidade de exibir-se.

8. Margem direita abrindo-se de cima para baixo
Respeito e consideração com as pessoas e principalmente com quem se escreve. Caso seja pequena, reflete contato social realizado de maneira incorreta ou sem a devida distinção.

9. Margem inicial ampla
Introversão, tendência a estimar gastos e a realizar novos e mais econômicos planejamentos. Egocentrismo e vontade de economizar. Fixação a um passado infantil. Falta de previsão.
A margem superior é sinal de autoridade e autonomia.

10. Margem tipográfica
Delicadeza e finura, desejo de ser original. Pessoas que lidam com computadores tendem a realizar este tipo de margem. Cultura e senso de estética. Individualismo.

Tipos de margem
Dinâmica espacial direita/esquerda

Área de intenção
desejos – avidez
vontade de possuir
Introversão
silêncio – reflexão
meditação
Percepção
formas – harmonia
perspectiva – luz
sombra – contrastes
Passado
recordação – nostalgia
Defesa do eu
egoísmo – egocentrismo
restrição – negação
repressão
Lado passivo
imagem da mãe – feminino
Inibição – Temor
reserva – desconfiança
insegurança – angústia

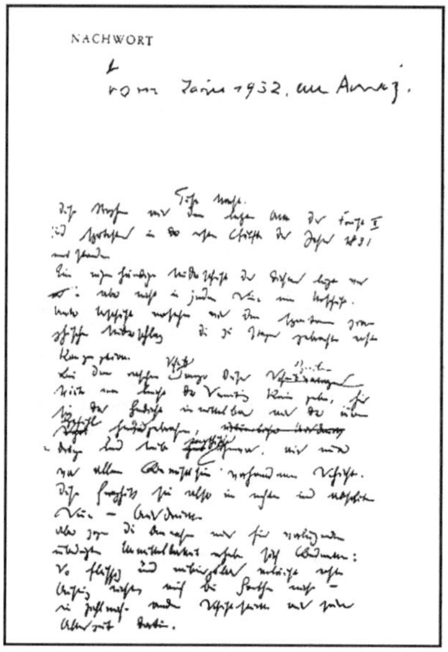

Área de contato – Extroversão
ação – decisão – expansão
iniciativa
Dinâmica
movimento – cor – expressão
Afã de poder e dominação
impulso de conquista e domínio
Instinto de luta
agressividade – combatividade
destrutividade
Futuro
confiança – fé – segurança
otimismo
Lado ativo
lado masculino
imagem do pai
Integração
alocentrismo
Altruísmo
confraternização
desinteresse

FIGURA 47

Outras margens

A margem inferior, que delimita o espaço entre o texto e a assinatura, demonstra capacidade de aproveitar o tempo, senso de economia (se é reduzida ou larga), indica a concentração de energia, presença ou ausência de projetos pessoais, medo de mudar (virar a página), de continuar ou acabar o que está fazendo.

Podemos analisar simbolicamente o termo "virar a página" como a delimitação do passado. Também revela segurança e senso de estética, uma vez que a margem inferior dá uma noção de proporção ao conjunto do texto.

A margem direita indica facilidade de trabalhar com o tempo, capacidade ou reflexo de autodefesa, seletividade nos contatos, vontade de encarar a realidade, controle das inibições internas. Temor ou medo do futuro. Falta de compreensão dos seus limites e dos demais. Parca noção dos espaços físicos e psicológicos.

A margem esquerda é a mais importante a ser observada, pois mostra a capacidade de autonomia, potencialidade, planejamento e iniciativa.

A ausência de margem indica elevada noção de economia, expansividade sem freios e mau gosto, ausência de modos sociais, falta de conformismo e apego às convenções, inadaptação e independência.

Diferentemente de outros grafólogos – para os quais a margem direita não deve ser analisada, tendo em vista que no Brasil, em geral, estamos preocupados com o futuro (ver Pulver) –, creio ser de suma importância que essa margem seja analisada, principalmente no ritmo de distribuição e em outros aspectos das teorias de Pulver. Caso levemos em conta o conjunto do texto, e somos obrigados a fazê-lo sempre, sua relevância poderá ser capital.

Proporção

A proporção estudada neste capítulo tem a mesma gênese do estudo feito com a harmonia. Por questão de praticidade e de melhor compreensão foi incluída aqui.

Contrariando o professor Vels, nosso querido mestre, pelo qual nutrimos imenso respeito, neste livro, entendemos de forma um pouco diferente a proporção no que diz respeito ao gênero ordem. Para nós, essa proporção deve ser avaliada em relação à distribuição do conjunto do texto e ao campo gráfico. Não se trata simplesmente das proporções entre as letras e sim do enquadramento total da escrita no texto. O máximo que a distribuição poderia almejar seria a escrita arejada.

Valorizamos, portanto, as distâncias relativas entre as quatro margens (esquerda, direita, superior e inferior). Essas distâncias podem ser proporcionais, desproporcionais ou mistas.

Para isso, devemos avaliar todo o texto e comparar a distribuição das massas gráficas com o tamanho das palavras, letras, acentos e pontos.

- Texto proporcional x tamanho da escrita proporcional: proporcional.
- Texto desproporcional x tamanho da escrita desproporcional: desproporcional.
- Texto proporcional x tamanho da escrita desproporcional: mista.
- Texto desproporcional x tamanho da escrita proporcional: mista.

Distância proporcional

Neste caso, existe um grande equilíbrio nas distâncias entre as quatro margens (esquerda, direita, superior e inferior), os espaçamentos entre palavras, letras e linhas e o tamanho das letras e palavras. Aqui, o grafólogo valoriza o conjunto total. Como a proporção nos fala de emotividade, ao escrever com letras proporcionais no texto, o escritor mostra que sua emotividade está equilibrada e acompanha a atuação no plano social.

> Equilíbrio de tendências. Constância de conduta. Capacidade de integrar valores sociais, morais, espirituais e físicos em justa proporção. Ponderação de juízos. Capacidade de julgar com justa proporção cada acontecimento. Boa capacidade de trabalhar e de gerenciar o tempo. Equilíbrio afetivo temporal, ou seja, a pessoa sabe lidar com o passado e o futuro sem que isso seja motivo de traumas, ressentimentos ou preocupações; não fica ligada a nenhum deles de forma especial. Em virtude disso, não precisa atuar de forma linear para compreender conceitos; sabe esperar, compreende que o seu tempo "psicológico" e o de outras pessoas são diferentes. Equânime, sereno, delicado e sensí-

vel ao avaliar o seu próprio comportamento em relação aos dos outros. Sabe trabalhar de modo adequado suas tensões internas, portanto é capaz de ajustar seu ritmo ao momento que vive ou até mesmo fazer que os demais sigam o ritmo que deseja. Tendência a uma atitude correta. Cortesia e deferência para com os outros. Bom gosto e moderação. Atitudes firmes e comportamento regular. Noção correta dos deveres e obrigações sociais e profissionais. Espontaneidade e simpatia.

Aceitação de ordem sem contestação. Falta de imaginação. Regularidade. *Persona* de Jung. Pouca profundidade na forma de agir e atuar. Apatia e indiferença para com os outros no trânsito social. Consciência sem grandes horizontes.

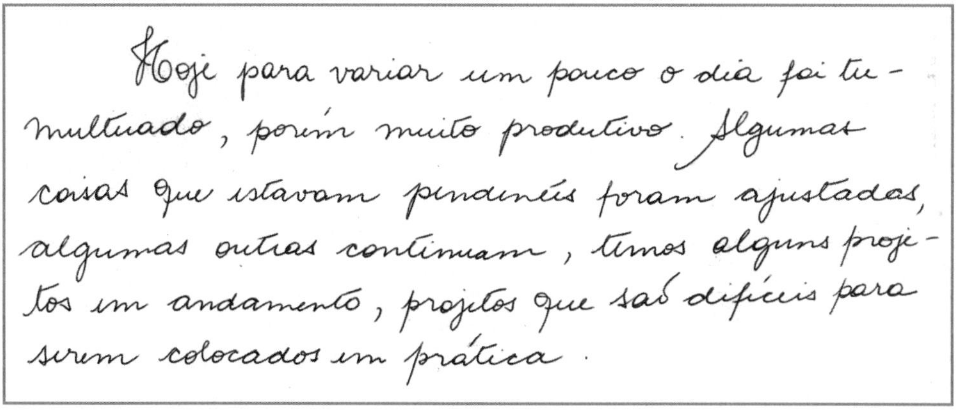

FIGURA 48: Proporcional. A proporção entre as três zonas é quase impossível, e as pequenas variações são bem-vindas na grafologia.

Distância desproporcional

Neste caso, existe desequilíbrio nas distâncias entre as quatro margens (esquerda, direita, superior e inferior), os espaçamentos entre palavras, letras e linhas e o tamanho das letras e palavras. Por exemplo, a margem esquerda é maior que a direita. É óbvio que o grafólogo deve avaliar em cada texto o grau em que a desproporção se aplica. Dependendo de como ocorre, as interpretações são as mais diversas. Toda desproporção indica emotividade. É bem verdade que esse tipo de escrita pode aparecer em pessoas brilhantes, cujo fator desequilíbrio está presente em suas vidas e obras.

Simplificando: texto desproporcional x tamanho da escrita desproporcional.

As condutas no plano social e emotivo são pautadas pela forte emotividade e desequilíbrio. O escritor não conduz suas relações com o meio de forma equilibrada. Dependendo da natureza e do tamanho das desigualdades, podemos falar em conflitos psicoafetivos, que se refletem de maneira intensa na sua forma de agir e pensar. Seus pensamentos reverberam-se significativamente no plano social, causando conflitos, confusões e mal-estar. Seu entorno caracteriza-se pelo desequilíbrio com que avalia, trata e considera aqueles que estão ao seu redor, mesmo os mais íntimos. Tende a exagerar e manifesta desproporção entre razão e realidade. Os estímulos que partem dele são sempre desproporcionais, e os estímulos recebidos são acentuados ou extremamente mal avaliados, resultando em novos e perniciosos estímulos. É facilmente perturbado e excitável perante qualquer contrariedade. Precisa de sensações e forte inquietude. As tensões agem de forma constante sobre ele, perturbando seu ritmo. Carece de bom gosto estético, de maneiras graciosas e deferência em relação aos demais. Apresenta capacidade de mudar, transformar, na maioria das vezes, de forma negativa.

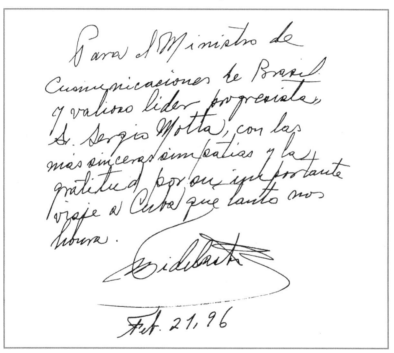

FIGURA 49: Desproporcional. Ao cortar várias vezes a barra do *t* na assinatura, revela-se o desejo de impor sua vontade quer por convencimento (golpe de látego) quer por imposição (golpe de sabre). Algumas ovais são fechadas, a letra *h* é feita com um ângulo inesperado, ascendente. A letra *p* mostra o traço da independência.

Distância mista

Este caso ocorre quando se mesclam os dois tipos anteriores. Para melhor entendimento, dividimos a distância mista da seguinte maneira:
- Texto proporcional x tamanho da escrita desproporcional.
- Texto desproporcional x tamanho da escrita proporcional.

No primeiro caso, o escritor tende a aceitar o contrato social. Contudo, sua forte emotividade está presente na forma de atuação, e a imaginação é utilizada e canalizada para os devidos fins. Controla suas tendências instintivas ou inconscientes (zona inferior maior). O dinamismo físico pode ser bem canalizado. Capacidade de dar sentimentos e expressão às coisas. Sentimento e criação. Controle dos exageros tendo em vista um fim. Razão e imaginação em desequilíbrio. Ambições desmedidas.

No segundo caso, as tendências pessoais e afetivas não são colocadas de maneira adequada na sociedade. Apesar de seu equilíbrio interno, não existe equilíbrio nas relações com o ambiente em que vive ou pelos quais transita. Vulnerabilidade e suscetibilidade ao meio, resultando, muitas vezes, em posições defensivas.

Ambos os casos, quando extremos, indicam problemas mentais. Todavia, o grafólogo deve abster-se de realizar diagnósticos.

5 | DIMENSÃO

O gênero *dimensão* refere-se ao tamanho da escrita. Ao contrário do que pensa Xandró, para a grafologia francesa, esse termo refere-se à zona média da escrita e, em especial, ao tamanho vertical. Isso nos leva a ter diferentes espécies com o mesmo tamanho na zona média.

A dimensão mostra o sentimento de si e, consequentemente, as relações do escritor com os outros e com a realidade. A expansão ou contração do "eu" faz-se em todas as direções e de todas as maneiras.

Contudo, não devemos nos ater somente ao estudo da zona média, em que pese sua importância. A dimensão global é de extrema relevância na escrita e talvez seja um dos aspectos mais fáceis de se observar, uma vez que temos noção da expansão ou contração do escritor dentro do espaço gráfico.

Pulver diz que "o tamanho da escrita corresponde ao sentimento pessoal do Eu e expressa objetivamente a relação entre o escritor e a realidade".

Segundo Saint Morand, "a dimensão da escrita corresponde à maneira que tem de afirmar a personalidade e simboliza o grau de expansão do indivíduo inspirado por sua importância social e a maneira de exteriorizá-la".

Já para J. Peugeot, "a dimensão está diretamente ligada à forma".

A extensão (horizontal) do grafismo indica a vitalidade e a atitude diante do mundo (intro/extroversão).

O alargamento (vertical) mostra as necessidades de expansão de acordo com a zona para a qual a escrita se dirige. A necessidade de expansão (ou contração) é revelada no espaço (Pulver).

Quando as zonas inferiores e superiores se aproximam na zona média, a escrita reflete maior contato com a realidade. Se, ao contrário, existe grande diferença de tamanho entre as letras altas e baixas, a escrita indica discrepância entre as aspirações volitivas e as reais possibilidades, entre o querer e o poder (Pulver).

O tamanho da zona média sofre pequenas variações (conforme os principais autores): normalmente entre 2,5 mm e 3,5 mm, mas podemos considerar um valor médio de 3 mm.

Na escrita pequena, a zona média quase sempre é menor que 2 mm. Na grande, costuma ser igual ou maior que 3,5 mm.

O tamanho da zona superior é medido com um traço vertical entre esses dois limites, mesmo na letra inclinada. Precisamos lembrar que o modo de medir as letras pode variar de acordo com o autor:

- Moretti: largura e altura das ovais.
- Pulver: traços da letra *I*.
- Escola clássica francesa: corpo médio da escrita.

Xandró e outros autores medem a zona média conforme a direção dos eixos das ovais. Já a escola francesa o faz de forma vertical (entre os traços horizontais paralelos).

FIGURA 50: Ovais medidas segundo o eixo vertical. Autores como Gobineau e Perron (1954), Jacques Salce (1976) e mais tarde Gilbert e Chardon (1987) avaliam o tamanho da zona média de acordo com a inclinação do traço. Diversos grafólogos (inclusive Jamin), e me incluo entre eles, não veem grandes diferenças entre a medida da zona média pelo eixo das letras e o tamanho da zona média em si.

As letras ovais têm capital importância na interpretação psicológica da zona média, pois esse é o seu sítio natural. Quando, por qualquer motivo, uma oval se desvia dessa zona, seguramente precisamos analisar esse detalhe com grande afinco.

Nesse aspecto, nas indicações máximas, Moretti está alinhado com outras metodologias. Para ele, a escrita **alta** (maior que 3 mm) demonstra a tendência de grandiosidade do pensamento e do comportamento. Na **pequena** (abaixo dos 2 mm), observa-se o índice de interiorização, o espírito de observação e análise.

Moretti singulariza-se, sem dúvida, quando classifica o signo **alta** (correspondente à espécie grande de Jamin) em **alta redonda** e **alta prolongada**, porque no primeiro caso está unida a **curva** e no segundo caso, a **angulosa**. Disso se deriva uma especificação muito interessante. No primeiro caso, a grandiosidade ocorre também no sentido expansivo, todavia, no segundo, assume a característica do egoísmo e, por conseguinte, do contraste.

Em resumo, esse gênero é estudado de acordo com três grandezas:

- Zona média: cotidiano, coordenação, confiança em si.

- Tamanhos dos traços, pernas e hastes.
- Ocupação espacial: para onde se desvia ou canaliza a energia.

As principais espécies do gênero dimensão são:

- Zona média (eixo vertical): valor que a pessoa concede a si mesma. 1. Grande 2. Pequena 3. Crescente 4. Decrescente.
- Zona média (eixo horizontal/amplitude): 5. Estreita 6. Extensa.
- Zona média (proporção): 7. Baixa 8. Alta 9. Rebaixada 10. Sobressaltada 11. Uniforme (ou igual).
- Zona média (extensão/amplitude): 12. Dilatada 13. Sóbria 14. Compensada.

Zona média (eixo vertical)

Grande

Neste tipo de escrita, o tamanho da zona média pode ultrapassar 2,5 mm. Jamin considera grande entre 2,5 e 4 mm; muito grande, 4 e 6 mm; e, mais do que isso, exagerada.

Para Peugeot, a escrita grande se dá quando a zona média está acima de 3,5 mm. Uma escrita cujas variações de tamanho sejam notáveis é definida por sua classe de desigualdades: crescente, decrescente, sobressaltada, sacudida etc. Essa espécie é observada tendo em vista a idade do escritor: na criança, mostra expansão para o mundo; no adulto, uma forte consciência de si.

A amplitude da escrita corresponde a um deslocamento superficial de energia. Caso seja grande, indica necessidade de desperdiçar energia em manifestações exteriores, gesticulando, falando pelos cotovelos, "viajando" (Paul Carton, *Diagnostic et conduite dês tempéraments*).

É fácil concluir que no indivíduo de escrita grande existe uma forte acentuação do sentimento de si, da expansão da personalidade da pessoa, seus impulsos e necessidades e como se coloca diante dos outros.

O escritor tem a vitalidade e a confiança necessárias para exteriorizar gostos, vontades e sentimentos, os quais jamais ficam "presos". Isso indica que qualquer estímulo que chegue até ele, dificilmente ficará retido. Existirá sempre a possibilidade de reverberar, ampliar e passar esse estímulo para a frente, até mesmo de forma impensada e inconsequente.

Nesse caso, a objetividade, muitas vezes, cede lugar à perda da razão. Quando o escritor consegue controlar isso, o que nem sempre ocorre, poderá ser um realizador de primeira ordem. Os movimentos extensos favorecem muito mais a imaginação do que a atenção (Jamin).

Na escrita grande, existem associações com outras espécies contraditórias – grande-estreita, grande-invertida, grande-frouxa – resultado da dificuldade de relacionamento. Apesar de o escritor muitas vezes ter consciência dessa dificuldade, ela frequentemente acaba em ressentimentos ou compensações. O antônimo da escrita grande é a escrita pequena.

Necessidade de mostrar-se generoso. Positivo e impositivo. Energia e tônus muscular para realizar empreendimentos de grande monta. Consciência da própria força. Segurança e valor moral. Audácia, dinamismo, entusiasmo. Vida intensa e criativa. Afetividade transbordante. Capacidade de mostrar sentimentos por meio de atitudes e gestos. Gosto pelo grandioso aliado à pompa e circunstância até mesmo nos detalhes. Plenitude vital e amplitude de visão. Nobreza e generosidade, orgulho e dignidade. Culto à própria personalidade (Xandró). Ardor e entusiasmo. Espírito de conquista, de marcar presença, de liberdade no agir e no fazer. Produção, elevação e superioridade. Extroversão. Com escrita grande e simples: franqueza, jovialidade, cordialidade, inocência. Com escrita grande e firme: autoridade, capacidade de se impor. Com escrita grande e desorganizada: exaltação, vaidade. Associada à escrita desigual: emotividade. Com escrita rápida: mais movimento do que ação, ação sem intenção. Com predomínio da forma: forte consciência de si sem se importar com o que os outros pensam.

Pouca capacidade de atenção aos detalhes. Visão panorâmica e dispersiva daquilo que realmente interessa. Falta de atenção ao essencial. Paixão, desordem e indisciplina. Compensação e vaidade exagerada. Egocentrismo. Afetividade exigente e carente. Com escrita desproporcional indica narcisismo. Deseja falar muito mais do que ouvir. Algumas vezes, é impossível estabelecer diálogos consistentes, pois sempre se coloca no centro das atenções. Precisa ser notado e elogiado para sentir-se bem no meio em que circula. Temperamento rebelde e excitado. Exagerado e delirante. Orgulho desmesurado, presunção. Exaltação e vaidade, tendências a projetos e sonhos impossíveis de se realizarem. Megalomania. Necessidade de aplausos. Afetação e arrogância. Exibicionismo e fantasia sem nenhuma necessidade. Delírios de grandeza. Necessidade de imiscuir-se na vida das outras pessoas, mesmo sem autorização. Se o texto for maior que a assinatura, indica complexo de inferioridade.

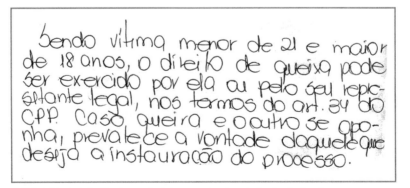

FIGURA 51: Grande. Escrita vertical, lenta, redonda, rebaixada, desligada, pouco espaçamento entre as linhas. Para a grafologia italiana, é o exemplo clássico de alta redonda.

Pequena

Neste caso, a zona média não ultrapassa 2 mm (para Jamin e Peugeot, está entre 1,5 mm e 2 mm). A escrita extremamente pequena (menor que 0,75 mm) é chamada de microscópica ou "pata de mosca", e, antes de qualquer tipo de avaliação, devemos verificar se a pessoa não tem problemas de visão, frio, cansaço, estados depressivos etc.

Frequentemente, a escrita pode ser temporariamente pequena em razão dos fatores inibitórios descritos anteriormente. Segundo Jamin, a extrema redução dos movimentos é anormal e revela a diminuição da vitalidade, e, quando menos, fadiga.

Muitos autores classificam seu tamanho, sempre tendo como base principal o tamanho da zona média:

- Xandró: entre 1,5 mm e 2,5 mm.
- Vels: menor que 2,5 mm.
- Ania Teillard: entre 1,5 mm e 2 mm.
- Jamin e Peugeot: entre 1,5 mm e 2 mm.

A redução do tamanho relaciona-se com a consciência de si e a redução da autoestima, que podem ocorrer por diversas razões, e somente serão compreendidas com uma análise completa. Aqui, os pensamentos e os movimentos são concentrados, existe aumento de atenção aos detalhes e tendência a ver as minuciosidades. Caso consiga integrar isso com boa organização de texto e espaçamento, o escritor tende a ser um grande planejador.

A diminuição do tamanho faz que a pessoa se interiorize e concentre seus esforços naquilo que realiza. Existe resistência em interagir de modo total com o meio ambiente. Pulver afirma que o tamanho da escrita revela necessidade de expansão que se manifesta no espaço.

O grafismo pode diminuir com a idade do escritor, fato que deve ser interpretado de duas maneiras: (1) concentração de esforços; (2) como o escritor perde tônus e energia com o passar dos anos, passa a economizá-los ou utilizá-los de maneira mais racional.

Perda de energia

Algumas pessoas perdem energia à medida que a idade avança e, então, sua escrita diminui. Essa é uma das leis da escrita de Pellat: a do menor esforço. Nos estados depressivos ou de fadiga, a restrição dos movimentos leva a uma escrita pequena, algumas vezes de forma temporária, conforme já foi dito anteriormente.

De acordo com Jamin, a escrita pequena ainda pode favorecer a velocidade e a concentração dos movimentos, indicando, nesse caso, atividade e atenção, portanto, indício de superioridade.

Para alguns autores, o tamanho da escrita mostra a consciência que o indivíduo tem de si mesmo.

A escrita pequena precisa ser avaliada segundo o tamanho das demais zonas, superior e inferior. Mais ainda, de acordo com todos os outros gêneros gráficos, incluindo a ocupação espacial do texto. Assim, o sentido pode mudar conforme o meio gráfico analisado. Também é necessário levar em conta se, na escrita pequena, predomina o movimento ou a forma.

- **Predomínio do movimento:** a redução da capacidade expansiva faz-se em favor da reflexão, da concentração, da previsão, da busca de novos fins, novos métodos e novas aplicações (Vels).
- **Predomínio da forma:** a redução da capacidade expansiva está dirigida para obter maior objetividade, exatidão, ordem ou planificação de acordo com as mais diversas hierarquias de valores.

A escola italiana (Moretti e seus seguidores) denomina *calibro* (espanhol, *calibre*; francês, *le calibre*) o tamanho do corpo da escrita. O calibre refere-se à dimensão vertical da escrita.

Na escrita de calibre pequeno, o tamanho é menor que 2 mm. O calibre revela como o escritor recebe e valoriza as manifestações extrovertidas da relação que inconscientemente está estabelecida entre o sentimento e a realidade. O tamanho médio mostra a relação objetiva entre a consciente valorização da própria capacidade e da realidade da situação que examina.

Trata-se de um sinal substancial de inteligência profunda, espírito de observação e pensamento penetrante. A pessoa ocupa-se somente com o que considera essencial, presta atenção apenas nas particularidades.

Quando examina um fato ou uma situação, busca aprofundar-se em todos os aspectos para chegar à visão mais completa e objetiva possível. Discute e raciocina com muita insistência e dificilmente se rende às contestações e objeções de seus interlocutores. Sente prazer em pontuar as situações. Compreende a verdade e se aprofunda nela com toda sua capacidade, sem, contudo, lançar-se com forte ímpeto.

No plano psíquico e temperamental, quando em grau elevado, indica escassa capacidade para se adaptar às situações. Tende a encontrar defeitos ou particularidades naquilo que os outros realizam.

> Simplicidade e modéstia, sutileza, precisão, sentimento do dever, capacidade de crítica e observação. Análise e disciplina. Senso de economia e utilidade dos bens materiais. Introversão. Atitude prudente. Sutileza aliada à capacidade dedutiva e intuitiva para focalizar detalhes. No sentido profissional, tendência à especialização. Abnegação. Modéstia e parcimônia. Delicadeza, elegância e reserva. Atenção, concentração de esforços, senso crítico. Grande capacidade de reflexão. Senso de realidade desenvolvido. Capacidade de trabalho intelectual. Facilidade de concentração. Economia de energia para determinados fins. Fineza de espírito. Preponderância da vida interior sobre a exterior, atividade mais cerebral do que física, mais concentração do que expansão (Saint-Morand). Na mulher pode indicar *Animus*, com escrita

combinada, rápida e simplificada. Segundo Müller e Enskat, "ama o limitado e o resumido". Outras interpretações:

- Escrita pequena e simples.
- Escrita simples: sentido de objetividade em suas ações.
- Ascendente: concentração de esforços em prol de um objetivo.
- Simples ou seca: a essência como qualidade primordial.
- Com espaços grandes entre as palavras: crítica demasiada. Tende à abstração, a considerar os empreendimentos em médio e longo prazo e prever suas consequências com base em alguns dados ou na experiência do presente. Não participa muito do cotidiano. Prefere ficar desenvolvendo suas ideias.
- Com espaços pequenos entre as palavras: tende a viver o presente, o cotidiano, reduzindo seu campo de atuação ao conhecido e seguro.
- Bom nível de forma: capacidade de concentração, disciplina intelectual.
- Nível de forma baixo: debilidade mental.
- Espaçada: isolamento, concentração.
- Simples, clara, sóbria, equilibrada: humildade autêntica.
- Escrita estreita, angulosa, apoiada: comunicação travada, constrição, ansiedade e solidão, espírito crítico desenvolvido. Resistência por meio da introspecção.
- Formas desproporcionais, esmagadas: sentimento de si distorcido, precário, autovalorização deficiente.
- Escrita frouxa e igual: desvalorização de si, pouca capacidade de enfrentar a realidade, tendência a ceder para se preservar.
- Assinatura menor que o texto: sentimento de inferioridade.

Depressão (com outros dados). Mesquinharia e insignificância. Ausência de generosidade. Incapacidade de se posicionar em face da realidade. Inteligência limitada. Falta de capacidade para compreender estímulos complexos e lidar com eles. Campo de consciência estreito. Frieza nos contatos. Falta de habilidade para enfrentar grandes desafios. Fadiga e dissimulação. Completa falta de habilidade para compreender o que ocorre ao seu redor. Timidez e insegurança. Dificuldades para se comunicar com o mundo. Temores e receios de se relacionar com o ambiente. Inibição. Incapacidade de compreender, assimilar e produzir com amplitude. Ansiedade e atonia. Melancolia, mediocridade e sentimentos de inferioridade. Liberdade restrita, temor, dúvidas e tendências ao desalento e ao pessimismo. Dissimulação. Avareza e ruindade (Xandró).

Entre a escrita grande e pequena, temos a **média**, que representa o equilíbrio entre as duas. Um dito grafológico pode nos conduzir para conclusões mais acertadas e vale para qualquer estudo em grafologia: "Todo exagero significa falta de adaptação".

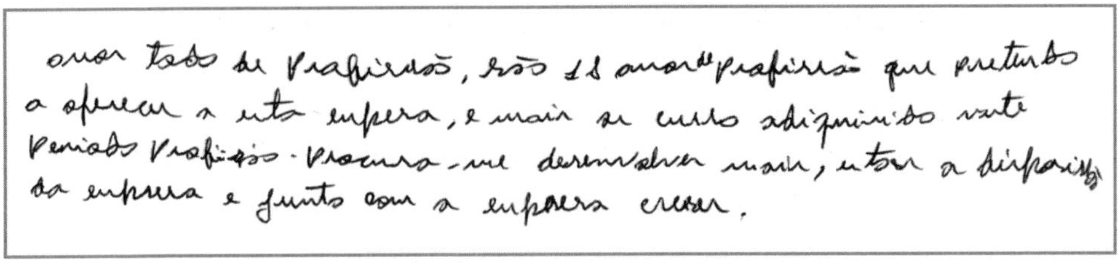

FIGURA 52: Pequena. Escrita tensa, com pressão desigual, sinuosa, inacabada. A última palavra do texto configura em uma *cola de zorro*.

Crescente

À medida que avançam pelo espaço gráfico, as letras aumentam de tamanho progressivamente. Esse aumento pode ser visto na zona média, e, em muitos casos, as partes das letras localizadas na zona superior e inferior também podem aumentar. Mas isso não é obrigatório para que a escrita seja avaliada como crescente.

- Zona média crescente e outras zonas normais: escrita crescente.
- Zona média crescente e outras zonas crescentes: escrita crescente.

É fácil perceber que, no segundo caso, as características tendem a se acentuar.

Existem ainda outras possibilidades que ocorrem com menor frequência e são avaliadas de acordo com o contexto gráfico:

- Zona média crescente e zona superior normal: escrita crescente.
- Zona média crescente e zona superior decrescente: escrita crescente.
- Zona média crescente e zona inferior crescente: escrita crescente.
- Zona média crescente e zona inferior decrescente: escrita crescente.

Pode ainda existir a contraposição entre as zonas superior e inferior (crescente x decrescente). Nesse caso, a desproporção na escrita torna-se de tal maneira espantosa que nos leva a concluir a possibilidade real de diversos grandes desajustes psíquicos e afetivos no escritor. A avaliação de como a escrita cresce é importante:

- Muito pequena para muito grande.
- Pequena para grande.
- Muito pequena para grande.
- Grande para muito grande.
- Muito pequena para pequena.
- Pequena para média, entre outras.

Em todos os casos, a avaliação do grafólogo deve entrar em ação. No primeiro, por exemplo, o escritor parte de uma atitude totalmente concentrada para uma expansiva. As razões para isso devem ser encontradas na avaliação abrangente do grafismo. Apresentar cada um dos exemplos seria muito cansativo e fugiria aos objetivos deste livro.

Normalmente, o tamanho crescente se dá a cada palavra no texto, mas não são raras as escritas cujo aumento de tamanho ocorre desde a primeira até a última palavra, em uma ou várias linhas do texto. Não podemos confundir o aumento dentro das palavras (escrita crescente) com o aumento de tamanho entre as palavras, pois neste caso teríamos a discordância de tamanho.

A escrita crescente foi uma das primeiras espécies relatadas por Michon, nos primórdios da grafologia, que a interpretou como caráter franco, cândido, aberto, que não sabe calar aquilo que pensa e pode até ofender.

A pessoa chega timidamente ao ambiente e vai soltando-se aos poucos, o tamanho do ego vai crescendo. Pode indicar, assim como na escrita decrescente, experiência de vida: o indivíduo molda-se de acordo com as conveniências do momento.

Crépieux-Jamin dizia que era comum em escritas infantis, mas que persistia em adultos que se abandonam sem reservas naquilo que fazem. Também é pouco comum em escritas superiores, pois o aumento das palavras colabora para a perda de qualidade gráfica.

Segundo nossas observações, o ponto de exclamação pode ser considerado, em sentido amplo, como parte de uma escrita crescente (quando em bom nível de forma) ou até mesmo como um sobressalto (em baixo nível de forma).

A escrita crescente assinala aumento de energia que pode ser em prol de um objetivo ou desperdício. Existe imperiosa necessidade de expansão no mundo.

Quando a escrita se torna crescente somente no final das palavras, revela avidez e insatisfação. Necessidade de chamar atenção e opinar com energia, de fazer que suas ações sejam decisivas, finais. Desejo de "ganhar no grito" os debates. O escritor acredita que deixa o melhor de si para o final. Reserva na forma de atuar para aparecer e agir no momento derradeiro. Controla suas ações até o momento que julga necessário. Atitudes rudes e inesperadas. Desejo de causar impacto e surpresa em seus relacionamentos. O escritor deseja sair de cena com aplausos e reconhecimento. Contradição na forma que age no meio social. Aqui, a avaliação do grafólogo depende do conjunto gráfico. O antônimo da escrita crescente é a escrita decrescente.

> Capacidade de aproveitar as oportunidades que aparecem à sua frente. Entusiasmo fácil que vai se ampliando ao longo do tempo. Impulsividade fácil. Predomínio do pensamento mágico sobre o pensamento lógico. Gosto por complicar, fantasiar e exagerar os fatos mais comuns da vida. Expansão, sentimento alegre e juvenil. Caráter alegre e espontâneo. Ingenuidade, bondade e inocência. Lealdade. Imaginação. Humildade, desejo de ser valorizado pelos outros. Aumento de ritmo e energia para resolver as tarefas que lhe são confiadas.

> Falsa humildade. Imprudência, confiança exagerada no próximo. Falta de tato, exagero dos fatos e acontecimentos. Respostas desproporcionais aos estímulos recebidos. Confusão e impertinência. Ataques sem motivos. Autodefesa e insegurança. Vontade de aparecer, mostrar-se aos outros sem motivo. Emotividade, julgamento e avaliação focados nos sentimentos em detrimento da razão.

- Aumento que ocorre na zona superior: fanatismo religioso.
- Escrita rápida: credulidade excessiva. Impaciência, necessidade de resolver as questões.
- Somente na última letra: deve ser avaliada como sobressaltada e não como crescente.

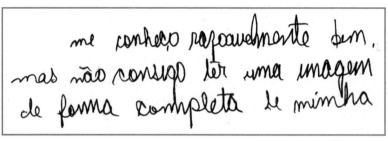

FIGURA 53: Crescente. Escrita estreita, lenta, com pressão exagerada no papel, tensa, angulosa.

Decrescente

Também chamada de "gladiolada", termo cunhado por Michon em referência à forma das espadas dos antigos gladiadores, esta escrita caracteriza-se por letras que diminuem de altura progressivamente, à medida que avançam pelo espaço gráfico. A letra *t*, por exemplo, não é observada, *a priori*, nessa espécie, pois seu sítio normal é na zona superior. Ocorre somente nas últimas letras da palavra.

Da mesma forma que a escrita crescente, a decrescente pode indicar um ajustamento mais ou menos traumático ao meio ambiente. É importante, para o grafólogo, concluir se essa perda progressiva no tamanho das letras indica diminuição ou concentração (economia) de energia.

Embora a escrita decrescente possa indicar boa capacidade de negociação, diante de qualquer risco, o escritor não terá energia para enfrentá-lo de maneira adequada e tenderá a ceder.

Como a primeira letra é maior, a escrita mostra necessidade de afirmação nos contatos iniciais. Na verdade, sua atitude em relação ao outro (mundo) é de insinuação, muitas vezes querendo aparentar ser mais do que realmente é. O que se trata do consumo de energia inútil, afinal, à medida que conhecemos as pessoas, acabamos, inevitavelmente, indo ao encontro de suas reais possibilidades. Essa característica é exacerbada quando a primeira letra se mostra bastante ornada e, mais ainda, quando ocorre na assinatura.

Escrever somente a primeira letra grande e as demais do mesmo tamanho indica valorização excessiva de si mesmo, orgulho desmedido.

Se ocorre somente na última palavra da linha, revela capacidade de ajustar o tempo a seus projetos e necessidades. Nesse caso, se o ambiente gráfico for negativo, denota falta de previsão, ajuste do tempo deficiente, em que tudo é resolvido na última hora. O antônimo da escrita decrescente é a escrita crescente.

Outros dados que devem ser levados em conta:
- Muito grande para muito pequena.
- Grande para pequena.
- Grande para muito pequena.
- Muito grande para grande.
- Pequena para muito pequena.
- Média para pequena etc.

Economia de energia e movimentos. Tendência de profundidade. Interesse em chegar ao fundo das coisas e descobrir os porquês. Predomínio do pensamento lógico sobre o pensamento mágico. Experiência de vida, diplomacia, cultura e evolução espiritual. Habilidade para desmascarar as intrigas alheias. Repulsa ao uso da força e da violência.

Capacidade de ajustar seu trabalho ao tempo que lhe é concedido. Perspicácia e curiosidade intelectual. Explorador, sensível e delicado. Domínio dos sentimentos para ajustar-se ao meio. Cultura e evolução espiritual. Cortesia, tato e delicadeza em relação aos que o rodeiam. Adaptação de acordo com as normas e o ambiente, visando a preservar a harmonia entre ambos. Dotes de observação e empatia (Xandró).

- Com final legível: finura, tato, diplomacia.
- Final ilegível: desconfiança, fadiga, inconstância, mordacidade, ironia (Xandró).
- Sóbria, combinada, pequena, bom ritmo: fineza, espírito crítico, sutileza.

Promete muito mais do que pode realmente cumprir e às vezes o faz com sinceridade, embora, no fundo, sabendo que não é capaz. Falta de continuidade em suas ações. Debilidade, cansaço e esgotamento físico e moral. Pouca energia para conduzir seus projetos. Fadiga mental e física. Timidez e debilidade moral, habilidade em desconversar e mudar para assuntos que lhe interessam. Falta de habilidade para resolver problemas no tempo previsto. Sensibilidade e emotividade. Esforço sustentado apenas no primeiro momento, para dar a falsa impressão de energia e capacidade de realização. Logo se nota diminuição do tônus. Pouca perseverança.

- Frouxa, descontínua, arrítmica: dificuldade para se afirmar, falta de coragem, atitude de abandono.
- Com outros sinais: depressão, pessimismo, envelhecimento.
- Somente nas últimas letras: necessidade de causar surpresa.
- Somente nas últimas letras e angulosa: cede somente no final.

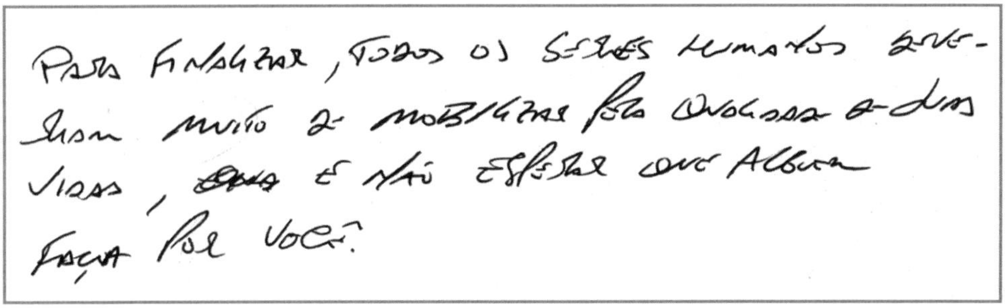

> *[manuscrito]*

FIGURA 54: Decrescente. Escrita com baixa legibilidade, rápida, algumas letras tombadas, variações de pressão.

Interpretação da escola italiana

Moretti engloba tanto a escrita crescente como a decrescente em um só signo, o qual chama de *spadiforme*. São três tipos de *spadiforme*:

• ***Diminuição ou aumento progressivo de calibre em toda a linha***

Começa suas ações com exagerado fervor, que depois se apaga gradualmente até privá-lo da força necessária para finalizar um empreendimento. Só tem confiança em sua força e capacidade durante o breve fervor inicial.

• ***Diminuição ou aumento do calibre nas palavras***

Diferencia-se do primeiro porque seu entusiasmo inicial nunca é exagerado, e o concreto toma de pronto seu campo de consciência, levando-o à objetividade. Sem dúvida, tem disponibilidade para entusiasmar-se sempre que houver um sucesso; e cada nova ideia suscita em seu ânimo a imediata tomada de energia a ser empenhada. Pode abater-se momentaneamente pelo fracasso, mas se recobra sempre que novas perspectivas lhe são oferecidas (Torbidoni).

• ***Diminuição ou aumento do calibre em grupos de letras das mesmas palavras***

Alterna golpes de entusiasmo com momentos de debilidade, mas sua carga é frequentemente voltada para a ação, porque existe nele uma disponibilidade constante de incentivar a energia para a atividade. Com prontidão e força, lança-se a cada empresa que considera válida, demonstrando todo o potencial de que dispõe. Depois, sente a necessidade de acalmar-se, mas quase imediatamente volta à sua habitual energia inicial, sucedendo essas fases com grande rapidez. Tem boa dose de acerto, porém carece de regularidade, o que não incide negativamente sobre sua vontade e firmeza em concluir aquilo que empreende. Em nenhum caso corre o risco de consumir mais energia que a necessária por carência de ritmo (Torbidoni).

Zona média (eixo horizontal/amplitude)

Estreita

Para Pulver, a escrita é estreita quando a "largura relativa de base" é menor que a altura dos traços de suas letras. Precisamos comparar o tamanho das letras com os espaços entre elas, que, neste caso, são reduzidos a ponto de, algumas vezes, as letras se tocarem (a escola italiana usa o termo *lettere addossate* – letras coladas). A escrita também tende a ser alta (ovais mais altas do que largas) e se caracteriza por um estreitamento das letras (primária) ou da ligação entre elas (secundária).

Pulver classifica essa separação entre as letras como *largura primária* e *secundária*. A primária consiste na distância dentro de uma letra e seu traço; a secundária, na distância entre duas ou várias letras.

A largura secundária é chamada de não autêntica, que se reduz pela intervenção da inteligência e da vontade. Quanto mais regular ela é, maior a intervenção da vontade.

A largura autêntica se caracteriza por uma pequena irregularidade, sem confundir as circunstâncias com o quadro gráfico em que algumas letras se chocam. Letras muito alargadas são sinais de arrogância.

Segundo Pulver, a escrita larga é sempre expressão espontânea, com alto valor de sinal primordial, enquanto a escrita estreita é, frequentemente, um produto adquirido.

- Extensão da largura primária e secundária associadas: nesse caso, o mais comum é a combinação dos traços que se estendem ao longo da linha. O escritor precisa sair para conquistar o mundo. Essa necessidade de expansão é mais do que evidente. A pessoa deseja ocupar espaços. A escrita grande exacerba essas características, e a pequena revela moderação na maneira de enfrentar essas conquistas.
- Largura primária isolada: mais fácil de observar em escritas grandes; algumas tendem a ser arredondadas, o que reforça a impressão de um conforto interior.
- Largura secundária isolada: aqui, existe um aspecto artificial na forma em que se dá a expansão, já que a largura primária (das letras) não acompanha a secundária. O "eu" do escritor parece estar estacionado; no entanto, ele tenta caminhar. Tratam-se de gestos opostos: um deseja a pausa; o outro, movimento. Esse tipo de escrita é comum em adolescentes.

Normalmente, as ligações não são em guirlandas, com certa preferência pela semiangulosa ou angulosa. O traçado anguloso potencializa as características da estreita. Há necessidade de conter, de se fazer dono de suas disposições psíquicas e seus impulsos, em resumo, da própria ambivalência. Com escrita baixa, pouca legibilidade e clareza, indica uma intenção secreta.

Não se deve confundir o aspecto distribuição concentrada com dimensão estreita. A primeira refere-se à distribuição dos espaços entre as palavras; e a segunda, somente entre as letras. O grafismo pode ser ao mesmo tempo espaçado (entre palavras e linhas) e estreito (entre letras).

Para Klages, a escrita extensa (ou larga) revela liberação da alma; a estreita, constrição da força impulsiva. Pulver diz que devemos levar em conta a relação do eu com o tu, a maneira como a pessoa caminha e se posiciona no mundo.

As principais causas da largura secundária isolada podem ser: ordem, atenção, ponderação, autodomínio, discrição, circunspeção; o que permite obter os melhores resultados graças à concentração de esforços. Mas também se pode reduzir os movimentos por egoísmo, interesse, mesquinhez e covardia (Jamin). Convém avaliar adequadamente a dinâmica do meio gráfico para chegar a uma conclusão.

> Receio de se aproximar do mundo e das pessoas. Avareza consigo mesmo. Timidez, reserva e egoísmo. Dissimulação. Falta de liberdade para demonstrar seus sentimentos. Tendências egocêntricas e regressivas. Contração, desconfiança e certa rigidez mental. Introversão, atitude de cautela. Senso de economia. Repressão da afetividade. Angústia. Freios nas necessidades de expansão e extroversão. Sinal de conflito, insegurança e, muitas vezes, de ansiedade pela vontade de estabelecer contatos entre o eu e o tu, passando por cima dos ritos sociais. As perdas afetivas podem ser intensamente sentidas, causando fortes danos nos seus rendimentos. Tende a ser apreensivo diante do desconhecido, por achar que precisa trabalhar além do normal para estabelecer as relações. Ao mesmo tempo que deseja pessoas ao seu lado, tem a necessidade de ficar sozinho. Isso ocorre na escrita com espaços estreitos entre as palavras e linhas.

- Com escrita ligada: indício de boa memória.
- Dilatada: indício de memória deficiente.
- Variações entre estreita e larga: desequilíbrio entre sair para o mundo e introversão.
- Estreita e invertida: reserva, desconfiança, medo exagerado.
- Estreita no começo da palavra: timidez e reserva ao se apresentar.

Interpretação da escola italiana

A escola italiana chama de *alta prolongada* (*alta allungata*) a escrita mais alta do que larga, com o tamanho (calibre) maior que 3 mm.

Caso a extensão vertical das letras seja proporcional à extensão horizontal, caracteriza-se a *grande* (alta redonda), porém se a extensão vertical das letras for visivelmente superior à horizontal, temos a alta prolongada. Calculam-se essas medidas pela distância entre o vértice superior e o vértice inferior das letras.

Alta redonda e alta prolongada são signos substanciais da vontade, da inteligência; indicam também exageros nas manifestações do pensamento e do sentimento, e juízos desproporcionais nas confrontações com a realidade objetiva (Moretti).

Alta redonda expressa a capacidade de compreender os exageros, enquanto alta prolongada indica a incapacidade de compreender os exageros, tendência a não aceitar a chamada para a objetividade.

A pessoa com escrita estreita comete erros por avaliar de forma superficial os fatos e acontecimentos, exterioriza com pompas e circunstância, não escuta os outros, é um obstinado, não tem capacidade de valorizar de modo correto suas reais possibilidades e algumas vezes tende a ser "mais realista que o rei". Revela desprezo pelos demais, e cai facilmente em contradição por divergir das outras pessoas sem que existam motivos.

Gosta de fantasiar, exige que suas ações sejam admiradas por todos. Seu comportamento está privado de simplicidade e espontaneidade. A mania de se manifestar de forma constante e inadequada o leva a ser insincero, uma vez que, para aparecer, deseja sempre ter opiniões sobre tudo e sobre todos.

Exagera na forma de se manifestar, de pensar e sentir. Apresenta juízos e sentimentos desproporcionais nas confrontações com a realidade objetiva. Também demonstra incapacidade de compreender adequadamente os exageros que comete. Quanto ao perfil intelectual, indica escassos êxitos nos estudos por falta de equilíbrio de juízos e pouca disposição para a concentração.

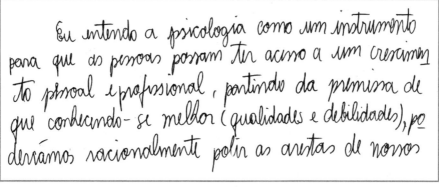

FIGURA 55: Estreita. Escrita grande, tendência vertical, ligada, algumas letras coladas, com letras ligadas de forma semiangulosa e angulosa. Alguns *ângulos B* de Moretti.

Extensa

Quando os espaços entre as letras são extensos em relação ao seu tamanho, dizemos que é possível colocar uma letra oval entre duas letras. As letras tendem a ser mais largas do que altas, mas isso não é obrigatório. Normalmente, a ligação da escrita extensa é filiforme ou executada em guirlanda. A escrita é muitas vezes larga (ovais mais largas do que altas).

> Sociabilidade. Atitude geral extrovertida. Necessidade de contato com pessoas e assuntos fora do círculo familiar. Caráter expansivo, aberto e radiante. Franqueza, naturalidade e confiança em si. Memória e imaginação verbal. Pensamento mais profundo do que reflexivo. Estado de ânimo satisfeito, bom estado físico. Sensualidade, generosidade. Capacidade de se expressar com gestos expansivos e relaxados.

Complacência e caridade. Coração que se compadece facilmente dos demais. Facilidade de se enternecer. Exteriorização espontânea. O escritor sabe como assimilar e incorporar partes do mundo, e, nesse sentido, conquistar (Pulver).

Confiança em si que algumas vezes se alia à imprudência. Impaciência e atitudes irrefletidas, certa extravagância. Precipitação, tendências exibicionistas, imprudência; gosto por prazeres mundanos (com zona inferior grande). Falta de pudor, necessidade imperiosa de se aproximar dos outros sem prévia avaliação, falta de seletividade em suas amizades.

- Escrita inclinada: tendência a lançar-se para o mundo sem a devida reflexão.
- Invertida: artificialidade, contradição, conflito, controle exagerado unido a uma comodidade interior. Desconfiado e sociável ao mesmo tempo.

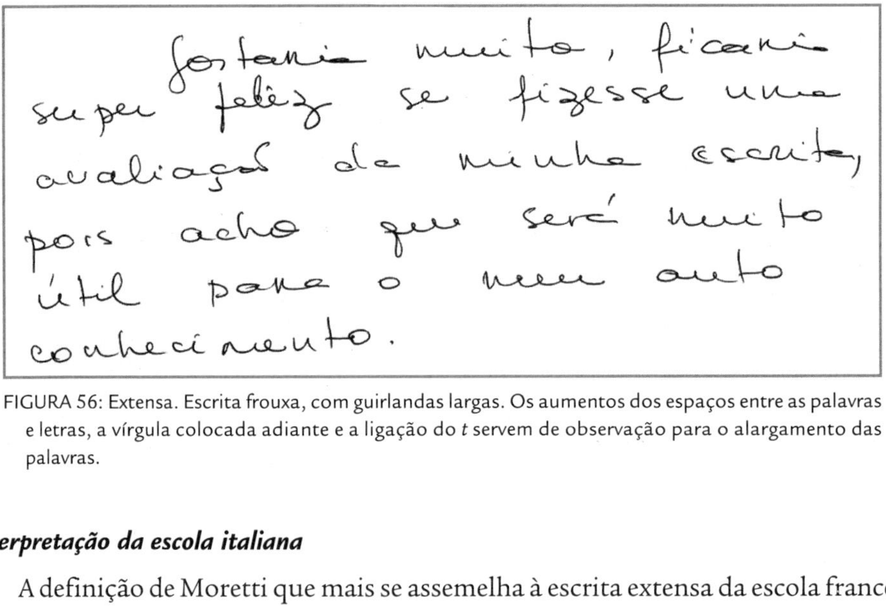

FIGURA 56: Extensa. Escrita frouxa, com guirlandas largas. Os aumentos dos espaços entre as palavras e letras, a vírgula colocada adiante e a ligação do *t* servem de observação para o alargamento das palavras.

Interpretação da escola italiana

A definição de Moretti que mais se assemelha à escrita extensa da escola francesa é a "profusa", que, quando supera seus limites máximos, chama-se "dilatada". Trata-se da acentuação da escrita "larga entre as letras" e se verifica numa escrita estendida, vertical, sobretudo, horizontalmente. A escrita apresenta distância exagerada entre as letras, lançamentos de letras e traços.

Signo modificante da vontade e do intelecto, mostra expansão tanto do pensamento como do sentimento, falta de medida e de equilíbrio nas relações sociais.

Trata-se do extrovertido instintivo, sem freios e sem moderação; é generoso, não por amor aos demais, mas porque não é capaz de manter aquilo que tem. Desperdiça sua capacidade intelectual, a energia física e os recursos materiais sem critérios. É uma pessoa superficial que toma tudo com grande rapidez e faz eleições insensatas. Não leva em conta a proporção entre os fins e os meios.

Não é apto a trabalhos ou missões que requeiram atenção, concentração, método, e não tolera a disciplina. Normalmente, orienta-se para uma profissão liberal que consista em recorrer a conveniências (Torbidoni).

Zona média (proporção)

Baixa

Neste caso, as letras, em especial as ovais, são mais largas do que altas. Nota-se pela barra do *t* e pela pontuação, que podem ser menores que o normal, ou mesmo, o que acontece comumente, que esses traços sejam normais ou maiores. Grosso modo, poderíamos comparar as ovais da zona média com um ovo deitado. Existe, por assim dizer, o achatamento da zona média, cuja pressão simbolicamente vem das zonas superiores e inferiores.

A baixa não pode ser confundida com a rebaixada ou recortada, uma vez que essa grafia é obrigatoriamente centrada em sua zona média.

As espécies são sempre avaliadas em relação às demais, contudo, nossa experiência diz que na escrita baixa isso deve ser feito com atenção redobrada, para que seu verdadeiro significado possa se aclarar. Dificilmente o conjunto da escrita será proporcional. O antônimo da escrita baixa é a escrita alta.

> Necessidade de se acomodar ao meio ambiente. Concentração de suas energias aos atos e ritos sociais. Prudência, ponderação e reflexão. Temperamento calmo e sem afetações. Humildade e modéstia. Aceitação das imposições sem contestação. A necessidade de segurança faz que a pessoa esteja sempre procurando conciliar e harmonizar seu ambiente.
>
> Incapacidade de trabalhar em ambiente de grande pressão. Tende a ceder para evitar os conflitos, como forma de se preservar. Nunca toma uma atitude de "bater de frente" com os obstáculos. Dúvidas e astenia. Fadiga e melancolia. Pobreza e ocultação de ideais elevados. Necessidade de comodidades materiais. Socialização da vida emocional. Ausência do senso de economia. Mediocridade. Com a escrita regressiva, frouxa ou invertida, indica dissimulação.

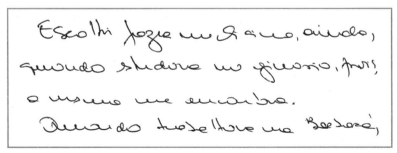

FIGURA 57: Baixa. Escrita invertida, pressão nos traços horizontais, extensa.

Alta

As letras da zona média são mais altas do que largas. A zona média pode se destacar de maneira desproporcional à altura. Nesse caso, o "ovo" estaria de pé. A pressão que comprime as ovais, simbolicamente, viria do passado e do futuro, um achatamento que leva as bordas das ovais para as zonas superior e inferior. É normal, mas não obrigatório, que essa espécie esteja ligada à escrita estreita. Também é comum que existam escritas extensas com as altas, embora, nesse caso, elas não sejam opostas e sim discordantes, uma vez que na extensa tem-se o impulso para o mundo, enquanto a alta mostra uma espécie de constrição.

Nas escritas altas e baixas, pode existir o predomínio da zona média. O sentido psicológico entre as duas diferencia-se pela maneira como os indivíduos encaram o mundo do ponto de vista do aspecto social; essa visão de ambos pode ser deformada ou bem ajustada, dependendo do ambiente gráfico. O antônimo da escrita alta é a escrita baixa.

Esse tipo de escrita indica: vaidade e necessidade de ser elogiado e aplaudido; aspirações a viver em um mundo elevado; arrivismo; orgulho do que é e do que faz; necessidade de independência; culto à apresentação pessoal. Associada à escrita grande, sobressaltada e inclinada, denota o pensamento de que o mundo é um palco para suas apresentações. Associada à primeira letra grande, indica necessidade de causar impacto nos primeiros contatos.

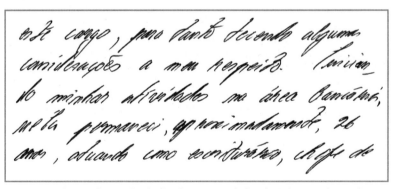

FIGURA 58: Alta. Escrita estreita, inclinada, pastosa, desligada. Existem variações de pressão. Alguns *ângulos B* da escola morettiana.

Rebaixada

Neste caso, existe o predomínio da zona média em toda a extensão do grafismo – as pernas e as partes superiores das letras saem muito pouco da zona central. Também é chamada de recortada, porque se tem a impressão de que as partes superiores e inferiores foram cortadas. O tamanho das ovais tende a ser normal.

As espécies baixa, alta e rebaixada são sempre analisadas em conjunto com outras espécies. De imediato, o grafólogo pode também relacioná-las com o tamanho, pois isso alia as interpretações de expansão e contração (tamanho) com as características próprias da espécie observada.

> Concentração de seus interesses no plano social. Necessidade de ordem material. Modéstia, humildade, simplicidade e moderação. Atitude consciente para se adaptar às necessidades da vida. Aceita aquilo que não pode mudar. Habilidade para cumprir ordens e tarefas com precisão e da maneira que lhes foram dadas, o que o torna confiável. Costuma ter grande dose de acerto naquilo que realiza.
>
> - Necessidade de descansar sobre si mesmo (Klages).
> - Calma, ingenuidade, candura (Jamin).
> - Introversão (Ania Teillard).
> - Renúncia da vida ativa e sexual em proveito da vida interior (Pulver).
>
> Debilidade de caráter. Cede para preservar suas conveniências, mesmo que elas não sejam legítimas. Ausência de dignidade. Aceita propostas de cunho duvidoso somente para estar ao lado de quem falsamente o considera amigo. Fingimento, falsidade. Associada à zona superior pequena, indica escassa religiosidade.

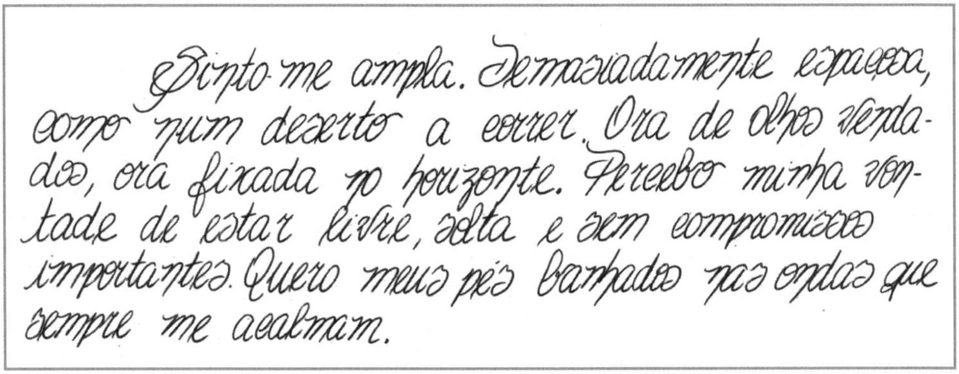

FIGURA 59: Rebaixada, dilatada. Escrita grande, inclinada, lenta, traços arredondados. Os movimentos da escrita concentram-se na zona média.

Sobressaltada

Aqui, as letras ou certos traços destacam-se pelo repentino crescimento ou elevação, sem que exista motivo aparente para tal fato; esse sobressalto pode ir para qualquer direção do espaço e não necessariamente para cima. Jamin já destacava isso no *ABC da grafologia*, e muitos grafólogos, tal como naquele tempo, ainda insistem em raciocinar com o sobressalto apenas na zona superior.

O sobressalto pode ocorrer no início, no fim e no meio das palavras ou do texto, além de algumas vezes, ser ocasional. A barra do *t* que aumenta de tamanho indica um sobressalto. Nas assinaturas, revela facetas escondidas ou latentes. O sobressalto indica desproporção e, como tal, emotividade.

A escrita prolongada na parte superior e inferior não deve ser considerada um sobressalto, pois a característica deste é, quase sempre, o "disparo" (ampliação) repentino isolado de um ou dois traços em uma palavra.

Devem ser avaliadas com bastante importância a letra *s* e as ovais *a* e *o*, uma vez que sua principal tendência seria permanecer na zona média.

Quando o sobressalto ocorre em letra-testemunho, a característica psicológica é bastante realçada; na assinatura, torna-se preocupante. Se aparece no traço inicial, mostra orgulho e vontade de ser notado.

Analisamos esses aspectos quando eles ocorrem nas partes inferior ou superior. Como regra geral, o sobressalto, onde quer que se dê, tende a diminuir o ritmo da escrita.

O traço vertical da letra *p* minúscula, ampliando para a zona superior, é visto por Jamin como amor-próprio exagerado, pessoas difíceis, irritáveis, pretensiosas, sem moderação. A escola italiana interpreta-o como necessidade de independência e sofrimento em posições subalternas. Contudo, em ambos os casos, o ambiente gráfico desse tipo de sobressalto deve ser avaliado.

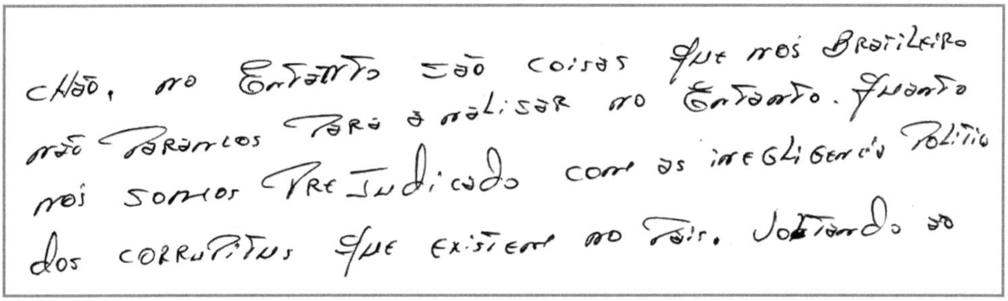

FIGURA 60: Sobressaltada.

Capacidade de comando e direção. Desejo de destacar-se sobre as outras pessoas. Certo menosprezo pela personalidade alheia. Sensibilidade para captar as coisas do espírito e servir-se delas. Necessidade e desejo de um ideal. Tendência de inflar o ego (depende de onde o traço vertical ocorre).

- Com escrita firme: desejo de ser reconhecido.
- Com pressão firme, vertical, grande: orgulho de mandar e ser obedecido.
- Com pressão firme, vertical, grande, angulosa: orgulho de mandar e ser obedecido, temido.
- Movida, redonda, grande, com laços: orgulho bonachão, expansão, amabilidade, cordialidade.

Amor-próprio desmedido. Temperamental. Necessidade de atrair a atenção para si, de se justificar perante os outros, mesmo sem motivos para tal. Sobressaltos e inquietudes na personalidade. Responde aos estímulos de maneira desproporcional, sem qualquer padrão de constância. Complexo de inferioridade, principalmente se o sobressalto acontecer nas letras maiúsculas. O indivíduo quer aparentar ou ser algo que não é. Desproporção entre o que é e o que gostaria de ser. Despotismo e arrogância. Se a barra da letra *t* for mais alta que a haste, segundo Jamin, denota orgulho e espírito autoritário.

Uniforme (ou igual)

Neste caso, as letras e palavras têm sempre o mesmo tamanho e altura, e as variações são poucas. Se traçamos duas linhas paralelas envolvendo as letras na zona média, a altura se mantém constante. A uniformidade aumenta quando as linhas traçadas nas cristas das zonas superior e inferior confirmam o paralelismo. Evidentemente, pequenas variações são sempre bem-vindas. A escrita uniforme nem sempre é proporcional; na verdade, ela nos fala mais da constância no tamanho das três zonas e em especial da média.

É comum em grafismos inibidos, caligráficos, monótonos, lentos e automáticos. Há de se considerar como um desenho nada espontâneo (Jamin). Seu antônimo é a escrita desigual.

> Minuciosidade, aptidão para trabalhar em tarefas que necessitam repetir de maneira constante os mesmos procedimentos. Desejo de ser compreendido. Atitudes formais aliadas ao equilíbrio e à ponderação. Atividade constante e perseverante. Afetividade estável e constante. Adaptação ao meio. Ordem, reflexão e constância. Fidelidade ao dever e às obrigações. Boa memória, serenidade de juízos e ideias. Amadurecimento mental. Prudência diante de desafios.
>
> - Com escrita pequena: atenção focada nos detalhes.
> - Escrita rápida: inteligência crítica e produtiva.
>
> Responde aos estímulos de maneira igual, sempre com apatia e indiferença. É incapaz de ver os diversos matizes que compõem a atividade humana. Escassa habilidade para tomar iniciativa. Visão parcial dos fatos, sem nada a acrescentar. As ideias são lentas, e a pessoa tem limitada visão dos acontecimentos. Limitações também de ordem intelectual. Falta de sensibilidade e emotividade para ver o belo. Deseja para si e para os outros hábitos e rotinas, pois tem dificuldades para mudar. Pouca capacidade de entender conceitos complexos.

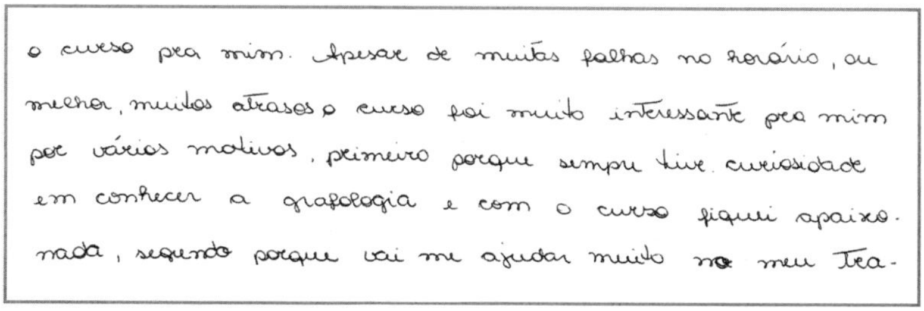

FIGURA 61: Uniforme. Escrita simples, vertical, limpa, com a barra do *t* alta.

Interpretação da escola italiana

A escrita é *uguale* (igual, uniforme) quando a grafia se apresenta homogênea no calibre e na direção axial, na *largura entre as linhas* e *entre as palavras*. É diretamente contrária à escrita desigual metodologicamente. Opõe-se à desordenada e, indiretamente, à contorcionada e à sinuosa. A exacerbação desse tipo de escrita recebe o nome de "pedante".

Signo da vontade e da inteligência. Boa tendência para reprodução técnica e impessoal, execução fiel e irretocável, embora, algumas vezes possa ser solta e espontânea. A pessoa tem escassa personalidade intelectual e psíquica. Intelectualmente, é como uma chapa fotográfica: imprime as ideias de uma certa forma, e elas assim permanecem. Trata-se da pessoa com capacidade de reprodução fiel, impecável, e de aplicação rígida de normas e métodos. Seus procedimentos intelectuais são ordenados, metódicos e sem nenhuma variação que mude as circunstâncias ou as situações (Torbidoni).

Expressa regularmente os mesmos conceitos tais como foram aprendidos, sem ampliá-los ou atualizá-los. Tem a mente estatutária e cristalizada. Trata-se daquele indivíduo muito exigente que tenta impor seus esquemas e hábitos aos outros. Falta-lhe disposição intelectual e psíquica para compreender as aspirações de esperanças dos demais. É meticuloso ao fazer e programar, sempre muito estrito em suas observações – nunca vai além do que tenha aceitado sua limitada experiência. Tem idoneidade para tarefas de técnicas executivas, trabalhos de reprodução exata e escrupulosa, para copiar e classificar (Torbidoni).

Pedante

"Pedante" é um aumentativo de igual. A igualdade do calibre nas letras une-se a uma evidente afetação, expressada pela caligrafia e pela pressão dos claros/escuros, manifestação de fingimento. Comum em escrita de calígrafos e copiadores, que eram dispensados de pensar por si mesmos.

Essa escrita era fruto de hábito e, por isso, chamada por Jamin de escrita profissional. Hoje, quando encontramos essa escrita, ela representa vontade firme, comportamentos convencionais e hábitos padronizados. Distingue-se por sua capacidade de atenção e de resistência à concentração prolongada, pelo elevado sentido de dever e também pela rigidez e adesão às formas. Por outro lado, carece de espontaneidade e de calor (Torbidoni).

Zona média (extensão/amplitude)

Dilatada

Em linhas gerais, Jamin tem uma ótima descrição para a linha dilatada: dá-se quando o tamanho, as formas, os movimentos e a disposição estão ampliados. Suas letras, palavras e linhas estão espaçados em pelo menos 2 mm, os finais tendem a ser marcadamente à direita, e as letras ovais podem ser abertas. Grosso modo, as palavras são crescentes; e as linhas, ascendentes (ver figura 59).

Para que as escrita seja dilatada, devem existir grandes e amplos movimentos no traçado. A escrita rompe os limites naturais do espaço destinado à ela. A zona média pode deixar de ser o centro de equilíbrio.

Trata-se de uma espécie gráfica resultante da união de outras. Sem isso, não existiria, por exemplo, a escrita grande, que por si só é uma espécie.

A dilatação tende a ocupar os espaços, muitas vezes de forma desordenada. Cabe ao grafólogo observar o meio ambiente, a fim de chegar à conclusão final de como se processa essa expansão, como avança para os outros espaços, se é oportuna ou instintiva, sem objetivos práticos.

> Corresponde à expansão de todo o ser, sentimento de plenitude vital. Ação extrovertida em direção a tudo que o rodeia. Signo ocasional de alegria e euforia transbordante. Franqueza, naturalidade nas relações. Jovialidade, comportamento alegre e muitas vezes sem compromisso. Sociabilidade, comunicação. Desejo de se fazer presente. Satisfação de viver, de estar presente no mundo e na vida dos outros. Ingenuidade. Vitalidade. Segurança íntima, exuberância física e mental. Intensa atividade psicomotriz, que muitas vezes chega até a euforia. Associada a formas originais, denota imaginação artística (Peugeot).
>
> Ausência de timidez. Atitude invasiva na vida ou na área de atuação das pessoas. Ocupa os espaços dos outros sem a prévia autorização, muitas vezes para esconder suas próprias inseguranças. Pouco controle dos impulsos. Resposta defeituosa e desproporcional aos estímulos que recebe. Imaturidade e inconsistências nas relações pessoais e afetivas. Exibicionismo desenfreado. Falta de respeito e consideração com os ritos sociais. Impertinência. Necessidade de agir em direção às pessoas, contudo sem objetivos ou motivos para tal. Comunicação superficial. Imprudência nos contatos. Discurso teatral. Excitabilidade, impaciência. Espírito aventureiro, porém aliado à inconsequência. Insatisfação.

Sóbria

Esta espécie é oposta à escrita movida: os traços são simples e equilibrados, predomina a proporção, e a ornamentação é escassa ou inexistente. Normalmente ligada às escritas proporcional, organizada e clara. Não existem traços supérfluos. Os movimentos nunca ultrapassam as dimensões moderadas. Trata-se de uma das grandes espécies qualitativas da grafologia.

Associada a traços harmoniosos, indica autodomínio, atenção, reflexão, moderação, modéstia (Jamin). Denota ainda circunspecção e medida.

Em escritas inferiores, perde um pouco de sua eficácia, mas também demonstra sensatez, prudência, sentido comum etc.

Para o grafólogo, essa espécie contém uma séria limitação – principalmente para os novatos –, porque a redução da amplitude de movimentos limita e muito o campo de observação. É muito fácil definir e conhecer um sujeito espalhafatoso. Por outro lado, uma pessoa discreta, reservada, que mantém o controle de si e de suas ações, é mais difícil de ser avaliada. O grafólogo deve, então, se aprofundar no estudo de todos os detalhes da escrita sóbria, pois neles aparecerão as principais características da pessoa, seu brilhantismo ou mediocridade, mesmo que ocultos.

> Pensamento subordinado à razão. Claridade intelectual, moderação e subjetividade. Imparcialidade, integridade e probidade. Discrição e sobriedade. Capacidade teórica e força para compreender os fatos. Reserva da vida pessoal e profissional.
>
> Falta de imaginação, atitudes de reserva desnecessárias e timidez.

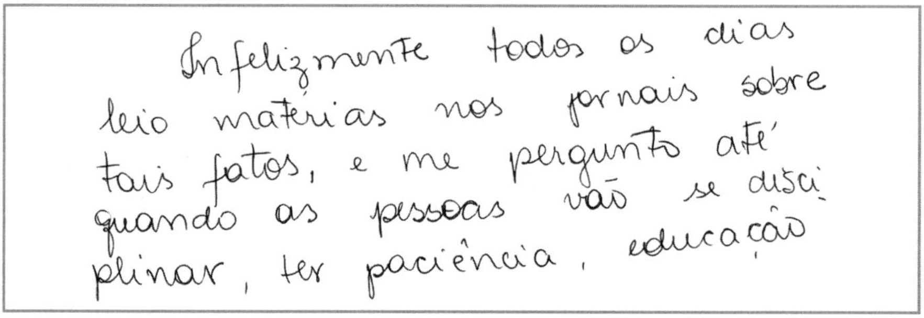

FIGURA 62: Sóbria.

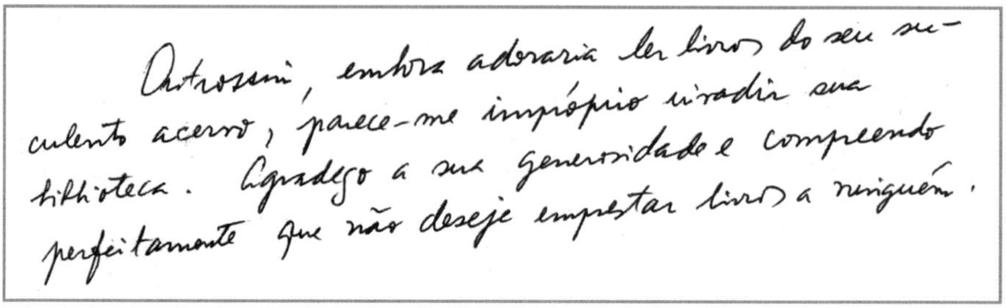

FIGURA 63: Sóbria. Escrita ascendente, rápida, pequena, traços combinados, alguns *ângulos B e C* da escola italiana.

Interpretação da escola italiana

A escrita recebe o nome de "parca" quando está isenta de traços (*rizos*, em italiano) no princípio, no meio e no final da palavra. A interpretação é mais elevada se a escrita for pequena.

É signo modificante do intelecto e, indiretamente, da vontade. Revela concisão de pensamento, de concepção, de expressão, de ação e de sobriedade em suas atitudes. Em suas explicações, limita-se a tudo que considera essencial. Vê os problemas, situações e particularidades em sua natureza específica.

Ao estabelecer hierarquia de valores e de compromissos, sabe estabelecer as prioridades e não se perde no que considera marginal. Não se deixa levar pela fantasia, busca o concreto como um todo; e, em seus pensamentos, existe sempre uma grande lógica (Torbidoni).

É geralmente reflexivo e ponderado; não supervaloriza sua capacidade nem subestima os riscos. Suas escolhas são sempre frutos de ponderação. Fala e se expressa somente quando se considera seguro, refutando toda forma de audácia e imprudência (Torbidoni).

Aptidões: é indicado para tarefas que necessitam de responsabilidade, linearidade e fidelidade às normas existentes, reflexão e ponderação das escolhas, reserva e controle nas comunicações.

Compensada

Neste caso, uma das zonas (média - superior - inferior) apresenta pouco desenvolvimento ou amplitude (altura e largura) em detrimento de outra, ou seja, a zona se compensa mediante a expansão de outra.

> Canalização ou deslocamento da energia psíquica (projeção, sublimação etc.). Compensação objetiva ou subjetiva dos problemas vitais. Pode ocorrer em alguns adolescentes.
>
> Tendência a compensar pela ficção. Em alguns casos, é sinal de psicose ou uso de substâncias tóxicas. Deve-se analisar a zona em que ocorre essa escrita e como a dinâmica do espaço se configura.

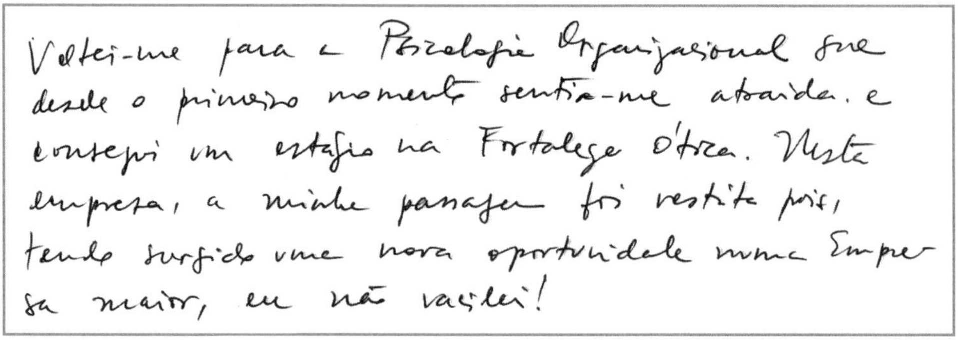
Voltei-me para a Psicologia Organizacional que desde o primeiro momento senti-me atraída. e consegui um estágio na Fortaleza O'tica. Nesta empresa, a minha passagem foi restrita pois, tendo surgido uma nova oportunidade numa Empresa maior, eu não vacilei!

FIGURA 64: Compensada. São sutis os traços compensados nessa escrita. Os signos grafológicos nunca têm a importância dos signos que ocorrem com frequência e em traços mais curtos. Eles são qualitativos e não quantitativos (Jamin). Um signo gráfico revela muito mais quando é graficamente subdesenvolvido e ocupa pouco espaço no papel (Jules Eloy).

Prolongamento alto e baixo

Neste caso, as partes superiores e inferiores prolongam-se, são maiores que a zona média. Existe evidente desequilíbrio entre as zonas.

Quanto mais a maturidade pessoal afirma-se no caráter, mais suas tendências para o alto e baixo se orientam na direção do equilíbrio central e mais a consciência concentra-se na ação de suas possibilidades para a verdadeira capacidade de realização, no mais amplo sentido que essa palavra pode ter.

Existe grande distorção entre as aspirações do escritor e suas reais possibilidades. Isso em geral o leva a frustrações com as quais não sabe trabalhar de modo adequado. A insatisfação também se faz presente, porque não costuma conseguir atingir suas metas, e tende a não reconhecer que elas estão sempre acima de suas capacidades.

Esse tipo de escrita é comum em adolescentes, principalmente nos dias atuais. Uma vez que não parece existir limite para os objetivos materiais (plano físico), geram-se objetivos quase impossíveis de alcançar. Daí a propensão para as ilusões desmedidas das pessoas com esse tipo de grafismo.

Podem apresentar algumas qualidades, porém a imaturidade e a falta de "centro" (zona média menor) fazem que não saiba trabalhá-las de modo adequado.

Traduz também: mistura complexa de aspirações e ansiedades; sentimento de insatisfação permanente (Klages); ânsia de renovação, de mudanças e de experimentar novas sensações; insatisfação que se converte em protesto, ressentimento e hostilidades ocultas, em interpretações distorcidas ou pejorativas; propensão a suspeitar dos outros com projeção dos seus complexos de inferioridade e culpa.

A exaltação do amor-próprio pode aparecer frequentemente como forma de compensação, principalmente em escrita de adultos.

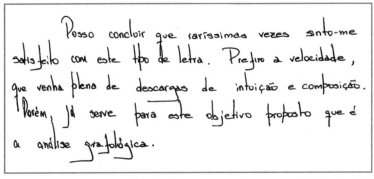

FIGURA 65: Prolongamentos alto e baixo. Traços regressivos na zona inferior. Vertical, lenta, pressão firme.

Prolongamento para o alto ou para baixo

No primeiro caso, a zona superior é maior que a zona média e inferior.

Quando a zona média possui boa estrutura, a pessoa valoriza o lado espiritual e intelectual. Tem imaginação e capacidade de trabalhar com ela. Caso a zona média não tenha boa estrutura, e o espaço seja mal estruturado, indica excentricidade; a pessoa vive fora da realidade, demonstra exaltação, dispersão, insatisfação, ilusão e em alguns casos podemos falar em tendências à megalomania. A atividade psíquica tende a ser acentuada, a imaginação é ardente. Nos casos de pontuação esmagada, há tensão psíquica em alto nível, a pessoa não consegue se desligar daquilo que está fazendo mesmo nas horas de lazer. Forte dinamismo das tendências motrizes e da sexualidade.

A parte inferior prolongada indica necessidade de afirmação quase sempre mal controlada e tendência à oposição ao meio social. A atividade motriz é desgovernada, daí a imprecisão nas tarefas, na forma de agir e até mesmo na organização. A pessoa se move de maneira constante e imprecisa. É incapaz de realizar tarefas que necessitem de rotinas intensas; sente-se mal, sua produtividade é baixa; e a ansiedade, grande. O movimento faz que diminua suas ansiedades e preocupações, mesmo que de forma momentânea.

Se esse prolongamento é anguloso, indica autoritarismo, necessidade de impor opiniões, geralmente sem ouvir os outros, demonstrando intransigência.

Muitas vezes, os traços inferiores invadem a linha de baixo, revelando promiscuidade, falta de respeito ao espaço alheio. Mostra, ainda, energia física, materialismo, sexualidade, motricidade, impulsos e instintos. Uma zona média com boa estrutura, firme, equilibrada, é capaz de conduzir com bom acerto essas características.

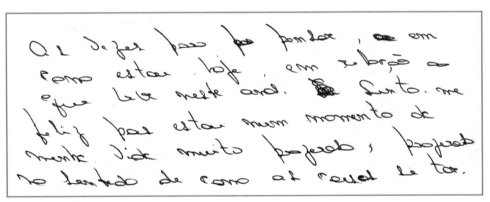

FIGURA 66: Prolongamento para o alto.

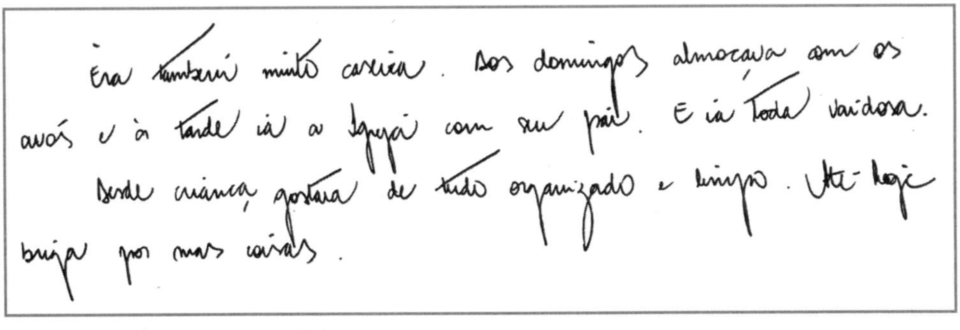

FIGURA 67: Prolongamento para baixo.

Eixos da escrita

O eixo é o movimento dominante da ação de escrever. As pessoas que têm o predomínio do *eixo vertical* escrevem com ênfase no movimento de flexão-extensão dos dedos, produzindo dessa forma maior intensidade na parte vertical das letras, em especial aquelas que ocupam duas ou três zonas da escrita (*j, f, g, t* etc.) Como consequência, as letras tendem a ficar mais estreitas, as ovais adquirem uma forma ovoide, e as ligações secundárias se tornam mais curtas e, algumas vezes, angulosas.

As pessoas em que o *eixo horizontal* é predominante privilegiam os movimentos direto-esquerdo da mão (progressivo-regressivo). Em virtude disso, as letras tendem a ser mais amplas, as ovais mais redondas, as ligações secundárias mais largas e podem acompanhar a linha de base – e, em casos extremos, se torna filiforme. Sendo assim, o eixo horizontal é revelado pela largura das letras (amplitude primária) e pela largura dos traços que ligam as letras (amplitude secundária). Essa é a expansão para a direita (mais larga que a norma caligráfica).

A escrita com o predomínio do *eixo horizontal* revela tendência a aderir-se à linha, enquanto a com predomínio do eixo vertical não permanece na linha. A inclinação, tanto para a esquerda como para a direita ou vertical, não é importante. São mais importantes a flexão e a extensão das figuras escritas.

O predomínio do *eixo vertical* aponta para a expansão do sentimento do "eu" e mostra a habilidade para a afirmação. Está ligado à vitalidade geral do escritor, dependendo, evidentemente, de outros fatores, como pressão, velocidade, tensão, qualidade do traço etc.; é também uma indicação de confiança em suas próprias qualidades e serenidade ao se expressar, tanto por razões naturais de expressão como por uma forte introversão natural.

Quando a escrita é grande, sempre se trata de um sinal afetivo. Se a objetividade está afetada pelos sentimentos e emoções, a pessoa está entusiasmada e pode superar a si mesma. Atua mais do que pensa e é capaz de ser surpreendente.

Quando uma escrita com predomínio do *eixo vertical* é também espontânea, com boas proporções e traço firme, indica a natural habilidade da pessoa para julgar de forma ampla e ativa, principalmente quando for necessário se expressar. No melhor dos casos, uma escrita assim manifestará autenticidade, resolução, flexibilidade, liberdade de ação, afirmação da personalidade, necessidade de tomar uma postura, além de expressar aspirações, motivações e potencial. O indivíduo prefere realmente "ser alguém" a "aparentar ser" ou atuar como se fosse "algo".

O escritor com o predomínio do *eixo horizontal* gosta de mostrar seus conhecimentos, conquistar e conseguir. É adaptável e sociável. Diferentemente do escritor com predomínio do eixo vertical, ele prefere "atuar" a "ser".

Caso na escrita exista uma péssima relação entre forma e movimento e ausência de ritmo e de firmeza, isso demonstra que o escritor é influenciável, precipitado e negligente, apresenta instabilidade emocional, inatividade e irregularidade de esforços.

Resumo

	Sentido positivo	Sentido negativo
Eixo vertical	Ardor, confiança, aptidão para tomar iniciativas, motivação, orgulho, resolução, autenticidade, ânimo, imposição de ideias, autoridade, potencial etc.	Graves inibições, reserva etc.
Eixo horizontal	Orientação para o mundo exterior, avidez, necessidade de assimilar, de ampliar, adaptação, necessidade de conquistar, atuar mais do que ser, iniciativa, extensão.	Dispersão de energia e emoções, conceito inseguro do tempo e do espaço.

(Baseado na obra de Renna Nezos)

6 | PRESSÃO

A pressão é um dos gêneros mais importantes que o grafólogo deve observar ao realizar a análise. Para muitos autores, nenhuma análise grafológica é feita sem avaliar a pressão.

Existem diferenças na maneira de avaliar a pressão entre as várias escolas de grafologia. Não se faz grafologia com fotocópias ou livros, pois além de não ser possível observar a pressão, há distorções de tamanho, contrastes e enquadramento do texto. O Código de Ética dos Grafólogos Europeus proíbe seus assinantes de analisar fotocópias, faxes e similares.

Para Max Pulver, a pressão indica produtividade criadora, além de ser também a intensidade da energia psíquica.

Segundo Torbidoni e Zanin, ela denota a potência da libido, a capacidade de realização e resistência de quem escreve. Na realidade, a pressão tem uma relação importante com a constituição psicossomática do escritor.

Os franceses utilizam o termo "traço" (*trait*) para obter maior precisão na terminologia e unificá-la. De acordo com eles, a palavra "traço" evoca qualidades intrínsecas e engloba todas as características do gesto gráfico em si.

Na observação do traço, J. Peugeot faz as seguintes divisões:

- Espécies de acordo com o apoio do instrumento no papel (pressão no sentido estrito do termo): apoiada; leve; em relevo; sem relevo; deslocada; espasmódica; acerada; massiva; fusiforme; profunda; superficial; em sulcos.
- Espécies de acordo com a qualidade dos traços (neste caso, o interior e as bordas): nítida; pastosa; nutrida; desnutrida; seca; congestionada; empastada; filiforme; frouxa; aveludada.
- Espécies de acordo com a tensão dos traços. Sínteses do movimento e do apoio na condução dos traços: dura; suave; firme; com desigualdades de pressão.

- Espécies de acordo com a escolha do instrumento gráfico: é evidente que a escolha do instrumento gráfico influirá na pressão, afinal a grafologia clássica está quase totalmente baseada na caneta-tinteiro.

Tanto Michon quanto Jamin utilizam, como exemplos, várias escritas com bico de pena de ganso. Atualmente, a maioria dos perfis grafológicos é realizada com base nas canetas esferográficas.

Klages, em *Escrita e caráter*, desenvolveu um interessante estudo sobre os variados tipos de bico de pena e suas influência na pressão. Canetas de ponta porosa, lápis e lapiseiras devem ser evitados para a avaliação. O lápis tende a aumentar o calibre dos traços na medida em que escrevemos, e é comum uma pequena rotação para que o lado mais fino do lápis possa ser utilizado, além de que existem vários tipos de lápis – desde os mais duros até os mais moles. Já o grafite da lapiseira quebra muito facilmente para pessoas que escrevem com grande pressão. Tudo isso obriga o grafólogo a enfrentar novos desafios.

Contudo, não deixa de ser óbvio que algumas vezes a escolha do tipo de caneta está intimamente relacionada com a personalidade do escritor.

Estudaremos a seguir as principais espécies de pressão:

Espécies de acordo com o apoio do instrumento no papel (pressão no sentido estrito do termo)

Apoiada

A escrita é apoiada quando o escritor acentua a pressão no gesto de adução; o gesto de flexão do alto para baixo mostra a afirmação de si. Frequentemente, o calibre (ou espessura) do traço tende a aumentar. Em razão da escolha de certos tipos de canetas, nem sempre esse traço é visível a olho nu, portanto o uso de lupas é recomendado. A espécie é determinada com base no local onde a pressão aumenta. Na acerada (em ponta de agulha), por exemplo, o aumento se dá nos traços finais da escrita.

É muito comum o aumento de pressão em escrita de adolescentes, em razão do crescimento físico rápido e das consequentes variações de ossatura e musculatura, além da parte psicológica. Indica a afirmação contra o mundo, contra todos, a necessidade de se mostrar e de se impor, a resistências às ideias dos pais e amigos – principalmente se a escrita for frouxa.

- Com boa elasticidade do traço: a pessoa demonstra uma atividade equilibrada, capaz de justificar o aumento da tensão interior.
- Com elasticidade deficiente: os conflitos interiores aparecem de forma clara; ao mesmo tempo que o indivíduo deseja ir em frente, as inibições retardam seu movimento. Nesse caso, a escrita perde o ritmo; e, caso o movimento seja estático, podem aparecer crispações que revelam parte da problemática interior do sujeito.

Afirmação positiva e forte de si perante o mundo exterior. Energia vital bem canalizada, afetividade exigente. Dotado de fortes convicções. Tensão interior que pode ser canalizada para objetivos definidos. Capacidade de resistência a qualquer tipo de estímulo. Determinação e decisão diante da vida e dos desafios que surgem à sua frente.

Canalização deficiente das energias. Tendência a responder de modo diferente e dispersivo aos estímulos, principalmente aos desconhecidos. Tendência à acumulação e a descargas de emoções violentas (Vels). Masculinidade e virilidade (Klages). Tentativa de ocultar o medo e a insegurança interior (Knobloch).

- Movimento estático: inibição, não utiliza todo o seu potencial, energia mal canalizada ou pouco utilizada.
- Sobressaltada: acentuação das características.

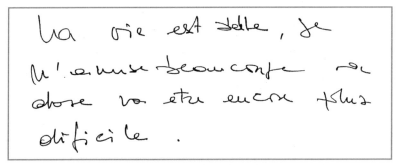

FIGURA 68: Apoiada. A pressão é um dado difícil de se observar em qualquer tipo de reprodução. Escrita combinada, dilatada, rápida.

Leve (do francês, *légère*)

Neste tipo de escrita, há poucas diferenças entre os plenos (traços descendentes da escrita) e os perfis (traços ascendentes e finos). A pressão no papel é falha. No traço descendente (pleno), os músculos dos braços e das mãos se contraem e o gesto é de tensão, existindo um aumento natural de pressão no papel. Ocorre uma *ligeira* (leve) diferença entre eles.

No momento em que o traço se torna ascendente (perfil), os músculos tendem a relaxar, o movimento é de extensão, o traço se torna mais fino. A contradição desse tipo de escrita está apenas no traço descendente, pois no ascendente ele é normal.

Como o traço descendente mostra a afirmação de si perante os outros, é fácil concluir que o escritor não tem essa capacidade de enfrentar o mundo. Costuma ceder para evitar conflitos.

Fragilidade e delicadeza. Sensibilidade ao meio social. Muitas vezes, a afirmação no mundo e perante as pessoas se faz de modo inteligente, pois abandona o uso da força para conseguir seus objetivos. Mobilidade intelectual e psíquica (Peugeot). Hipersensibilidade. Pudor e recato nas relações amorosas e profissionais.

Temperamento pouco resistente às pressões. Esgotamento físico e mental. Falta de coragem para enfrentar obstáculos. Pouca capacidade para trabalhar sob qualquer tipo de pressão; cede rapidamente, visando preservar sua estabilidade. Falta de moral e escrúpulos. Falta de consistência naquilo que realiza. Falta de confiança em si. Dificuldade de assumir compromissos profissionais, sentimentais ou de qualquer outra espécie. Indivíduo vulnerável, que se impressiona facilmente com tudo o que ocorre ao seu redor. Muitas de suas relações são superficiais, sem qualquer tipo de compromisso, porque não deseja assumir nada perante os outros. Incapacidade de avaliar e enfrentar os problemas com vitalidade e energia. Escassa assertividade.

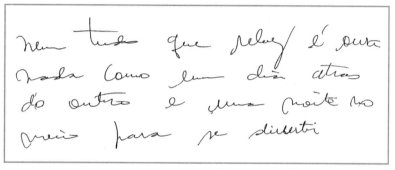

FIGURA 69: Leve. Finais filiformes, decrescentes, imbricada ascendente, ovalada.

Em relevo – Baixo relevo – Relevo desigual

As diferenças entre os plenos (traços descendentes e grossos), como observaremos no final do capítulo, e os traços ascendentes (perfis) são acentuadas, ou seja, nos traços descendentes (tensão), a pressão é exercida com energia e, nos traços ascendentes (relaxamento), há uma correspondente contrapartida de relaxamento.

Trata-se de um gesto firme e constante, fruto da pressão extremamente personalizada, que se reflete da mesma maneira na personalidade do escritor.

Aqui não existem grandes diferenças ou contraste de relevos entre os gestos de flexão e extensão (para cima e para baixo); as relações do escritor, tanto para si mesmo quanto para o mundo são intensas, pessoais, com forte individualidade. Os traços se apresentam limpos e sem pastosidade.

Os estímulos são recebidos e selecionados com constância, equilíbrio e sem afetações, e a pessoa responde com singularidade a todos. Essa modulação de forças internas faz que o escritor tenha grande capacidade para estabelecer relações harmônicas com qualquer tipo de ambiente. Como se trata do tipo de escrita que reflete, entre outras coisas, maturidade pessoal, raramente é encontrada em adolescentes.

Para Pulver, o diálogo entre o branco-negro do papel representa a necessidade de contato com a realidade, de realidade material e da presença dos outros. Os espaços reservados entre as letras e as palavras são aqueles que cedemos a terceiros, que estão à nossa volta.

Na vida cotidiana, esses espaços funcionam como um limite de nossos círculos, de acordo com os projetos acessíveis e imediatos; uma necessidade de contato que está ligada à realidade por meio do espírito concreto e sensorial (escrita concentrada).

Nos espaços grandes entre as linhas e palavras, o escritor liga-se à realidade pelo plano mais imaginário, isto é, frequentemente tem dificuldades de separar o real do imaginário.

Para diversos grafólogos, o negro (escrito) representa as palavras; e o branco (espaço), o silêncio entre elas. O branco pode indicar dificuldade de expressão ou tentativa frustrada de se exprimir; ou ainda, um lapso no qual o inconsciente se manifestou.

O equilíbrio entre os brancos e negros do papel revela o equilíbrio entre a palavra e o silêncio, as forças conscientes e inconscientes, a relação entre o eu e os outros, uma adaptação ao mundo.

Imaginação intensa e criativa. Autoridade sem autoritarismo. Liberdade de consciência e equilíbrio pessoal. Profundidade moral, vitalidade. Equilíbrio psíquico e físico. Carisma, atração pessoal. Capacidade de realização e execução de tarefas complicadas. Boa saúde e motricidade. Forte memória visual. Realização confiável. Constância de caráter. Estabilidade.

Funcionamento exacerbado das funções sensoperceptivas. Sexualidade ligada à luxúria. Individualismo exagerado. Comunicação reservada a uma minoria (Peugeot). Originalidade que se volta para o hermetismo. Paixão. Sentimentos ardentes e desproporcionais.

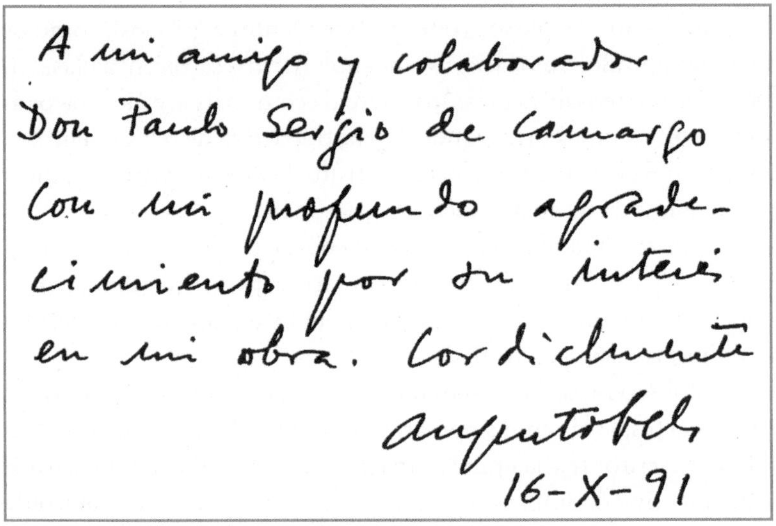
A mi amigo y colaborador
Don Paulo Sergio de Camargo
con mi profundo agradeci-
cimiento por su interés
en mi obra. Cordialmente
16-X-91

FIGURA 70: Em relevo. Existem diferenças de pressão entre os traços descendentes e ascendentes. Quanto mais idade tem o escritor e maior for seu relevo, maior a exuberância produtiva e a experiência. Minhas sinceras reverências ao grande mestre.

Baixo relevo

Aqui, os contrastes entre os plenos e os perfis são poucos visíveis. Ao chamar essa escrita de pálida, cremos defini-la com propriedade. Trata-se de um signo em que a energia básica, o equilíbrio fisiológico e a vitalidade do escritor podem estar comprometidos.

Temos de levar em conta que nas escritas rápidas o relevo tende a diminuir bastante e, em alguns casos, até mesmo desaparecer, uma vez que a flexibilidade da mão é necessária para alcançar velocidade superior à normal. Jamin achava imprudente a avaliação conclusiva de um signo tão variável.

Nas escritas lentas, e dependendo da caneta utilizada, é mais comum aparecer esse sinal. A escrita com baixo relevo está intimamente ligada à escrita leve.

Quando não existem sinais de profundidade, a escrita é chamada de "branca".

Denota timidez, desejo de se esconder do mundo – até daqueles que lhe são íntimos. Apresenta sensibilidade aguda para o "eu" e os outros e escassa vitalidade e criatividade, perda de tônus e senilidade precoce. Tem necessidade de receber atenção e apresenta incapacidade de responder aos estímulos, além de sentir medo, passividade e necessidade de anular ou esconder seus sentimentos e emoções.

Associada à escrita invertida traduz sexualidade e sensualidade pouco expressivas. Com a escrita descendente indica amargura, melancolia, indolência, abulia e falta de iniciativa.

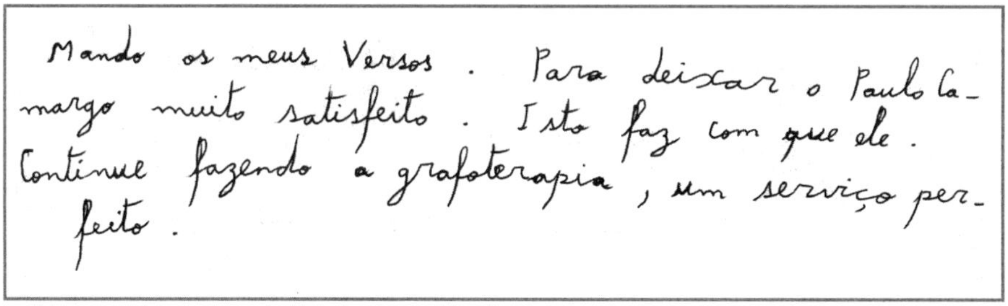

FIGURA 71: Baixo relevo. Escrita frouxa, sem elasticidade.

Relevo desigual

A escrita com relevo desigual mescla as características citadas anteriormente. Isso ocorre de maneira aleatória, muitas vezes em determinadas partes do texto, somente em um parágrafo, no final do texto e até mesmo em palavras específicas – nesse caso, configurando as "palavras reflexas" de Honroth.

Como toda desigualdade na escrita, mostra a mudança de rumo ou de posição das características. Se forem extremamente opostas, teremos a escrita discordante.

O relevo desigual indica temperamento mutante e impressionável. Qualquer que seja o estímulo que chegue até a pessoa, causará preocupações desmedidas, com as quais ela não sabe trabalhar de maneira adequada. Com frequência, respondem aos estímulos aleatoriamente, sem qualquer padrão – mesmo que sejam idênticos –, usando, inclusive, maneiras diferentes para tratar a mesma pessoa.

O escritor tem capacidade de realização variável. Certos casos mostram indícios de problemas no terreno patológico. Utiliza suas energias de forma precária e apresenta baixo rendimento em trabalhos que precisem de constância na forma de atuar. Não se sente bem em tarefas que exijam procedimentos repetitivos. É irritável e inseguro diante de pequenas contrariedades. Seu narcisismo não superado acentua sua suscetibilidade (Pulver).

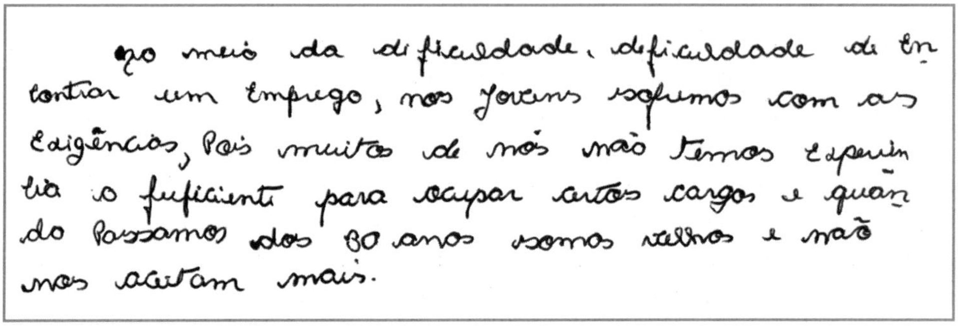

FIGURA 72: Relevo desigual. Escrita caligráfica, monótona, com intensas variações de pressão, barra do *t* acerada.

Conceito da escola italiana – engrossada (*intozzata*) do I modo

O conceito que mais se aproxima do relevo jaminiano é o de *engrossada do I modo*. Suas interpretações são bastante abrangentes. Os traços descendentes são mais marcados que os traços ascendentes. Para determinar o grau, é preciso considerar a diferença cromática entre os traços ascendentes e descendentes.

Trata-se de um sinal substancial de vontade e indica tendência ao mando, espírito de independência, imposição, autoritarismo e prepotência (Torbidoni).

O escritor tem força de vontade para enfrentar com decisão os obstáculos e é objetivo na eleição dos meios e métodos.

É por natureza radical e extremista, quer autonomia e independência, porém não a concede aos demais. Sua atitude indica predisposição para desenvolver competências que comportam rigidez nas obrigações de mandar e exigir.

A interpretação de relevo de Augusto Vels

O relevo se refere ao maior ou menor contraste que oferece a cor da tinta ao se destacar sobre o papel. Quanto mais força, nitidez e profundidade tem o traçado, maior é o relevo. Portanto, o relevo está ligado à profundidade e à nitidez das bordas dos traços. Deve ser observado com lupa.

A escrita em relevo é um importante signo de excelente saúde, de boa vitalidade, de uma libido em progressão e de profundidade e relevo pessoal nas ideias, nos afetos e nos atos. Pulver e outros grafólogos posteriores atribuíram à escrita em relevo faculdades criadoras, inovadoras e realizadoras. Também carisma pessoal, imaginação sugestiva e comportamento de líder nas reuniões de trabalho. A pessoa tem capacidade sugestiva e criadora em suas ideias, tenta chegar ao âmago dos temas e aprofundar-se nas coisas e nos assuntos de que se ocupa. Essa escrita é comum em indivíduos que se destacam ou se destacaram em alguma atividade do "fazer" e do "saber" na ciência, na arte, na indústria, na política etc. Associada à escrita rítmica (Klages), à metódica desigualdade (Moretti) ou aos signos de harmonia de Crépieux-Jamin, é um indicativo de superioridade, entendida como capacidade de pensar e de atuar.

Escrita sem relevo

Neste caso, a onda gráfica não se destaca; fica apagada, pálida, sem brilho ou contraste. A cor da tinta é absorvida pelo papel. Lamentavelmente, nem o relevo do traçado nem sua ausência podem ser apreciados em amostras impressas.

Indica esterilidade mental e afetiva, que se supõe uma deficiência no rendimento do terreno laboral, se a tarefa a ser realizada não é passiva e sim ativa, renovadora e sujeita a mudanças. O indivíduo não é apto para tarefas que requeiram recursos de imaginação, facilidade de improvisação de soluções e adaptação rápida a pessoas e circunstância variáveis.

O significado se agrava quando a escrita é frouxa ou mole, indicando então a facilidade para o desalento, a abulia, a indolência, falta de interesse pelas coisas e a recusa a qualquer atividade que requeira qualquer pequeno esforço. Pessoas assim, por serem permeáveis a toda classe de influências, podem ser desleais e cair na delinquência, na tentação de furtar ou de divulgar dados que devem permanecer secretos.

Para Vels, a escrita em relevo apresenta forte contraste entre a cor do traçado e o branco do papel. Os traços são bem nutridos de tinta, seu contorno é limpo, existe tensão e profundidade. Nesse sentido, Vels desloca-se um pouco das interpretações dos autores anteriores a ele.

Quando não existe profundidade, o traçado é pastoso, superficial, e os traços são tênues. A escrita é considerada sem relevo.

Vels não entra no contraste entre os plenos e os perfis da escrita, como fazem outros autores. Talvez por considerar que, quando a escrita é tensa, profunda, nutrida e limpa, esse contraste tende a ocorrer naturalmente, mas isso é apenas uma hipótese.

Sem entrar em uma questão acadêmica, a noção de relevo de Vels bem poderia se encaixar no gênero ordem, uma vez que pode ser observada no conjunto dos traços (contraste entre o branco e o negro). No entanto, essa discussão ultrapassa o objetivo deste livro.

Deslocada

Como vimos anteriormente, a tendência natural é que a pressão se faça no eixo vertical da escrita (plenos – traços descendentes). Quando aparece em outros traços (perfis – traços ascendentes), ela se desloca, e, quando ocorre principalmente nos traços horizontais da linha de base, temos a escrita deslocada.

Há vários tipos de escritas deslocadas e de deslocamentos. Quando o deslocamento se dá de forma específica nos traços ascendentes, ele é chamado de *ao revés*. Quando ocorre no final das letras terminando em ponta quadrada, é denominado *em clava* (massa).

Os perfis representam alívio no ato de escrever, pois são sinais de relaxamento e diminuição da resistência ao meio. Aumentar a pressão nos traços horizontais significa colocar um freio no impulso. O deslocamento da pressão se faz do eixo vertical para o horizontal, e o fluxo de energia passa a ser mal utilizado. O gesto gráfico passa a ser contraído, tende a perder ritmo, velocidade e fluidez.

O estudante de grafologia logo percebe que cada modificação na pressão da escrita se configura numa espécie.

Esse tipo de escrita mostra que as tensões interiores inibem e prejudicam o ritmo do escritor. Este responde de forma preocupada e tensa a qualquer estímulo. Os obstáculos muitas vezes são resultados das próprias inibições. Também não tem capacidade para enfrentar exigências de ordem moral e social, o que pode resultar em agressividade. É sinal de conflitos interiores.

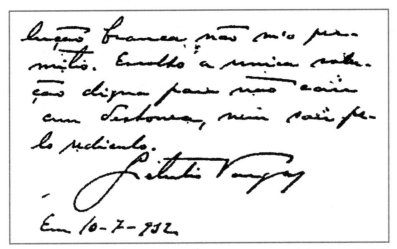

FIGURA 73: Deslocada. O til da palavra "não" revela a pressão deslocada. O final da letra *s* de "Vargas" é em forma de clava.

Espasmódica

Na escrita espasmódica, o aumento de pressão nos traços ocorre de forma aleatória. Esses espasmos possuem um traço desigual, irregular; há um movimento brusco e violento e aumento evidente da pressão. Para Jamin, ela ocorre em escritas apoiadas e une várias espécies sob essa denominação. Também é chamada de fusiforme, quando a variação de pressão ocorre nos traços descendentes das letras.

Quando os espasmos se dão nos gestos livres (ponto, acentos etc.), podem indicar crispações nervosas.

A escrita espasmódica indica excitação, agressividade, descargas de energia, sem que exista motivo para tal. A pessoa responde aos estímulos sem qualquer tipo de padrão e tem dificuldade de inserir-se em novos ambientes, principalmente nos profissionais. Apresenta sensualidade exagerada, sexualidade exacerbada, nervosismo, irritabilidade, impaciência e impulsividade descontrolada.

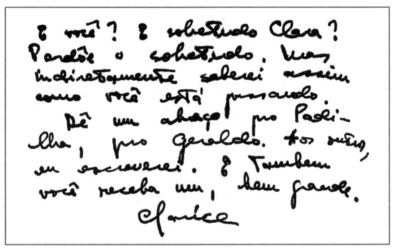

FIGURA 74: Vários tipos de pressão. Espasmódica, deslocada, ovais cegas, relevo (Geraldo), *en sillon* (*l* de Clarice), deslocada (parte horizontal do *l* de Clara).

Conceito da escola italiana – engrossada (*intozzata*) do II modo

O conceito de pressão na escola italiana que mais se aproxima ao da espasmódica é o de *intozzata* do segundo modo, mas eles não são considerados sinônimos.

Ocorre quando o traçado das hastes e, particularmente, dos rebordes das letras está constituído por engrossamentos repentinos ou claros-escuros. Quanto mais repentino for o engrossamento, mais acentuado será o signo. Para sua graduação, é necessário ter em conta dois fatores: repentino engrossamento ou sua interrupção e a intensidade do engrossamento.

Trata-se de um signo substancial da vontade e modificante da inteligência, porque repercute nela e na faculdade intelectual da sensibilidade. Indica emotividade, impressionabilidade, impulsividade repentina, exageração. É um signo prejudicial às qualidades e de natureza patológica.

A impressionabilidade é o elemento dominante da vida psíquica do escritor, que condiciona suas atitudes e reações. A razão tende a fugir do controle, por causa da instintividade. Diante de sensações prazerosas ou desagradáveis, experimenta uma agitação de notável intensidade, que perturba sua capacidade de equilíbrio e provoca uma reação imediata da mesma natureza das situações que a suscitam (Torbidoni). Algumas vezes, perde a calma e a serenidade quando as impressões são particularmente intensas. Deixa-se dominar facilmente pela ansiedade.

Acerada

A escrita acerada, também chamada de ponta de agulha, é aquela em que a variação de pressão ou descarga ocorre nos traços finais das letras. Foi descrita pela primeira vez por Jamin em 1885 (*Traité pratique de graphologie*, p. 128), que a classificava no gênero velocidade, como uma variedade da escrita disparada. Não é uma espécie qualitativa, já que não pode ser registrada sempre.

A escrita acerada pode ter como motivos as seguintes manifestações expressivas: retração repentina e perda de energia ou do impulso do traço. A importância amplia-se quando a direção dos traços é avaliada: se verticais, horizontais, voltados para a esquerda etc.

Max Pulver, no livro *Instinto y crimen*, diz do gesto acerado: "tudo repousa sobre agulhas finíssimas que causam o efeito de sensibilidade e tormento"; "expressa vontade débil; a redução fina e aguda dos traços descendentes revela ao mesmo tempo a sensibilidade do escritor"; "o fio do traço provém sempre de uma atitude aguda que se manifesta enquanto inteligência como perspicácia e penetração ou negativamente como maldade e malícia"; "enquanto no domínio dos instintos ou impulsos é um signo de agressão".

Para Marchesan, trata-se de um reflexo psiconervoso do estremecimento, sobressalto ou movimento de encolhimento. É como a retração dos braços para o corpo em atitude defensiva. É o movimento reflexo, potente, à margem da vontade e da consciência que tende a reduzir ao mínimo a agressão do inimigo.

Aparece com certa frequência em signos livres, como a barra da letra *t* e, principalmente, nos traços apoiados, horizontais e voltados para a direita. Não se exclui a possibilidade de o traço ir para todas as direções, o que nos leva a concluir que parte da interpretação deve centrar-se na direção dos traços, pois mostra contra o que ou contra quem a ação se dirige.

Demonstra liberação das tensões ou pulsões em forma de agressividade, impaciência, violência etc. Quando ocorre no final das palavras, a ação se faz contra os outros; no meio das palavras, a descarga pode ser contra a própria pessoa. Há casos em que os acerados são apontados para as vogais, inclusive para seu centro, mostrando autoagressividade, punição, culpa etc.

Normalmente, assim como muitas espécies, a interpretação varia em função da velocidade e da pressão. Caso o gesto seja rápido, é componente da impulsividade. Dentro de um contexto lento, denota rancor.

Na escrita de adolescentes e crianças, é indicativo de agressividade, quase sempre descontrolada. Trata-se do símbolo que reflete a falta de domínio de si próprio – a pessoa não consegue conter suas energias. O antônimo da escrita acerada é a escrita massiva ou em clava.

> Senso crítico extremamente desenvolvido. Habilidade para insinuar-se sem ser notado. Perspicácia nos debates. Agressividade e espírito combativo. Boa capacidade de observação. Vivacidade de espírito e senso crítico. Gosto por penetrar profundamente nos assuntos que acha interessante. Pensamento incisivo e minucioso. Comum em pessoas cujas atividades exigem pronta resposta, como a de políticos, policiais e oradores.
>
> Gosto por contradizer os outros, de fazer ofensas e insinuar sem objetivos concretos. Reivindicações exageradas ou fora de propósitos. Ânsia de dominar, cólera e irritabilidade. Capacidade de atacar com virulência e sem motivos aparentes. Impaciência e irritabilidade. Arrogância, cólera e mordacidade. Necessidade de satirizar os demais para esconder suas inseguranças.

- Traço largo e frouxo: cólera e maldade.
- Traço acidental: irritação.
- Traço constante: mau-caratismo.

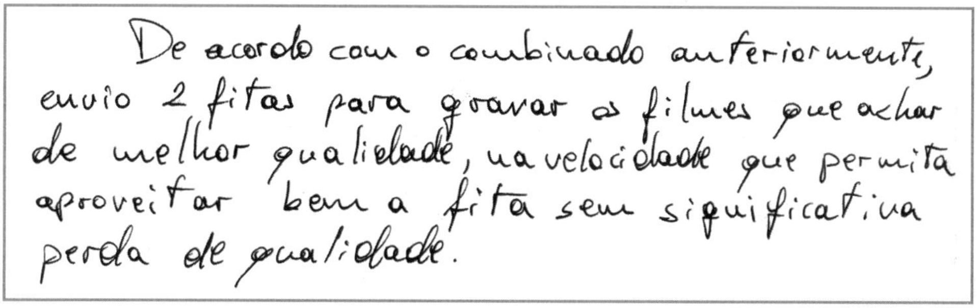

FIGURA 75: Acerada. Os finais em forma de ponta na letra *r* são visíveis. Existem traços deslocados.

Massiva ou em clava

Aqui, os finais das letras terminam de forma brusca em clava (ponta quadrada). É interessante notar que Jamin coloca essa espécie no gênero pressão e cita-a como oposta à acerada. Trata-se da contenção de um impulso extremamente forte. Há várias maneiras de inibir o impulso, e a escrita em clava utiliza a pressão para realizar essa contenção. Outra maneira é o arpão, movimento regressivo que Gille-Maisani classifica no gênero direção, o qual indica teimosia, tenacidade, perseverança e até mesmo agressividade. Se ocorre de forma sistemática, é indício de debilidade. A presença do sinal de forma isolada revela grande poder de autocontrole (Jamin).

A escrita massiva ou em clava denota tendência do indivíduo a descarregar os estímulos que recebe de forma desproporcional e quase sempre na direção dos outros, além de indicar audácia, coragem, decisão, rigor, resistência e autoritarismo. Revela acúmulo de tensões e explosões emocionais descontroladas, agressividade e combatividade. Também traduz reações e atitudes impulsivas e desproporcionadas, bloqueios e ansiedade, violência e inquietudes e controle defeituoso, inibição.

Com escrita decrescente: exacerbação das características.

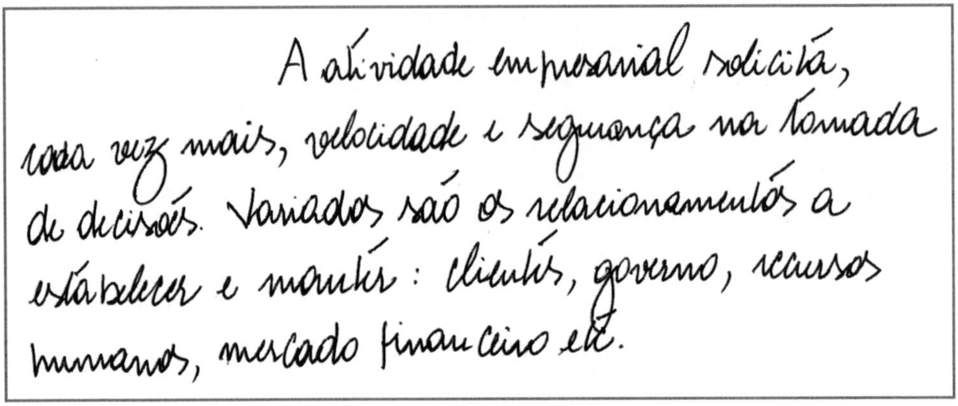

FIGURA 76: Em clava. Os finais em ponta quadrada são mais difíceis de serem executados com caneta esferográfica, por isso, quando aparecem, a sua importância é maior. O deslocamento da pressão se faz em todo o grafismo. Nos traços em que a pressão é a mesma, ascendente e descendente, temos escrita *en sillon*.

Fusiforme (ou espasmódica)

Este tipo de escrita apresenta variações de pressão no calibre dos traços descendentes (ou plenos), principalmente nas pernas e nas hastes das letras. A espessura do traço parece aumentar nesses locais. É considerada anomalia da pressão.

Embora às vezes seja difícil de distinguir, quando ocorre na zona superior, é possível que se refira a descargas de afetividade; e, na zona inferior, à sensualidade. Contudo, é bom que o grafólogo procure esclarecer as causas da conjugação com outras espécies e o meio gráfico. Segundo Jamin, os espasmos de origem nervosa se dão de preferência nos traços livres, na barra do *t*, acentos etc.

FIGURA 77: Fusiforme. É evidente a diferença de pressão nos traços descendentes. No último traço da palavra "imperador", temos a pressão *ao revés*, que aumenta no traço ascendente.

A escrita fusiforme ou espasmódica indica: descarga de energia de maneira instintiva; reações violentas e inesperadas; controle aparente de si; erotismo e sensualidade exacerbada; resposta deficiente e exagerada a qualquer tipo de estímulo; personalidade histérica (Teillard); dom de fazer insinuações fora de hora; distúrbios nervosos e glandulares; cólera; angústia. Xandró cita alguns casos de herança alcoólica.

Profunda – Superficial

A escrita é profunda e ocorre quando as marcas no papel são facilmente notadas. Essa incisão deixa as bordas limpas, bem delimitadas, sem borrões, quebras ou serrilhados. A escrita penetra no papel sem "agredi-lo". A profundidade é a terceira dimensão gráfica (Pulver).

> Não se inquieta ou transtorna diante de estímulos desconhecidos, pelo contrário, quase sempre os responde com constância e precisão. Índice de atividade criadora. Força realizadora, dinamismo psíquico e físico. Firmeza e segurança em suas decisões. Resistência física e moral, capacidade de enfrentar obstáculos com persistência e arrojo. Determinação. Existe um prazer físico em vencer a resistência do papel, assim como existe o prazer de ver sua vontade triunfar em todos os campos em que atua. Profundidade de tendências e autenticidade de valores e atitudes.
>
> Materialismo, imprudência e sensualidade. Julgamentos superficiais. Insubordinação e anarquismo. Brutalidade, atitudes de mando sem qualquer tipo de análise. Tenacidade sem direção, teimosia.

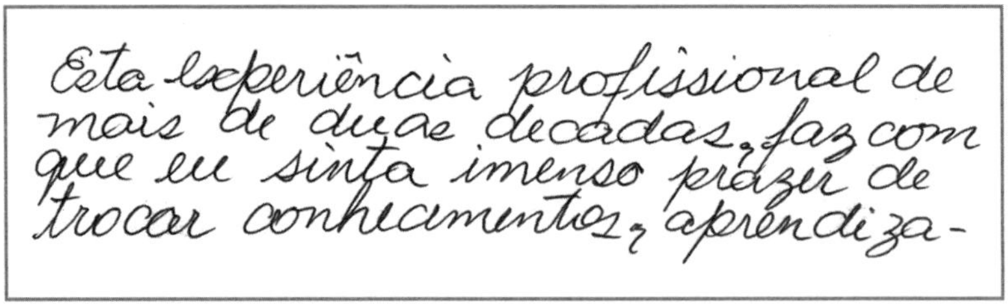

FIGURA 78: Profunda.

Superficial

Neste caso, a pressão é apenas aparente. Caso observemos com uma lente, praticamente não veremos sinais de profundidade no papel. As bordas podem mostrar pequenas variações, alguns serrilhados etc. Vels fala que a escrita superficial é produto de uma personalidade aparente; e a profunda, da personalidade verdadeira.

Para Pulver, a pressão superficial indica desejo de uma conduta produtiva (a pessoa aparenta uma força criadora que não possui). O antônimo da escrita superficial é a escrita profunda.

A escrita superficial indica que a pessoa cede diante de qualquer estímulo, principalmente para preservar sua tranquilidade. Ilude-se ao pensar que realiza algo, quando na verdade não faz nada. É pouco sincera e fingida, não deixando que sua personalidade verdadeira apareça.

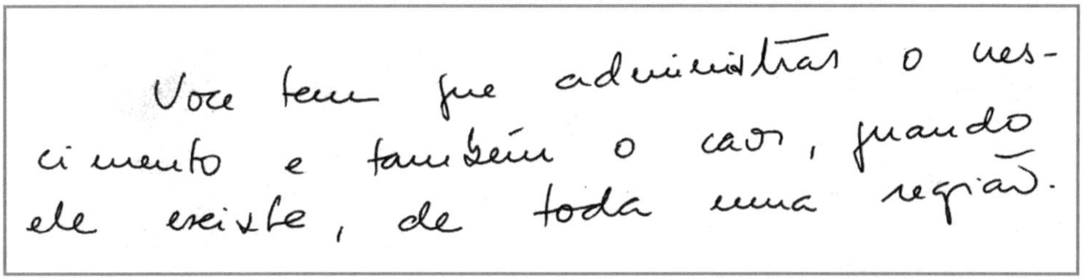

FIGURA 79: Superficial.

Profundidade desigual

Aqui, a escrita apresenta diversas irregularidades na pressão, que mesclam as duas anteriores. A pessoa tende a se autoiludir facilmente, apegando-se, durante os períodos instáveis, àqueles momentos em que pareceu conseguir certa estabilidade.

A hiperemotividade, ou seja, reação exagerada e repentina aos estímulos, comporta alterações no funcionamento de um ou mais centros nervosos, e, por conseguinte, a descarga energética dos músculos acontece com ritmo irregular, em harmonia com a aceleração ou desaceleração do tônus interior (Torbidoni; Zanin).

A pessoa que escreve assim tem temperamento excitável, facilmente mutável. Passa do gesto brusco para o de ternura. Apresenta tendência a responder de modo aleatório a qualquer estímulo que chegue até ela, além de emotividade e impressionabilidade, instabilidade de humor e incapacidade de realizar tarefas com o mesmo ritmo durante longo tempo.

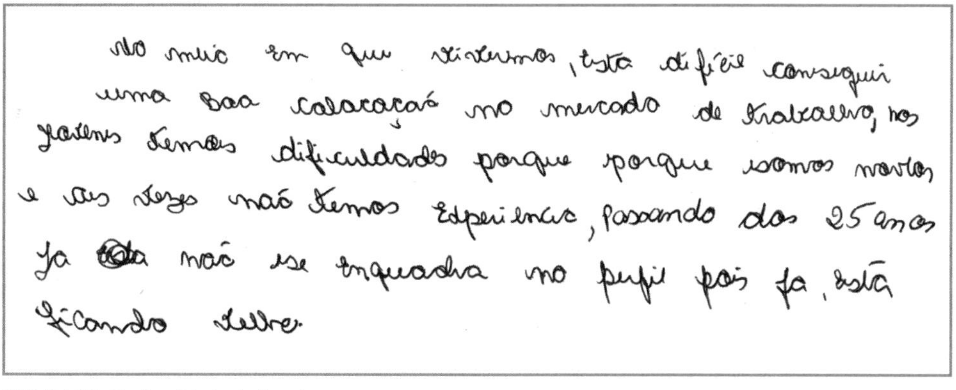

FIGURA 80: Profundidade desigual.

Robusta

A escrita robusta é *profunda* + *tensa* + *rápida* + *apoiada* e tem os plenos das letras com espessura maior do que 3/4 mm. O signo deve ocorrer em todo o grafismo. Indica mais energia nervosa e psíquica do que força física.

> Dinamismo psicofísico. Capacidade produtiva e realizadora de primeira ordem. Segurança, firmeza em si mesmo. Energia para impor-se e opor-se. Inteligência usada em tarefas que exijam imaginação.

> Atitudes déspotas. Energia mal canalizada. Violência e brusquidão. Satisfação pelo lado material da vida. Despotismo.

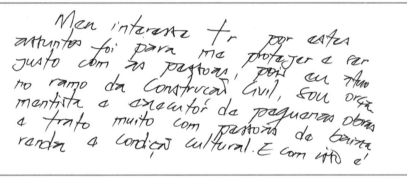

FIGURA 81: Robusta. O tipo de caneta sempre interferirá no calibre dos traços. Não é tão fácil realizar traços robustos com caneta esferográfica. Alguns autores também analisam a preferência por determinado tipo de caneta e suas relações com o tipo de traço que a pessoa deseja apresentar no campo gráfico. A tensão na escrita é notória. Profunda, com ligações em arcadas, descendente, arpões. A letra *m* é executada em forma quadrada.

Em sulcos (*en sillon*)

Essa espécie foi proposta pelo grafólogo francês Pierre Faideau. Nela, a pressão é forte, constante e igual, tanto nos traços ascendentes como nos descendentes – praticamente não existem diferenciações entre os dois. Sugerimos para essa espécie o nome de *pressão paralela*, a nosso ver mais adequado.

Nesse caso, a alternância entre os gestos de contração (traços descendentes) e os de relaxamento (traços ascendentes, perfis) não existe, o que implica a utilização de energia desnecessária. A afirmação e a expansão estão comprometidas.

Esse estado de tensão permanente compromete o ritmo e as ligações do escritor com o exterior. Trata-se de uma espécie nova e, por isso mesmo, pouco estudada no mundo todo.

> Senso do concreto, utilitarismo das coisas, força, coragem, necessidade de fortes e novas impressões sensoriais, de ver, tocar e sentir. Memória visual. Capacidade de retenção. Faculdades estéticas e criativas.

Domínio das imagens inconscientes de um pensamento mágico, materialismo, imprudência, passionalidade. Interação com o meio sem seletividade. Resposta aos estímulos sempre de forma tensa e preocupada. Necessidade de gozar a vida sem fazer qualquer tipo de esforço.

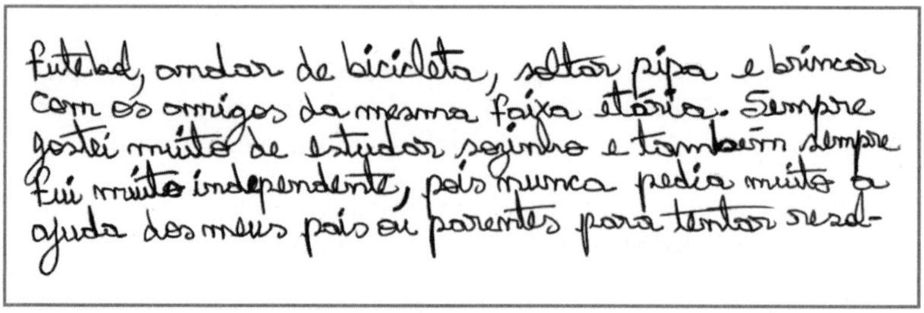

FIGURA 82: Em sulcos. Pressão paralela, mesma igualdade nos traços descendentes e ascendentes. Escrita ligada, caligráfica, lenta, traços invasivos, torções. O pingo do *i* é esmagado, mostra forte tensão psíquica.

Conceito da escola italiana – *grossa*

O conceito de escrita *en sillon* que mais se aproxima da escola italiana é o de escrita *grossa*, que guarda algumas similaridades com a *robusta*, embora não sejam conceitos idênticos. As letras e as hastes são traçadas de forma pesada, tanto nos movimentos ascendentes quanto nos descendentes. É diretamente contrária à filiforme.

Para Torbidoni, trata-se de um signo principalmente de vontade, que denota expressão rude dos sentimentos. Indica também escassa sensibilidade. A pessoa vibra e se comove somente com solicitações de natureza intensa; sente somente aqueles casos e fatos que não podem deixá-lo insensível. Não se dá conta quando suas palavras e atitudes contrariam a sensibilidade das outras pessoas. Carece de cuidado e delicadeza. Quando afetado, manifesta-se de modo fragoroso e descomposto, tanto para a alegria como para a dor. É muito franco, chegando a ser rude e brusco em suas reações.

Sob o perfil intelectual e de aptidões, mostra distinção, comunicação simples e pouco esmerada em sua forma, idoneidade em tarefas que comportem resistência e, sobretudo, força física (Torbidoni).

Espécies de acordo com a qualidade dos traços

Nítida (do francês, *nette*)

Na escrita nítida os contornos são precisos e limpos. A caneta executa o traçado sem "rebarbas"; os traços são bem delimitados e homogêneos. A nitidez provém da constância na direção de cada traço. O tremor alterará a continuidade da direção e a imprecisão da nitidez (Jamin).

Essa é uma brilhante qualidade, exige precisão e firmeza de movimentos; está intimamente ligada com a limpeza, a claridade e o relevo. Poucas espécies possuem tão bom prognóstico (Jamin).

A borda dos traços é uma delimitação, revelando a maneira como nos protegemos e entramos em contato com o mundo, e trata-se também de uma defesa. Pode igualmente ser interpretada como seletividade. Bordas nítidas revelam que o escritor resiste com mais facilidade às influências exteriores, pois não é tão permeável ao meio em que vive, e suas opiniões são objetivas, lúcidas e mais disciplinadas. Segundo Peugeout, nos introvertidos, existe a habilidade voluntária de manter a distância do meio e preservar sua independência.

Para que as bordas dos traços fiquem nítidas, é necessário que as tensões do escritor estejam bem equilibradas. A atitude interior privilegia a inteligência, a concentração, a sensibilidade cerebral, o estado de alma equilibrado e constante.

Os traços nítidos indicam: precisão, claridade, boa proteção e ajuste ao meio social; vida interior e exterior equilibrada, sem conflitos, que possa atingir os que estão ao redor; domínio da razão sobre os instintos. A pessoa assume seus deveres, responsabilidades e obrigações para com os superiores e subordinados e tem capacidade crítica acima da média. Seus contatos com o mundo são claros e sem traumas. Tem boa memória, lucidez mental e superioridade moral.

Seu pensamento claro a torna capaz de recorrer aos métodos abstratos e de discernir de forma lógica o problema abordado. Sente necessidade de extrair e desenvolver questões novas do mundo atual. A procura de uma "nova ética" ou de um cientificismo racional e lógico, conjugado com a aceitação do ser humano e todas as suas qualidades e imperfeições, a torna uma árvore entre arbustos.

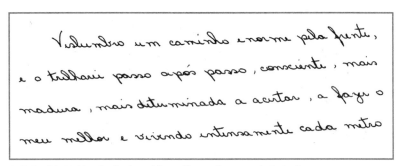

FIGURA 83: Nítida. Escrita invertida, uniforme, lenta, ovais fechadas.

Pastosa

Ao contrário da escrita nítida, na pastosa os traços apresentam contornos mal delimitados, sujos, borrados, e algumas ovais parecem fechadas ou cegas de tinta. O traço é pesadamente apoiado, não possui relevo e é forçosamente lento. A pressão é mais ou menos forte. O calibre dos traços pode chegar a meio milímetro.

A rapidez da mão é necessária para os movimentos flexíveis, e a pressão apoiada ao longo do campo gráfico é um caso de inibição.

A escrita pastosa está ligada à atitude sensorial e afetiva da vida. O escritor deseja contatos com o mundo exterior e vai ao encontro dele (extroversão), muitas vezes de forma instintiva. Essas características são exacerbadas com escrita concentrada, confusa, inclinada etc.

Na escrita pastosa, não existe a seletividade da nítida, as bordas dos traços são permeáveis com o exterior, existindo, assim, intensas trocas com o ambiente. Contudo, isso se faz, em geral, de forma inconsciente e, repito, sem a devida seletividade. O indivíduo se deixa dominar pelos instintos, por isso é comum a perda da autonomia e objetividade em certas relações. Os contatos são intensos, ardorosos, sempre com fortes doses de afetividade. A sensorialidade está sempre presente, portanto é comum em artistas, pintores e comunicadores.

Para a escola francesa, se a pastosidade é exagerada, ela recebe o nome de *porosa*, e, nesse caso, a falta de resistência ao meio é quase nula, já que a maioria das influências atinge o escritor.

Ocorre com certa frequência em pessoas que estão em permanente contato com outras de maneira indiscriminada (prostitutas, policiais, atores etc.).

A pastosidade é indicativa de: fácil sintonia com o meio ambiente; fácil contato e adaptação; comunicação rica em nuances; receptividade instintiva e excessiva; memória visual; lentidão de pensamento e ação; incapacidade de reagir a agressões; escassa iniciativa; sensibilidade exagerada ao ambiente; permeabilidade ao meio com o qual se relaciona; conveniência com solicitações exteriores; contatos mundanos; promiscuidade; agressividade; erotismo exacerbado; instabilidade; grosseria; falta de tato e habilidade; falta de respeito aos limites físicos dos demais; materialismo e vulgaridade; alcoolismo e problemas circulatórios.

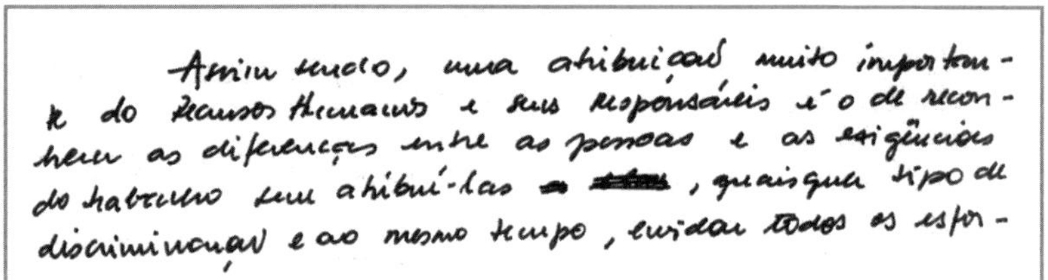

FIGURA 84: Pastosa. Escrita inclinada, barra do *t* alta, traços agrupados.

Nutrida

Caracteriza-se pelo traçado bem nutrido de tinta e traços plenos com espessura em torno de meio milímetro. Trata-se de um signo na maioria das vezes positivo, pois indica que a pessoa se coloca no mundo de maneira adequada.

A profundidade tende a ser normal. Como em todos os outros tipos de pressão, a escolha da caneta influirá no calibre dos traços, e, por isso, deve ser evitado o uso de lápis ou lapiseira, porque com o tempo a ponta vai se desgastando, e o calibre dos traços muda de espessura.

O escritor mantém contatos com o mundo exterior suficientemente distantes, suficientemente próximos, ou seja, na exata medida. Apresenta dinamismo psicofísico normal, bom potencial e sentido de autonomia. Tem confiança em si, equilíbrio e respeito nas relações sociais, tanto com superiores ou subordinados. Dispõe de capacidade de repor as energias perdidas e bom nível de rendimento e produtividade.

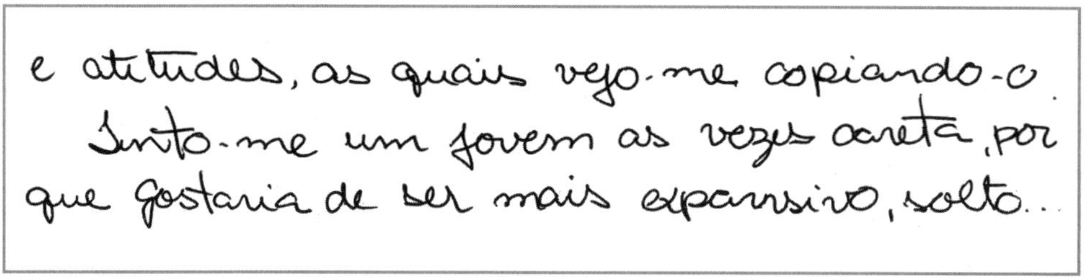

FIGURA 85: Nutrida.

Desnutrida

Esta escrita é carente de pressão e muito carente de espessura (Serpa Loevy). O traço limpo não tem força nem espessura (Peugeot). Eles são estreitos, algumas vezes altos e finos. É comum que existam crispações em alguns ângulos esparsos, pela impossibilidade de realizar as curvas com presteza.

O ângulo acentua sua aspereza e tristeza; a curva, os traços misturados, a excitação motriz; os traços descendentes, seu pessimismo exagerado; o sobressalto, seu desdém; a resolução, sua intransigência; a negligência, sua debilidade etc. (Jamin), revelando-se, portanto, na maioria das vezes, como negativa.

Esse tipo de traço pode aparecer temporariamente em pessoas doentes. Denota falta de energia, de dinamismo e de vitalidade para enfrentar problemas, inclusive os do cotidiano, além de pouca resistência perante os outros. Indica também dificuldade de se expressar de maneira adequada, ritmo inseguro e com variações ao longo do tempo e baixo tônus.

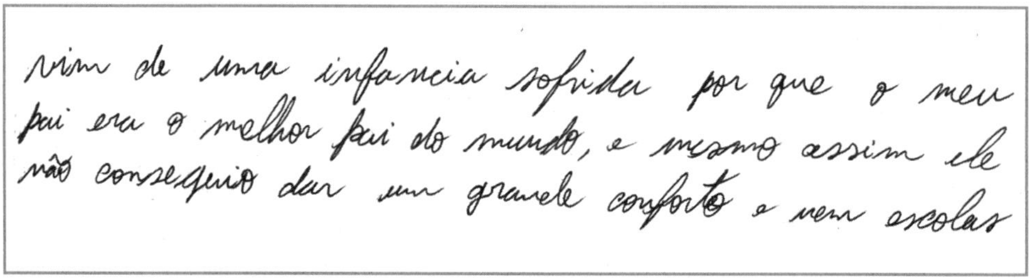

FIGURA 86: Desnutrida.

Seca

O enrijecimento do traço na escrita desnutrida caracteriza a escrita seca. Esta, por sua vez, é mais estreita, de formas angulosas, há falta de coesão, presença de traços acerados e de bordas dos traços limpas. Falta elasticidade em todo o grafismo, e, por isso, temos grande dificuldade de observar qualquer tipo de relevo. A tendência é que a inclinação das letras seja paralela.

A maioria dos autores, como Faideau, fala da impressão de desconforto ao se observar esse tipo de grafismo. O escritor sente-se mal ao entrar em contato com o papel, parece que deseja agredi-lo.

Tudo se une para a interpretação quase sempre negativa. Os conflitos e tensões internos estão presentes na pessoa, e é difícil que os outros não percebam ou sofram sua influência.

Indica autorrecusa, irritabilidade, crueldade, mais mental do que física, pois não há grande energia física. Viva susceptibilidade. Afetividade descontrolada e tensa. Frustração e ressentimento.

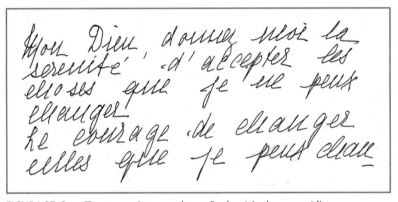

FIGURA 87: Seca. Traços estreitos, angulosos. Predomínio da zona média.

Congestionada

Caracteriza-se por suas ovais minúsculas, especialmente as *a, o, d,* cheias de tinta (Jamin). Esse preenchimento pode ter vários motivos: o tipo de caneta, sua posição no papel, torpeza da mão, o próprio papel etc. Ocorre ainda nas letras *g* e *q*, sendo que muitas vezes sua presença nas letras *e* confirma as demais.

Não deve ser confundida com as ovais executadas com várias espirais.

Normalmente, dá-se em traços grossos, contudo não é incomum em traços finos, produto de uma hipertensão, acidental ou constante, que dificulta a soltura e a agilidade dos movimentos.

Como as letras ovais são chamadas de "afetivas", é natural que parte da interpretação recaia sobre esse aspecto, mostrando a forte sensibilidade das reações sentimentais de quem escreve.

A escrita congestionada denota grande inquietude interior, dificuldade de se posicionar ou se exprimir de modo natural no plano afetivo, além de doenças, fadiga, cansaço, ansiedade e angústia.

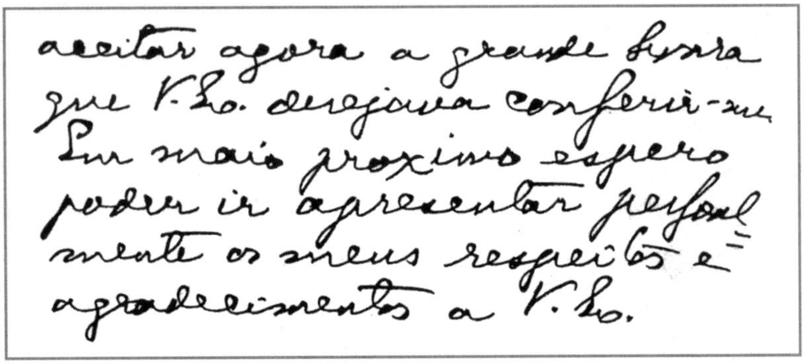

FIGURA 88: Congestionada. Escrita com variações de pressão. Ligada, suja, com ângulos agudos nas ovais.

Empastada

Ocorre quando o empastamento atinge toda a escrita. O traço é estagnado, as bordas são como franjas e provocam congestões no traçado. Os traços laterais se tocam ou até mesmo se misturam. É comum que uma letra fique ao lado da outra e não exista definição entre as duas, e o grafismo perca a legibilidade. Os plenos e os perfis se misturam, frequentemente parecendo um só traço. Indica: pouca clareza nas relações; subjetividade; afetividade ansiosa; dificuldade de começar ou terminar atividades; comunicação defeituosa; doenças; preguiça; luxúria; lentidão de pensamento; resposta defeituosa aos estímulos; alcoolismo.

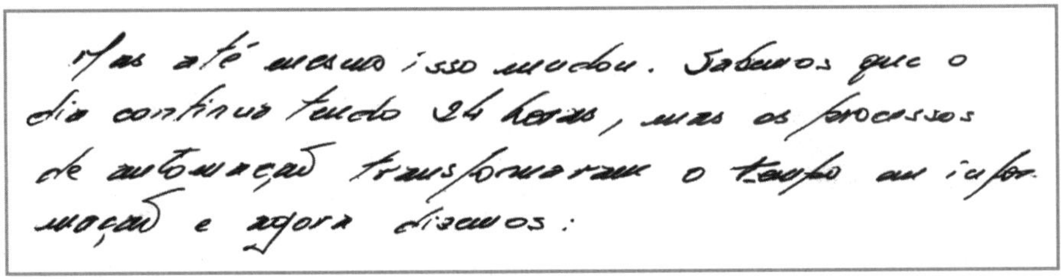

FIGURA 89: Empastada. Escrita inclinada, desligada.

Filiforme

Neste caso, os traços são finos, de espessura sempre menor que meio milímetro. Existe boa profundidade, e a escrita não perde parte de sua elasticidade e ritmo. A pressão tende a ser *leve*; e o tamanho dos traços, mais ou menos pequeno. A nomenclatura "pressão filiforme" não deve ser confundida com a *ligação filiforme* (em fios) ou a *forma dos traços filiforme*.

Corresponde à condensação de movimentos, cujas expressões são muitas e variadas. Na maior parte das vezes é ocasional, como o frio e a idade. A observação da tensão é importante, pois esse tipo de traçado pode tornar-se a espécie *seca*.

A escrita filiforme sugere: fina teimosia cerebral; delicadeza; intuição; sensibilidade para compreender o ambiente; timidez; modéstia; concentração; limitação e inquietude; forte nível de espiritualidade; inquietude interior; falta de segurança.

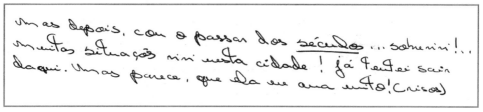

FIGURA 90: Filiforme. Escrita invertida, frouxa, pequena, ligação em guirlandas.

Filiforme sem pressão

O calibre dos traços também é menor que meio milímetro, mas existe um *déficit* de tensão no traçado. Não há dinamismo, profundidade ou relevo. Quando os traços são exacerbados, é chamada de *branca*, pois o contraste da tinta com o papel é escasso.

Aqui, ao contrário da espécie anterior, não existe tensão suficiente para que a pessoa leve a cabo seus objetivos. Denota: sutileza perceptiva, delicadeza e sensibilidade; pudor moral, aspirações ou ideais místicos; tendência à vida contemplativa (Zanetti; Rollandini); espiritualidade; sensibilidade passiva; pouca energia vital.

Pressão filiforme na escola italiana

Os conceitos de pressão filiforme são os mesmos para a escola de Moretti. As letras são traçadas de modo fino e não há compatibilidade com o claro-escuro dos traços descendentes.

Signo fundamental da vontade, que indica delicadeza de sentimentos, prontidão para receber impressões, contudo de forma moderada (Torbidoni).

Forte sensibilidade. Reações íntimas intensas, embora as exteriores sejam compostas e controladas. Preferência por não retrucar. Desgosto expresso mais em comportamento do que em palavras.

Em relação à afetividade, revela domínio dos sentimentos.

No plano intelectual e de aptidão, é índice de expressividade delicada e cuidadosa com as formas sem afetação; de idoneidade em tarefas que exijam delicadeza, trato e bom gosto; disposição para contatos com o público de modo espontâneo e ao mesmo tempo distinto (Torbidoni).

Frouxa-borrada

A escrita frouxa-borrada (*floue*) foi definida por Jamin em 1895. Segundo Gille--Maisani, para os alemães, é o segundo modo de pastosidade: a expressiva.

Trata-se do oposto da escrita nítida. Seus contornos não são nítidos e bem delimitados; pelo contrário, são mal definidos, como se de um mata-borrão. A falta de textura do grafismo é evidente. Resulta do relaxamento geral do traço de forma constante em todo o grafismo. A pressão é indecisa; e a tensão, inadequada.

Existe um *déficit* de tensão nos movimentos, que são mais ou menos frouxos, flexíveis, ondulados ou torcidos, em qualquer uma de suas direções. O traçado pode ser anguloso e sem tensão, ou curvilíneo e frouxo (Vels).

Muitas pessoas que ficam doentes possuem traços que se mostram fracos e sem pressão. A pressão é leve, a direção é ondulante, as letras parecem não ter vida.

Para Gille, é sinal de fraqueza moral, sensualidade (quando a escrita for também grossa), moralidade questionável, falta de afirmação da personalidade.

> Idealismo e espiritualidade. Sensibilidade (Xandró).

> Fraqueza moral. Falta de afirmação da personalidade. Insegurança, incapacidade de reagir e falta de firmeza moral. Sensualidade mal estruturada ou falta de energia sexual, abandono, moleza. Pouca capacidade de enfrentar obstáculos. *Déficit* do tônus vital. Instabilidade e débil disposição para a ação. Falta de energia, de tônus muscular. Astenia, ansiedade, depressão e fragilidade. Instabilidade e indecisão. Casos de doenças. Debilidade da vontade. Incapacidade de sustentar trabalhos físicos e defender ideias. Desiste às primeiras contrariedades. Evita atritos visando ao bem-estar pessoal e social. Inquietudes.

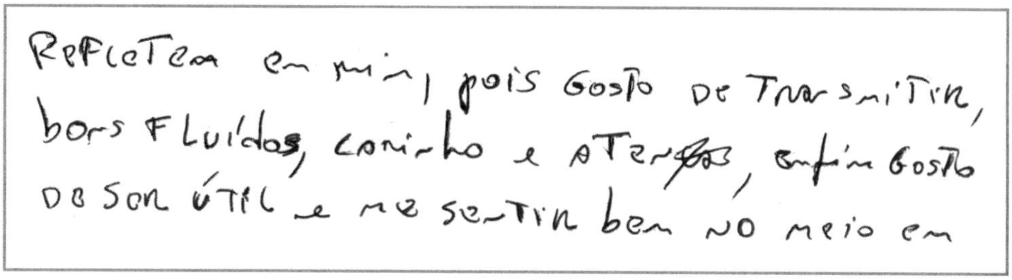

FIGURA 91: Borrada.

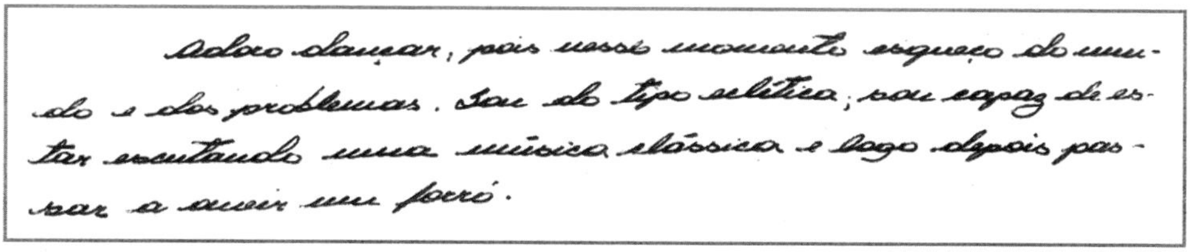

FIGURA 92: Aveludada. Ligada, pequena, retilínea. Espécie pouco encontrada nos dias atuais.

Traço-ductus

Duktus (alemão), *Trait* (inglês), *Tracé* (francês), *Tracciato* (italiano), *Trazado* (espanhol). O *ductus* foi por muito tempo um dos indicadores abandonados na literatura grafológica. Pfanne acredita que isso se deve parcialmente ao fato de ser difícil avaliar o *ductus* a olho nu.

Por volta de 1930, Margaret E. Hartge realizou a primeira investigação séria do traço na escrita, depois de ter se interessado pelo assunto em razão da leitura de um artigo de Frida Behnk. Hartge investigou o significado do traço nas letras de 28 criminosos perigosos. Em 1935, ela publicou suas descobertas no jornal de grafologia *Zentralblatt fuer Graphologie*.

Seguindo uma sugestão do neurologista e grafólogo alemão Dr. Arthur Muthmann, ela diferenciou as linhas *dinâmica* e *não dinâmica*. Hartge explica que uma linha rítmica dinâmica exibe uma harmoniosa *contração-relaxamento* padrão. Em contraste, um traço não dinâmico (arrítmico) é ou negligente ou rígido e duro.

Quase ao mesmo tempo, em Viena, Áustria, Roda Wieser também estudava letras de criminosos com maior intensidade. Embora, para sua pesquisa, ela tenha inicialmente aderido ao método de nível de forma de Klages, mais adiante ela se mostrou insatisfeita com a técnica escolhida, progredindo com sua investigação sem ela. As pesquisas de Wieser evoluíram então para o ritmo de base, uma teoria até hoje muito contestada.

Na primeira edição de *Der Verbrecher und seine Handschrift* (Leipzig, 1938), ela enumera as limitações de Klages em seu nível de forma. No mesmo capítulo, fala da fascinação com a investigação de Hartge sobre a "elasticidade" do movimento da linha da escrita.

Aparentemente, Hartge não percebeu o que ela tinha descoberto com a **linha dinâmica**, isto é, um denominador comum com o qual medir todas as letras. "É imaterial", ela exclama, "independe se uma escrita é de um artista, intelectual, ou um indivíduo sem cultura". Para cada caso específico, o básico "essência de vida", ou "expressão da vida", dessa pessoa precisa ser determinado logo no início.

Wieser mostra que a maneira de andar dos indivíduos assemelha-se a "restos únicos, sem igual, da expressão de vida", embora varie com passos maiores ou menores e velocidade mais rápida ou mais lenta. Na escrita, é expresso no traço de escrita.

Wieser desenvolveu sua própria "teoria de ritmo de base", fundamentada na qualidade do traço de escrita. Ela afirma: "De repente, estava claro que eu tinha achado um modo para determinar o valor interno de um escritor, independentemente de nível educacional ou influências ambientais, e também independentemente de características de personalidade especiais".

Como o conceito de nível de forma, a hipótese dela criou muita controvérsia. O debate continua entre grafólogos contemporâneos; não obstante, a maioria deles dá a Wieser e Hartge o crédito por terem estabelecido a importância do *ductus* na grafologia.

Em 1953, M. Breil realizou uma investigação do traço na escrita de esquizofrênicos. Notou que, em contraste com "pessoas normais", nos esquizofrênicos apareciam 50% de variações na largura do traço de escrita (*Graphologische Untersuchungen über die Psychomotorik in Handschriften Schizophrener*, Basel, 1953).

Já Menzel e Schoenfeld informaram sobre a qualidade do traço nas escritas de pacientes de tuberculose. De acordo com eles, aquela pressão é mais afetada (tende a ficar irregular) que a largura ou qualidade do golpe de escritura (*Tuberkulose und Charakter Handschrift*, Leipzig, 1934).

Pulver, por sua vez, averiguou que uma permanência longa em clima tropical tende a resultar em mais escritura de pastosa (*Symbolik der Handschrift*, Zuerich, 1931, p. 245).

Christiansen e Carnap declararam que a dinâmica dos sinais da escrita revela a vitalidade e o espírito de vida do escritor. Pessoas vitais, segundo eles, "têm um traço de escrita dinâmico considerando que é refletida vacuidade interna em linhas negligentes". O escritor fraco pode compensar-se por traços rígidos, fora do comum (*Der Lehrbuch Handschriftendeutung*, Stuttgart, 1947). Trata-se de uma excelente síntese de orientação citada por Gille-Maisani no livro *Psicologia da escrita*.

Com o livro *Zur der Psychophysiologie Spannungserscheinungen in der Handschrift* (Rudolstadt, 1949), Pophal faz do traço uma ferramenta de diagnóstico de forte significado.

Ele se concentrou, em primeiro lugar, no *Versteifung* (dureza) do traço na escrita. Publicou resultados adicionais de sua pesquisa na trilogia *Graphologie em Vorlesungen*. Infelizmente, o trabalho de Pophal permaneceu inacabado. Maj Pophal, sua esposa, lamentava em 1967 que a "morte tirou a caneta muito cedo da mão dele, antes de terminar o trabalho de sua vida".

O principal componente do traço: a espessura

Pokorny determina que, para uma investigação completa do *traço*, uma lente é absolutamente necessária. A investigação deveria ser empreendida preferencialmente nos *traços superiores*, porque tremores ou outras anomalias são mais facilmente notáveis neles do que em traços inferiores.

Traços inferiores, ele explica, estão se movendo na direção do corpo do escritor. Eles são mais fáceis de executar e, portanto, menos prováveis de exibir perturbações no mesmo grau (*Der Psychologie Handschrift*, 1973).

Para uma análise do traço, três aspectos precisam ser considerados: sua espessura, suas bordas e sua qualidade. Aqui abordaremos apenas a espessura.

A espessura do *traço* expressa a sensibilidade básica do escritor aos estímulos sensoriais internos e externos. Está relacionada às preferências individuais, à sensação de bem-estar e à expressividade em geral. É influenciada pelos seguintes fatores:

Largura da ponta do instrumento de escrita: o primeiro e mais fácil de se concluir. Um dos motivos pelos quais o lápis deve ser evitado no teste grafológico, como já foi dito, é o fato de sua ponta tender a variar muito de tamanho durante o texto (apesar de em certos casos podermos analisar essa variação, no geral devemos evitá-la). Para escrever, as pessoas costumam escolher determinados instrumentos porque estes produzem uma escrita que lhes agrada. Os que apreciam a sensação da fricção no papel podem preferir uma caneta mais dura; outros procuram instrumentos que produzam um traço mais fino. Os grafólogos europeus chamam este último caso de agudeza "visual". Alguns escritores deliberadamente preferem um instrumento que produza uma linha grossa, sem aplicação de pressão. Os europeus classificam esse tipo de escrita de pastosidade "visual". As condições físicas do indivíduo são frequentemente determinantes na escolha do instrumento de escrita. Uma pessoa com pouca energia pode preferir uma caneta-tinteiro ou de ponta porosa, pois isso lhe permite traçar uma linha grossa sem exercer pressão. Note-se que a substituição de um instrumento por outro modifica somente a aparência geral da escrita. Não tem qualquer efeito sobre as características de personalidade evidenciadas na grafia. Todas as escritas a seguir pertencem a pessoas de grande expressividade na história contemporânea. Nelas, fica evidente a importância da pressão.

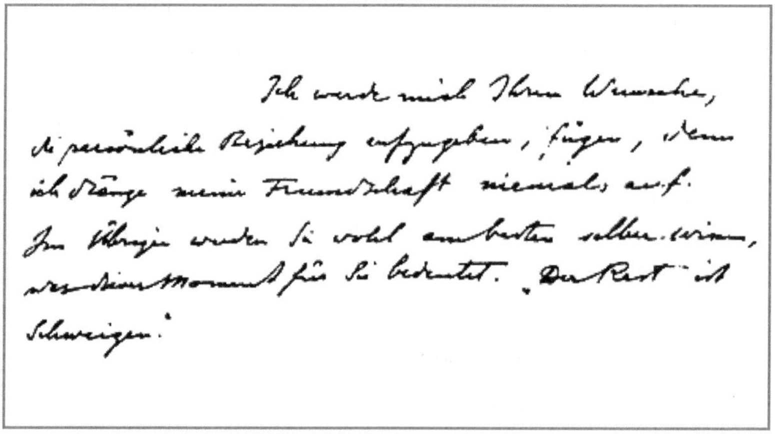

FIGURA 93

Pressão física (primária) exercida pelo escritor sobre o instrumento de escrita: linhas traçadas com esferográfica, caneta ou lápis têm a mesma largura que a extremidade do utensílio. Com pressão mais fraca, somente a extremidade da ponta toca o papel, resultando num traço finíssimo. Pressão excessiva na esferográfica deixa sulcos no verso da folha. Canetas-tinteiro ou de ponta porosa preenchem as ovais e laçadas estreitas, quando a escrita é pequena. Esferográficas não o fazem, exceto se a grafia for extremamente pequena. As penas flexíveis das canetas-tinteiro permitem um fluxo maior de tinta, conforme a pressão oscila. Elas produzem um traço proporcional à abertura da extremidade da pena. (Canetas de pena apresentam baixa tolerância à pressão!)

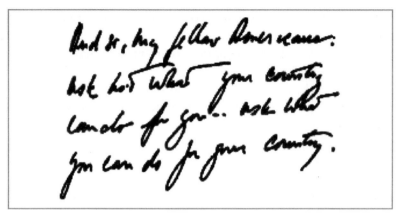
FIGURA 94

Forma de segurar o instrumento de escrita e a posição da caneta no papel: uma escrita grossa pode ser produzida por uma apreensão longa da caneta, em que a extremidade do indicador fica mais afastada da ponta da pena que o normal. Em consequência, uma área maior dessa ponta entra em contato com o papel, e o fluxo de tinta é mais abundante. Os grafólogos europeus chamam esse tipo de escrita de pastosidade "expressiva" ou "cinética". A agudeza do traço é resultante da apreensão curta da caneta. O escritor a segura perto da ponta, mantendo-a em ângulo reto. Isso reduz a área de contato da pena com o papel.

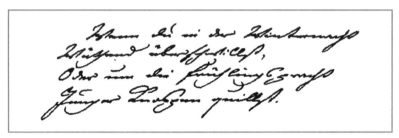
FIGURA 95

Espessura do traço extremamente fina

Na grafia extremamente aguda, todas as linhas são finas, com bordas bem definidas. Mesmo as ovais e laçadas bastante pequenas são claras e precisas.

Isso evidencia dificuldades do escritor em desfrutar dos prazeres dos sentidos. Tais indivíduos são autodisciplinados e incapazes de relaxar. Basicamente, orientam-se por valores estéticos ou intelectuais. Afastam-se do mundo material e habitualmente evitam envolvimentos emocionais.

Escritores assim definem seus valores morais com muita clareza e percebem as coisas como brancas ou pretas, sem tonalidades intermediárias; para eles, é difícil, se não impossível, contemporizar. Uma vez comprometidos com alguma ideia, dificilmente revertem sua posição. Intolerantes com as próprias fraquezas, resistem a todas as circunstâncias desencorajadoras. Exigem de si mesmos uma disciplina severa, e não se permitem relaxar. Frequentemente, tentam revestir sua severidade excessiva com a aparência da virtude.

Esses indivíduos são naturalmente refinados no caráter, nas maneiras e no discurso. Não suportam a vulgaridade, sentem-se incomodados por qualquer sinal de grosseria no ambiente.

De natureza extremamente crítica, tais escritores percebem de imediato os defeitos de praticamente qualquer coisa. Por vocação, eles se adaptam melhor a tarefas que exijam discriminação acurada e respeito a margens exatas de tolerância. Teriam bom desempenho como advogados, cirurgiões ou críticos. Poderiam ser também mecânicos especializados muito hábeis.

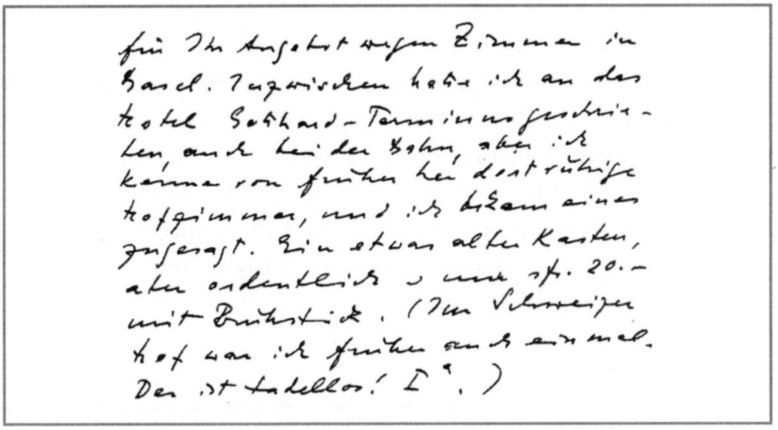

FIGURA 96

Espessura do traço fina

Na grafia aguda, todas as linhas são finas, com bordas, ovais e laçadas bem definidas.

Esses escritores se orientam por valores intelectuais, e a qualidade de uma experiência significa mais para eles do que a quantidade. Via de regra, tendem a ser refinados, com gosto apurado para a comida. Precisam de um meio ambiente mais protegido. Ruídos fortes, cores vibrantes, tecidos ásperos, iluminação excessiva, alimentos pesados, vulgaridade, sujeira e desordem afetam-nos fisicamente.

Sob todos os aspectos, são mais sensíveis. Apreciam a graça, a delicadeza, a calma e o refinamento em todas as coisas.

Mais competentes para colocar as experiências emocionais na devida perspectiva, raramente abrigam ressentimentos de fundo emocional por períodos mais longos. Sua indignação também passa rapidamente. Por causa disso, episódios traumáticos causam-lhes poucos danos duradouros. Sua lealdade intelectual costuma ser permanente, enquanto as emocionais precisam ser continuamente reforçadas.

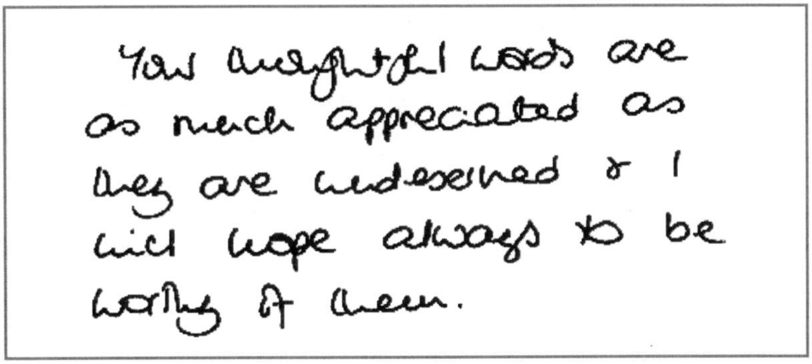

FIGURA 97

Espessura do traço normal

Aqui, a personalidade do escritor fica no ponto médio entre o da escrita pastosa e o da escrita aguda. Ele não apresenta o vigor da escrita pastosa nem a sensibilidade da aguda. Apesar de talvez não conseguir compreender direito o que mobiliza os escritores "pastosos" tão intensamente, nem o que perturba tanto os escritores "agudos", tem maior facilidade para lidar com pessoas na extremidade do *continuum*.

Esse indivíduo é capaz de colocar as experiências emocionais na perspectiva correta. Ele raramente abriga ressentimentos de origem emocional, caso não sejam sempre renovados, e por isso é menos prejudicado por acontecimentos traumáticos.

Exibindo interesse normal tanto na esfera intelectual quanto no mundo material, o escritor atinge um bom equilíbrio em seus envolvimentos e atividades. Por ser mais relaxado, ele conduz a vida com mais facilidade. Da mesma forma, pode suportar certo grau de grosseria do meio ambiente sem se incomodar demais.

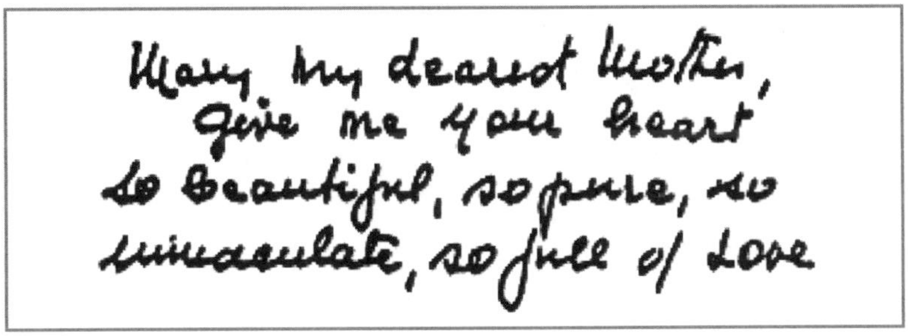

FIGURA 98

Espessura do traço pastosa

A escrita pastosa apresenta traços grossos, mas limpos. O escritor busca a satisfação de suas necessidades do ego por meio de experiências sensoriais. Procurando prazeres sensuais com poucas inibições e baixa ansiedade, ele os deseja em grande quantidade e alta intensidade. Só uma amostra não é suficiente. Isso se aplica a alimentos, temperos, volumes e substâncias.

Quando esse indivíduo maneja os objetos, ele quer realmente "senti-los". Texturas espessas são mais satisfatórias do que superfícies lisas. É necessária maior quantidade de tudo para sensibilizá-lo. Ele aprecia um tom firme, uma risada cheia, ritmos fortes e vibrantes. Gosta de muito ar fresco e volume mais alto no rádio ou na TV.

Na atividade sexual, o escritor não quer apenas tocar, e sim alisar, acariciar. Quer ter a sensação clara do outro corpo. Para ele, é difícil aceitar pessoas que apreciam menos de tudo, um toque mais delicado, tecidos mais lisos, cores mais discretas ou sons mais suaves.

Esse indivíduo guarda lembranças duradouras de suas experiências emocionais. Raiva, alegria e felicidade permanecem com ele por muito tempo. O gosto, a visão, o olfato, o tato ou a audição desencadeiam lembranças de sensações semelhantes que viveu no passado. A recordação dessas experiências determinará então sua forma de reagir no presente. Ele pode não ter consciência da importância do papel desempenhado pelas lembranças emocionais em sua vida, tão profundamente já as incorporou.

Sendo contra ou a favor de algo unicamente devido à memória emocional, ele carrega ressentimentos e preconceitos de base também emocional. Estes o afetam de tal forma, que ele pode se tornar incapaz de voltar a aprender algo de determinada situação ou pessoa.

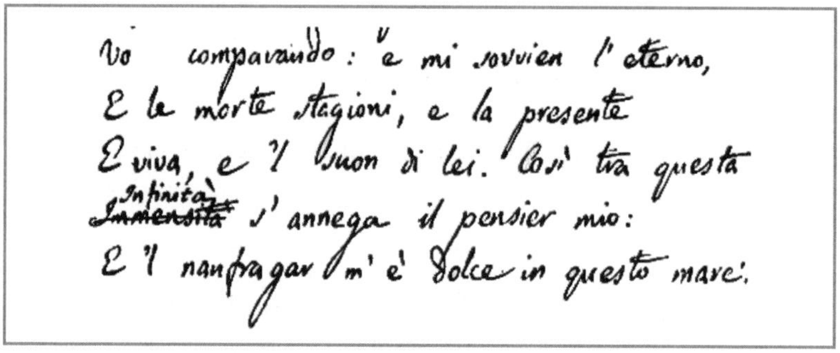

FIGURA 99

Espessura do traço extremamente pastosa

A escrita muito pastosa apresenta ovais e laçadas preenchidas. Pode haver respingos de tinta, ou o traço ser borrado e indistinto. O aspecto geral da grafia é manchado e "enlameado".

As preferências do escritor são estritamente físicas e sensuais. Elas o afetam tanto, que frequentemente ele não consegue controlar sua reação a essas sensações. Sente com as mãos, com os dedos, com a pele, com o olfato e com o paladar.

Dependente dos sentidos para obter satisfação em todos os níveis, muitas vezes ele se cerca do que o faz se sentir bem, como forma de escape. Sob tensão, refugia-se em alguma experiência sensorial para evitar irritação. Pode escapar para o álcool ou para o sexo, visando afastar a mente do que quer que o esteja perturbando.

7 | A CONDUÇÃO DO TRAÇADO

Tensão

A nova nomenclatura francesa dividiu o gênero pressão. A condução do traçado foi separada dos gêneros clássicos da pressão. Com isso, o grafólogo obtém melhor precisão na avaliação do grafismo. Contudo esse é um tema dos mais difíceis de se observar na grafologia, e o novato somente consegue atingir os objetivos com a constante supervisão do orientador experiente.

Observa-se o comportamento da escrita cursiva por meio da maneira como o traço se desenrola ou se desenvolve. De acordo com o modelo caligráfico, o desenvolvimento cursivo da escrita é efetuado dentro da associação e da alternância:

- plenos que se executam de cima para baixo em flexão num gesto em tensão;
- os que se dissolvem ou se desatam são executados de baixo para cima em extensão ao gesto de relaxamento.

Todo tipo de condução do traçado é descrito pelos sinais específicos grafológicos.

É na presença da maioria dos sinais descritos que se permite identificar o tipo de comportamento do traçado.

Entretanto, uma escrita raramente comporta somente um tipo de conduta.

A pressão unida à tensão expressa vontade, e a presença de vários graus de tensão na escrita favorece o ritmo, muito mais do que quando aparecem de maneira uniforme.

A tensão do traço ou do traçado origina-se do tônus muscular, como expressão das defesas, do autodomínio e das interações do eu, com as descargas da sensibilidade das pulsões instintivas.

O grafólogo italiano Marco Marchesan dividiu a tensão em três níveis:

Frouxa — Pouca capacidade de atenção e de tomar decisões. Moleza, apatia, reações retardadas, passionalidade, falta de vontade.

Elástica	Atitude de ajuste rápido ao meio. Atenção e concentração sem gastos supérfluos de energia. Orientação de modo equilibrado para atividades dinâmicas ou contemplativas.
Tensa	Hipertensão e irritabilidade. Autodisciplina rígida; fácil esgotamento e desequilíbrio. Necessidade de estímulos.

A dictomia entre rigidez e frouxidão

A rigidez é oriunda de um excesso de tensão; e a frouxidão, do relaxamento demasiado. Ao apertar os dedos contra a caneta, realizamos tensão; a pressão propriamente dita é a força aplicada em cima do papel. O jogo entre tensão ou relaxamento no adolescente é quase natural, já no adulto, trata-se do enfrentamento da realidade com dificuldades.

A relação entre pressão e tensão resulta no conceito de *elasticidade*, um equilíbrio de força que muitas vezes é difícil para o grafólogo iniciante perceber na escrita, pois se trata de algo que carrega fortes tintas de subjetividade.

Enquanto a curva é um movimento que facilita a ligação ou passagem de um traço para outro, o ângulo tende a dificultar, inibir.

No relaxamento existe liberdade de movimento aparente. Nas escritas com equilíbrio (elásticas), representam domínio da razão; nas escritas rígidas, há oposição ao meio; quando aumenta a rigidez, essa contração pode chegar ao descontrole total – nesse caso, o grafismo é crispado (Grau V – Pophal).

A tensão assinala estado de resistência, disciplina, ética, oposição, falta de tolerância e até mesmo negativismo. A escrita frouxa mostra que a pessoa é bastante influenciada pelas condições socioculturais e intelectuais do ambiente.

A rigidez mediana se faz compatível com a socialização bem-sucedida e a exploração do potencial (Peugeout). Esse tipo de escrita aparece com certa frequência em profissões que exigem prontidão nas respostas, decisões rápidas sem vacilações, autoridade e cumprimentos de ordem com rigor e trabalhos que ofereçam riscos à vida.

São características da escrita rígida:

- Predomínio do ângulo.
- Predomínio de traços retos em detrimento da curva.
- Organização rígida das linhas e margens.
- Base das letras angulosas.
- Letras desenhadas.
- Traços limpos e direção fixa.
- Letras e palavras estreitas.
- Mudanças bruscas de direção.

São características da escrita frouxa:

- Ligações combinadas.
- Dextrogira.

- Direções múltiplas.
- Curvas rápidas.
- Guirlandas sem profundidade.
- Curvas nas bases das letras.
- Traços variados.
- Certa imprecisão das formas.

Esses dois tipos de escrita são complementares, assim como a dextro/sinistrogira é necessária para a estrutura gráfica.

Hélène Gobineau estudou a rigidez e a frouxidão do ponto de vista do dinamismo da escrita, ambas constituindo-se em síndrome gráfica.

Os estudos de R. Saudek

Na prática, o grau de tensão do traço está em relação direta com o coeficiente de fricção por deslize (fricção da ponta do instrumento sobre o papel).

R. Saudek indica que a pressão na escrita aumenta de acordo com a tensão. Eis por que se pode determinar o grau de tensão ao examinar o grau da pressão. O coeficiente de fricção por deslize depende de vários fatores: em grande parte, da profundidade do sulco em razão do apoio, bem como do estado de superfície do apoio.

Quanto mais as superfícies de contato são lisas, mais a fricção diminui. O caso limite é onde a fricção seria nula, o que nunca ocorre na prática. O grafólogo pode observar as diferenças e as dificuldades quando a pessoa escreve em um guardanapo ou papel manteiga, por exemplo. A ponta em forma esférica das canetas esferográficas não chega a girar; assim o traçado sai falho, por mais que se aumente a pressão no papel.

A tensão do traço é mais elevada na formação dos traços descendentes, ou seja, traçados escritos na direção do escritor. Nesse caso, estão de acordo com os gestos de contração, em franca oposição aos traços executados no sentido oposto (extensão, relaxamento), que se afastam do corpo do escritor. Como a escrita reflete a disposição interior de quem escreve, nada mais natural que ela se revele nos níveis de tensão. Além disso, pode se revelar no nível de variações e de equilíbrio e na maneira como os jogos de forças interiores ocorrem.

A classificação inicial de R. Saudek:

- Escrita como tensão normal.
- Escritas hipertensas.
- Escritas hipotensas.
- Escritas mistas, alternadamente equilibradas – hiper- ou hipo-.

Para o autor, essas diferenças de graus de tensão podem ser avaliadas precisamente porque estão em relação direta com a profundidade do sulco. A profundidade de cerca de 80 mícrons corresponde a escritas hipertensas, e a profundidade de cerca de 25 micrometros corresponde a escritas hipotensas com os intermediários: escrita normal ou mista.

Esse gênero divide-se em hipotensa, flexível, firme, contraída, hipertensa.

Hipotensa

Para os franceses *hypotendue*. Nesse caso, os gestos de relaxamento predominam claramente sobre os gestos de tensão, dando ao traçado uma ideia geral incerta e relaxada, caída, principalmente caracterizada por:

- inúmeras irregularidades, pouca proporção.
- formas imprecisas, infladas, serrilhadas, esparramadas, filiformes.
- traço na maioria das vezes desigual e leve.
- movimento flutuante.
- apresentação gráfica ou paginação desordenada de linhas sinuosas, repartição da massa gráfica desigual.
- continuidade desigual ou ligada (SFG).

A terminologia usada por Jacqueline Pinon para essa escrita é *lacheé*; e para Peugeot, *mou*.

A tensão nas escritas hipotensas é insuficiente. Observa-se a ausência de rigidez na escrita e com isso ocorre a perda de estruturas das letras; assim, o ritmo é afetado quase que completamente. Falta a "coluna vertebral" na escrita. Os traços verticais carecem de estruturas e sofrem modificações no tamanho e na pressão propriamente dita. Existe relaxamento, mas não elasticidade. Os gestos de flexão e extensão não são coordenados, daí a pouca proporção e precisão entre as formas.

A adaptação se faz sem resistência, muito mais no sentido de acomodação para não ter que enfrentar desafios ou criar conflitos, pois o escritor sabe, até mesmo de forma inconsciente, que não tem essa capacidade. A tendência nesses casos é fugir de responsabilidades, pois a vontade não é uma de suas qualidades.

A atenção concentrada é pouca, a pessoa não se preocupa com os detalhes. Os estímulos que chegam até ela não são tratados com a devida importância.

Emocionalmente, a pessoa é bastante frágil e não tem capacidade para enfrentar estímulos múltiplos. Os de origem desconhecida apenas ampliam sua insegurança pessoal. A imaturidade pode estar presente (formas infantis).

Como as tensões são fracas, a resistência a frustrações é pequena, pois não existe tônus para enfrentá-las; daí, diante das dificuldades, a pessoa cede e cai em um estado de desânimo que pode acarretar depressão.

Vontade débil, indecisa e volúvel. Tudo isso, aliado à fantasia e à imaginação (zona superior alta), pode ser visto como forma de evasão da realidade.

Não existe falta de convicção em suas posições, as exigências são poucas. É capaz de mudar para não se comprometer. O investimento nas ações é pouco, pois deseja preservar-se.

Muitas vezes quando o espaço gráfico é organizado, as margens são bem executadas, a pessoa aceita rotinas e cumpre ordens; dificilmente reage e sempre cede às pressões com o objetivo de manter sua estabilidade.

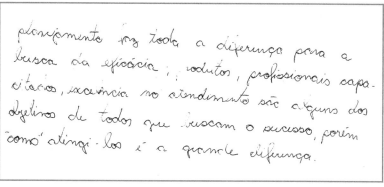

FIGURA 100: Hipotensa. Descendente, direção imprecisa, o traço de algumas palavras praticamente desaparece no exemplo.

Flexível

A nomenclatura francesa a chama de *souple*. Os gestos de relaxamento predominam sobre os gestos de tensão, dando ao traçado uma ideia geral arejada e de fluidez, principalmente caracterizada por:

- formas simples, em curva, em guirlanda, muitas vezes proporcionais.
- dimensão de média a grande, mais para espalhada e levemente dilatada.
- continuidade mais para ligada, linha levemente delgada.
- movimento fluido.
- traço leve ou nutrido, sem grandes desigualdades.
- direção homogênea das letras.
- apresentação do texto na página de forma suficientemente organizada (SFG).

Para Renna Nezos a tensão flexível origina-se da adaptação, sem perder a personalidade, a possibilidade de evolução e renovação, a capacidade de assimilação consciente e a boa economia de energia.

O traçado é bem executado, elástico; a velocidade tende a ser moderada, dificilmente precipitada. A energia gasta no grafismo parece ser controlada. Existe equilíbrio nos gestos de coordenação motora, entre os de flexão e extensão, fato que resulta em boa proporção no traçado. Apresenta sinais de tensão e firmeza, a base das letras tende a ser realizada em curvas.

O escritor tem controle dos gestos e, por isso, sabe onde colocar suas energias; assim pode variar o ritmo ao longo do traçado, evidentemente desprovido de qualquer exagero. A pessoa tem confiança em si. Se no caso anterior existia acomodação, aqui existem a assertividade e o ajustamento controlado ao meio em que vive.

Diante de novos e/ou desconhecidos estímulos ou problemas, a pessoa sabe adaptar-se sem traumas. Tem tolerância com os demais e suas deficiências, nunca ultrapassando os limites de suas possibilidades. Maturidade emocional e constância na forma de atuar; assim como capacidade para resistir às pressões de acordo com as mais diversas circunstâncias.

Tem controle espontâneo das iniciativas, autenticidade nos contatos e espírito de adaptação, mas também de conciliação. Dificilmente foge da realidade. Equilíbrio nos sentimentos e autocontrole pessoal. Habilidade para preservar sua individualidade pessoal. Sabe até que ponto pode empreender esforços para atingir determinadas metas e, uma vez que percebe que são impossíveis, é capaz de mudar sem frustrações ou arrependimento.

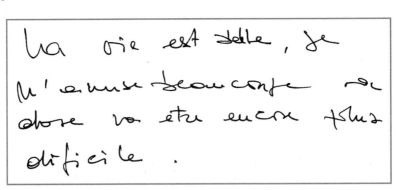

FIGURA 101: Flexível, traços combinados, formas simples, curvas.

Firme

O termo utilizado pela escola francesa é *ferme*. Os gestos de tensão equilibram-se com os gestos de relaxamento, dando ao traço a ideia geral de resolvido e medido, principalmente caracterizados por:

- formas mais para claras, precisas e proporcionadas.
- nuanças de irregularidades e de dimensões sem exageros.
- direção tênue das letras e das linhas, sem rigidez.
- traço mais ou menos apoiado, por vezes em relevo.
- a continuidade favorece a progressão.
- movimento controlado.
- apresentação do texto de forma ordenada.

Os traços são retos, firmes e seguros. Não existe vacilação no ato de escrever. O grafismo é dinâmico, a direção das linhas é regular, e os traços são limpos, precisos e em relevo. A continuidade é estável, e o grafismo apresenta coesão em toda sua estrutura.

Essa escrita associa gestos de tensão e relaxamento; a rigidez é ligeiramente mais acentuada. O traçado ainda é executado de modo fácil, contudo é mais firme e consistente que os anteriores. A pressão eleva-se nos traços verticais e descendentes. O contraste entre os gestos de flexão e extensão torna-se mais nítido. Alguns tendem a aparecer, mas são atenuados pela existência de curvas. Observam-se guirlandas semi-angulosas, e a estrutura das letras é acentuada.

Existe a nítida impressão de coesão no grafismo; a energia é bem distribuída e utilizada com determinação. A adaptação conjuga o instinto e a razão (Pinon).

A vontade e a energia são empregadas de forma judiciosa e eficaz. A pessoa traça para si e para aqueles que estão ao seu redor objetivos realistas, concretos e possíveis de serem atingidos em determinados períodos.

Escritas com boa pressão e predomínio do eixo vertical indicam capacidade de liderança e realização.

Confiança em si, resolução e capacidade de decidir sem intolerância e intransigência. Vontade. Bom nível de resistência diante de influências exteriores. Predisposição para a ação. Personalidade forte. Ambição, determinação e eficácia. Espírito perseverante e sangue-frio. Boa capacidade de rendimento em trabalhos que exijam esforços prolongados. Firmeza e brio em suas opiniões. Estabilidade, praticidade, vitalidade física e tenacidade.

Escrita inclinada e retilínea: as ações possuem uma direção concreta; ênfase ao princípio utilitarista das coisas.

Escrita retilínea, angulosa e sem ritmo; adepto à forma das leis, exigente, rigoroso, apresenta desproporção na capacidade de julgar e punir; espírito draconiano.

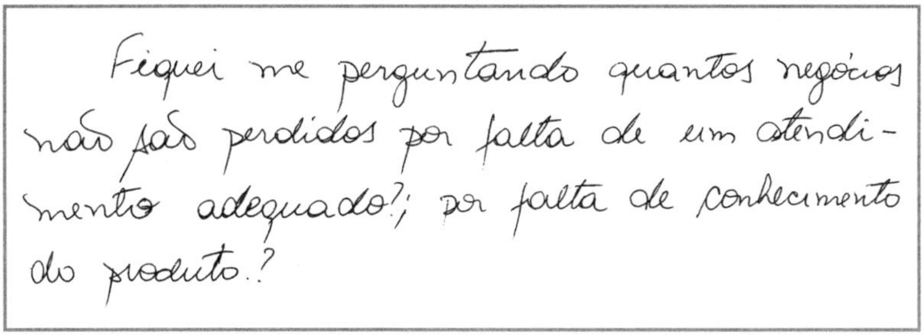

FIGURA 102: Firme, boa continuidade, barra do *t* alta.

Contraída

Na escrita *tendue* para a escola francesa, os gestos de tensão predominam sobre os gestos de distensão, dando ao traço a ideia geral de esforço dominado caracterizado principalmente por:

- distensão primária ou secundária da pressão deslocada, provocando a acentuação no eixo horizontal.
- e/ou de estreitamentos, dos ângulos. Pressão reforçada sobre os plenos, e/ou sobre os distendidos, provocando acentuação do eixo vertical.
- e/ou acentuação da forma.

- as formas por vezes estilizadas.
- muitas vezes com traço claro, apoiado ou leve.
- movimentos obstruídos, perturbados ou dinâmicos.
- direção das letras muitas vezes regular, por vezes hesitante, com direção retesada das linhas.

Nessa escrita, não existe bom equilíbrio entre os gestos de flexão e extensão, na maioria das vezes predominando o primeiro; com isso, a proporção dificilmente fica equilibrada. A espontaneidade do gesto gráfico desaparece, a continuidade sofre variações e o eixo vertical passa a predominar. Os traços de rigidez sobrepõem-se aos de relaxamento. A pressão torna-se apoiada ou paralela. O jogo de forças interior do escritor não está equilibrado. Os ângulos parecem tomar contra do grafismo, mas permitem momentos de curvas, pois o escritor ainda encontra alguns escapes para a rigidez.

A noção de resistência a um "obstáculo interior" é uma das mais importantes manifestações desse tipo de escrita.

A resistência torna-se empecilho à adaptação, à aceitação das ideias e do pensamento dos demais, tanto no nível da ação como no das relações.

O escritor fica em permanente estado de prontidão; reação imediata a qualquer estímulo que chega até ele. Personalidade forte, combativa, com pouca capacidade para aceitar sugestões e ideias. Quando o faz é apenas aparentemente, para fazer valer seu ponto de vista.

Muitas vezes trata-se do obstinado que não vê outro modo de agir que não o próprio. Interiormente está em constante agitação e com isso pode faltar o equilíbrio interior para avaliar as situações de modo isento e sem que suas crenças interfiram no processo.

Tem opiniões próprias, não é influenciado e dificilmente se aparta delas quando toma posições. Tende a não ceder.

Gosta de impor sua vontade, não aceita o superficial, como informações truncadas e sem origem definida. Quando vê uma oportunidade, parte de maneira decisiva para ela, pois é capaz de enfrentar desafios com grandes doses de energia.

Determinação, prazer em vencer as resistências e ver sua vontade triunfar em todos os campos em que atua. Empenha-se com grande afinco e com todas as suas energias quando deseja atingir os objetivos.

Quando em posição de chefia pode mostrar que as suas exigências são imperativas e canalizadas por princípios rígidos: "manda quem pode, obedece quem deve".

Não sabe trabalhar com suas emoções e isso leva a frustrações, especialmente porque tem medo da rejeição dos demais, o que pode ocasionar defesa prévia para proteger os sentimentos.

Facilidade para entrar em conflito com o meio quando vê que suas ideias não são aceitas pelos demais.

A canalização das energias não se faz de modo fluido, tende a gastar mais do que necessita na maneira de atuar; em parte para resolver os problemas propriamente ditos, em parte visando manter o controle de si, de suas emoções, da exteriorização e até mesmo daqueles que estão ao seu lado.

> No decorrer desse tempo, aprendi a trabalhar minhas habilidades, aperfeiçoando-as, bem como descobrir minhas dificuldades, buscando minha melhoria constante.

FIGURA 103: Contraída. Gestos verticais, predomínio da forma. Falta de fluidez. As tensões esgotam o escritor, e o último parágrafo torna-se descendente.

Hipertensa

Na escrita *hypertendue*, os gestos de tensão predominam nitidamente sobre os gestos de distensão, dando ao traçado uma ideia geral contraída, caracterizada principalmente por:

- Traço apresentando excessos.
    * Muito apoiado ou muito leve;
    * irregular dentro da textura e ou do seu apoio;
    * plano ou em um traço longitudinal.

- Associado.
    Seja na presença de:
       * escritas sacudidas, espasmódicas, que se chocam entre si, com suspensões, incompletas, com furos;
       * direção irregular das letras e das linhas.

    Seja na presença de:
       * distensão ou constrição acentuada ou das fusões;
       * sistematização do gesto e/ou ordem precisa;
       * direção fixa das letras e/ou das linhas (SFG).

Embora em certos grafismos uma característica possa ser dominante, o mais comum é que vários tipos de conduta estejam presentes no mesmo grafismo.

Por outro lado, os sinais gráficos contrastam com a ideia geral do traçado ou com o tipo de conduta dominante e podem aparecer por intermitência dentro da via do traçado (ângulos, estreitamentos, retração do gesto, retoques, sacudidas, que se chocaram, suspensões, espasmos, pontos ou travessões inúteis...).

Os sinais, chamados de endurecimentos ou crispações, modificam a ideia geral do traço.

Nesse tipo de escrita nota-se a falta de coordenação entre os movimentos de flexão e extensão, os quais muitas vezes aparecerem de maneira aleatória no texto. As formas mais características da rigidez estão presentes: ângulos, estreitamentos, contração do movimento, organização espacial rígida etc. Caso existam curvas, nelas está ausente a característica principal desse gesto: a flexibilidade.

O gesto é truncado, não existe facilidade na passagem de uma forma para outra; a continuidade sofre os mais diversos tipos de variações. Nos casos mais extremos, existem contraposições de formas, ou seja, depois do ângulo em uma letra, a próxima é realizada em curva.

A presença de traços discordantes ou escritas monótonas assinala uma personalidade ansiosa, em constante estado de alerta; sentimento de insegurança, reações inoportunas e os mais variados tipos de inibição. Existe dificuldade para controlar as agitações internas, e com isso a emotividade por vezes aflora de maneira intensa. As tentativas de relacionar-se de maneira espontânea não são bem-sucedidas, porque as pessoas não conseguem atuar dessa forma.

Quanto maior o grau de rigidez na escrita, menor a resistência às frustrações e maior a ligação do sujeito consigo mesmo. Peugeot chama isso de egocentrismo de tensão. Os gastos de energia não são controlados. Qualquer que seja a tarefa, dificilmente a utiliza na medida exata para que seja resolvida.

Com certa facilidade a pessoa leva os próprios conflitos para aqueles que estão no entorno. Estados de angústia são mostrados quando a hipertensão na escrita se torna elevada. Em graus moderados, ainda existe a tentativa de socialização, contudo, da maneira que é realizada, muitas vezes com atitudes de reserva, a pessoa não consegue desenvolver o seu pleno potencial, tanto no plano afetivo como no social.

Estímulos desconhecidos elevam o permanente estado de alerta e assim os estados de inquietude aparecem de forma mais contínua e duram por maiores períodos de tempo; as descargas de ansiedade, portanto, diminuem. Há angústia. Apesar de tudo, precisa encontrar um meio de sair desse estado de permanente tensão. Assim, a conduta é polarizada, sendo verdadeira apenas no extremo da rigidez, e artificial no relaxado. Aqui a insegurança atinge altos níveis.

No adolescente, reflete o estado de turbulência interna e insatisfação, assim como as descargas de tensões e ansiedades. Se, por um lado, nessa idade pode ser puramente situacional, por outro, em adultos, tende a ter uma avaliação mais voltada para o constitucional. Não raro é capaz de sacrificar sua adaptação para ganhar um pouco de estabilidade no plano pessoal.

A reatividade diante de quaisquer estímulos tende a ser exagerada; nos casos patológicos chega a ser persecutório nos contatos.

Ao enfrentar atividades em que existam conflitos e pressões ao mesmo tempo, dificilmente o faz de modo isento. Algumas vezes amplia as consequências e não raro, em vez de solucionar, leva suas tensões até elas, passando a fazer parte delas.

Diante de qualquer atividade, a vontade torna-se exasperada, exigente, impositiva e por demais rigorosa. Muito comum em profissões que necessitem de pronta resposta e rigidez, em que a autoridade (a militar, por exemplo) tenha de ser respeitada sem contestações.

Dentro dos parâmetros normais, pode ser considerada como potencial a ser aproveitado; em excesso, a interpretação leva-nos a estados patológicos e problemas de relacionamento, comunicação e adaptação.

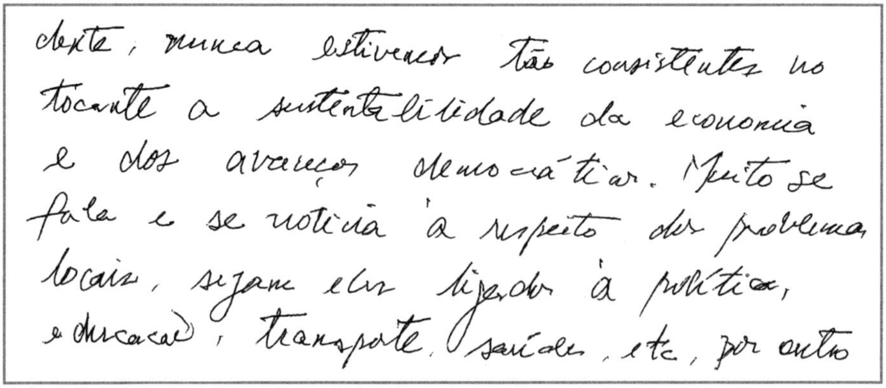

FIGURA 104: Hipertensa. Torções, sacudidas. Falta de liberdade nos gestos.

8 | FORMA

Quando aprendemos a escrever, o primeiro código que nos é imposto é o das formas. A caligrafia nos ensina a sequência lógica para a execução das letras e dos movimentos que desenvolvemos da esquerda para a direita.

O simbolismo da forma leva o grafólogo a um rico manancial de significados, principalmente se pesquisarmos as origens de nosso alfabeto e as razões pelas quais cada letra chegou a seu formato atual. Contudo, esse não é o objetivo do livro.

A forma demonstra a cultura, a originalidade, os interesses e as preocupações do escritor. O ser humano é capaz de criar infinitas formas, e criar é basicamente transformar. O homem cria não apenas porque gosta, e sim porque precisa e, inconscientemente, deseja aprimorar-se. Para ele, formar novos tipos de letras e reestruturar a forma caligráfica que lhe foi ensinada são atos de criação.

Escrever é comunicar-se por meio de formas ordenadas e preparadas de acordo com leis que se vão modificando com o tempo. Criamos, mudamos, transformamos e nos comunicamos por meio de formas, algumas já estabelecidas e outras que criamos e são essencialmente nossas, inimitáveis, que variam muito pouco na trajetória de nosso desenvolvimento emocional.

A forma também é um forte referencial para observarmos a potencialidade e a posição do indivíduo em relação aos valores coletivos, sua liberação ou apego aos compromissos e normas sociais. Mais ainda, seus processos internos e suas relações com os fatos e acontecimentos que estão ao seu redor e sua capacidade de destruir o convencional para criar (formar) o novo – desde que aceitável dentro dos padrões éticos e vigentes.

A função primordial da forma é de integração. Ela mostra a maneira como o indivíduo assimila ou rechaça os ensinamentos que recebe e os elabora, de acordo com suas necessidades.

Trata-se da adaptação ao real, que se traduz em uma linha de conduta que nem sempre é a esperada pela sociedade. Sem dúvida, é a representação de si, segundo a imagem de si, para a imagem do "eu" ideal.

A evolução da forma pode ser constatada de diversas maneiras:

- Aceitação ou submissão à sociedade: escrita caligráfica, convencional.
- Equilíbrio precário, imaturidade: confusa, desordenada, infantil, imprecisa.
- Estilização: *script*, ornada, estilizada, bizarra, tipográfica.
- Personalizada: clara, simples, sóbria, simplificada, espontânea, rítmica.

Estruturas das formas

As formas se estruturam de duas maneiras, com tensão e sem tensão.

Formas flexíveis

- Com tensão: alternância entre firmeza e adaptação.
- Sem tensão: desleixo, negligência, abandono.

Segundo Gaillat, escritas bem-estruturadas mostram força de vontade, enquanto o excesso de estruturas indica rigidez, falta de flexibilidade, disciplina, acatamento de ordens. A não estruturação das formas provém da falta de liberdade.

Formas firmes

- Com tensão (ângulos e arcadas): defensividade, contração.
- Sem tensão: moleza, atitudes estereotipadas.

Formas rígidas

- Com tensão: inibição, formas estereotipadas, fixas, crispação, grau V de Pophal.
- Sem tensão: automatismo, ausência de movimento.

A forma divide-se em:

- Execução: estrutura das letras.
- Ligação: enlaces entre as letras.
- Estética: nível de forma, ambiente.

Precisão das formas

- Precisa.

O escritor procura ser preciso nas formas, na acentuação e na pontuação, abrangendo as margens, os espaçamentos entre linhas etc. Aquilo que se deseja é a legibilidade e a transmissão da informação de modo completo e preciso. É necessário ser claro e compreendido nas relações com os demais.

- Imprecisa.

Neste caso, a legibilidade é alterada por ser inacabada e por causa de omissões, deformações, confusões das letras e/ou de zonas. A imprecisão pode ter várias causas, como doenças, dissimulação, medo, agitação interior, falta de vontade etc.

Variação das formas

- Polimorfas.

Existe, na escrita, grande diversificação das formas.

- Multiforme.

Formas diferentes da mesma letra, podendo acarretar confusões na leitura e distribuição no espaço.

Execução

A execução é sinal de como a pessoa se integra ao mundo que a rodeia, seu grau de convencionalismo, vulgaridade ou originalidade. A ligação será estudada em capítulo à parte.

A execução das formas pode ser: caligráfica, redonda, sistematizada, estilizada, polimorfa, angulosa, simples, simplificada, seca, ríspida, ornada, complicada, extravagante, artificial, tipográfica, filiforme, inflada, infantil, ovalada.

Caligráfica

Ocorre quando o adulto reproduz o modelo caligráfico escolar aprendido; e há o predomínio da forma em detrimento do movimento do escritor. No Brasil, esse modelo tende a ter pequenas diferenças de acordo com as regiões. As alterações são maiores em outros países; por isso, esse aspecto assume maior importância quando se traça o perfil grafológico de estrangeiros.

O modelo caligráfico é normal na infância, mas se o adulto aceitou o modelo imposto pelo professor (em última instância, representante da sociedade) quando criança e não mudou, é necessário avaliar as causas. Essa pessoa acredita no "contrato social" e faz de tudo para mantê-lo – ou então não deseja mudar, por simples conveniência. Trata-se da aceitação de fatos, ordens e acontecimentos sem muita contestação.

Muitas vezes, trata-se de reprodução por motivos profissionais. Na escrita de professores, pode ser considerada uma espécie de procedimento profissional, já que estes são obrigados, por dever de ofício, a escrever de modo caligráfico durante todo o tempo.

A espécie caligráfica tende a ser positiva quando, de forma quase imperceptível, os traços e as proporções sofrem pequenas variações; a pressão é equilibrada durante toda a escrita, e a velocidade, entre pausada e rápida, inclina um pouco à direita o traçado. Ali ou acolá, aparecem pequenos traços que fogem ao caligráfico, mas que expõem a qualidade vital do escritor.

Nos casos em que a pessoa se adapta ao meio de forma artificial, temos a *persona* de Jung; o escritor usa uma máscara para poder transitar na sociedade. Também é muito comum encontrarmos o complexo de Peter Pan, síndrome em que adultos apresentam grafismos com traços infantis caligráficos e monótonos. Em alguns casos, ocorrem em indivíduos com mais de 40 anos que ainda vivem com os pais, em razão da situação econômica. São pessoas que se recusam a crescer e a encarar a vida.

> Resposta constante aos estímulos, disciplina intelectual, calma, apego e fidelidade aos deveres sociais, seriedade, submissão, pontualidade e rigor consigo mesmo, desejo de ordem, clareza e precisão, organização, equilíbrio, serenidade, educação formal aliada à necessidade de levar a vida pessoal com método, polidez, assiduidade e ponderação, valorização e defesa do tradicional, dificuldade em aceitar mudanças em curto prazo, gosto pelo já estabelecido, oposição a qualquer mudança radical. Respeito às tradições e aos códigos de conduta, apego à cultura e sabedoria acumulada ao longo das gerações.
>
> Convencionalismo, falta de imaginação, ritmo lento de evolução, aceitação de ordem sem qualquer análise ou contestação, falta de originalidade, infantilidade, conformismo, mediocridade e insignificância, adaptação às rotinas do cotidiano, repúdio às mudanças e às surpresas, monotonia, juízos mais elementares primários, ceticismo diante dos avanços da tecnologia, mediocridade, inaptidão para tarefas que exijam grande criatividade e iniciativa.

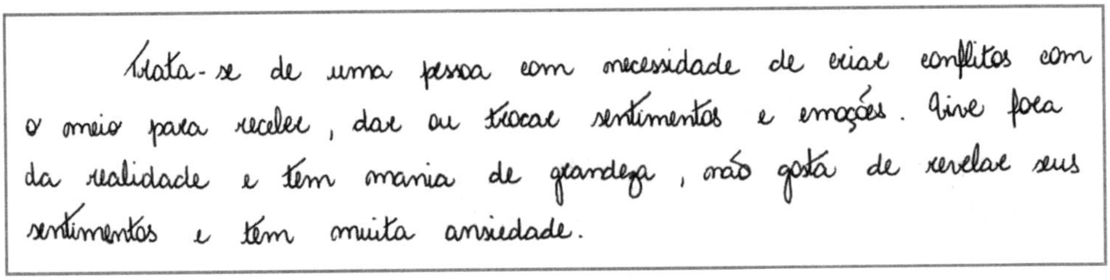

FIGURA 105: Caligráfica. Escrita pequena, vertical, lenta, limpa, organizada.

Personalizada

Quando o escritor ainda mantém a base do modelo escolar, dizemos que sua escrita é caligráfica, mas quando sua escrita se diferencia claramente da caligráfica, é chamada de personalizada.

Essa não é uma qualidade em si, ela ocorre pela escolha dos elementos que a compõem. De acordo com Peugeot, ela deriva da faculdade natural do indivíduo em exprimir suas diferenças ou de acentuá-las, e também da necessidade de construir uma aparência que foge da convencional.

Na adolescência, é normal que exista a desestruturação gráfica, mas essa escrita não deve ser considerada personalizada.

Uma boa indicação é observarmos a escrita das pessoas ao longo de toda a vida. A personalização, quando ocorre, mostra que o escritor aos poucos vai se libertando das amarras que a caligrafia lhe impõe e acrescentando paulatinamente (ou de forma brusca) sua individualidade. Como resultado (em muitos casos), ao longo dos anos (de acordo com a pessoa) surge um novo modelo, livre e quase irreconhecível quando comparado com o inicial, porém brilhante, com todas as qualidades e defeitos que o ser humano tem. Aqui vemos as verdadeiras intenções expressivas da pessoa e a consciência de si.

Para nós e para outros autores, a escrita só pode ser considerada personalizada quando as estruturas são positivas, a legibilidade não se perde, a claridade no traçado se mantém e as formas são homogêneas. Também não existe idade exata para que isso ocorra; mas em geral, ocorre sempre após a adolescência.

A base da personalização da escrita está na simplificação ou enriquecimento dos traços aprendidos no modelo escolar.

Segundo Klages, entende-se por enriquecimento o acréscimo que não alteraria gravemente o aspecto da letra, e por simplificação, a supressão que não prejudicaria sua legibilidade. Esse enriquecimento pode estar nas letras iniciais, nas maiúsculas ou em qualquer outra parte.

Ainda de acordo com Klages, a escrita pode alcançar sua melhor forma tanto na simplificação como no enriquecimento. Para o autor alemão, a potência que faz nascer as formas até o infinito é denominada Vida; a que simplifica as formas vitais até a sua mínima expressão chama-se Espírito. A impulsão criadora de formas se encontra ao lado da Vida, e sua antagonista, a impulsão simplificadora, ao lado do Espírito. A vantagem deste último está no *sentido prático*, seu perigo é *a ausência do sentimento das formas*.

Os enriquecimentos são chamados de adornos, se bem que seu sentido negativo deva ser um pouco acentuado em determinados casos. A escrita adornada indica vaidade, presunção, afã de originalidade, autocomplacência, afetação etc.

Enriquecida

> Instinto criador de formas, gosto pelo suntuoso, talento descritivo, plasticidade, gosto estético, construtivismo, capacidade de se moldar às necessidades do momento.

> Formalismo, verbosidade, exageração, extravagância, falta de objetividade, ideias de grandeza, megalomania, sobrevalorização das partes menores que carecem de importância, discussão por coisas insignificantes, tendência ao exagero de fatos sem importância.

GRAFOLOGIA EXPRESSIVA | 155

Redonda

As letras *a, o* e *g* têm forma circular, o *m* e o *n* também são executados em curvas circulares. O escritor parece evitar qualquer espécie de ângulos, o que requer menos esforço, daí a interpretação de que a pessoa evita os conflitos, cede para não fazer esforços. A tendência é que a velocidade seja lenta, monótona.

É observada pelo formato curvilíneo dos traços e indica fácil adaptação ao ambiente, benevolência, capacidade de unir o útil ao agradável; em sentido negativo, sensualidade exacerbada e covardia moral.

A escrita redonda não deve ser confundida com a arredondada, embora guardem grande similaridade entre si. A segunda escrita é observada pelas formas de elipses, ovaladas, enquanto a primeira tem a forma de círculos, especialmente as ovais.

Os traços redondos sempre apresentam um "perfume" de feminilidade. Simbolicamente, está de acordo com as formas femininas e acompanha a característica de reprodução.

> Natureza cordial, franca, respostas pausadas, paciência, ausência de afetações aos estímulos, discrição e simpatia no contato com o mundo circundante, desenvolvimento perceptivo, calma e estabilidade, atenção passiva, cordialidade e tolerância, natureza pouco emotiva, certa dose de sensualismo e emotividade, adaptação ao meio sem grandes esforços, flexibilidade sem traumas, altruísmo, sensibilidade e sentimentalismo.
>
> Sensualidade e apatia, adaptação instintiva com objetivo de se preservar de conflitos, reações lentas e sem eficácia diante de qualquer tipo de estímulos, fantasia e necessidade de ser influenciado, lascívia, afetação (principalmente quando em grafia masculina), passividade, dolência e negligência, inconsistência e imaturidade, oscilação, mobilidade em benefício próprio, insegurança.

- Quando exagerada: moleza e preguiça, falta de ânimo.
- Traço firme: amabilidade, sociabilidade e adaptação ao meio social.
- Traço frouxo e fino: indiferença, adaptação passiva, relapso.

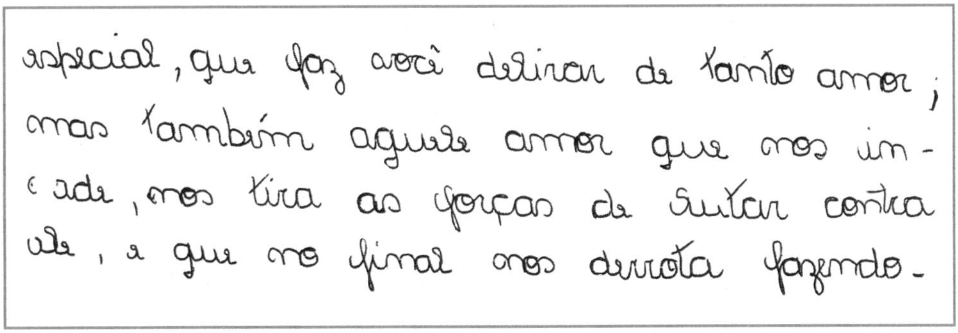

FIGURA 106: Redonda. Escrita lenta, monótona, rebaixada, com torções e letras *m* em arcadas.

Sistematizada ou monomorfa

A maioria dos gestos é levada ao gesto-tipo único, que se repete de maneira automática. Para Gille-Maisani a escrita recebe esse nome quando os movimentos podem ser reduzidos a um único gesto, até mesmo nas partes das letras em que esse gesto é inadequado. Isso resulta em formas muito parecidas, como se as letras tivessem sido feitas pelo mesmo molde.

A escrita parece possuir apenas um gesto-tipo, termo criado por Saint-Morand para designar o traço que se repete de maneira sistemática em uma ou várias letras ao longo do texto. Contudo, na escrita "normal", esses pequenos gestos individualizam o autor do grafismo. Não é o caso aqui, pois parece que existe apenas um gesto, que se faz presente praticamente em todas as letras.

Trata-se da evolução do modelo escolar ou da escrita artificial. A legibilidade é prejudicada, e a forma tem mais importância do que o movimento.

Gille fala de escritas em vários graus:

- Automáticas (hipersistematizada, mecânica, anormal).
- Sistematizada (monomorfa).
- Instável (variabilidade mutável, insuficientemente sistematizada).
- Proteiforme (inconsistência por causa da total falta de sistematização).

Indica personalidade unilateral tanto no pensamento como nos sentimentos. Dificuldade para se adaptar às mais diversas situações; incapacidade de improvisar soluções. Isso se amplia com facilidade diante de novos estímulos ou quando a pessoa está sob qualquer tipo de pressão. Mesmo no estado de repouso, a ansiedade se faz presente.

As variações do meio ambiente perturbam facilmente o escritor, que, com seus juízos, sempre observa e avalia de maneira tendenciosa. Quando a escrita é simples, firme e com certa legibilidade, pode-se confiar no escritor, pois seu comportamento tende a ser estável. Nas escritas confusas, complicadas e ilegíveis, a tendência é a falsidade, dissimulação.

Aquele que está ao lado não tem importância. Essa atitude unilateral para com os demais e com a vida tem como resultado grandes dificuldades de relacionamento; os conflitos estão presentes durante todo o tempo e provocam sentimentos de inferioridade, assim como problemas de supercompensação.

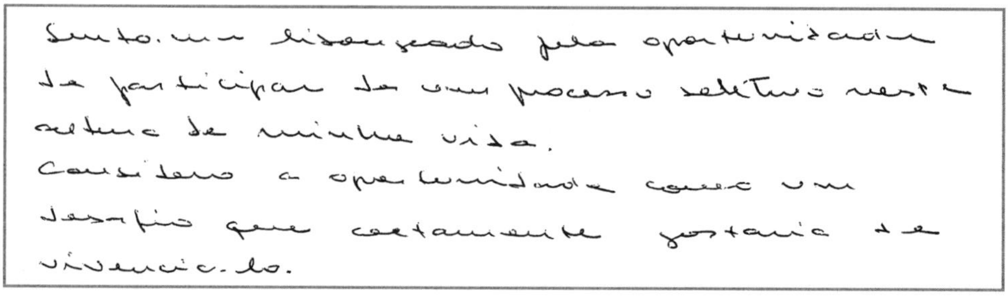

FIGURA 107: Sistematizada. Escrita imprecisa, invertida, pequena; direção sinuosa das linhas; traços agrupados. Letras filiformes.

Estilizada

Trata-se da escrita simplificada de maneira individual, mais ou menos elegante, reduzindo as formas ao essencial, mas preservando sua legibilidade (Gille-Maisani).

Foi descrita por Périot e Brosson como "tendência a reduzir a letra a um esboço, a uma estilização perfeita".

Para Klages é sinal de escrita adquirida, ou seja, foram introduzidas de modo intencional pelo escritor, transformando-se numa segunda natureza por força do hábito. De acordo com Gille-Maisani, trata-se da escrita natural no sentido jaminiano, aquela que é oposta à escrita disfarçada, que o escritor modifica temporariamente.

Klages diz que só existem dois motivos para se modificar artificialmente a escrita: falsificação ou embelezamento; e baseado em Goerg Meyer diz que "uma característica gráfica é tanto mais difícil de suprimir quanto mais pertença à imagem expressiva da vontade (ou é tanto mais difícil de produzir quanto menos pertença à imagem expressiva da vontade)". Como todos os sintomas da vontade são sinais gráficos de constrição, os sinais gráficos de liberação são mais fáceis de serem substituídos.

Pressão forte, escrita estreita; sinistrogira, vertical, arcadas, duplos ângulos; falta de fluidez, regularidade etc.; produzem-se mais facilmente do que guirlandas; pressão débil, escrita extensa, dextrogira; fluidez, espaçamentos escassos etc., pois não correspondem às propriedades adquiridas.

A estilização introduz características que dizem mais respeito à representação do que à expressão e tende a aumentar a regularidade da escrita. O estilo está mais relacionado à resistência, e a forma significa liberação.

A simplificação é feita de modo a atingir as partes secundárias das letras. Nesse caso, é evidente que não existem enriquecimentos de qualquer tipo na escrita.

As pernas e as hastes são reduzidas a um gesto simples: por exemplo a letra *f* executada somente com um traço. Os finais das letras e palavras são suprimidos na busca de originalidade. As ovais, as curvas, tendem a ser abertas; o tamanho do grafismo tende a ser pequeno ou médio, pois a simplificação não se coaduna com traços largos e gestos extremamente amplos.

Klages avalia dois tipos de estilização: a *estética*, no qual o escritor procura se distinguir; e a *moral*, no qual tenta se adaptar reprimindo traços pessoais.

Heiss avalia como um tipo superior de escrita artificial, na qual o escritor simplifica aquilo que deseja mostrar aos demais, congela o movimento e acaba por criar uma fachada.

Gille-Maisani adota a posição de Knobloch: construção de um mundo interior afastado da realidade. Nossa interpretação vai de encontro a essa. O escritor procura criar um mundo pessoal que possa fazer parte dos demais, todavia não consegue ver (em seu mundo) as necessidades daqueles com quem interage; muitas vezes também não vê suas próprias, pois a realidade interna que criou não permite muitas variações tanto no comportamento expressivo como no representativo.

Com escrita sóbria, pequena e clara, mostra capacidade mental, cientificismo; com formas arredondadas, dons e gostos artísticos, sentido estético bastante elevado. Nas escritas rítmicas, é sinal de superioridade moral ou espiritual.

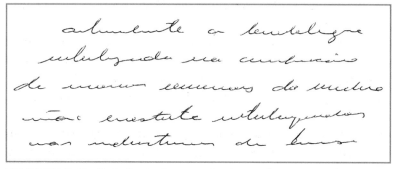

FIGURA 108: Estilizada, desligada; desproporções de tamanho; tensa.

Polimorfa

Existe a diversificação das formas da escrita. É antônimo da escrita regular e homogênea. As variações ocorrem em todo o grafismo. Muitas vezes sem a observação atenta não se consegue definir esse tipo de escrita. As pernas das letras ou hastes sofrem variações; algumas são feitas em forma de laços, outras em triângulos.

Embora o polimorfismo atinja todos os gêneros gráficos, é certo que existe certo "padrão" que dá exatamente esse aspecto ao grafismo. Existem variações psicológicas no escritor, embora nem sempre seja possível notá-las à primeira vista. A pessoa tenta matizar sua personalidade com pequenas variações. Esses contrastes são mais ou menos visíveis e manifestam-se de acordo com o meio pelo qual transita o escritor. Em graus mais elevados, existe a ambiguidade; as mudanças fazem da pessoa um pequeno camaleão.

Dentro do contexto gráfico tenso, assinala o desejo de mostrar seus mais variados aspectos de personalidade e aproveita-se disso nos seus contatos.

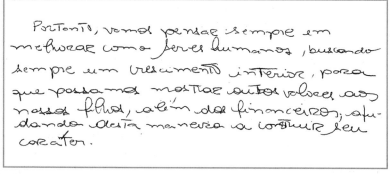

FIGURA 109: Polimorfa. Variação nas formas das letras ovais, das barras e das letras t e r.

Tal como a escrita agrupada no sentido jaminiano; possui aptidão para variar. A adaptação ao meio em que vive é discreta, mas sempre com variações. Existe a necessidade de evolver, seduzir; nunca ser igual em si mesmo.

Pierre Faideau diz que esse tipo de escrita em ambientes gráficos frouxos e sem tensão indicam "falta de ossatura; coluna vertebral" com formas variáveis. A instabilidade assinala uma personalidade com as mais diversas nuanças; a adaptação faz-se segundo os próprios interesses. O polimorfismo indica insinceridade e mentira.

Angulosa

As letras são executadas com movimentos em forma de ângulos; na maioria das vezes representam gestos bruscos, isto é, as mudanças de direção se fazem de maneira repentina. O traçado que normalmente deveria ser curvo é substituído por ângulos. Quanto maior a quantidade de ângulos, maior a possibilidade de que a escrita perca a harmonia.

Para Jamin, a escrita em ângulos é incompatível com a flexibilidade, qualidade básica da inteligência. Assim, nas bases de escritas angulosas nobres, aparecerão movimentos corretores, tais como sinuosidade ou pequenez.

O ângulo tem sempre "tinturas de repressão" qualquer que seja a zona em que ocorra. Ele é uma mudança brusca de direção que revela o desacordo entre o "eu" e o mundo. Trata-se de um freio, de uma restrição a um impulso que caminhava em uma direção. Por isso, existe a necessidade de canalizar certa quantidade de energia que poderia ser usada para outros fins. Oposição natural ao meio ambiente.

Nas escritas femininas, indica desejo de adaptar o mundo às suas necessidades, forte *animus*. Esse tipo de escrita é antônimo da redonda.

A escrita angulosa aparece em diversas personagens de nossa história: Marechal Floriano, Rondon, Geisel, entre outros homens cujo princípio do dever estava acima de tudo.

> Atitude de pouca adaptação ao plano social, predomínio da razão sobre o sentimento. Com a letra *t* em forma de triângulo, é sinal de tendência ou vontade de submeter os outros a seus próprios desejos, caprichos ou necessidades.
>
> Obstinação inteligente, tenacidade aliada à coragem física e moral, disciplina, direito, firmeza e decisão no modo de pensar e agir, capacidade de mando, iniciativa, adaptação combativa, predomínio do pensamento racional em detrimento do sentimento, capacidade de enfrentar o mundo, energia, individualidade e rigidez, virilidade, objetividade e critérios, franqueza, fala incisiva e direta, lealdade, severidade, justiça e sinceridade nas decisões, gosto por estoicismo, heroísmo, ação e epopeias.
>
> Os estímulos tendem a ficar mais do que o tempo necessário, e as respostas podem ser maiores do que se precisa. Conflitos e tensões in-

ternas que levam o escritor a uma falta de adaptação devido aos seus conceitos rígidos. Capacidade de adotar para si e seus subordinados códigos de conduta draconianos e implacáveis que jamais deverão ser quebrados. Seus sentimentos ditatoriais, exacerbados e duros o fazem uma pessoa fria e sem sentimentos, que deseja punir com extremo rigor as mais simples faltas, suas reações são desproporcionais aos erros: "tenta matar moscas com tiros de canhão". Ansiedade, sentimentos de inferioridade, obstinação e ciúmes, reações agressivas às ideias contrárias. Qualquer observação é tomada como uma ofensa de cunho pessoal, está sempre "vestindo a carapuça". Espírito vingativo, inveja, sensibilidade patológica, reações violentas contra as mínimas críticas, resposta defeituosa aos problemas relacionados com a vida social e sentimental.

- Com escrita retilínea: categórico em suas mais elementares ações.
- Traços regressivos: caráter reacionário.
- Finais angulosos: teimosia.
- Com escrita estreita: repressão.

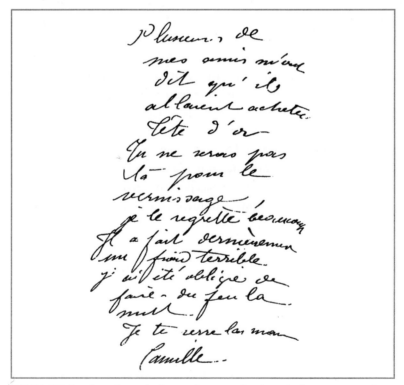

FIGURA 110: Angulosa. Com *colas de zorro*, desproporcional, tombada, traços regressivos.

A dicotomia ângulo-curva na escola italiana de Moretti

Para Moretti, a primeira consideração a ser feita quando se tem em mãos um grafismo é a avaliação da dimensão esférica, ou seja, avaliar se a escrita é angulosa ou em curvas, pois ambas as características são expressões de diversas estruturas constitucionais do escritor. A curva é sinal de altruísmo; e o ângulo, de egoísmo. Mas o próprio autor avisa que o exagero em qualquer um dos dois casos é sempre negativo, pois o altruísmo exagerado nos indica uma flexibilidade instintiva e também inconsciente. O egoísmo exasperado leva à avidez, avareza, que sempre é negativa, mas quando em pequenas doses é útil para reter e acumular o suficiente.

A curva

Os traços são executados sem tropeços, sempre curvos e nunca angulosos. São notados particularmente nas ovais (*a, o*) e suas derivadas (*b, s, g, h, p, q*), nos bordes das letras *m, n, s, u, i, v, r, t, l, f* e nos números.

Quanto mais redonda for a grafia, mais curva será. Para definir de forma exata esse signo, é necessário constatar a presença ou não de ângulos; quanto mais estes aparecem, menos curva a escrita é, ainda que tenha muitas curvas. Isso pode não parecer tão óbvio, mas é essencial para a definição das características da personalidade, pois sem dúvida indica a diminuição do altruísmo.

Ao iniciar a análise, o grafólogo deve compreender bem esses conceitos e saber definir de modo preciso como funciona a relação *"ângulos-curva"*. Isso somente é possível com experiência e treinamento constante.

A curva é signo substancial da vontade, mostra tendência ao altruísmo e à bondade, profundidade de sentimentos, preocupação com o bem-estar dos outros, disponibilidade para a compreensão, para a compaixão, aceitando com benevolência as observações feitas, mesmo que não sejam justificadas. Demonstra que o escritor nunca é mentalmente mesquinho e apresenta aptidão intelectual para compreender e se aprofundar nos conceitos; assimila, com abertura mental e docilidade, as teses e propostas avançadas dos demais, expressão de altruísmo e benevolência.

Por outro lado, indica escasso cuidado com a própria dignidade, pouco interesse em valorizar o espírito, tendência à moleza, negligência, comodidade, falta de empenho em situações críticas e inatividade. No fundo, trata-se de uma pessoa de boa índole, mas que não se preocupa em fazer bem aos demais.

Seu comportamento se caracteriza, nas confrontações com as outras pessoas, por uma disposição de benevolência e calor humano, ambientação fácil, maleabilidade, espírito de adaptação. Não tem inclinação para a inveja, vingança e nem deseja desrespeitar os desejos dos outros.

Demonstra aptidão intelectual – áreas que requeiram espírito de colaboração e tendência à organização.

O ângulo

Na escrita angulosa, existem engrossamentos, dificuldades, estreitamento e ângulos. Da mesma maneira que na escrita curva, nota-se particularmente nas ovais (*a, o*) e suas derivadas (*b, s, g, h, p, q*), nos bordes das letras *m, n, s, u, i, v, r, t, l, f* e nos números, ou seja, deve ser observada da mesma maneira que a escrita em curva. Aliás, essa observação é impossível de se fazer separadamente.

No conceito de escrita angulosa, entram três signos grafológicos substanciais:
- Ressentimento e suscetibilidade: *Ângulo A*
- Tenacidade e teimosia: *Ângulo B*
- Sagacidade e astúcia: *Ângulo C*

Esses conceitos serão estudados no capítulo dedicado às ovais.

Simples

Em sua formação não existem traços, floreios, sobressaltos ou formas desnecessárias. A simplificação na escrita é uma manifestação de economia: pode implicar a diminuição do movimento, o abandono aos gestos espetaculares, a eliminação do supérfluo e o apego ao elementar. Seu antônimo é a escrita complicada.

Muitas vezes, a escrita tende a ser caligráfica. De acordo com Jamin, o significado é em si mesmo nulo e precisa ser associado a outros signos. O grafólogo teme encontrar esse tipo de escrita, pois a personalidade é quase inexpressiva, sem cores ou matizes que chamem atenção. Ao estudar esse signo, é preciso ter em mente as palavras do grande mestre da escola francesa: "A qualidade de um signo depende do meio em que se encontra".

Existem escritas nas quais as palavras apresentam um pequeno ornamento na primeira letra, especialmente nas maiúsculas, e as demais são simples. A interpretação deve estar incluída nessa espécie: apenas os contatos iniciais (amabilidade, educação) são realizados de modo envolvente e sedutor, os demais levam a gênese da simples.

> Integração rápida a novos assuntos apresentados. Resposta direta aos estímulos, sem complicações, sem acrescentar nada, inteligência objetiva acostumada à busca da verdade com fins positivos, precisão, prudência e respeito, capacidade de separar o essencial do acessório, necessidade de síntese, modéstia e humildade, apego aos princípios morais e ausência de complicação, domínio e fiscalização das tendências instintivas, sobriedade, adaptação, sinceridade e economia.
>
> Convencionalismo, rotina, sentimentos afetivos de pouco significado, imaginação escassa, insignificância e mediocridade.

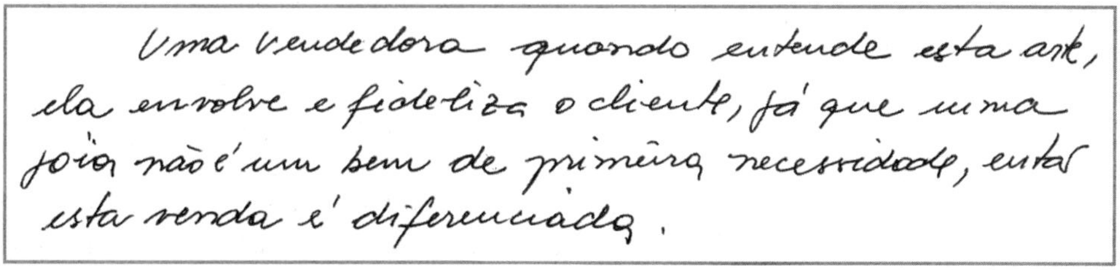

FIGURA 111: Simples. Os finais executados de várias maneiras assinalam diversas características da pessoa.

Simplificada

As letras e estruturas são reduzidas ao mínimo necessário. Poderíamos dizer que, após aprender o modelo gráfico, a pessoa reduziu os gestos, mantendo a legibilidade. Segundo Jamin, a simplificação é um dos mais importantes signos de cultura; é uma prova a favor do autor, de sua adaptabilidade e sua habilidade gráfica. Seu antônimo é a escrita complicada.

A escrita escolar é impessoal. Ao começar o aprendizado, a criança recebe um modelo e diante dele tem infinitos caminhos, entre os quais aceitar, reduzir as formas ou ampliá-las com enriquecimentos.

A nova estruturação que dá à escrita ao longo do tempo é a expressão de sua personalidade, o conteúdo essencial manifesta-se de acordo com o contido na expressão gráfica (Pulver).

Apenas pequena parte dessa exteriorização depende de si mesmo, a maior parte é involuntária e até mesmo contra a própria vontade. Muitas vezes a necessidade estrutural que faz a criança mudar sua escrita é oriunda do impulso criador. Quanto mais cedo se manifesta a genialidade, mais visível é o afastamento do modelo escolar.

Pulver dizia que, partindo do modelo escolar amorfo, graficamente, são possíveis as seguintes mudanças estruturais: plenitude e aridez; enriquecimento e simplificação.

Contribui para a plenitude das formas a execução benfeita das arcadas e guirlandas; a escrita árida ou pobre se limitará a poucos traços na zona média, algumas ligações em ângulos e laços angulosos na zona superior e inferior. Aqui, o termo "pobre" não tem conotação negativa. A simplificação demasiada na zona superior pode indicar tendência a racionalizar, aridez desprovida de alegria e seriedade religiosa.

Para Klages, a simplificação é sempre resultado da tendência estrutural para a forma fundamental e, portanto, para a finalidade, objetividade ou essência. A simplificação autêntica nunca ultrapassa o limite da clara.

São características da simplificação do gesto gráfico:

- Tendência à escrita média ou pequena (dificilmente minúsculas).
- Ausência de traços inúteis ou complicações.
- Pernas e hastes realizadas com um simples traço.

Em segundo plano:

- Tendência à proporção entre as letras.
- Algumas letras podem ser tipográficas.

> Concentração de esforços, pragmatismo no uso das forças para responder aos estímulos, atitude vital introvertida, predomínio da razão sobre a imaginação, conduta controlada, pensativa, inibida e séria, atitude analítica, atenção vigilante, habilidade em expor e revelar somente o essencial das coisas, precisão, concisão e seriedade, sentido de ordem e bom gosto estético, atividade mental rápida, ecletismo, assi-

milação do conjunto e capacidade de síntese, conduta moralmente clara, simplicidade, nobreza de caráter, moral, severidade e distinção de modos, austeridade, reserva da vida profissional e pessoal, abandono dos adornos nas vestimentas, no palavreado, nos gestos.

Pouco adepto a paixões fulgurantes e extravagâncias sentimentais. Evita ser o centro da atenção no grupo em que participa. Gosta de concentrar sua energia no mundo interno das ideias e pensamentos.

Redução da vida ao essencial, falta de atenção, falta de sentido das formas (Klages), aridez interior, escassa preocupação com aquilo que considera acessório, pouco interesse pelos problemas dos que estão a seu lado, preocupação com si mesmo, miserabilidade, cansaço, fadiga, visão fria e racional das preocupações e dos problemas dos outros.

- Com traços combinados: espartano em suas necessidades, complexo em suas paixões.
- Com escrita espaçada: necessidade de isolamento social exagerada.

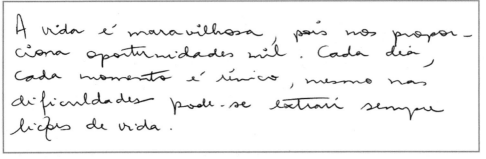

FIGURA 112: Simplificada. Grandes espaçamentos entre as palavras.

Seca

Os movimentos são sóbrios, estreitos, sem relevo, rígidos e suas dimensão são variáveis, ligeiras e angulosas. Os traços são reduzidos ao estritamente necessário. Essa terminologia não deve ser confundida com a pressão *seca*.

O professor Vels propõe que essa espécie seja classificada no gênero forma; Maurício Xandró a classifica como pressão, assim como Jamin o faz na obra *ABC da grafologia*. Gille-Maisani a inclui na categoria forma. Essa distinção de classificação entre os autores ocorre pelo fato de tratar-se de uma espécie que não existe isoladamente. Os traços têm de coexistir com outras características: sóbria, estreita, seca etc. A nomenclatura da escrita seca é a seguinte:

- Francês: *sèche*; sinônimo, *cassante*; antônimo, *arrondie, nourrie*.
- Espanhol: *seca*; sinônimo, *tajante*; antônimo, *redonda, nutrida*.
- Alemão: *trocken*.
- Inglês: *dry*.
- Italiana: *secca*.

Jamin diz que a seca e a frágil são parentes próximas, mas a seca não tem relevo, e a frágil (*maigre*) é alongada, com letras estreitas e nunca é pequena, leve, sem relevo ou de aparência seca.

> Capacidade teórica, tristeza, gosto por profissões solitárias, academicismo, capacidade crítica, o essencial como finalidade, utilitarismo exagerado e capacidade de síntese (Klages).

> Caráter áspero e geralmente incompreendido, falta de imaginação, frieza e reserva, inflexibilidade, coração de gelo, irritação, resposta seca, cortante, áspera e quase ofensiva aos estímulos, crueldade, falta de tato e de habilidade para tratar com o público, amargura e ressentimento, muitas vezes sem motivo aparente.

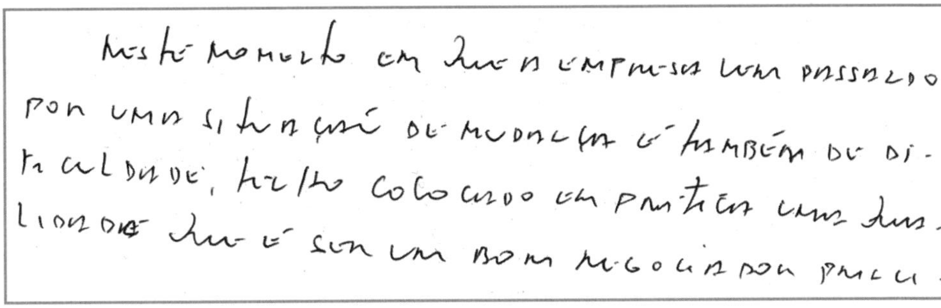

FIGURA 113: Seca. Escrita descendente, frouxa, pequena, desligada.

Ríspida

Gille-Maisani diz que essa espécie se relaciona com a seca, apresentando porém, elementos extras nos lançamentos em ponta. É angulosa, seca, brusca e tem lançamentos bruscos, muitas vezes projetados para o nordeste e com ausência de curva.

A interpretação, segundo a obra *Psicologia da escrita*, indica caráter desagradável, inclinado a discussões, que procura defeitos, com tendência a contradizer e agredir. Sintomas de frustrações, desajustamentos, inadequação, amargura e ressentimentos.

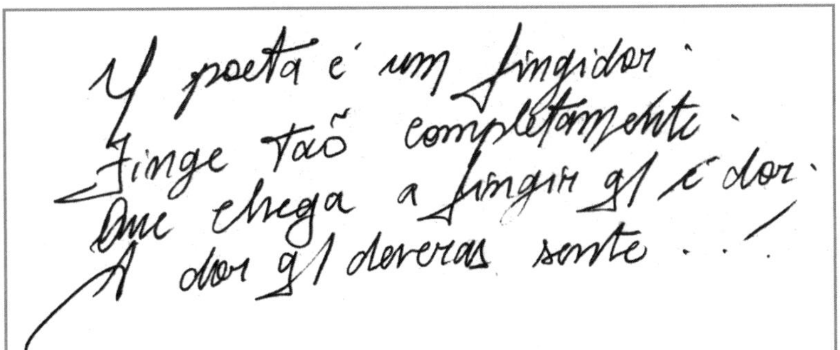

FIGURA 114: Ríspida.

São pessoas de difícil convivência, que criam conflitos ao seu redor para receber estímulos, já que não são aptas para consegui-los de forma adequada. Pode indicar frustrações afetivas, sexuais e amorosas.

Ornada

Diversos traços, como laços, espirais e ornamentos estranhos, sobrecarregam as letras ou palavras. Pierre Faideau, em seu livro *Dictionnaire pratique de graphologie*, descreve esse tipo de escrita entre as espécies em que a dominante é a forma.

O escritor tem a necessidade de "acrescentar" algo em suas palavras (atos, gestos), ou até mesmo no corpo para atrair a atenção dos demais e algumas vezes de si mesmo. Com espirais indica narcisismo.

Os ornamentos podem ocorrer em todas as zonas da escrita; no entanto, é comum que parte desses floreios esteja em cima. Um bom ornamento é capaz de dar um colorido especial à escrita, como um laço inicial.

Não deve ser confundida com a complicada nem com a confusa, pois na primeira os traços são exacerbados, e na segunda eles se misturam, não sendo necessariamente ornados ou complicados.

> Necessidade de seduzir, envolver, senso estético, sentimento de forma, capacidade de representação, habilidade de tirar o máximo da vida, impulso plástico e imaginativo, talento para organizar, impulso construtivo e sentido de beleza, destreza manual, galanteria, valorização exagerada dos acessórios, subjetividade egocêntrica. Está sempre colocando fortes "tintas" naquilo que vê ou que faz.

> Necessidade de agradar para conseguir seus objetivos, já que sabe que não tem outras qualidades mais profundas ou específicas, artificialidade, gostos mundanos, desequilíbrios e dissimulações, ostentação, pretensão, pedantismo, futilidade, mitomania, tendência a aumentar os fatos, vaidade, exageros e falta de sentido estético, incapacidade de apreciar o belo, juízos caprichosos e superficiais. Os estímulos permanecem sem que existam motivos, mas não causam impactos, ficam "dando voltas", muitas vezes por motivo desconhecido.

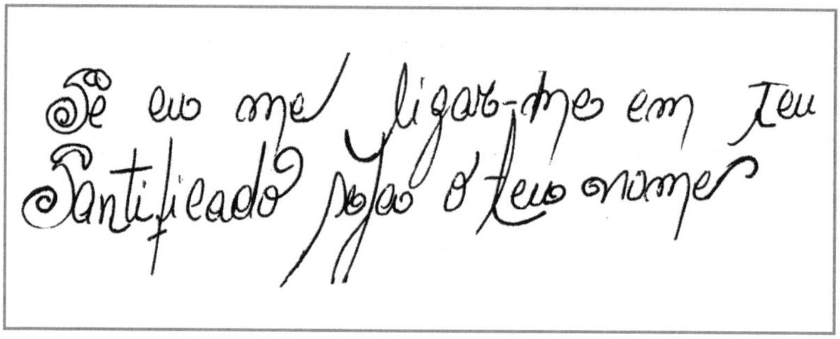

FIGURA 115: Ornada.

Complicada

Os traços nas letras e nas palavras não existem no modelo caligráfico escolar, e são totalmente desnecessários. Os traços regressivos são amplificados, e pode existir a invasão de zonas (misturas entre as linhas). Em alguns casos o escritor dá mais atenção aos elementos acessórios do que às letras propriamente ditas.

Como regra, mais tenderá a reduzir as complicações na escrita à medida que o escritor desenvolva a inteligência e a cultura; entretanto, existem naturezas meticulosas que dificilmente podem liberar-se dela. Para Jamin, a maioria das interpretações é sempre negativa.

A assinatura, em geral, acompanha o grafismo, sendo muitas vezes incompreensível; assim, seria estranho que uma escrita bastante complicada tivesse uma assinatura simplificada. Mas o contrário ocorre frequentemente, indicando que a pessoa tem certo equilíbrio social (texto), mas em sua individualidade (assinatura) há um emaranhado de sentimentos.

Por uma questão de ética, não publicamos a assinatura de certos políticos, mas basta observar as assinaturas da Constituição Brasileira, na qual grande parte das escritas é complicada. Vê-se incoerência, disfarce da verdade para despistar a boa-fé. Quanto mais complicada é a assinatura, mais seu escritor se afasta da retidão moral. (*Les éléments de l'écriture des canailles*, 1976).

Esse tipo de escrita denota: perturbação, vacilação, interesse e culto pelas formas exteriores, ansiedade e indecisão, confusão mental, habilidade para realizar as coisas destacando seu lado sensacionalista, dramatização e abandono da simplicidade como forma de vida, tendência a potencializar quaisquer estímulos que receba, insegurança e necessidade de autoafirmação, apreciação de si mesmo de forma exagerada, desejo de chamar atenção, habilidade de oratória, certa desconfiança no modo de encarar as pessoas, falta de franqueza e simplicidade, amoralidade, vaidade, frivolidade e presunção, dispersão de esforços e multiplicidade de interesses (Xandró).

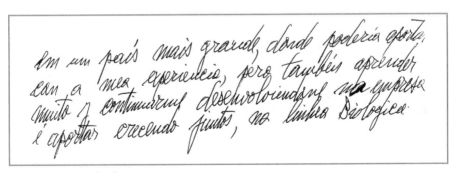

FIGURA 116: Complicada.

Extravagante

Os franceses chamam a escrita extravagante de *bizarre*. Nesse caso, não existe compromisso com o modelo caligráfico; ele é apenas uma vaga lembrança, quando ainda existe. Os traços são confusos, ao revés, omitidos, misturados, por vezes sujos, os laços são amplos, são encontrados rabiscos e pontuação anormal e desnecessária, repetições, palavras inacabadas, rasgos que vão além da escrita complicada. O texto é confuso, a pressão tende a variar, as margens são desordenadas.

Enfim, o grafismo "briga" com o campo gráfico a fim de chamar atenção, sem se importar com as consequências práticas e lógicas do que está acontecendo. Não é possível esperar lógica e coerência do escritor com esse tipo de traçado. As palavras são pouco legíveis e podem até mesmo ser ilegíveis, principalmente na assinatura.

Os traços exagerados e absurdos expressam a exaltação e a desordem imaginativa. Os traços pequenos, raros, repetidos, feitos ao revés, complicados, com torções imprevistas, colados nas letras, nas palavras, penetrando ou saindo das ovais (de forma independente delas), simplificações estranhas etc. expressam o sentido mais profundo do que existe de insólito nessa espécie. Aqui entra uma das mais importantes observações de Jamin, que o grafólogo novato tende sempre a concluir erroneamente: "Os signos grafológicos vistosos nunca têm a importância dos signos que ocorrem com frequência e em traços mais curtos. Eles são quantitativos (os vistosos) e não qualitativos". Outro grafólogo francês, Jules Èloy, que, assim como Jamin, participou das experiências de Binet com a grafologia em Sorbonne, diz: "O signo é muito mais revelador quando é graficamente subdesenvolvido e ocupa pouco espaço no papel".

Uma vez que nas escritas extravagantes os traços se cortam várias vezes, podemos inferir também insinceridade, pois a pessoa deseja encobrir (ou apagar, passar por cima) aquilo que já foi realizado.

Convém lembrar que muitos artistas e pessoas públicas assinam desse modo; mas não devemos tirar conclusões antes de levar em conta que muitas vezes o autógrafo é treinado e é diferente da assinatura que o artista usa em contratos e cheques. Também é importante ter em vista as condições em que a assinatura foi executada. O antônimo da escrita extravagante é a escrita simples.

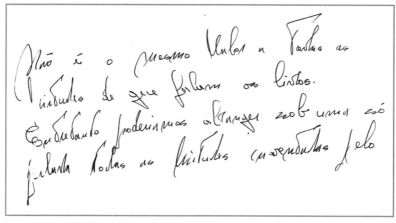

FIGURA 117: Extravagante. Angulosa, ascendente, desproporcional, com dente de tubarão.

O escritor responde aos estímulos de maneira confusa, desordenada e sem sentido prático. Costuma ser dispersivo com suas energias e apresenta narcisismo e exibicionismo. Outras características são oposição às regras e costumes da sociedade, desordem na imaginação, exaltação, ostentação, desejo e necessidade de chamar a atenção, dotes criadores, independência e orgulho, complicação de caráter, sentimentos de inferioridade e atividade anormal de uma ou mais tendências, que põe em perigo o equilíbrio interior (Jamin).

Artificial

Nessa modalidade, a escrita é falseada em um ou vários gêneros. Ocorre quando a pessoa, de forma voluntária, escreve para chamar a atenção. Em muitos casos os traços são deformados intencionalmente, visando ocultar e desfigurar as letras ou palavras; por isso Jamin a considera sinônimo de disfarçada. Vels a reconhece como sinônimo de bizarra, fazendo uma avaliação correta. No entanto, a nomenclatura de Jamin é mais precisa, ao definir extravagante como sinônimo de bizarra, artificial como sinônimo de disfarçada, e afetada como antônimo de espontânea. Soberanos, reis, magistrados, promotores, advogados podem apresentar escrita artificial.

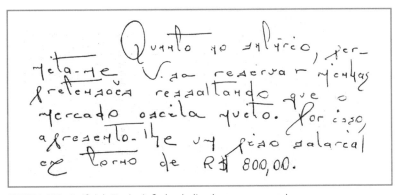

FIGURA 118: Artificial. Escrita inflada, desligada, traços regressivos.

São características da escrita artificial:
- Exagero: ausência de harmonia em todo o campo gráfico e exagero em todas as formas – excessivamente regular, muito grande ou muito pequena, muito grossa ou fina, separada ou estreita, disparada ou extremamente inibida, bastante redonda ou caligráfica, muito angulosa, bastante inclinada etc.
- Inibição: formas angulosas, automática, baixa, rebaixada, inacabada, inibida, reajustada, imprecisa, regressiva, invertida, tipográfica, suspensa, lenta, monótona, regular, contida, retocada, sóbria etc.
- Complicação: emaranhada, desordenada, florida, adornada, sobrecarregada, confusa, sobressaltada, enrolada etc.
- Fantasia: escrita com formas rebuscadas, exótica, excêntrica, extravagante etc.

Enquanto a *extravagante* é produto natural de uma expressão do escritor, na *artificial* existe a intenção de usar formas bizarras, artificiais ou inventadas, as quais o próprio escritor considera original, única, produto de sua "criatividade".

A pessoa que escreve assim necessita aparentar características que não possui, encobrir intenções e ressentimento, dissimulação e má-fé, mentira, respostas aos estímulos por meio de fantasias e exageros. Com dimensões exageradas e movimentos lentos, denota sentimentos de dignidade inspirados pela função. Desempenha o papel que lhe cabe, sem nada que o possa reprovar (Jamin).

Tipográfica

Na escrita tipográfica, as letras e palavras imitam os caracteres de imprensa em todo o texto, e a forma tende a ser dominante. Em alguns colégios brasileiros, já se ensina a escrever desse modo, para depois ensinar a escrita caligráfica. Por isso o grafólogo deve estudar e pesquisar essa espécie, já que abre novas possibilidades de interpretação.

As principais causas da escrita tipográfica são:

- Tentativa de conferir maior legibilidade ao texto, pois o escritor considera sua letra feia.
- O escritor sofreu algum acidente e está voltando a escrever.
- Aprendizagem escolar.
- Fatores psicológicos e ambientais.
- O escritor sabe que passará por teste grafológico e quer ocultar alguma coisa.

Na análise perdemos alguns detalhes, principalmente a ligação, que enriquecem o perfil; porém, com uma observação judiciosa, torna-se extremamente satisfatória. Caso o grafólogo julgue necessário, ele pode dispensar a análise e realizar novos testes se considerar o material insuficiente.

Existem pessoas que escrevem somente em escrita tipográfica, e seria um erro básico solicitar-lhes o texto cursivo. Esse é um dos motivos de muitas análises grafológicas serem malfeitas. Portanto, devemos saber de antemão se a escrita é usada habitual ou momentaneamente.

Segundo o professor Vels, a escrita tipográfica é uma escrita desenhada, cujo principal objetivo é se fazer "bela" diante de si mesmo e dos outros. Pode ocorrer em pessoas com elevados sentimentos estéticos ou com falta de autenticidade.

Ainda de acordo com esse autor, o grafismo é formado por dois movimentos essenciais: o gestual e o postural. O gestual é representativo de todas as partes móveis do corpo (cabeça, tronco, membros etc.); o postural observa a postura do corpo na sua totalidade e abarca todo o grafismo.

Por essa razão, aqueles indivíduos inseguros que omitem sua escrita camuflam em uma única zona suas desvantagens ou deficiências pessoais, tentando mostrar aos outros uma imagem desprovida de qualidades desfavoráveis. Nesse tipo de escrita o indivíduo não rechaça as pulsões, oculta ou as camufla.

Considere os seguintes fatores para uma correta avaliação:

- Analisar o conjunto, a ocupação espacial da página.
- Avaliar espaço-forma-movimento.
- Observar a separação das linhas, letras e palavras: se variam, são constantes ou monótonas. Lapsos são reveladores.
- Variações de tamanho, velocidade e pressão (calibre, profundidade etc.).
- A inclinação revela dados importantes para o laudo final.
- Arcadas, ângulos, arpões e anzóis.
- Traços apoiados e fusiformes.
- Analisar os eixos vertical e horizontal.
- Relacionar os retoques, pingo no *i* e pontuação no conjunto.
- Estudar as ovais (dimensão, forma, ângulos etc.).
- Observar possíveis sobressaltos.
- Escritas discordantes.
- O nível de forma e o ritmo.
- Observar se a escrita é extensa ou estreita.
- Os duplos traços, o reforço inicial ou final, estereotipias gráficas, idiotismos, acentos deslocados de seus sítios ou colocados de maneira anormal mostram importantes facetas do escritor.
- Torções, quebras etc.
- Comparar a assinatura com o texto. Assinatura tipográfica é um péssimo sinal grafológico.

> Bom gosto, originalidade e sentido estético desenvolvido, capacidade de escolher o essencial para si e para os outros, necessidade de ser claro em suas relações, preocupação com a forma, memória visual, intuição.
>
> Imitação e dissimulação, vontade de fazer-se singular, falta de precisão, compensação fictícia de complexo de inferioridade.

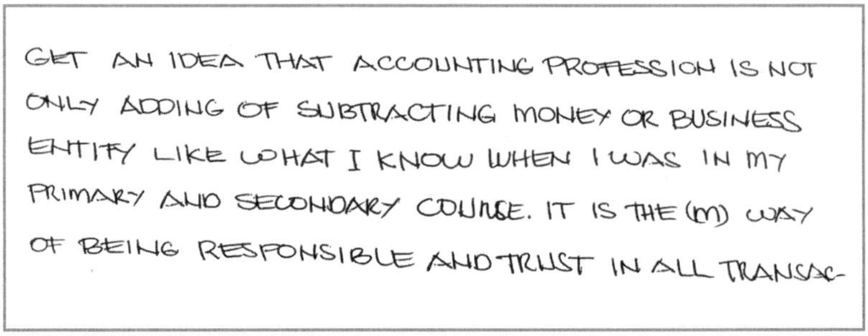

FIGURA 119: Tipográfica. Nesse caso, o escritor aprendeu a escrever dessa forma.

Filiforme

Quando as letras são executadas em forma de fio. Não confundir com ligação filiforme entre as letras (ver esse tipo de ligação no capítulo 10).

> Tato, habilidade, diplomacia.

> Dissimulação, mentira (especialmente nas iniciais). Insatisfação consigo mesmo.

Inflada

Neste caso, certas palavras ou letras tendem a sofrer uma espécie de inchamento. Os laços e as ovais tendem a se ampliar de forma desproporcional. Supõe-se expansão e movimento centrípeto. Os franceses chamam a escrita inflada de *gonflée*.

A pessoa literalmente se infla de orgulho, está satisfeita consigo mesma. Sua exuberância vital a move para alargar e amplificar os traços, arredondar a escrita, trazer para trás os finais (em um gesto de trazer para si), enroscar os traços, hipertrofiar as maiúsculas, preferir traçados complicados, exagerados, ornados e inúteis (Carton). Traços inflados são característicos da escrita de muitos políticos, artistas e oradores.

Os inflados também dependem da zona que ocorrem; na inferior, mostra sensualidade e lascívia. Está ligada a símbolos como aumento, dilatação, crescimento, inflação, volume, ventre, expansão etc.

> Otimismo, energia, plenitude vital, ambição, alegria, orgulho, expansão jovial e afetiva, vontade de se doar aos outros.

> Necessidade de exibir sua importância, de enfatizar sua personalidade por meio de gestos teatrais, falta de modéstia, grosseria, vulgaridade, pretensão e pedantismo, desejos de fazer-se notado, pouco tato e educação, afetação, sentimentos equivocados a respeito de si mesmo.

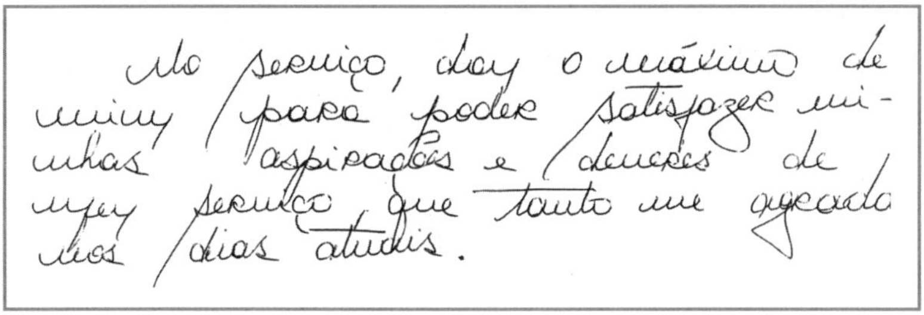

FIGURA 120: Inflada.

Infantil

Escrita de adulto que em muitos aspectos se assemelha à de uma criança. Isso pode ser observado na primeira impressão que temos do grafismo.

Nossos estudos indicam que em muitos casos se deve a um componente social cada vez mais comum no Brasil. Com a crise econômica e a violência, os jovens tendem a sair de casa mais tarde. Pessoas de 40 anos de idade ainda vivem com os pais, como se fossem adolescentes. Então é natural que os grafismos mostrem esse tipo de comportamento. Embora não desejemos entrar no campo da psicanálise, chamamos isso de complexo de Peter Pan, como dito anteriormente.

A pastosidade do traçado e a tensão são as principais características que distinguem essa escrita infantil de um adulto da escrita de uma criança.

As interpretações mais comuns, segundo Gille-Maisani, são:

- Instintos infantis: predomínio da atividade física, sadomasoquismo, exibicionismo, insegurança na escolha objetiva etc.
- Emoções infantis: fixação nos pais, egoísmo parasitário, avidez, falta de senso de responsabilidade.
- Intelectualidade infantil: tendência a inventar histórias, subjetivismo, pouco senso crítico, incapacidade de prever as consequências das próprias ações.
- Vontade infantil: falta de persistência que pode coincidir com a teimosia, suscetibilidade.

Vários autores estudaram a escrita de crianças, mas estas devem ser interpretadas de modo diferente da escrita infantil.

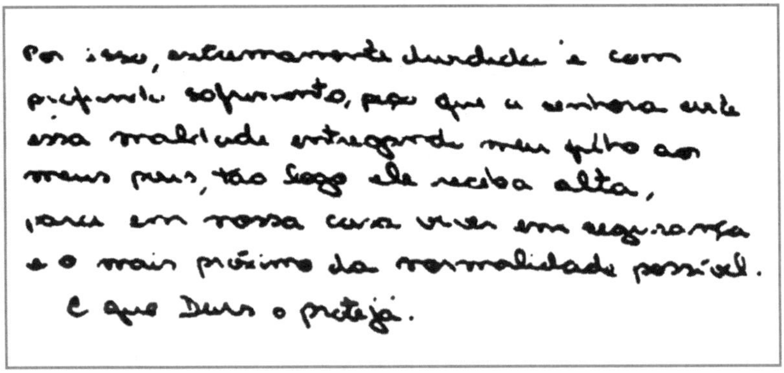

FIGURA 121: Infantil.

Ovalada/Ovoide

Essas espécies são avaliadas segundo a posição das letras ovais em relação ao eixo da escrita.

Escrita ovalada

Ocorre quando as ovais das letras *a*, *o*, *d*, *q* e *g* são alargadas lateralmente, assumindo a forma de uma elipse com um amplo eixo horizontal. M. Ivanovic a chama de elipse da hipocrisia. Crépieux-Jamin (*Les éléments de l'écriture des canailles*) a considera um sinal de falsidade.

Relaciona-se geralmente com a escrita baixa, coibida, regressiva e quase sempre em um contexto bastante rígido.

Reserva, timidez, escrúpulos.

Dissimulação ou falsidade.

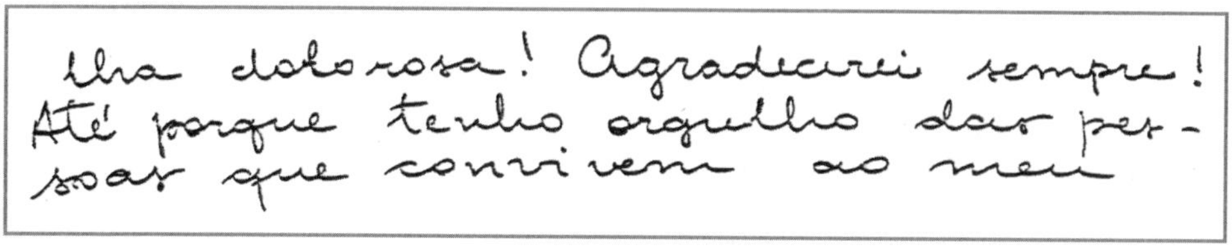

FIGURA 122: Ovalada.

Escrita ovoide

Nessa escrita, as ovais das letras *a, o, d, q* e *g* são bem desenvolvidas, e seu eixo é nitidamente paralelo à direção dos traços descendentes, ou levemente horizontal. De acordo com Suzanne Bresard, é típica de pessoas "instintivas-organizadas", isto é, que se adaptam instintivamente às exigências externas. Segundo Gille-Maisani, é a escrita de pessoas ativas, prudentes e bem-sucedidas.

Ainda de acordo com Gille-Maisani, pode apresentar as seguintes características:

- Contexto gráfico mais ou menos arredondado: conciliação.
- Firme: força de vontade.
- Resoluto: realizador dinâmico.
- Rápido e disparado: combatividade.
- Prolongado para cima e para baixo: ambição.
- Arejado: lucidez.
- Limpo: organização, cuidado com os detalhes; qualidade de trabalho.

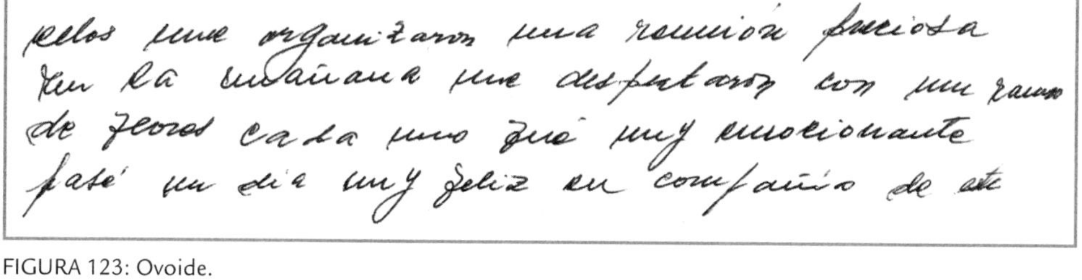

FIGURA 123: Ovoide.

9 | CONTINUIDADE

A continuidade mostra como o traçado é executado e como as letras e as palavras são ligadas, além de como se registra o ritmo pessoal, como a escrita flui pelo campo gráfico. A continuidade pode ser vista em apenas uma letra. Por exemplo, quando ela é dividida em dois, o traçado é fragmentado e a continuidade é prejudicada. Quando o escritor termina uma palavra e começa outra, a continuidade também é avaliada.

É na continuidade que o grafólogo observa como a gráfica caminha no papel, e como as letras e palavras são articuladas. Qualquer problema de motricidade na criança e no adulto certamente afeta a continuidade do traçado e influi de modo decisivo no ritmo da escrita.

Segundo o modelo caligráfico, esses movimentos nos permitem conduzir o traço da esquerda para a direita e avançar no campo gráfico.

A criança tem dificuldade para realizar as ligações na escrita durante a alfabetização, pois além de prática é necessário ter maturidade psicomotora.

Quanto mais fogem do modelo escolar, mais as ligações revelam sua importância, em razão de suas irregularidades, originalidade, extensão e profusão.

Nos casos em que aprendemos a escrever ligando as letras, a falta de coesão passa a ser produto de nossa individualização. A separação pode ocorrer por diversas causas e sempre vai influir no ritmo da escrita.

Não podemos confundir a forma de ligação (guirlanda, ângulos etc.) com a coesão entre as letras, isto é, a quantidade de letras que estão ligadas em uma palavra.

O grafólogo deve observar com atenção o alargamento da ligação entre duas letras (distância entre elas), chamada por Pulver de ligação secundária.

A ligação entre as letras revela o grau de perseverança, estabilidade e constância de caráter, a capacidade de concatenar ideias e a conduta do escritor. Grandes rupturas na continuidade, principalmente nas letras, podem indicar nervosismo e disfunções orgânicas.

A continuidade pode ser: ligada; desligada; agrupada; combinada; fragmentada; ligações desiguais; lapsos de ligação; retocada; ligação espacial; pontilhada/em bastão; sacudida; suspensa; inacabada.

Ligada

Aqui, as letras se enlaçam sem interrupções; algumas não se agrupam por causa do pingo no *i* e da barra no *t*, porém a maioria (acima de 80%) é ligada.

De acordo com o modelo caligráfico tradicional, aprendemos a escrever sem levantar o lápis do papel, ligando de forma cuidadosa uma letra à outra. Convém lembrar que existem escolas cujo modelo de ensino é a letra tipográfica.

As características mais importantes dessa espécie são os pontos, acentos, barras do *t* e palavras e letras unidas entre si.

A escrita com ligações realizadas de maneira espontânea e personalizada é um sinal evidente de autonomia e evolução, principalmente se ocorre em crianças ou adolescentes. Isso fica mais evidente quando a escrita é rápida, progressiva, frouxa; demonstrando atividade e pensamento dinâmico. Um bom espaçamento entre as palavras e as linhas completa o quadro. A escola italiana atribui grande importância aos espaçamentos entre as letras e palavras.

Segundo Jamin, a ligação é o melhor signo de continuidade e influi de maneira considerável na rapidez. É um sinal de união e coesão entre as letras, e, quando bem executada, revela estabilidade, tenacidade, fidelidade e desejo de não ser influenciado.

Quando não existe originalidade nas ligações – e a tensão, a continuidade e os espaçamentos são quase idênticos –, a escrita se torna monótona e sem vida.

A escrita ligada favorece as combinações originais no traçado, o que demonstra cultura, memória e boa associação de ideias.

> Pensamento contínuo e dinâmico, perseverança e tenacidade nas ações, energia e espírito dedutivo, tendência a contato e união, intensa busca por amizades, ligações espirituais e mentais, capacidade de associar ideias e pensamentos diferentes sob um mesmo ponto de vista, qualidades para investigações, classificações e análises no sentido de se medir, diretriz espiritual ampla e constante, caráter espontâneo e natural, desejo de objetivar, de se chegar o mais rapidamente ao centro da questão, sinal clássico de extroversão, dinamismo e lógica.
>
> - Escrita seca (forma): capacidade de síntese, racionalismo.
> - Escrita retilínea: pensamento claro, linear.
>
> Personalidade adaptável, necessidade de tarefas preestabelecidas, pouca inteligência, convencionalismo e rotina, incapacidade de trabalhar com problemas lógicos.
>
> Falta de iniciativa e originalidade (Xandró). Necessidade de fazer somente o óbvio, falta de perspicácia e iniciativa, conformismo.
>
> - Escrita lenta e caligráfica: *persona* de Jung.

Interpretação da escola italiana

Signo da inteligência e da vontade, indica continuidade de pensamento e ação. O escritor liga as ideias com facilidade, é bastante lógico em suas deduções, analisa as situações, une elementos de várias origens, concatena os fenômenos e suas causas, tem forte capacidade de síntese, sempre de forma intuitiva e inteligente, temperamento impulsivo, mas com possibilidades de controle.

Ao dialogar, conversar e defender as próprias teses, vai adiante e não tolera nada que perturbe sua continuidade. Isso também se manifesta no trabalho; pode cansar-se, mas seu propósito sempre será terminar aquilo que foi iniciado (Torbidoni).

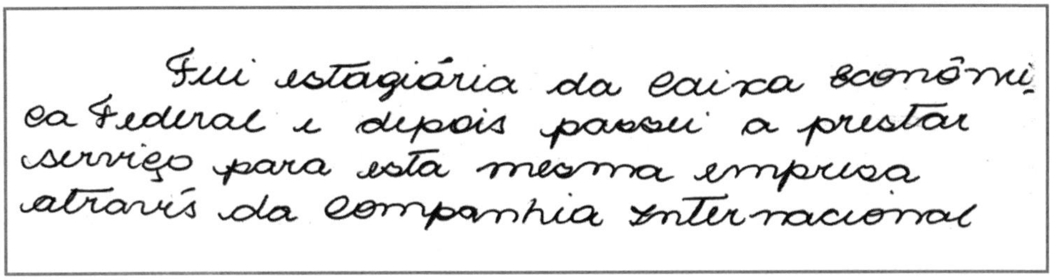

FIGURA 124: Ligada.

Falsas ligações – reenganchada

O grafismo é aparentemente ligado, porém a caneta sai do papel e, quando volta, liga-se à letra anterior.

Quando nos reenganchamentos, a caneta inicia por um ponto em cima, no final do traço anterior, chamado de ponto de solda. Isso caracteriza a diminuição de velocidade e as variações no ritmo da escrita. Normalmente, a interpretação tende a ser negativa e também pode indicar insinceridade; junto com outros sinais.

Esse tipo de escrita pode ocorrer em pessoas que escrevem em outros idiomas.

Indica lentidão, fadiga, patologias, pouca coordenação dos movimentos, hesitação, necessidade de tentar manter ideias e apresentá-las de modo coerente, falta de autenticidade.

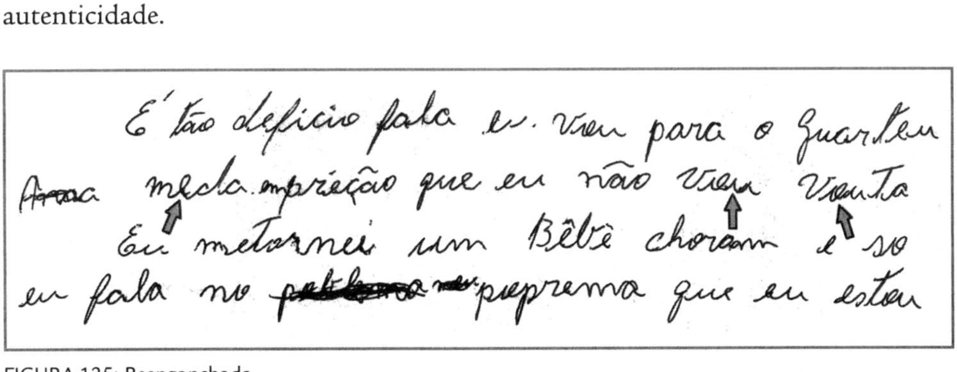

FIGURA 125: Reenganchada.

Hiperligada

Os traços finais das palavras se ligam à primeira letra da seguinte. A escrita hiperligada revela acima de tudo uma ideia diretriz forte que se observa no plano comportamental e no domínio intelectual.

O escritor deseja preencher todos os espaços possíveis; não existe tempo para descanso ou pausa entre uma palavra e outra. Essa intensa atividade pode impedir os que estão a seu lado de atuar, pois ele deseja sempre ter a iniciativa e age de forma constante. O grafólogo deve observar a direção das linhas, pois ela vai acusar como é conduzida a atividade do escritor.

> Perseverança, obstinação, necessidade de ir em frente, de ultrapassar obstáculos, atividade mental e psíquica, habilidade e grande sentido de lógica, racionalismo, capacidade de produção, facilidade de improvisar soluções, pensamento dinâmico e contínuo, inteligência e vontade, gosto pela dialética e pelo debate, facilidade em ligar-se com pessoas que estão ao seu redor, necessidade de economizar tempo. Responde aos estímulos analisando-os em pleno movimento.
>
> - Escrita grande: dotes de oratória.
> - Escrita rápida: necessidade de apreciar as coisas de maneira rápida para tirar conclusões.
>
> Obsessivo, mente sectária (Beauchataud), invasão da privacidade dos outros, apego a princípios lógicos irracionais, fanatismo, falta de senso de realidade, praticidade, verborragia, sectarismo, tendência ao sofisma ou paradoxo. Pseudológica e pseudoaltruísmo (Pulver).

Interpretação de Klages

> Dom de combinação, lógica, consequência discursiva, arrazoamento, reflexão.
>
> Cálculo, premeditação, falta de iniciativa intelectual e engenhosidade, falta de prontidão.

Interpretação da escola italiana

A escrita *hiperligada* recebe o nome de *ligada* na terminologia morettiana, e a ligada é chamada de *unida*.

Signo acidental de inteligência e de vontade, indica aptidão e habilidades para a lógica intelectual e moral. A escrita hiperligada indica que o escritor tem facilidade de passar confiante e rapidamente das premissas às conclusões, e mudar de ideia sem sair do rumo desejado ou desvios inoportunos. É essencialmente consequente e dificilmente alguém se opõe a sua lógica conceitual (Torbidoni).

Revela ainda idoneidade para estudos que requeiram consequência e fidelidade às premissas, além de aptidão para desenvolver iniciativa e projetos.

Desligada (ou justaposta)

Neste caso, as palavras são formadas por letras desunidas, e os contatos entre as letras são poucos ou quase nenhum (cerca de 20%). Por sua descontinuidade esse tipo de grafismo está, muitas vezes, relacionado com a inibição.

Michon a relacionava com intuição, mas Jamin o critica e mostra que em certos tipos de escrita isso não é válido. A escrita desligada nem sempre se relaciona com a inibição; não importa com qual agilidade ou velocidade se produza, o movimento é sempre mais ou menos lento. E a simplificação não compensa o tempo perdido, caso fosse realizada a ligação: a caneta sempre teria de sair do papel e voltar a ele.

Nas crianças e nos adolescentes é comum que a escrita seja desligada, e, em alguns casos, que o modelo tipográfico seja adotado. Esse tipo de desligamento pode ser relacionado com uma ansiedade vigilante, que mostra o desconforto dos contatos com o mundo. Quando os traços são tensos, indica reserva, contrição, defesa, necessidade de entrar em contato consigo mesmo, isolamento, insegurança. Nesse caso, como notou Jamin, a intuição está praticamente excluída da interpretação. O antônimo da escrita desligada é a escrita ligada.

> Reflexão, sensibilidade, escrúpulos, obediência à necessidade de entrar em contato consigo mesmo, contemplação e vida interior rica, diálogo consigo mesmo, juízos espontâneos e intuição, aptidão para analisar os pormenores em detrimento do conjunto, tendência à descoberta e invenção, liberdade de espírito, introversão e reflexão, originalidade, boa organização de ideias sem necessidade do concreto, originalidade, memória aguçada.

> Timidez, indecisão, hesitação e ansiedade, ausência de senso lógico e sentido prático das coisas, inibição, julgamentos e opiniões fragmentadas, egoísmo, ciúmes e dispersão, desinteresse, incapacidade de síntese, de expor suas ideias e apresentar a solução aos outros, apatia, caprichos e avareza, medo de unir-se às pessoas e ao mundo, medo de amar.

- Escrita monótona: dificuldade de libertar-se de hábitos e esquemas pessoais.
- Formas monótonas e regulares: escrúpulos exagerados.
- Letra maiúscula desligada da seguinte: forte intuição, reflexão antes de agir, altivez e espírito aristocrático.

Interpretação de Klages

> Riqueza de ideias, iniciativa, independência de juízos, intuição, invenção, pioneirismo, engenhosidade, agudeza, prontidão.

> Falta de lógica, inconsequência, incoerência, humor arbitrário, "forjador de projetos", utopia, falta de reflexão, inteligência limitada.

Interpretação da escola italiana

Tendência à análise pormenorizada das questões, ao fracionamento dos dados, quebra de pensamento e da ação (Torbidoni). O escritor tem boa memória e recorda com facilidade os dados e as circunstâncias, mas não é capaz de ver a sucessão e a concatenação de ideias e acontecimentos. Carece de uma verdadeira lógica, sobretudo prática, e por isso, algumas de suas ações são desmedidas. Normalmente não é fácil de dobrar-se, tenta impor suas ideias e sistemas aos demais.

Associada à escrita pequena, indica propensão à minuciosidade exagerada e irritante, atitude para estudos de estatísticas.

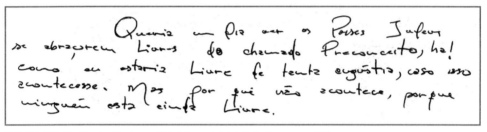

FIGURA 126: Desligada. Escrita artificial, letras iniciais infladas, traços filiformes.

Agrupada

Aqui, as palavras são constituídas por grupos de duas ou três letras. A escrita agrupada corresponde a uma descontinuidade maior ou menor, segundo o número de letras que estão ligadas (ou separadas) na palavra. Isso mostra alto grau de adaptação intelectual, habilidade para frear ou continuar o movimento de acordo com as circunstâncias do momento.

Esse agrupamento na maioria das vezes não é silábico, mas a interpretação é a mesma para os agrupamentos silábicos e não silábicos.

Em alguns casos, o agrupamento de duas ou três letras é feito segundo um padrão, aproveitando a barra do *t*, as ligações, a acentuação e as margens, favorecendo a utilização do campo gráfico e de seus espaços. Essa articulação, feita de modo inconsciente, é produto da adaptação, da atividade planejada e do comportamento inteligente. É óbvio que existem agrupamentos sem finalidade alguma, produto de energia dispersada, falta de direção e de objetivos concretos.

Segundo Jamin, a escrita agrupada se relaciona com a faculdade de adaptação intelectual de quem escreve, prova a qualidade e o poder de frear ou transformar seus movimentos, isto é, a sensibilidade de sua inibição.

> Capacidade de trabalhar com vários estímulos ao mesmo tempo, senso de justiça, simpatia e afetividade, estilo de vida com adaptabilidade e equilíbrio, necessidade de análise e síntese, equilíbrio entre intuição e lógica, aptidão para trabalhar com dados lógicos, práticos e teóricos ao mesmo tempo, capacidade para lidar com tempo real e

imaginário, grande equilíbrio entre a realidade interior e a exterior, ótima capacidade para resolver seus problemas e o de terceiros, consciência crítica e análise subjetiva aliada a um padrão lógico de conduta, coordenação e assimilação de ideias sem rigidez, julgamentos flexíveis e adaptados ao espírito das leis, dom de escutar e falar no tempo exato, inventividade; em escritores e jornalistas, mostra a capacidade de mesclar o real com o imaginário, ecletismo, adaptação. O essencial e o acessório fazem parte do contexto da personalidade.

Desequilíbrio, imprecisão e timidez, desarmonia, dificuldade em articular diversas exigências sociais e morais, dúvidas que não são facilmente colocadas ou explicadas quando lhe questionam, inibição, falta de adaptação ao meio ambiente, pensamentos desconexos, incapacidade de estabelecer contatos com o mundo de maneira linear. Fala quando devia se calar e vice-versa.

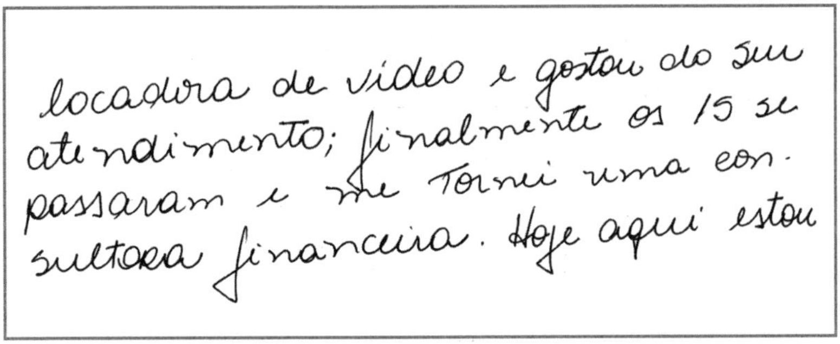

FIGURA 127: Agrupada. Escrita grande, ascendente, desproporcional.

Combinada

Segundo diversos autores, esse tipo de escrita é o supremo grau da escrita organizada. As formas são originais em todo o grafismo, os enlaces entre as letras são criativos e únicos. A escrita combinada pode ter traços de escrita ligada e desligada.

Normalmente está ligada com escrita simples, clara, rápida, simplificada etc. Destaca-se pela combinação das formas e fusões das ligações, isto é, o final de um traço dá origem a outra letra, partes das letras geram acentos, um traço pode representar duas letras ao mesmo tempo.

Sinal evidente de agilidade e de atividade mental, com lucidez de espírito e assimilação profunda, atividade criadora e facilidade em traçar hipóteses, fluidez de ideias e fácil elaboração de pensamento, costume de resumir e elaborar ideias, evolução espiritual, intelectual, percepção do mundo e das coisas que o rodeiam, iniciativa e superioridade moral, pensamento claro, inteligência superior, originalidade, capacidade de criar e transformar fatos ou acontecimentos, inteligência crítica, observações sagazes e necessidade de gerar coisas para seu próprio uso, necessidade de ser diferente.

Intriga e astúcia, inquietação, imprecisão, excesso de vivacidade, fadiga intelectual (Vels). Fraqueza, precipitação na forma de fazer deduções.

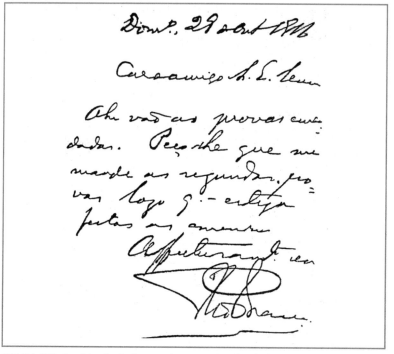

FIGURA 128: Combinada. Assinatura desproporcional, inflada.

Progressão da escrita

De acordo com a brilhante grafóloga espanhola Amparo Botella, o movimento como gênero é um contraponto da forma e seu significado principal deriva dessa contraposição, tanto na grafologia francesa como na alemã. Não é um gênero por si só que identifica os movimentos de escrever, e sim a continuidade e a velocidade. Por assim dizer, como e quanto progride a escrita.

Nesse sentido, a progressão pode estar inibida (*inhibée*), ser totalmente regular (Monótona), ter pequenas desigualdades, ser rítmica (*rythmée* – ou para os italianos: *desiguale metodicamente*) etc.

Portanto, o grafólogo complementa seus estudos ao avaliar o movimento. Nesses casos, a escrita pode ser inibida, contida, monótona, cadenciada, ágil, rítmica.

Inibida

Manifesta-se pela diminuição ou interrupção mais ou menos brusca dos movimentos (Jamin).

Essa espécie divide-se com a dinâmica e com sua associada, a agitada. Pode afetar todos os modos de expressão da escrita. Essas três espécies devem estar fixas no pensamento do grafólogo. Existem muitos signos de inibição, como o pingo na letra *i* e a barra do *t* à esquerda, escrita pequena, traços regressivos, escrita invertida, suspensa, retocada, inacabada, sóbria etc.

Para Jamin, a inibição deveria ser um meio de se dominar, não de se sujeitar.

O grafólogo deve observar o maior ou o menor grau de inibição na escrita. Na realidade, como foi dito no terceiro capítulo, a inibição é uma síndrome que reúne várias e importantes espécies.

Sempre que a progressão da escrita estiver em um ambiente gráfico confuso, sem homogeneidade e pouco espontâneo, a interpretação é de artificialismo, dissimulação, que se amplia ou diminui diante de maior ou menor grau de inibição ou contração.

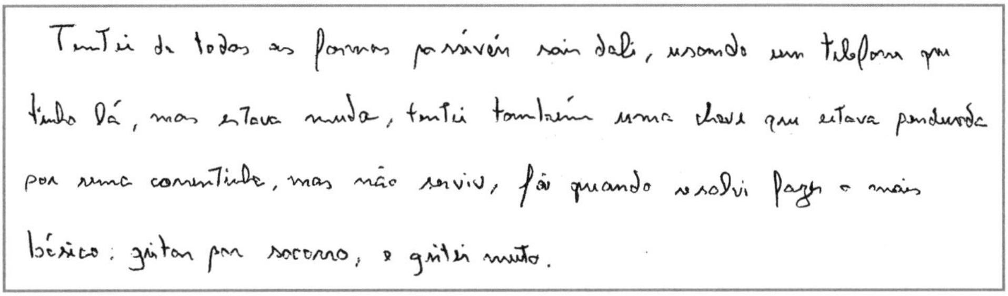

FIGURA 129: Inibida, pequena, desligada; gestos suspensos, torções e falta de ritmo na escrita.

Contida

Nessa escrita, os movimentos são menos livres; a inibição da progressão é mais forte. Demonstra falta de autossuficiência ou sentimento de culpa. A pessoa não consegue chegar a um bom termo entre as tendências internas, e esse desacordo a leva a um freio no gesto escrito, que também pode resultar em ressentimentos.

A escrita contida resulta da tendência em frear uma expressão que poderia arrastar o escritor para longe; seus movimentos, particularmente os finais, estão cortados ou limitados. Pode ser reconhecida pela maior espessura dos traços, por clavas, arpões e, às vezes, pelo traçado inacabado, mas lento e regressivo. Diz-se que o traçado está controlado (Crépieux-Jamin).

> Prudência em suas relações. Timidez e disciplina. O escritor dificilmente se lança a novos empreendimentos, atividades e relações amorosas, pois deseja preservar sua segurança. Não se compromete de imediato, qualquer que seja a situação, precisa avaliá-la antes de decidir. É perspicaz e consequente em suas ações. Apresenta maturidade perante o mundo.
>
> Desconfiança exagerada. Demora a decidir, mesmo os assuntos mais simples. Não toma partido de nada antes de saber de antemão quais

vantagens obterá. Medo de se comprometer, do futuro, de ter relações estáveis. Escrúpulo moral exagerado. Dissimulação.

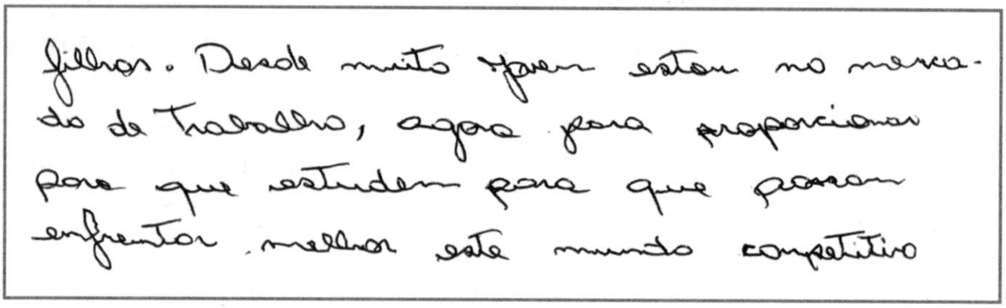

FIGURA 130: Contida. Escrita lenta, gesto truncado, torções, quebras, invertida.

Monótona

A monotonia na escrita consiste na falta de diversidade em seus traços, sendo repetitivo na uniformidade do traçado na maioria dos gêneros. As variações são poucas, os traços repetem-se de forma constante, normalmente sem qualquer tipo de originalidade, pois esta é totalmente contrária à repetição.

Quanto mais sistemáticas forem as repetições, mais o grafismo tende a ter avaliação negativa. A progressão do gesto faz-se de maneira automática. As interpretações de apatia e indolência, assim como de apego a rotinas, falta de criatividade, monotonia e aborrecimento são comuns nessa espécie.

A monotonia na escrita pode ser interpretada como signo de déficit psíquico. Falta de sensibilidade perante os mais diversos estímulos. O escritor pode até mesmo compreender aquilo que ocorre ao seu redor, contudo não se importa com as consequências, tanto para si como para os demais. A consciência é estreita; o convencionalismo faz-se presente, normalmente ao lado da repressão dos sentimentos.

Apresenta falta de flexibilidade e escassa capacidade de improvisar mesmo diante daquilo com que está familiarizado, porém principalmente diante do novo. Cada estímulo que surge se torna um obstáculo difícil de ser ultrapassado.

Os estados de depressão, estupor, falta de atenção, melancolia e até mesmo oligofrenia podem ser a causa. Falta de afetividade, insinceridade, indiferença afetiva.

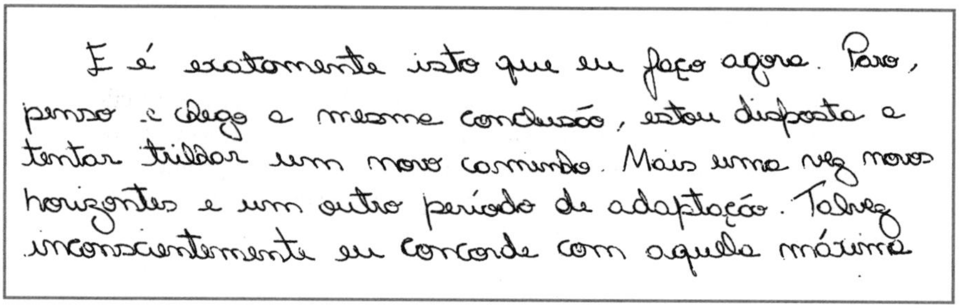

FIGURA 131: Monótona, invertida; ligada, letras coladas, caligráfica, lenta.

Contudo o controle consciente pode demonstrar preponderância da vontade sobre a esfera instintiva e as emoções. Quando as formas, as margens e os espaçamentos são caligráficos, mostra-se um alto sentido de ordem, método, perseverança e constância. Caso existam ligações angulosas, a inflexibilidade e o sentido de moral ampliam-se; a moralidade está presente em alto grau e muitas vezes chega-se ao puritanismo.

Cadenciada

Nesse caso, o gesto gráfico não tem a contenção das espécies anteriores, o escritor solta-se um pouco mais. O avanço do traçado tende a ser rítmico e regular. É certo que a espontaneidade ainda não se faz presente de forma completa.

A progressão do traço gráfico nessa espécie situa-se entre a monótona e a rítmica. O dinamismo é pausado, controlado, mas não contido ou inibido. A organização não chega a ser natural, contudo, não tem a rigidez das espécies anteriores. Pode existir a preponderância de movimentos curvos.

A emotividade existe, mas está controlada e favorece de modo intenso a objetividade. A pessoa aceita determinadas rotinas, mas sem se submeter a elas de modo rígido; precisa de momentos para relaxar. Os estímulos que chegam ao escritor são tratados sem grandes alterações e de modo correto; influem, mas não mudam a conduta ou inibem a capacidade de atuação como nos primeiros casos.

A conduta é tranquila, adaptável e constante; existe a necessidade de ser pontual e cumprir com precisão as ordens e determinações. Existe alto sentido de prudência e lealdade para com os demais e controle da afetividade e de sentimentos.

A pessoa pode apegar-se a rotinas como forma de preservar sua estabilidade e de querer perfeccionismo em suas ações. Isso é resultado da necessidade de manter tudo como está, mudando pouco ou muito pouco sua maneira de agir. A cadência nas atitudes leva a um ciclo de progressão que não admite variações.

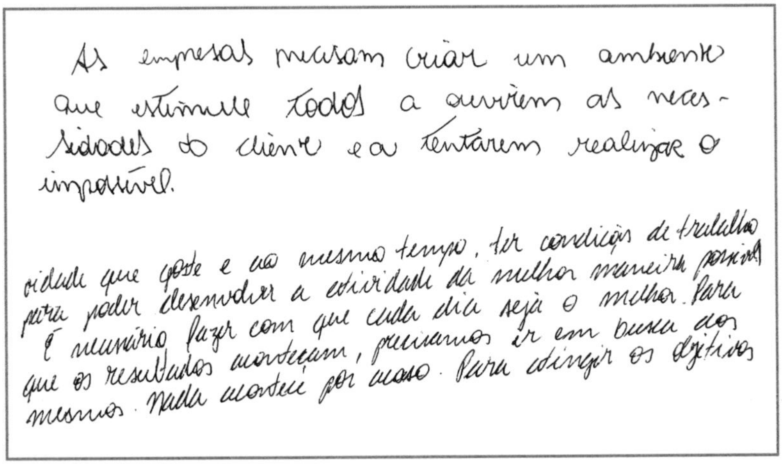

FIGURA 132: Cadenciadas. No primeiro exemplo, a curva ameniza os gestos; no segundo, o ângulo contém o forte impulso.

Ágil

Aisée para os franceses. As formas fluem de maneira espontânea e são progressivas sem discordância. Aqui, as variações existem e são percebidas com certa facilidade, contudo jamais chegam ao exagero. Diferentemente, o gesto tende a simplificar-se, algumas vezes sendo dotado de pequenas hesitações, mas sempre progressivo.

A escrita não chega a ter ritmo, pois as variações personalizadas não permitem; mas algumas vezes aproxima-se dele.

Como veremos mais adiante, o movimento fluido, sem esforço, deriva desse tipo de continuidade. A personalidade pode ser traduzida como simples e espontânea, sem afetações. O contato social é realizado sem afetações e de maneira natural. No que diz respeito à inteligência, o escritor é aberto a novos procedimentos e não tem grandes resistências às novidades. Suas convicções são estruturadas, contudo não as leva adiante com forte nível de convicção, pois sabe adaptá-las ao momento.

Adaptação ativa ao meio em que vive com bom sentido de assertividade. Atenção focalizada sem exageros; capacidade de mudar de rumo ou atitude quando são apresentados argumentos consistentes. Boa resistência diante de frustrações.

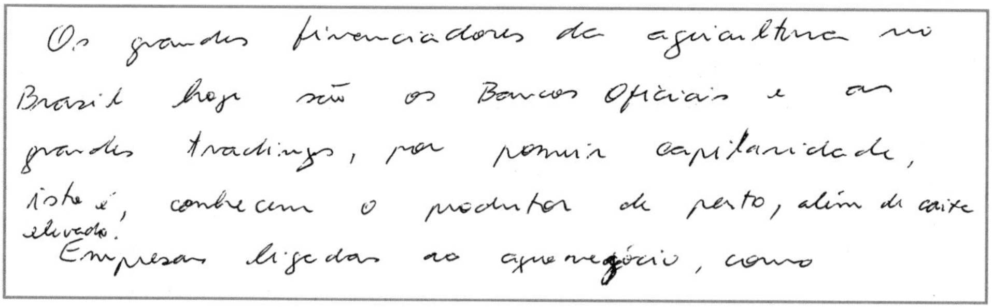

FIGURA 133: Ágil, espaços desiguais; inclinada.

Rítmica

O dinamismo interior da pessoa é produto de tensões, e as interdependências liberam-se de sua energia e produzem um movimento de ordem vital. Esse movimento é solto, composto, tranquilo, freado, desorganizado, excitado, segundo o grau de equilíbrio interior que, consciente ou não, canaliza aquela energia em determinado sentido (Torbidoni).

Para Jamin, trata-se de uma espécie que mistura outras. O ritmo é simétrico na distribuição de seus movimentos e existe alternância nas espécies do grafismo. O movimento torna-se pessoal, único. Para Vels, existem três conceitos difíceis de serem avaliados na escrita. O ritmo é um deles, ao lado da desigualdade metódica de Moretti e da harmonia de Jamin.

Para Klages, é uma sucessão de movimentos e pode ser considerada uma particularidade de ordem vital, que depende da motricidade interior e individualizada do escritor, mas também da expressão dele, como movimento criador, guardando relação harmônica entre si, que dificilmente se repete da mesma forma.

O ritmo gráfico chega a ser resultante dos impulsos como são recebidos e canalizados pelo temperamento do escritor.

R. Saudek, em suas experiências, provou que o ritmo expresso na escrita está ligado à constituição individual do escritor.

Existem pequenas mas perceptíveis variações de tamanho, velocidade, inclinação, pressão etc.

A rapidez é mais evidente quando existe alto grau de espontaneidade, porque indica plena utilização da estrutura morfológica das letras, mas também a prontidão e o desenvolvimento das manifestações expressivas.

A excessiva velocidade no ritmo gráfico traduz-se em perda de qualidade, organização e precisão; a legibilidade tende a ser afetada. Pode ser traduzida como emotividade, impaciência e falta de controle. As agitações internas não permitem ao escritor refletir com moderação e equilíbrio.

A moderação de atitudes, ou controle pessoal, sempre aparecerá no ritmo, que não necessita de intensa rapidez e falta de precisão, pelo contrário.

Existem muitas características que influem no ritmo da escrita de negativo, como torções, arpões, quebras, traços sinistrogiros (voltados para esquerda), ângulos etc.

Nesse caso, as tensões do escritor estão em permanente estado de pequenas mudanças, por isso pode ser que o mesmo procedimento se repita, porém é certo que sempre acrescenta algo.

Indica dinamismo psicofísico, força e capacidade de conseguir realizar algo.

Como foi descrito no início do livro, o ritmo pode ser estudado segundo os parâmetros:

• Ritmo de Forma (*Gestaltungsrhythmus*).
Mostra a individualidade do escritor, sua autenticidade.

• Ritmo de Espaço (*Verteilungsrhythmus*) ou de Distribuição.
A repartição das massas gráficas no papel e seus espaçamentos. Como normalmente os padrões são dados pelo modelo de escolhas, muitas das manifestações observadas são representativas.

• Ritmo de Movimento (*Ablaufsrhythmus*) ou de Fluidez.
É óbvio que todo ritmo precisa de movimento, e isso ocorre de acordo com as pulsões do escritor. Aqui, podemos observar as manifestações expressivas do temperamento e suas qualidades e defeitos.

A escola italiana de Padre Moretti tem uma interpretação extremamente sutil da escrita rítmica, pois vê nela a sincronização das tendências espirituais, afetivas e biológicas.

Dificilmente recupera os dados como foram guardados. Existe a necessidade inata de agregar cores, mudar, matizar, para que tudo não pareça igual.

Dificilmente a pessoa responde de forma idêntica ao mesmo estímulo; especialmente se chegam até ela de forma separada no espaço e no tempo.

Algumas vezes pode parecer instável diante das mais diversas circunstâncias, pois dificilmente tem sangue-frio para observar e avaliar com tranquilidade e parcimônia as situações.

Muitas características psicológicas influem no ritmo da escrita, como irritação, impaciência, debilidade, depressão etc.

O estudo mais completo e aprofundado do ritmo pode ser visto no livro *Psicodinâmica do espaço na grafologia.*

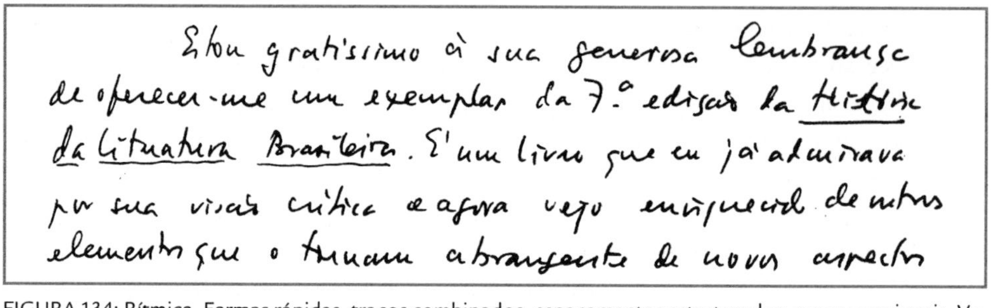
Estou gratíssimo à sua generosa lembrança
de oferecer-me um exemplar da 7.ª edição da História
da Literatura Brasileira. É um livro que eu já admirava
por sua visão crítica e agora vejo enriquecido de outros
elementos que o tornam abrangente de novos aspectos

FIGURA 134: Rítmica. Formas rápidas, traços combinados, espaçamentos estruturados, mas nunca iguais. Variações na forma e no movimento.

Desigualdade metódica na escola italiana

Trata-se de outro brilhante conceito de Moretti, que guarda grandes similaridades com os conceitos de harmonia de Jamin e a escrita rítmica de Klages.

Ocorre quando a escrita apresenta diversidade homogênea e harmônica entre o calibre das letras. Para que exista esse sinal, é necessário que a grafia não seja igual nem ordenada. Não é indispensável que a desigualdade se repita na mesma letra, basta que seu calibre seja reproduzido em qualquer outra.

Quanto menos perceptíveis as desigualdades, mais significativas elas são. Ocorrem com mais intensidade nas escritas de tamanho pequeno.

Signo substancial da inteligência, indica originalidade, inventividade, intuição, extroversão e genialidade. Caracteriza uma pessoa intelectual porque é sinal de singularidade, é expressão gráfica distintiva da arte. Denota um indivíduo rico de ideias e aspirações, que se expressa no setor específico em que está empenhado (Torbidoni).

Renova-se de modo constante, não se repete jamais. Pode acolher o pensamento dos outros, mas depois elabora e se expressa de forma totalmente própria. Sua personalidade aparece em cada ato que realiza. O uso da inteligência é produtivo, criativo e não simplesmente reprodutivo.

É indicado para atividades com grande exigência de autonomia, busca de liberdade e espaço para expressar sua riqueza de ideias e iniciativas.

- Com escrita retilínea: concebe e realiza suas ideias para que a ação seja levada até o fim.

- Escrita grande: talento organizacional, perspicácia para determinar a melhor forma de conseguir algo, prontidão e habilidade na eleição dos meios mais oportunos.

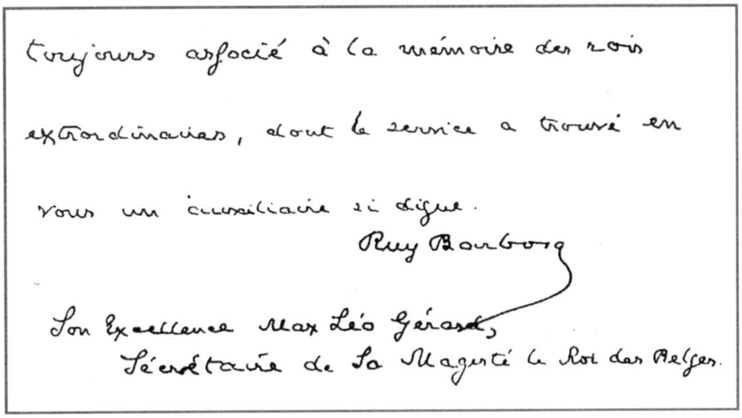

Toujours associé à la mémoire des rois
extraordinaires, dont le service a trouvé en
vous un auxiliaire si digne.
Ruy Barbosa
Son Excellence Max Léo Gérard,
Secrétaire de Sa Majesté le Roi des Belges.

FIGURA 135: Desigual metodicamente.

A proporção

Uma escrita é proporcional quando as zonas média, superior e inferior apresentam um equilíbrio. É importante lembrar que o grafólogo deve "sentir" a gênese do grafismo, e concluir com base no conjunto aquilo que dizem o tamanho das letras e sua proporção entre as três zonas. Para Xandró, a proporção das letras entre as zonas superior, média e inferior, deve ser 2/3/4 em 5 no total.

A proporção se estabelece de acordo com os seguintes fatores:

- Relação entre os comprimentos que as partes das letras guardam entre si.
- Equilíbrio das massas de palavras, distribuídas no campo gráfico.
- Equilíbrio entre as letras e o espaço gráfico.

A proporção na escrita precisa ser analisada em conjunto com o texto, como vimos no gênero ordem. As interpretações das proporções entre as palavras devem ser, obrigatoriamente, fundidas com as do campo gráfico.

A zona média é a coluna central da escrita, seu centro de gravidade, na qual estão ligadas as zonas superior e inferior, que nos mostram o equilíbrio entre as dimensões e suas regularidades.

A proporção equilibrada e com pequenas nuanças é o parâmetro entre a autonomia do sujeito e uma boa inserção no grupo social (Peugeot). Ao contrário, as desproporções mostram dificuldades de adaptação.

Divisão interzonal

A grafologia clássica divide a escrita em três zonas, cuja interpretação simbólica é a seguinte:

- Zona superior: esfera das ideias, imaginação, razão, consciência, intelecto, aspirações individuais, idealismo, projetos utópicos e misticismo. Deus, anjos, impulsos divinos, Céu.
- Zona média: esfera do ego, autoestima, emotivo-sentimental, senso comum, comportamento social e adaptação à realidade. Vida cotidiana.
- Zona inferior: esfera física, do sentido prático da vida, necessidades materiais, vida instintiva e inconsciente, necessidades sexuais, luxúria e atividades corporais. Profundezas, abismo, demônios.

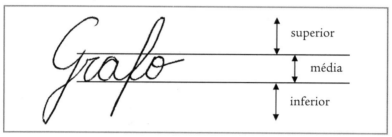

FIGURA 136: Escrita proporcional.

Escrita proporcional

As letras, palavras, pingo nos *is*, acentuação, vírgulas e outros acessórios são equilibrados.

Para Crépieux-Jamin, a proporção é a principal condição da harmonia, e está estreitamente ligada a ordem e clareza. A uniformidade nunca realça as qualidades dos movimentos, mas as desigualdades não costumam ser excessivas. As pequenas variações são quase sempre bem-vindas ao traçado. Segundo Jamin, proporção é o próprio ritmo.

Klages, quando fala de nível de forma, dá grande importância à proporção. A proporção elevada supõe duas qualidades:
- Distribuição rítmica das impulsões motrizes da escrita.
- Equilíbrio das formas produzidas.

O baixo grau de proporção é caracterizado por ritmo de distribuição defeituoso e desequilíbrio das formas.

> Equilíbrio de tendências. Capacidade de integrar valores sociais, morais, espirituais e físicos em justa proporção. Calma, tranquilidade, contemplação. Revela, antes de tudo, prudência, discrição, sobriedade, sensatez, ausência de esnobismos e excentricidade, além de domínio das paixões. Pouca emotividade. Responde de maneira proporcional aos estímulos.

> Falta de imaginação. Regularidade. Apatia, rigidez de pensamento. Falta de flexibilidade. Responde da mesma maneira a todos os estí-

mulos. Apega-se a determinados padrões de comportamento dos quais não consegue se libertar, mesmo que seja necessário e tenha consciência desse fato. Pouca sensibilidade ao que ocorre ao seu redor. Indiferença.

Escrita desproporcional

Aqui, nota-se a falta de simetria nas letras e na pontuação. Normalmente, a desproporção indica um desequilíbrio na zona (S-M-I) em que ocorre.

As desproporções podem ocorrer em todas as direções (vertical, horizontal) e em qualquer uma das zonas. Segundo Vels, as desproporções em detrimento da zona média revelam desequilíbrios, uma vez que os deslocamentos das tendências ocorrem fora do centro de gravidade.

> Menosprezo aos valores e qualidades das pessoas que estão próximas ou se destacam na sociedade. Forte emotividade. A imaginação impera sobre a razão. Capacidade para mudar, transformar. Receptividade e sensibilidade ao meio ambiente. Qualquer que seja o estímulo que chegue até ele, causa as mais diversas impressões. Espírito alerta. Prontidão para agir diante de qualquer situação. Ansiedade e estresse (com outros dados).

> Tendência a exagerar. Desproporção entre razão e realidade. Resposta diferente e desproporcional a estímulos iguais, pois dificilmente é capaz de adotar para si e os demais um padrão ou uma constância em suas ações. Capacidade deficiente de triagem dos estímulos. Facilidade em se perturbar. Irritabilidade, suscetibilidade e instabilidade diante de quaisquer estímulos. Impressionável. Agitação interna e inquietudes. Necessidade de ter e trocar sensações. Indiscrição.

FIGURA 137: Desproporcional. A assinatura chega a ser bizarra.

Escritas com deficiências na continuidade

Fragmentada

Na escrita fragmentada, as letras são formadas por dois ou mais traços separados, ou seja, quebrados. A descontinuidade ocorre na própria letra, o impulso de realização é cortado antes que uma letra se complete. Essa escrita revela a dificuldade que o escritor tem de completar ou responder a um estímulo com presteza. Trata-se de uma forma de inibição do traçado.

A escrita totalmente fragmentada nos faz supor problemas psicomotores, que devem ser investigados com profundidade. Para o diagnóstico mais preciso, é aconselhável e prudente que o grafólogo encaminhe seu cliente a um especialista.

Muitos autores relacionam a escrita fragmentada com os mais diversos tipos de enfermidades. Em geral, o grafismo fragmentado apresenta lentidão evidente e, na maior parte das vezes, traz variações de pressão e/ou tamanho.

> Espírito inventivo e independência, predomínio da função intuitiva, visão rápida do conjunto sem perder-se em minúcias, inspiração e iluminação interior, senso de realidade.
>
> Indolência, incapacidade de responder aos estímulos que recebe, estado de angústia e ansiedade, emotividade e sofrimento, sensibilidade patológica, insegurança, indecisão, vacilação, enfermidades cardíacas e pulmonares, doenças de origens nervosas e circulatórias, energia e atividades estagnadas, falta de ritmo. Pode indicar retardo mental.

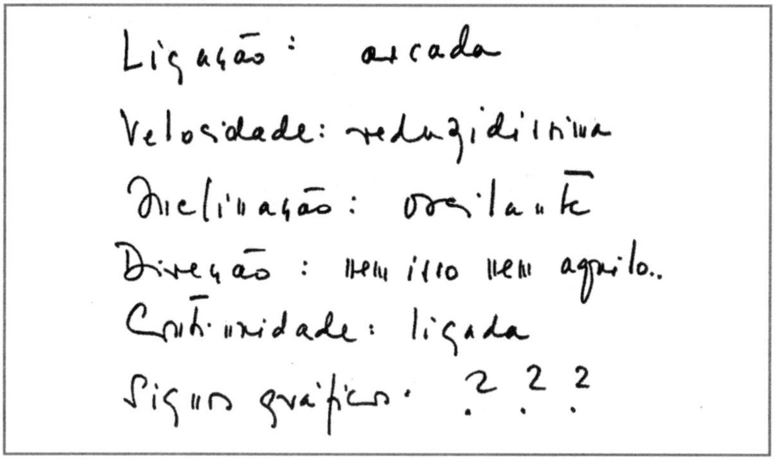

FIGURA 138: Fragmentada.

Separação das ovais

Ocorre quando as ovais das letras *d* e *g* são separadas dos demais traços. No primeiro caso, de acordo com Trillat, existe a dissociação entre os elementos masculinos e femininos da psique. Nos adolescentes, indica permanência de tendências infantis e vulnerabilidade afetiva. No segundo caso, demonstra necessidade de separar a vida afetiva, sexual e social. Para Michon, representa necessidade de se levar por certos instintos parasitários.

Ligações desiguais

Existem variações na continuidade das ligações ao longo do campo gráfico. A escrita pode começar ligada e terminar desligada ou vice-versa; pode ser ligada, agrupada e depois desligada. Todas as irregularidades revelam emotividade.

Muitas vezes, essas variações se devem ao aumento ou diminuição da velocidade, pois em condições normais a velocidade tende a crescer de acordo com a seguinte ordem: fragmentada, desligada, agrupada, combinada-ligada, hiperligada. Nesse caso, a avaliação deve levar em conta a rapidez. Pequenas irregularidades de continuidade matizam e enriquecem a personalidade; grandes, chegando até a discordâncias, mostram falta de estrutura da personalidade.

> Sensibilidade, criação e intuição, capacidade de assimilar coisas e fatos de maneira precisa e rápida, habilidade em realizar contato com pessoas, dom do convencimento, grande riqueza psíquica, bom equilíbrio psíquico, ideias profundas e amplas.

> Incapacidade para responder aos estímulos de maneira constante, vacilação, contatos sociais defeituosos, instabilidade e falta de firmeza, insegurança, processo intuitivo impreciso, defeituoso, indecisão, contatos conflitantes com o meio social, inibição, dispersão.

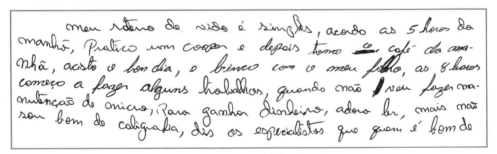

FIGURA 139: Ligações desiguais. Escrita côncava, desigualdades de inclinação.

Lapsos de coesão

Termo criado por Augusto Vels, mas também reivindicado por outros grafólogos europeus, para definir exageros entre a interrupção de um traço final e o início de outro no interior das palavras, deixando espaços entre eles bastante anormais.

O erudito grafólogo Jaime Tutusaus fala com razão que os *lapsus* de coesão deveriam ser estudados no espaço, ao contrário da escola francesa que os trata como deficiência de continuidade. Tendemos mais para a primeira interpretação. A mudança amplia muito mais o significado, embora a praticidade e o entendimento se façam mais presentes quando avaliados neste capítulo.

Trata-se da retração que prejudica o ritmo da escrita. A interpretação vai desde a simples timidez até a mais forte inibição. Nesses casos, a espontaneidade fica reduzida.

A escola francesa denomina esse tipo de escrita como *trouée*.

O grafólogo deve notar que isso pode ocorrer depois da acentuação. Quando essa ampliação de distância ocorre depois da barra da letra *t*, mostra dificuldades na realização de trabalhos que necessitam de energia e vontade. Isso amplia-se quando o traço descendente da letra *t* é suspenso, e a distância entre ele e a próxima letra é maior do que duas ovais da mesma escrita. Ainda nesse caso, o gesto será mais contido se a barra do *t* for colocada à esquerda.

Poucos livros abordam esse aspecto; os mais recentes falam de vazios de continuidade e a quase maioria segue as conclusões de Vels. Renna Nezos fala em "lapsos de continuidade".

> Emotividade contida, detenção reflexiva, prudência, necessidade de variar seus planos ou projetos (desejo de aperfeiçoamento), frequentes abstrações, capacidade de produzir *insights*, capacidade de trabalhar ou pensar em dois assuntos ao mesmo tempo. Muitas vezes está resolvendo um problema quando encontra a solução de outro.
>
> Comportamento torpe e inseguro, movimentos inconscientes inibitórios, vergonha, timidez e complexo de inferioridade, inadaptação, ansiedade e angústia, medo de expor ideias e de improvisar, pausas para refletir em momentos inoportunos (durante uma conversa), maníaco-depressivo (em conjunto com outros detalhes).

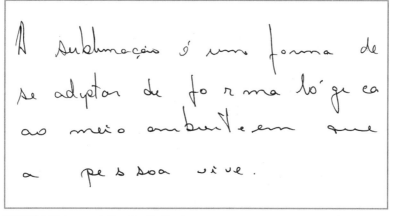

FIGURA 140: Lapsos de ligação. Desligada.

Retocada

Neste caso, em uma letra – ou em partes das letras – são colocados determinados traços. O retoque na assinatura deve ser observado com bastante atenção.

Como a velocidade é inseparável da continuidade, concluímos facilmente que o retoque é um dos fatores de inibição da velocidade, e consequentemente responsável pela quebra no ritmo da escrita, pois quando o escritor retoca as letras de modo constante, não consegue fluidez no traçado.

A posição do retoque é de grande importância para a correta avaliação grafológica. É necessário diferenciar se o escritor é inquieto e deseja retocar a escrita a todo momento, muitas vezes sem um padrão, apresentando indecisão e sacudidas no traçado ou se, pelo contrário, ele escreve de modo rápido e retoca o traçado apenas no final – ou de acordo com as exigências do ritmo.

Para Jamin, retoques finais feitos com discernimento são signos incontestáveis de claridade, de método e de busca do melhor. Do ponto de vista psicanalítico, o retoque é a correção de um "ato falho". Segundo as teorias de Freud, indicam conflitos entre o impulso subconsciente que quer se manifestar no lugar da intenção consciente.

Em alguns casos, o retoque revela espírito ordenado, em certo sentido, mas ao mesmo tempo sem envergadura, com tendência a desviar-se do essencial. Mais minucioso do que inteligente. O retoque executado na acentuação revela tensão psíquica em altas doses.

> Eficácia, escrúpulos, precisão e rigor, seriedade, prudência e atenção, minuciosidade, desejos de claridade, capacidade de observação, cortesia, espírito de seleção.
>
> Os estímulos tendem a ficar mais do que o tempo necessário, "ruminação mental" (Desurvire), nervosismo, falta de concentração, vacilação, dúvidas, caráter inseguro, escrúpulos e sentimentos de culpa, hipocondria, irritação, depressão, ansiedade e desequilíbrio psíquico, impaciência, defesa e reações desproporcionais às pequenas contrariedades.

- Com escrita lenta: reflexão acima do normal.
- Com escrita desigual: agitação, emotividade exagerada.

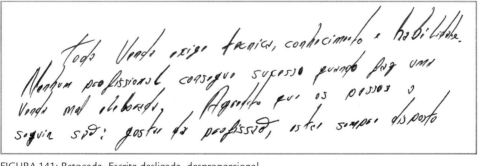

FIGURA 141: Retocada. Escrita desligada, desproporcional.

Diferença entre retoque e correção

Andrés Meyniel, em seu livro *Tratado de grafocrítica*, faz distinção entre retoque e correção, sendo que o primeiro não produz necessariamente modificações no significado das palavras, por mais que se altere o significante.

Normalmente o retoque tem como objetivo:
- Preocupação ou temor passageiro.
- Síndrome de angústia.
- Componentes obsessivos e fóbicos.
- Temor reativo ou preocupação com algo relacionado com a palavra que retoca.

Royán diz que as causas das correções ou retificações, que mudam algumas vezes o significante e outras também o significado, são as seguintes:
- Desejo de claridade.
- Desejo de perfeição.
- Erro do significante – por haver omitido, repetido ou esquecido de uma letra ou palavra.
- Erro do significado – por haver omitido ou substituído uma letra, sílaba ou palavra do texto.

Embora a linha entre as correções e os retoques seja de certo modo tênue, o grafólogo deve observá-la para chegar ao perfil grafológico mais preciso.

Ligação espacial

Quando escrevemos, deixamos espaços entre as palavras. Na escrita concentrada, esse espaço é pequeno; na clara, ocorre bom espaçamento; na espaçada, há excessos. Entretanto, de qualquer maneira, existe uma espécie de ligação espacial que faz a direção entre as palavras ser mais ou menos uniforme.

Em algumas escritas, ocorrem perdas de ligação entre as letras e palavras, as quais parecem soltas, como se estivessem isoladas, não fossem da mesma linha; as palavras são desconexas, ou seja, existem vazios a ser preenchidos.

Os grafólogos americanos chamam de *airstrokes*, e os franceses chamam de *liaisons dans l'espace*. No entanto, os termos "traços aéreos" ou "traços no ar", derivados do inglês, trazem mais precisão em relação ao termo francês.

Podemos observar as diferenças entre as direções dos traços de ataque (início de uma letra) e as dos traços de fuga (final de uma letra ou palavra).

Ligações espaciais ocorrem quando no traço de fuga e no início da próxima letra ou palavra existe uma linha de conexão imaginária.

A escrita "desligada" espacialmente indica que o escritor não tem uma ambição específica, ao contrário das pessoas cuja ligação espacial está bem definida. A pessoa tem grande necessidade de aparentar ser melhor do que realmente é, tanto na vida profissional como na vida afetiva. Pode também indicar autonomia, ação direta, contato imediato com a vida e com o presente, sem revelar a causa ou objetivo específico.

Escritas sem ligação espacial que apresentam traço igual e robusto mostram que a pessoa age de modo direto e físico sobre a realidade.

Quando o traço é ligeiro e limpo, essa ação é elaborada de modo intelectual; quando o traço é pastoso, existe uma carga de ansiedade que faz o escritor ficar mais na imaginação do que na verdadeira intenção. A velocidade tende a tornar mais fino o traço de ligação.

As desigualdades na pressão e tensão, segundo sua rigidez ou frouxidão, podem favorecer ou não as ligações espaciais.

O grafólogo Curt Honroth, alemão que se radicou na Argentina após a Segunda Guerra Mundial, chama as ligações espaciais de *ligações imateriais* e as classifica em dois tipos:

- Diretas: o movimento tende a ser simplificado, orientando-se por uma linha reta.
- Indiretas: o movimento é mais complicado e difícil de ser observado.

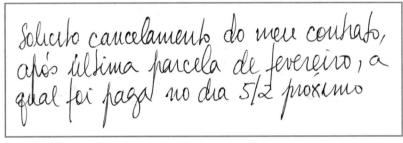

FIGURA 142: Ligação especial na palavra "cancelamento". Após a letra *n*, a caneta sai do papel e volta na letra *c*. A escrita "continuou seu traço no ar".

Pontilhada e em bastão

Mais difíceis de serem encontradas são as escritas em bastão e pontilhadas, que podem estar relacionadas com patologias.

Na escrita pontilhada, as letras são formadas por pequenos traços ou pontos, e normalmente evidenciam inteligência medíocre, fadiga, falta de tônus vital, ansiedade, deficiência de emotividade, senilidade e decrepitude, problemas respiratórios e circulatórios, doenças nervosas e falta de coordenação motora, caráter indeciso e vacilante e doenças crônicas. Crianças com deficiências mentais também podem acusar esse grafismo.

Em resumo, a desestruturação da continuidade pode ser: hiperligada, ligada, agrupada, desligada, fragmentada, em bastão ou pontilhada.

Sacudida

Os franceses chamam esta espécie de *saccadée*.

As letras são ligadas mediante gestos bruscos, mal estruturados, com desigualdades de forma, de direção, e, sobretudo, de tamanho. Os ângulos se sobrepõem às curvas, aparecem torções aleatórias etc.

Evidentemente é um signo de contenção na continuidade da escrita. Contudo a escrita sacudida é mais bem interpretada quando estudada em relação ao movimento da escrita, como movimento inibido e/ou sacudido.

Não é um traço ocasional ou imprevisto, pois expressa estados inibitórios permanentes, agitações nervosas e perturbações motoras.

Muitas vezes, o escritor tenta controlar o gesto e acaba piorando o traçado, em razão do controle defeituoso. Na criança, muitas vezes, assinala problema de grafomotricidade, que pode ou não estar ligado a problemas psicológicos.

Não existe equilíbrio entre as pulsões e a realização. As tensões internas impedem que o escritor tenha fluidez nos contatos e relações. Como a emotividade está sempre presente, é natural que ocorram constantemente conflitos que muitas vezes se auto-alimentam. A suscetibilidade é grande, a adaptação ao meio é pouca e ao que parece, quanto mais o indivíduo procura se integrar, mais conflito gera e mais acentuadas ficam as características, piorando os relacionamentos.

O grafismo sacudido nos dá a impressão de que a pessoa está em constante choque e eterno conflito com o campo gráfico e o mundo exterior e interior.

Pode ocorrer em pessoas com alto nível de estresse, casos de fadiga, doenças ou até mesmo senilidade. Manifesta-se com menor intensidade em adolescentes.

Quando as letras são coladas uma às outras ou se chocam entre si, os franceses chamam de *télescopée*, conceito similar ao *adossata* da escola italiana.

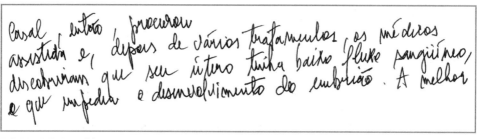

FIGURA 143: Sacudida.

Suspensa

Parte da letra é suspensa, ou seja, sai da linha de base, no interior ou no final da palavra, que pode ser inacabada. Para Jamin, é um modo de duas espécies reunidas, a inacabada e a inibida.

Na maioria das vezes se trata de um signo negativo, mas temos de avaliar o ambiente gráfico para conclusão final. Os finais suspensos em arcadas são sempre negativos. Um dos maiores signos negativos da escrita suspensa é a unha de gato, que ocorre principalmente na terceira perna da letra *m*.

Reversa, defesa legítima do "eu", pouca espontaneidade, desconfiança instintiva, pudor, prudência nos contatos afetivos, sociais e profissionais, apreensão diante de novos estímulos ou desafios, sentimentos delicados, inibição no contato com o exterior.

Mentira, dissimulação das intenções, falta de escrúpulos, medo, insegurança, incapacidade de completar de modo adequado as tarefas iniciadas.

FIGURA 144: Suspensa. Escrita tensa nas letras *h* (hoje), *s* e *l* (São Paulo). Letras suspensas.

Inacabada

A escrita inacabada se caracteriza pelo traçado incompleto das palavras, das letras, dos acentos, das barras etc.

Temos de esclarecer as diferenças entre a escrita *suspensa* e a *inacabada*. A primeira se manifesta pela brusca interrupção dos movimentos, enquanto na segunda o movimento não termina bruscamente: o gesto se dilui no traçado e ocorre em todo o campo gráfico. Algumas vezes as duas espécies aparecem juntas no mesmo grafismo, que, se for pequeno, lento, sem relevo etc., se torna indício da síndrome de inibição.

A omissão do pingo no *i*, do til ou da barra do *t* deve ser considerada traçado inacabado. A velocidade da escrita deve ser sempre levada em conta, pois muitas vezes ela se torna precipitada, com finais normalmente inacabados e raramente suspensos.

Algumas pessoas são obrigadas a escrever rapidamente por causa do exercício profissional, como os jornalistas, propiciando a escrita inacabada.

Os traços inacabados podem ocorrer no início da palavra, no meio e no fim, sendo que em cada caso as interpretações sofrem pequenas mudanças. Vejamos casos de escrita cujas palavras sejam inacabadas:

- No início das palavras: indecisão antes de iniciar as atividades.
- No meio das palavras: insegurança durante o desenvolvimento de suas atividades.
- No final das palavras: insegurança para saber se aquilo que realizou é certo ou não.

As interpretações mais comuns da escrita inacabada são: indecisão, falta de precisão, pressa, visão superficial, pouca profundidade naquilo que realiza, mentira, incapacidade de responder aos estímulos de forma completa, falta de qualidade no trabalho, ação sem direção, indecisão, inconsistência.

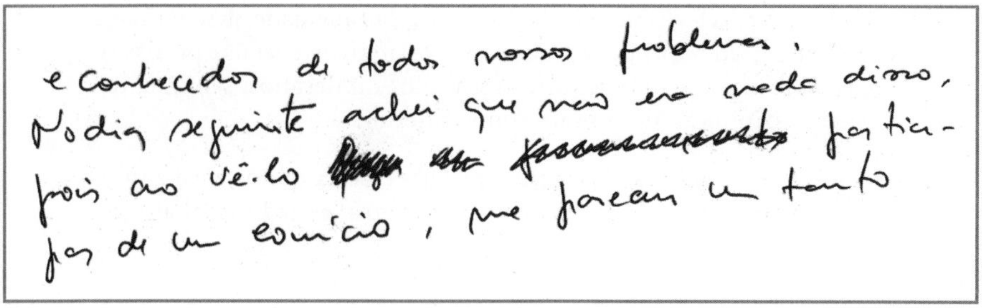

FIGURA 145: Inacabada.

Outros detalhes

Traços inúteis

Quando certas letras trazem pequenos traços colocados de forma repetida. Em geral, são gestos de correção espontâneos. Os traços inúteis revelam capacidade de reagir, vivacidade e controle simultâneos, inibição e imaginação, temperamento sanguíneo, entusiasmo; a barra ou traço serve como uma espécie de freio em seus impulsos. Quando o traço acontece nas letras iniciais, significa controle de reações e inibição voluntária.

Traços sobrepostos

Quando, após realizar um traço, o escritor volta sobre ele de maneira idêntica, muitas vezes inconscientemente. Essa volta ao mesmo local indica um freio, um controle naquilo que o escritor faz, uma necessidade de conferir, de voltar para trás, de desconfiança. Indica ainda repressão da espontaneidade e desejo de encobrir aquilo que fez, mentira.

Dente de tubarão

Os franceses chamam de escrita *étayée* (escorada), quando o traço recobre a letra consecutiva, bifurcando em ângulo para o lado direito. Embora nem sempre apareça de modo constante no grafismo, seu significado pode ter grande importância para o perfil final. Um modo especial da escrita com traços recobertos é chamado de dente de tubarão. A interpretação é sempre negativa. Pulver avalia como avidez e astúcia.

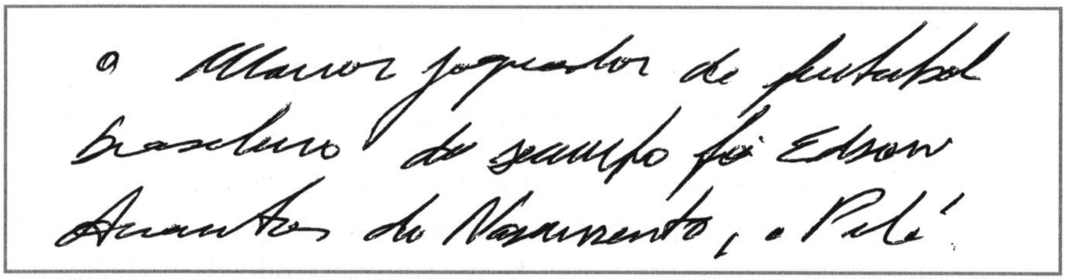

FIGURA 146: Dente de Tubarão. Letra *m* e palavra "século". O grafólogo observa o gesto e não exatamente a letra. Angulosa, hipertensa, arpões, desproporcional.

Demonstra mentira e insinceridade. Repressão dos desejos, das necessidades e das emoções. Agressividade. Incapacidade de demonstrar seus sentimentos, o que resulta em uma pressão interna e ocasiona um comportamento explosivo. Forte repressão em longos períodos de treinamentos, nos quais qualquer desvio é punido. Não possui equilíbrio para analisar e trabalhar de modo correto as tensões internas. Manipulação e desvios de comportamento. Falta de clareza e direção na forma de se comunicar com os demais.

10 | LIGAÇÃO

Trata-se da forma como ligamos uma letra à outra. Normalmente tomamos a base das letras para observar esse aspecto. Deduzimos como a pessoa se conecta ao mundo, a capacidade do autor em adaptar-se ao trabalho, à sociedade e à vida. Não deve ser confundida com a continuidade, pois esta nos fala da quantidade de letras que são ligadas.

Alguns autores da escola francesa, como Madeleine Noblens, chamam as ligações de "grandes formas escriturais de base".

Para Pulver, os tipos de ligação são:

- Espontânea: guirlanda.
- Combativa: ângulo.
- Evasiva: filiforme.
- Construtiva: arcos.

Esses quatro tipos são básicos, mas apresentam diversas variações como guirlandas baixas ou altas, angulosas, semiangulosas etc.

A ligação entre duas letras é uma das etapas mais difíceis no aprendizado da escrita. Na realidade, um texto nada mais é que uma conjugação entre a ligação e separação de palavras e linhas.

As ligações ocorrem, principalmente, na zona média da escrita, que é a zona do ego, mas também podem ser executadas na zona superior, normalmente em escritas pertencentes a pessoas de alto nível intelectual e moral.

A existência de ligações bem executadas, feitas de modo lento, quase padronizadas, geralmente mostra uma perda de criatividade e originalidade.

O grafismo bem estruturado e evoluído possui ligações naturais, sem remendos ou pontos de solda. Isso demonstra boa adaptação do escritor aos diferentes movimentos que realiza em direção ao mundo e em volta de si.

Para Klages, exceto o nível de forma e a proporção, nenhuma propriedade gráfica pode comparar-se à forma de ligação entre as letras em sua importância diagnóstica.

Se compararmos a *impressão* que nos causa a escrita com movimentos angulosos ou curvos, experimentaremos o primeiro como algo firme, decidido, duro; e o segundo como algo mais fluido, suave, amável. Contudo chegaremos ao mesmo valor significativo se aplicarmos o princípio da expressão ao impulso gerador do movimento.

Klages afirma que a linha reta é simplesmente a expressão de um movimento da Alma que tende *para um fim*, e a curva é antes de tudo expressão de um movimento envolvente.

Em ambas as formas de ligação, tanto na guirlanda como na angulosa, manifestam-se condutas bem determinadas e que correspondem a sentimentos bem definidos.

Quanto mais definidos os movimentos na ligação, mais bem estruturadas (ou visíveis) são as características psicológicas.

A ligação é observada em vários contextos:
- Com um movimento dinâmico: senso de limites, necessidade de produzir.
- Com escrita firme em um texto compacto: ansiedade, contatos ativos, necessidade de aderir.
- Com traço estreito, tenso e estruturado: controle interno de pressões.

A qualidade das ligações mostra a facilidade, a dificuldade e a maneira de agir do escritor ao enfrentar a realidade. A observação da ligação é de grande valia para as perícias grafotécnicas (estudos de falsificações), pois é uma das características mais difíceis de se ocultar.

Tipos de ligação

A ligação pode ser: em ângulos, arcada, em guirlanda, anelada, filiforme, mista, dupla curva-duplo ângulo.

Ângulos

Ocorre quando as letras são ligadas umas às outras em forma de ângulos. Para que um ângulo seja executado, deve existir o dispêndio maior de energia do que quando realizamos a curva. Além da energia, a tensão interior maior deve estar presente no escritor.

A necessidade de expressar-se de forma ríspida não é oriunda do modelo escolar. Por isso, a ligação em ângulos nem sempre é adquirida de imediato, pois a criança normalmente tende a seguir a orientação do professor. A ligação em ângulos é formada ao longo do aprendizado e/ou depois dele.

A forma de ligação entre as letras como modo de expressão, na maneira como as relações processam-se quando alcançada a maturidade gráfica, ocorre segundo as predisposições do caráter e não do modelo escolar.

A mudança brusca na direção do traçado sinaliza que existe deslocamento de energia para que esta se concretize.

A ligação em ângulos é potencializada com a direção retilínea das linhas. Ao contrário da guirlanda, em que a curva indica conciliação, o ângulo mostra severidade. A polaridade é válida: curva-feminilidade-*anima* e ângulo-virilidade-*animus*. Essa polaridade deve ser observada nas grafias masculinas e femininas, e nada tem que ver com a orientação sexual do escritor.

O ângulo sempre diminui a elasticidade e o ritmo da escrita, e com isso a flexibilidade do escritor. Por sua impossibilidade de manter um traço flexível, a ligação em ângulos pode revelar sinais de envelhecimento e fadiga.

> Retidão, constância, capacidade de resistir às pressões, estabilidade, seriedade, firmeza de atitudes e retidão moral, dever e honra acima de tudo, exigência para consigo mesmo e para com os outros, necessidade de contatos diretos, secos, sem rodeios, e muitas vezes sem envolvimentos emocionais, orgulho, autoestima, coragem, adaptação pela luta.

- Com bom ritmo: energia bem canalizada.
- Traço dinâmico, rápido, inclinado: vontade, capacidade de assumir as escolhas feitas e levá-las em frente com energia e arrojo.

> Espírito de oposição ao ambiente, mesmo sem motivos, escrúpulos exagerados, tendência a julgar, condenar e recriminar os outros, narcisismo, egocentrismo, intransigência, considerações éticas descabidas e falsa moral, dificuldades em adaptar-se ao modo de pensar e agir da maioria, rancor e sentimentos negativos, ciúme e desconfiança, pessimismo destrutivo, intolerância com os erros das pessoas que estão ao redor, crítica aos erros alheios sem uma avaliação mais profunda.

- Acerada, lançada, inclinada: resposta rápida às críticas.
- Com tensão mal controlada: afronta, suscetibilidade viva, impaciência e parcialidade, oposição sem motivo.

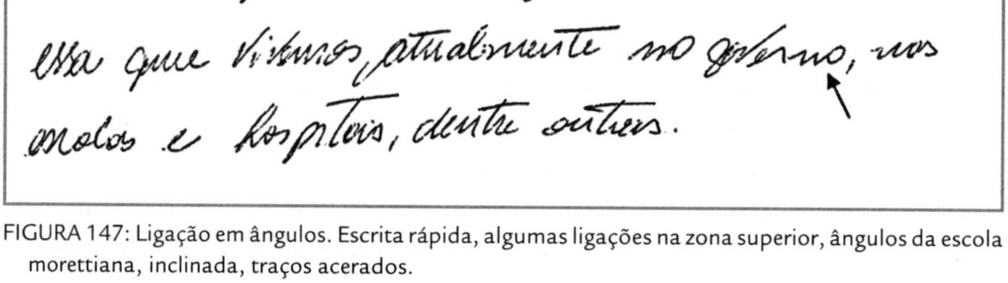

FIGURA 147: Ligação em ângulos. Escrita rápida, algumas ligações na zona superior, ângulos da escola morettiana, inclinada, traços acerados.

Arcada

Nesta modalidade, as letras são ligadas em forma de arcos. Trata-se de um tipo de ligação que se opõe à guirlanda.

As formas clássicas da arcada estão presentes nas letras *m*, *n* e *h*. Quando a escrita tem esses traços (e outros) executados de maneira exagerada, é chamada de arqueada; indica egoísmo, desconfiança, desdém para com os demais e arrogância.

Como o ponto de partida é a linha de base, ele contribui para estabilizar a escrita. Não se trata de um gesto fácil, portanto é muito difícil que ele seja bem estruturado quando feito por crianças e adolescentes. A arcada, ao contrário da guirlanda, não favorece a ligação.

A arcada é executada como se quiséssemos colocar um "guarda-chuva" ou uma proteção em nosso ego, encobrindo a zona média das influências oriundas da zona superior. Na realidade, uma das principais interpretações desse gesto diz que o escritor deseja manter distância dos outros, o que pode representar uma forma de tratamento respeitosa.

Quando o movimento é realizado por meio de pequenos laços, recebe o nome de arcada em anéis (ou anelada). Trata-se de um gesto regressivo. É interpretada de acordo com o ambiente gráfico. Demonstra habilidade, eficácia, dissimulação para objetivos banais que não comprometem terceiros.

O escritor de arcadas não se importa, primeiramente, com a expressão de naturalidade ingênua, senão com a construção e as aparências (Pulver). Trata-se da adaptação sem autenticidade em que as aparências têm maior importância.

Permanece reservado diante de posições espirituais, questões filosóficas e estéticas. Com escrita proporcional e paralela, favorece o racionalismo.

Grafólogos, no início do século passado, chamaram de *ductus hipócrita* a arcada feita com laços na base (arcadas aneladas), a qual indica insinceridade.

A forma em arcada tem mais importância quando é colocada no final do que no começo da palavra. No início, é sinal de formalidade, reserva, consideração com os demais; portanto, uma exteriorização consciente da pessoa. Ela quer se mostrar daquela maneira.

A arcada torna-se um gesto mais inconsciente no final da palavra e, como obrigação de "parecer", pode conduzir o escritor ao encobrimento da expressão. Também pode ser interpretada como cálculo e premeditação.

Nesse tipo de ligação, é comum que a parte superior ingresse na zona média. É muito frequente em pessoas acostumadas ou afeitas à notoriedade (Vels). Indica inteligência, imaginação, vivacidade intelectual.

> Resistência a pressões e a influências exteriores, atitudes distintas, discrição, aparência e modos elegantes, contato reflexivo, formal, seletivo e calculado, reserva em assuntos particulares, necessidade de vigiar seu próprio comportamento, introversão, distinção, aristocracia, distância e reserva dos demais.

- Com formas originais: criatividade e originalidade.
- Escrita pequena: humildade e apego às virtudes.

Dificuldade em aceitar outros pontos de vistas, defesa contra o mundo exterior, repúdio à intromissão de terceiros, circunspecção que pode redundar no egoísmo, resistência a novos projetos e ideias, artificialidade, capacidade de simulação e fingimento, incredulidade e malícia, caráter complicado e tendência ao egoísmo, impenetrabilidade (a esfinge: decifra-me ou devoro-te), desconfiança, egoísmo, cinismo e intriga, mistificação, culto ao exterior, falta de sinceridade, espírito subalterno, afetação.

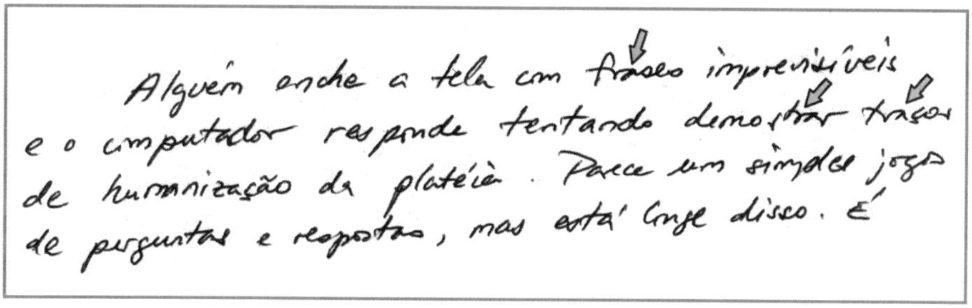

FIGURA 148: Arcadas.

Guirlanda

A ligação em guirlanda é a mais comum, ensinada na maioria dos modelos caligráficos escolares. As letras se ligam em forma de "u". O escritor realiza um gesto de recepção, ao contrário da arcada, em que o gesto é de proteção.

A adaptação sem contratempos pode constituir-se em denominador comum da guirlanda. Contudo quando é frouxa, por demais extensa, a presteza receptiva e a naturalidade perdem seu valor; a bondade, pobre em resistência, e a transigência branda impõem-lhe o estigma de um natural descolorido e sem fisionomia (Pulver).

A curva da guirlanda, ao contrário do ângulo, facilita a fluidez dos movimentos, dando à escrita uma aparência mais flexível. As formas em guirlandas acentuam-se quando as letras *m* e *n* são executadas de modo inverso ao normal. Como se trata de um gesto dextrogiro, tende a acelerar o grafismo. A guirlanda facilita o relaxamento e não é por acaso que boa parte dos exercícios de grafoterapia a tem como base.

Receptividade natural, franqueza e bondade, despreocupação, respeito, cortesia e flexibilidade, abnegação, capacidade de reconhecer o valor em obras alheias (Klages), hospitalidade, franqueza e sociabilidade, adaptação ao ambiente sem traumas, fuga de conflitos, mediação, atitude social franca e aberta, sedução, tolerância e condescendência com os erros e defeitos dos outros.

Indecisão, vacilação e falta de iniciativa, moleza, indolência, materialismo, fácil aceitação do que lhe é imposto, pouca capacidade de rebater ou fazer críticas, dependência. Cede para evitar os conflitos, ou até mesmo os pequenos debates. Influenciável.

- Com escrita simplificada, rápida, frouxa: inteligência aberta, espírito ágil.
- Nos traços iniciais: bondade, otimismo e bom humor.
- Com escrita inclinada: altruísmo, abnegação.
- Com traço frouxo: indolência, falta de vontade.
- Com escrita desligada: falta de firmeza, caráter influenciável.
- Com traço frouxo: instabilidade emocional.
- Escrita estreita, monótona: seletividade defensiva.
- Guirlandas profundas e estreitas: receptividade dolorosa.

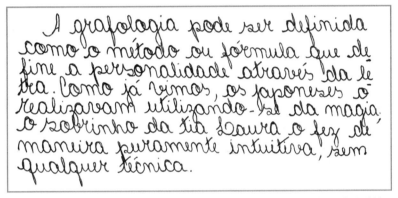

FIGURA 149: Guirlanda. Escrita invertida, lenta, fechada, concentrada, rebaixada, inibida.

Anelada

Essa ligação é uma das variedades da escrita em guirlandas. Seu nome, do francês, *jointoyée*, deve-se a Pierre Humbert, grafólogo que também participou, no início do século XX, juntamente com Jamin e outros, do estudo feito por Binet em Sorbonne. Humbert dizia que esse tipo de escrita é uma casa hermeticamente fechada.

O traço ascendente das letras intermediárias (m, n, u, i) acentua, na parte superior, a curvatura para a esquerda, e se liga ao traço descendente por meio de um bucle traçado no sentido anti-horário (Gille-Maisani). Assim como a guirlanda anelada, quando invertida, temos a arcada anelada.

Normalmente a grafia é arredondada, pois a constante ligação entre as letras em forma de curva implica geralmente que o restante do traçado assim o seja; porém isso não é norma ou obrigação. A escrita é ligada, espontânea, ágil e rejuntada.

Não existem dúvidas de que o movimento é regressivo, e isso pode ser acentuado com a inclinação à esquerda. Muitas vezes, a escrita representa a saudável reação contra a impulsividade do caráter demasiado exteriorizado que, não conseguindo dominar-se, alerta por seu instinto de conservação, se abstém de atuar e se concentra (Jamin).

Os alemães a interpretam como signo de amabilidade interesseira. Marchesan a avalia como tendência a retornar a um passado doloroso, e portanto, sinal de tristeza e pessimismo. Dr. Dettweiller acredita em regressão oral oculta sob signos de amabilidade.

Interpretamos a ligação anelada como desconfiança, necessidade de conferir de modo constante aquilo que se está fazendo, necessidade de voltar atrás para "apagar" alguma coisa e, por isso, tendendo a mentir.

Quando os anéis ocorrem apenas nas ovais, indicam experiência de vida, de saber calar, falar e se insinuar no tempo certo.

Os pequenos laços feitos de maneira constante podem ser interpretados pela psicologia do movimento, simbolismo e tipologia, como alertou Gille-Maisani em seu livro *Psicologia da escrita*.

Nazzareno Palaferri (*Dizionario grafológico*, Istituto Grafologico G. Moretti, Urbino, 1980) fala da escrita *convolvoli*, uma voluta em forma de espiral, e cita três tipos básicos:

- Nas *guirlandas*, como movimento progressivo-regressivo: simpatia, caráter amável, vivacidade, *savoir-faire* etc. Sentido negativo: caráter amável, mas carente de energia.
- Nas *ovais* (*a, o* e derivadas, *g, q* etc.), que iniciam e terminam em duplo anel. Moretti diz que esse tipo é característico da escrita de quem sabe seduzir, envolver, acariciar, agradar, flertar etc. Deficiência no controle dos próprios sentimentos, vivacidade que se une à amabilidade, gratificação narcisista, falta de lealdade, mentira etc. Nesse caso, corresponde à escrita *jointoyée* de Jamin.
- O traço inicial da primeira letra que vai para a direita e retorna para a esquerda, depois de fazer uma oval em forma triangular ou de voluta. Pode ocorre em qualquer letra, mas se presta de forma excepcional à letra *c*. Capacidade de fantasiar, enganar, de utilizar subterfúgio para convencer. Pessoa afetada e complicada, mental e psicologicamente, dificuldade em definir de forma clara as próprias ideias.

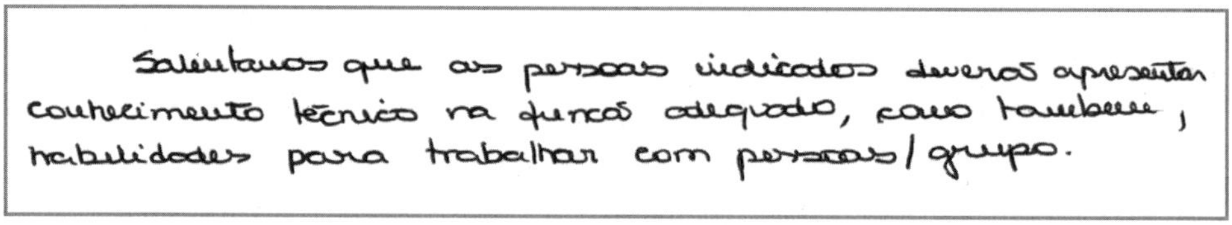

FIGURA 150: Anelada. Na palavra "salientamos" os traços de ligação formam pequenos bucles regressivos.

> Habilidade, eficácia, astúcia, necessidade de conciliar, sedução e sociabilidade, amabilidade, finura e diplomacia, hedonismo, capacidade de guardar segredos, discrição ativa (sabe aparecer nos momentos certos), sedução e prazer de viver.
>
> - Com escrita espaçada: reflexão constante e estratégica.
>
> Mentira por meio de atos e palavras, mas também do silêncio, da insinuação maldosa e aparentemente justa, necessidade de reter enquan-

to aparenta desejo de doar, egoísmo, cortesia e trato visando interesses pessoais. Literalmente, capacidade de enrolar os demais. Habilidade verbal para enganar, dissimulação e egocentrismo, defesa, subjetividade (Peugeot).

- Com escrita lenta, sem ritmo: Amabilidade calculada.

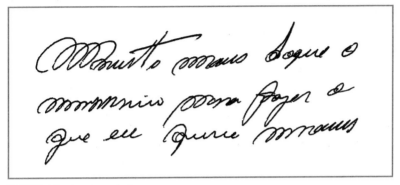

FIGURA 151: Arcada anelada.

Laços

Nessa escrita, a amplitude dos laços aumenta de maneira considerável. O laço é um gesto muito comum em assinaturas. Michon o interpreta como desejo de não passar despercebido, de produzir efeito, de ser amado, de atrair, habilidade para lançar a rede e alcançar as metas.

Caso o laço seja muito complicado, indica a escrita de uma pessoa intrigante. No estudo de mais de 260 escritas com laços complicados, nos quais o mesmo traço aparecia mais de dez vezes, concluiu-se tratar de pessoas extremamente complicadas em seus relacionamentos e confusas no ambiente profissional.

A escrita em laços pode indicar: intriga, confusão, sedução e adulação sem motivos, ambição exagerada, paixões complicadas, necessidade de chamar atenção a todo momento.

FIGURA 152: Em laços. Escrita ilegível, sobressaltada.

Filiforme (em fios)

A ligação filiforme visa evitar uma forma precisa de enlace entre as letras e indica mais ou menos uma ambiguidade no movimento. Essa interpretação será levada ao modo de agir do escritor.

O movimento filiforme expressa de maneira direta a dúvida antes de decidir de maneira firme.

Há poucos enlaces, e as letras são ligadas por um fio. As letras interiores tendem a ser baixas, e algumas vezes a leitura é dificultada por traços inacabados nas palavras. Geralmente, o escritor sacrifica a legibilidade em detrimento da velocidade. A economia nas formas o leva à imprecisão. Sem dúvida, existem escritas filiformes lentas, e nesse caso, a interpretação, obviamente, deve ser diferente.

Klages dizia que quem tem escrita filiforme não confessa sua cor porque não tem nenhuma e evita a confissão na medida do possível, porque nenhuma necessidade interior obriga-o a isso. Condicionada pelo Espírito, manifesta-se mais intensamente à medida que se postergam as necessidades "instintivas".

É importante para o grafólogo analisar a qualidade do traço ao avaliar sua filiformidade, pois ela indica a capacidade do escritor de afirmação das suas convicções.

Traços filiformes nos finais das palavras indicam que o traçado é progressivo, simplificado e decrescente. Mostram, no escritor, atitude de prevenção, desconfiança, necessidade de antecipar-se, de trabalhar com dados privilegiados, mas também certa dificuldade de concluir ideias com clareza.

Com traçado rápido, simplificado e sóbrio, mostra capacidade de avaliação global, de perceber a realidade de maneira ágil e de agir sobre ela de modo eficiente. Indica ainda atividade, habilidade para mostrar e impor suas convicções.

Como a ligação ocorre em geral na zona média (zona do ego), a filiformidade dos traços mostra o achatamento extremo (principalmente se as letras e palavras forem filiformes), indicando por onde o "eu" caminha na sociedade.

Nas escritas de adolescentes e de crianças, traduz a série de conflitos interiores na construção da personalidade. O abandono das formas precisas revela o evadir da realidade nos contatos sociais.

Pulver distingue o traçado filiforme primário (pressão forte) do secundário (pressão débil). O primeiro mostra indivíduos que acertam instintivamente; o outro, indivíduos nervosos.

O grafismo filiforme quase sempre apresenta inúmeras irregularidades, pois suas formas são imprecisas. Segundo H. Gobineau, a boa organização do texto compensa a falta de precisão das formas. Dificilmente a filiforme será proporcional no tamanho entre as zonas e muito menos no conjunto do texto. Simboliza adaptação emocional.

> Mobilidade, evasão, independência e rapidez, caráter elástico, agilidade de movimentos. Dificilmente os estímulos permanecem por muito

tempo. Atividade intensa, flexibilidade, agilidade para se livrar de situações embaraçosas.

- Traço rápido, simplificado: vivacidade, intuição, apreciação global.
- Com boa pressão: necessidade de realizações concretas.

Passividade, hesitação, indefinição, deslealdade e mentira, imprecisão, inquietude, instabilidade e insegurança, falta de escrúpulos, fuga das responsabilidades e oportunismo, afetividade que se liquefaz, falta de coragem e energia, atitudes evasivas, ambiguidade e impaciência, tentativa de mostrar valores que não tem, ressentimento e falsidade, imprecisão, descontinuidade de ação, falta de engajamento nas coisas que realiza.

- Em escritas discordantes: problemas mentais.
- Escrita frouxa: instabilidade, antagonismo, versatilidade, falta de vontade, inconsistência, falta de escrúpulos e princípios morais.
- Com escrita descendente: fadiga, exaustão, doenças.
- No final das palavras: impaciência, dissimulação.

Interpretação de Klages

Espírito polifacético, variedade de interesses, habilidade, impenetrabilidade, transmutação, dom de adaptação, diplomacia, dom político.

Indecisão, influência mórbida, ambiguidade, camaleão, falsidade, hipocrisia, inveja, falta de caráter, simulação, astúcia, mimetismo, ausência de retidão.

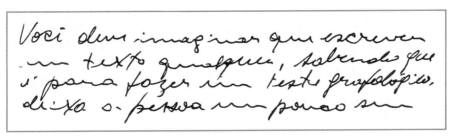

FIGURA 153: Filiforme. Escrita frouxa, imprecisa, traços robustos.

Mista

Existem grafismos nos quais ocorrem diversas variações no tipo de ligação. Em alguns casos, essas variações são facilmente observadas; e, em outros, há certo tipo de imprecisão.

A interpretação geral é de que a capacidade da pessoa em adaptar-se ao trabalho, à sociedade e à vida varia de acordo com o tipo de ligação que ocorre no grafismo.

O grafólogo observa onde ocorre a variação da ligação, se no início, no meio ou no fim da linha, do texto etc.

Exemplos:

- Ângulos e guirlandas: atitudes de ternura e dureza. Caso ocorra entre a assinatura e o texto, pode indicar desequilíbrio entre as condutas íntima, pessoal e social.
- Filiforme e arcos: hipocrisia, astúcia e dissimulação.
- Anguloso e filiforme: firmeza e diplomacia.
- Vários tipos: irritabilidade, conflitos internos.

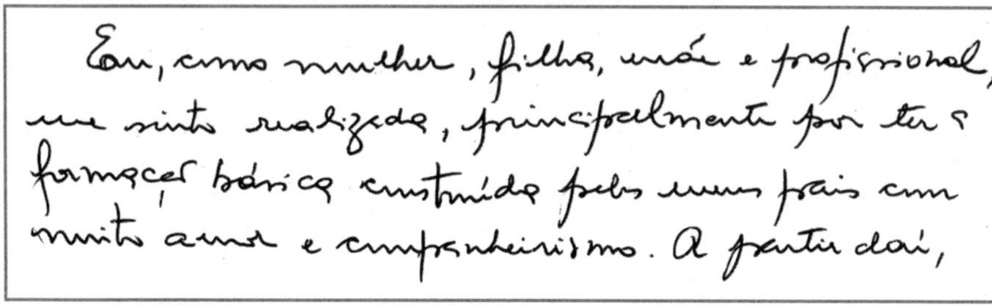

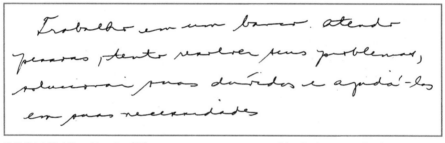

FIGURA 154: Mista.

FIGURA 155: Mista. Ligações filiformes quase como um arco, guirlandas largas etc. Escrita extensa, rápida, limpa, pequena, calibre fino, traços combinados. O eixo horizontal é predominante.

Dupla curva – duplo ângulo

Trata-se de uma curva (ou ângulo) sobressalente colocada nas ligações, ocorrendo principalmente nas letras *m* e *n*. Em casos positivos, mostra agilidade intelectual e facilidade para desembaraçar-se de situações conflituosas. Apesar disso, a dupla curva sempre carrega consigo a ambiguidade nas relações sociais. Deve ser analisada com outros possíveis signos de imprecisão.

Revela falta de energia e força para realizar empreendimentos; moleza, caráter inconsistente, adaptação visando evitar conflitos, mediocridade.

Ao contrário da dupla curva, em que se presume falta de tensão interna, o duplo ângulo é sinal de tensões internas de forma constante. Mostra força de resistência, dureza, antagonismos e rigidez que podem levar à dispersão. Em ambos os casos, existirá sempre a perda no ritmo da escrita.

11 | VELOCIDADE

A velocidade é a quantidade de letras que escrevemos por minuto. No entanto, o grafólogo não controla o tempo, e sim observa isso lendo sinais. Para que o escritor consiga escrever de modo rápido, são necessários habilidade motora e treinamento; e, por isso, é comum que a escrita de crianças tenha velocidade lenta ou pausada.

A rapidez do grafismo muitas vezes também está ligada ao nível sociocultural do escritor. Demonstra o tempo de reação e a rapidez com que a pessoa resolve seus problemas e as suas tarefas. Em muitos casos, é indicativo de inteligência superior e atividade no trabalho com alto rendimento profissional.

A velocidade varia em função das emoções, do humor e dos interesses de quem escreve, e está ligada ainda a uma boa disposição e agilidade de espírito. Foi objeto de pesquisa de vários autores, como Saudek, que realizou experimentos para medi-la na primeira metade do século XX.

Grafólogos europeus e americanos concentram pesquisas grafológicas desse gênero e as correlações com os pontos, acentos, alterações, simplificações, deformações no traço etc.

Estudos levaram parte dos grafólogos franceses a excluir a velocidade como um dos gêneros clássicos na grafologia. Contudo o assunto ainda levanta dúvidas e muitos ainda acham que ela deve continuar a ser considerada como tal.

Peugeot é taxativa em sua avaliação: "Parece-me então recomendável continuar a interpretar as espécies clássicas da velocidade, e notadamente da rapidez – mas com as medidas corretas".

Diz ainda: "Há uma dialética entre a habilidade gráfica e o desejo da rapidez (ou de relativa lentidão) que deturpa um pouco o jogo da interpretação das espécies clássicas. Não é menos verdadeiro o desejo da rapidez; por exemplo, mesmo se não está à altura do resultado esperado pelo escritor, resta interpretá-la psicologicamente".

Em certos grafismos podem existir dificuldades para o grafólogo compreender exatamente a velocidade, pois as escritas que não são simplificadas, mas sim ornadas, complicadas etc., podem ser produzidas pelo gesto gráfico mais rápido. O contrário também ocorre.

Quando observamos diretamente o escritor, muitas vezes é fácil compreender e determinar a velocidade, contudo muitas vezes o grafólogo apenas recebe o texto escrito para analisar. Para nossos estudos, é essencial que se avalie a velocidade como um gênero, evidentemente, ao aliar o estudo do movimento a ela, o perfil grafológico ficará mais completo.

Para a escola francesa, os sinais são os seguintes:

Percepção hipotética da rapidez:

- Traço: claro.
- Forma: filiforme, simples, simplificada e imprecisa.
- Dimensão: pequena, desigual, esparramada.
- Movimento: fluente, dinâmico.
- Continuidade: combinada.
- Direção: dextrogira.
- Ordem: margem esquerda progressiva.

Percepção hipotética da lentidão:

- Traço: bastante apoiado ou muito leve, pastoso, pressão deslocada.
- Forma: complicada (com anelos, sendo consolidada, entrelaçada), ornada, em arcadas.
- Dimensão: estreita, bastante regular ou muito irregular.
- Movimento: imóvel/estático.
- Continuidade: retocada, espasmódica.
- Direção: sinistrogira.
- Espaço: compacta.

Tipos de velocidade

A velocidade pode ser: lenta, pausada, rápida, precipitada, lançada, acelerada, com desigualdades de velocidade.

Lenta

Escrita caracterizada pelos movimentos lentos e menos de cem letras escritas por minuto.

Nas crianças, a lentidão inicial do aprendizado é facilmente notada. A velocidade aumenta com o treinamento ao longo dos anos. Entretanto, crianças hiperativas tendem a escrever de modo confuso e rápido desde a tenra idade.

Com o avanço etário, a velocidade tende a diminuir de modo gradativo, muitas vezes de forma não linear. Nas pessoas idosas, os movimentos tendem a se tornar mais lentos, e indicam redução da atividade, muitas vezes com aumento de pressão, não em razão da força física e sim pela vontade de obter maior legibilidade e evitar os tremores. O relevo diminui, e se torna raro; a flexibilidade dos gestos também decresce e surgem traços disparados.

Uma "troca" muito comum em todos os tipos de escrita é da velocidade pela legibilidade. A tendência da escrita lenta é conseguir boa legibilidade, porém quando isso não ocorre o grafólogo deve pesquisar as causas com afinco.

Muitas vezes, a lentidão excessiva resulta na escrita desenhada. Pulver chega a dizer que a lentidão, junto com outros sinais, pode indicar insinceridade. Entretanto, a escrita rápida não mostra, de forma alguma, sinceridade.

A lentidão pode ocorrer também nos espaços, ou seja, a pessoa escreve de maneira rápida, porém nos intervalos entre as palavras a velocidade diminui. Em alguns casos, a pessoa pode escrever em grupos de duas ou três palavras de forma rápida e fazer uma pausa maior para a caneta voltar ao papel. Existe assim uma diferença entre a velocidade dos escritos com a velocidade dos espaços, pois normalmente esta teria de ser mais rápida. Nem sempre isso é fácil de ser observado. Nossa conclusão é parcial até o momento, pois há muitas pesquisas ainda não concluídas. Por enquanto podemos afirmar que:

- Espaços lentos x escrita rápida: a reflexão procede a uma ação rápida e de maior intensidade.
- Espaços rápidos x escrita lenta: pouca reflexão para uma ação sem grande dinamismo.

Em ambos os casos, existem discordâncias no tempo de execução do traçado. Seu antônimo é a escrita rápida.

As principais causas da lentidão, segundo Jamin, são:

- Debilidade: em escritas torcidas, decrescente, frouxas.
- Moleza: redonda em excesso, baixo relevo, negligente.
- Ignorância: desorganizada, péssima ortografia.
- Complicação: carregada de traços inúteis.
- Excessiva extensão dos traços: demasiado grande ou dilatada.
- Inibições não controladas: desligada, fragmentada, regressiva, retocadas, vacilante.
- Pressão forte: grossa, pastosa, espasmódica, borrada.

Sinais gráficos que indicam movimento lento:

- Escrita ornada, complicada.
- Pingo do *i* e barra do *t* à esquerda.
- Traços regressivos, sinistrogiros.
- Pressão muito forte.
- Letras grandes ou exageradas.

- Letras caligráficas e aumento das interrupções.
- Retoques, ausência de traços filiformes.
- Inclinação invariável das longitudes.
- Escrita bastante estreita.

> Prudência, formalismo, assimilação lenta, porém com precisão, resposta calma aos estímulos, sem atropelos, modéstia, resignação e passividade diante de críticas, necessidade de tomar decisões somente após refletir o assunto sob todos os ângulos e pontos de vistas possíveis, introspecção, meditação, atividade mental tranquila, reflexiva e prudente, observação atenta e memória perceptiva, seriedade e calma, desejo de perfeição, constrição, freios.
>
> Nas tarefas, ordena, classifica, analisa da forma mais concreta e física, sem modificar ou transformar nada. Os raciocínios se fazem somente sobre o que existe e é possível.
>
> Incapacidade de responder rapidamente ou de atuar em atividades que exijam constantes ações. Inibição, resistência à interação, imaturidade psicológica, dificuldade de realizar qualquer tipo de empreendimento, falta de vontade de responder às críticas, mesmo que as considere injustas, premeditação, medo, insegurança, emotividade débil, natureza eminentemente passiva e reflexiva, tendência ao repouso, curiosidade intelectual limitada, pensamento lento, pouca energia física no trabalho e em tarefas que exijam esforços, medo de tomar decisões, "falta de pulso forte", inibição, tendência à acomodação, seja ou não defeituosa, falta de dinamismo e iniciativa. Também pode ser sinal de retardamento mental.

- Escrita invertida: medo de contatos com o mundo exterior.
- Descendente, pequena: depressão, tristeza, debilidade de vontade.
- Caligráfica: pouca flexibilidade, falta de originalidade.

Interpretação da escola italiana

A escola italiana chama de *lenta* a escrita que procede de modo preguiçoso ou por negligência. A lentidão depende mais da falta de soltura e dinamismo do que do traçado da palavra.

Sinal modificante da vontade e do intelecto, a escrita lenta indica tendência à acomodação, a ser tardio em compreender, pensar e trabalhar (Torbidoni).

O escritor, nesse caso, carece de prontidão em suas reações intelectuais e psíquicas, e somente aprende as noções que não comportam dificuldades. Não se preocupa em ir adiante para superar as dificuldades, chega a novas conclusões tardiamente. Apresenta pouca capacidade de ver com prontidão e clareza os problemas e situações. Há necessidade dos estímulos de pessoas para completar qualquer tipo de tarefa ou cumprir seus compromissos.

Para produzir de maneira eficiente, necessita estar sob supervisão ou observação constante.

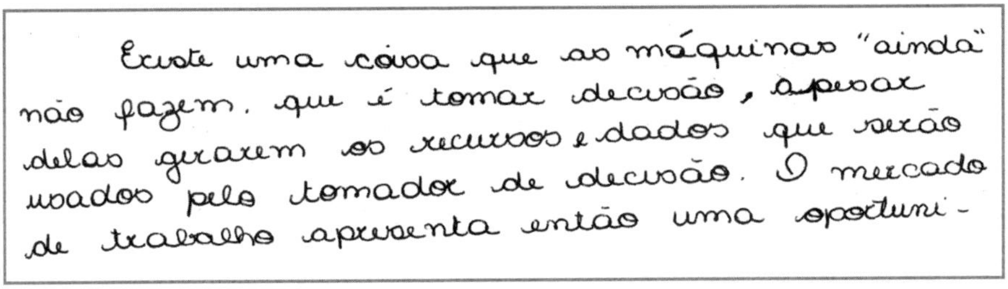
Existe uma coisa que as máquinas "ainda"
não fazem, que é tomar decisão, apesar
delas gerarem os recursos e dados que serão
usados pelo tomador de decisão. O mercado
de trabalho apresenta então uma oportuni-

FIGURA 156: Lenta. Escrita caligráfica, redonda, simples, monótona.

Pausada

A escrita pausada é traçada cuidadosamente, sem movimentos disparados. Segundo a escola jaminiana, são escritas cerca de 130 letras por minuto, que são executadas de forma cuidadosa e completa; por exemplo, a barra do *t* e o pingo do *i* são colocados no local correto, o espaço entre as palavras e as letras é constante, o tamanho é quase sempre regular (Vels).

No entanto, as definições de escrita pausada tanto de Vels como de Jamin não estão completas, pois uma escrita pode ter velocidade pausada e traçado mal executado, sem precisão, com a barra do *t* e pingo do *i* completamente fora do normal.

As interpretações a seguir são oriundas de vários autores e não servem para a constatação acima.

A escrita pausada no contexto monótono pode ser interpretada como indiferença. Com escrita firme, indica controle das tensões, energias e emoções, consequência e confiança naquilo que faz, sem se deixar levar pelas comparações com os outros.

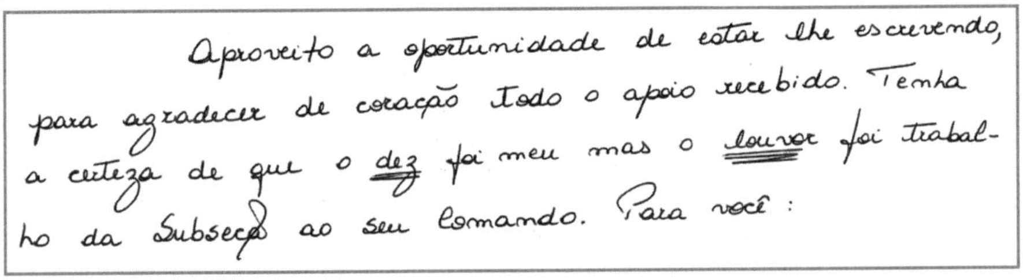
Aproveito a oportunidade de estar lhe escrevendo,
para agradecer de coração Todo o apoio recebido. Tenha
a certeza de que o dez foi meu mas o louvor foi trabalho da Subseção ao seu Comando. Para você :

FIGURA 157: Pausada. Escrita limpa, barra do *t* alta, simples.

Calma, docilidade, autodomínio, sensatez, domínio das funções sensoriais e perceptivas sobre a inteligência, inteligência observadora e reflexiva – que além de reconhecer os dados, necessita intervir para adaptá-los às necessidades próprias e de outros –, tempo de reação entre médio e pausado. Nos sentimentos, busca-se o equilíbrio entre os interesses afetivos e os materiais. Forte apego às rotinas anteriormente programadas.

- Escrita combinada, simplificada: atividade intelectual constante, reflexiva, adaptada para os seus fins, algumas vezes intensa (Jamin).
- Movimentos decididos: reflexão, sensatez, autodomínio.

Monotonia nas respostas aos estímulos, acomodação aos fatos e às circunstâncias, inteligência média e incapacidade de acelerar mais o trabalho, quer por vontade própria quer acionado por outros. Com escrita frouxa, indica pouca sociabilidade e iniciativa.

Rápida

A escrita é rápida quando são traçadas entre 140 e 200 letras por minuto. Expressa grande atividade e é um de seus melhores indícios gerais; mas somente é qualitativa quando traçada com agilidade, soltura e continuidade, sem sobressaltos e agitação (Jamin).

Normalmente, a escrita rápida é conseguida após intenso treinamento escolar; portanto, é pouco comum que crianças tenham esse grafismo. A forma caligráfica tende a ser abandonada, a inclinação quase sempre se faz à direita e as simplificações e combinações são comuns.

São sinais que indicam escrita rápida:

- Formas simples e diretas.
- Pingo no *i* e barra do *t* colocados à direita.
- Finais de certas letras inacabados.
- Movimentos executados à direita (progressivos, dextrogiros).
- Inclinação crescente nas longitudes.
- Formas abreviadas.
- Pontuação alargada.
- Escrita larga.
- Traços filiformes, acerados etc.

Resposta rápida aos estímulos, capacidade de solucionar problemas em pleno movimento, adaptação prática às circunstâncias do momento, imaginação ágil, rápida, reflexos e coordenação, cultura e superioridade intelectual, dinamismo e capacidade pessoal de resolver problemas, iniciativa e agitação, necessidade de resolver os problemas com presteza, agilidade nas palavras e nos atos, espírito empreendedor, disposição mental, intelectual e física para a ação, boa coordenação neuromuscular que permite responder aos estímulos exteriores.

Resposta aos estímulos segundo seus impulsos, sem a devida avaliação, incapacidade de refletir, mesmo que por poucos momentos sobre qualquer assunto, desequilíbrio, oportunismo, necessidade imperiosa de resolver tudo na hora, impaciência, inquietação e instabilidade, pouca capacidade de observação, desatenção aos detalhes, ansiedade, atrevimento, audácia, agitação nervosa, tônus mal aproveitado. Com espaços estreitos, indica intensa necessidade de contatos sociais.

Interpretação da escola italiana

Escrita chamada de *veloce* pelos italianos. O traçado é executado com rapidez e sem titubeios. Quanto mais regular for a rapidez, mais intenso é o signo. As letras mantêm a mesma altura e largura, e a grafia é pequena (Torbidoni). É diretamente contrária à escrita *lenta*.

Indica que o escritor apresenta agilidade nas conclusões, negligência às particularidades, tendência a concluir prontamente. Quase sempre é voltado mais para a ação do que para o pensamento, passa rapidamente do planejamento para a realização, não tolera demoras ou freios em suas atividades. Dá pouca atenção às particularidades e somente se preocupa em levar adiante o essencial. Quando assume compromissos procura cumpri-los no mais breve espaço de tempo possível, mas sem omitir nada do essencial para completar o trabalho (Torbidoni).

Do ponto de vista de aptidões, indica disposição para atividades que requeiram pronta concepção e execução, agilidade de reflexos, continuidade nas operações e rápida conclusão. Move-se sempre veloz e continuamente para o alcance da finalidade a que se propõe (Torbidoni).

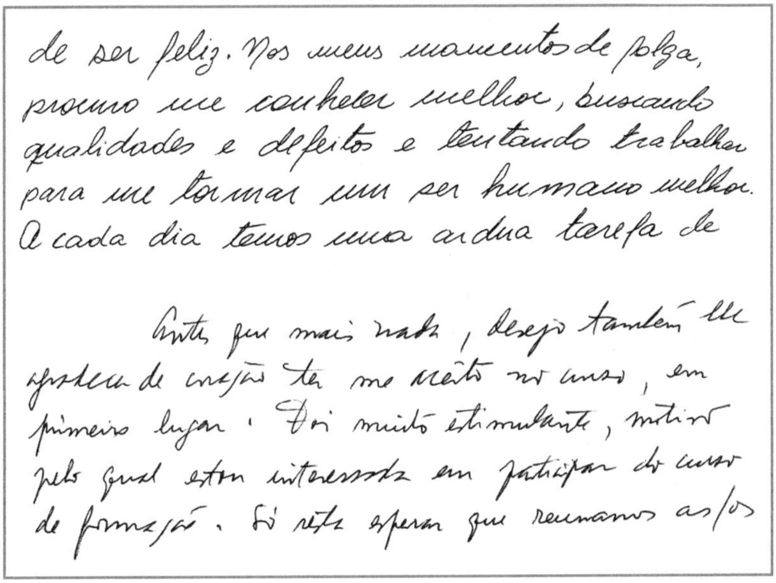

FIGURA 158: Rápida.

Precipitada

Nessa escrita, os movimentos são precipitados e irregulares, e o traçado é filiforme, inacabado e pequeno. São escritas mais de 200 letras por minuto e algumas delas são difíceis de ser reconhecidas. Tem estreitas ligações com as escritas lançada, imprecisa, movida, sinuosa etc.

A precipitação tem um lado positivo quando se necessita resolver determinadas situações com grande velocidade, mas quase sempre as possibilidades de erros se ampliam. Na maioria dos casos, a rapidez é privilegiada em detrimento da legibilidade. Normalmente o escritor usa a maior velocidade que pode alcançar. É encarada de forma positiva quando a legibilidade se mantém em altas doses durante toda a escrita. Muitas vezes os traços precipitados se combinam para ser legíveis.

Nas escritas precipitadas, é difícil existir equilíbrio entre as zonas, mas ocasionalmente as margens podem ser estruturadas, e os espaços, ajustados. Como a rapidez do escritor precipitado é exacerbada, considera-se um pouco difícil que se ajuste ao meio social.

Na escrita arrebatada, o autor ostenta suas paixões, sua violência e às vezes sua maldade, enquanto na precipitada mostra os últimos recursos da própria atividade (Jamin).

> Resposta aos estímulos sem prévia triagem, necessidade de anotar rapidamente (jornalistas), capacidade de aumentar seu ritmo de trabalho sem perda da eficiência, confiança em si mesmo e em suas habilidades, perspicácia, agilidade mental e assimilação, tomada de decisões com rapidez, espírito pragmático, atenção genérica, panorâmica e global em detrimento dos detalhes.
>
> Visão superficial dos fatos, pouca capacidade de avaliação e clareza nas relações, escassa aptidão para trabalhar com dados que exijam minuciosidade, inaptidão para tarefas rotineiras, falta de domínio e precipitação na ação, irritabilidade, tendência à cólera, reações desproporcionais às pequenas contrariedades, excesso de confiança, pouca precisão nos atos e trabalhos, desejo de livrar-se o mais rápido possível de suas obrigações (falta de responsabilidade), impaciência, atenção superficial aos fatos e objetos que estão ao redor, falta de profundidade. "Come cru e quente por não saber esperar."

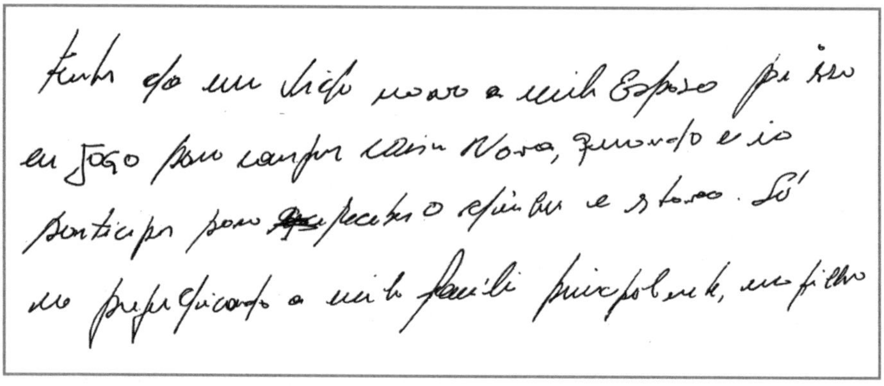

FIGURA 159: Precipitada.

Lançada

Os traços são disparados em um impulso vivo, dinâmico, que amplia até o exagero a extensão do traçado. Também chamada de disparada. Os traços finais, a barra do *t*, a acentuação etc. são lançados de forma impulsiva, muitas vezes, para a direita, para cima ou para todos os lados. Contudo, os movimentos lançados podem ser progressivos, regressivos e/ou englobar os dois em um mesmo grafismo. Parece existir a falta de controle nesses lançamentos, o que em muitos casos pode assinalar indícios de determinadas doenças que comprometem a psicomotricidade da pessoa – por exemplo, alcoolismo.

Distingue-se da sobressaltada, pois os "disparos" são constantes e estão, *a priori*, aliados à velocidade. Jamin considerava a escrita lançada uma característica geral das escritas e por isso mesmo uma espécie qualitativa, porque pode manifestar-se com muita flexibilidade.

Pode ocorrer em qualquer momento da escrita. No início das frases, por exemplo, indica que a pessoa se mostra entusiasta e ardente no primeiro movimento, mas que logo passa, sinal evidente de falta de consistência. No final das linhas, e principalmente no final do texto, revela que as paixões e as tensões vão se acumulando ao longo da vida e, de repente, a pessoa passa a ter acessos de cólera, sem motivos aparentes, que podem ser reduzidos no decorrer do tempo. Esse segundo caso é mais comum quando a escrita é angulosa e estreita.

Em numerosos grafismos, a impulsividade e a iniciativa não aparecem nas primeiras linhas ou palavras ou mesmo no primeiro parágrafo, pois existe a necessidade de conhecer antes o ambiente no qual se vai agir, para depois partir para a ação. Essas características podem ser potencializadas se a escrita for crescente ou se as primeiras linhas tiverem tamanho menor. A avaliação contrária também é bastante válida nesse caso. Quando o lançamento termina em forma de arpão, é sinal de contenção brusca no impulso, da ambiguidade que pode mostrar arrependimento de algo que continua fazendo.

Qualquer que seja a interpretação, a escrita lançada não contribui para o equilíbrio do conjunto. O antônimo da escrita lançada é a escrita contida.

> Caráter ardente, efervescente, atividade acentuada, empreendedora e audaz, que apesar de conhecer os limites, se lança sem freios para realizar algo; espontaneidade, expansão e ímpeto, resposta aos estímulos de maneira pronta, ágil e rápida, habilidade para atuar sobre os fatos e acontecimentos em pleno movimento, sempre intervindo neles de maneira que sua influência seja decisiva ou pelo menos tenha grande participação, tomada de decisões de forma ágil e com presteza.
>
> Predomínio das paixões, normalmente se deixando levar pelo momento, vulgaridade, falta de reflexão ao agir, tendência a responder aos estímulos de forma pronta, mas sem a triagem necessária, inconsequência nos mais simples atos, cólera, explosões e agressividade, in-

quietação, espírito destruidor, imprudência, superficialidade e, quando intensa, brutalidade (Jamin). Valoriza demais qualquer tipo de estímulo e normalmente responde de forma desproporcional a sua real intensidade. Dispersivo com suas energias. Ciúme exagerado daquilo que considera ser seu por direito. Fácil perda de controle diante de qualquer contrariedade.

- Com escrita angulosa, acerada: agressividade, sadismo, necessidade de ferir os outros.
- Com escrita angulosa, acerada, grande, sobressaltada: necessidade de ferir os demais para mostrar superioridade e poder.
- Disparos na zona superior e em curva: tendência ao misticismo, exaltação.
- Na zona superior: inquietação, imaginação viva, tendência a sonhar, utopia.
- Lançamentos sinuosos: espontaneidade vigiada. Possível intriga (Jamin).
- Traço reto saindo da zona inferior para a zona média: intriga.

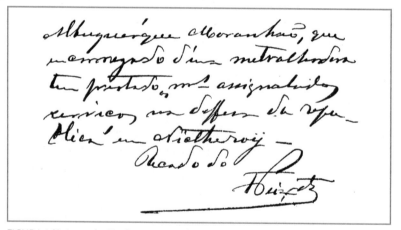

FIGURA 160: Lançada. Escrita em que a dominante é a pressão.

Interpretação da escola italiana

Segundo Moretti, a escrita *slanciata* ocorre quando se procede com arrojo, com estiramento das letras no sentido horizontal. Essa particularidade se encontrará principalmente nas letras *m, n, i*. O conceito é próximo ao de Jamin, mas este fala em qualquer tipo de traço e não especifica letras.

Signo modificante da vontade que indica extroversão, ousadia, impulsividade, arrojo, escassa reflexão. O escritor que adota essa escrita é um otimista que se deixa levar pelo fácil entusiasmo, se exalta diante dos estímulos e das solicitações. Basta uma pequena motivação para que seja invadido por um fervor e parta a fim de realizar o que tem em mente; se lança nas tarefas sem refletir preventivamente e não tolera ser contido, opõe-se a quem o convide para refletir suas atitudes (Torbidoni).

Indivíduo explosivo, que sente a necessidade de se expressar de qualquer maneira, mesmo quando não é necessário. Faz juízos ingênuos e algumas vezes seus pensamentos não são tão bem-ordenados. É muito mais apegado à ação do que à reflexão.

Do ponto de vista das aptidões, revela idoneidade para tarefas que requeiram fervor, entusiasmo, espírito de iniciativa, atrevimento (Torbidoni).

Acelerada

Ocorre quando, nos grafismos lentos ou pausados, a velocidade aumenta para rápida. Normalmente resulta em cerca de 150 letras por minuto.

Há duas variações de acelerada, uma que produz resultados positivos e outra em que os impulsos são produtos de emotividade, agitação, descontrole etc. No primeiro caso conseguimos eficácia, no segundo, dispêndio de energia.

A escrita acelerada de maneira eficaz é simples, progressiva, abreviada, combinada, disparada etc. A diminuição do tamanho, nesse caso, mostra uma boa concentração de energia. Indica, antes de tudo, recursos intelectuais do escritor. Não deve ser confundida com a escrita discordante, que estudaremos mais adiante.

> Capacidade de acelerar o ritmo de trabalho, capacidade de aumento de produtividade quando necessário, resistência às pressões, controle da vontade, resposta aos estímulos de acordo com as circunstâncias e condições desejáveis.

> Emotividade; tentativa de melhorar a capacidade de trabalho sem êxito, produtividade desorganizada, péssimo aproveitamento do tempo, vacilações e angústia.

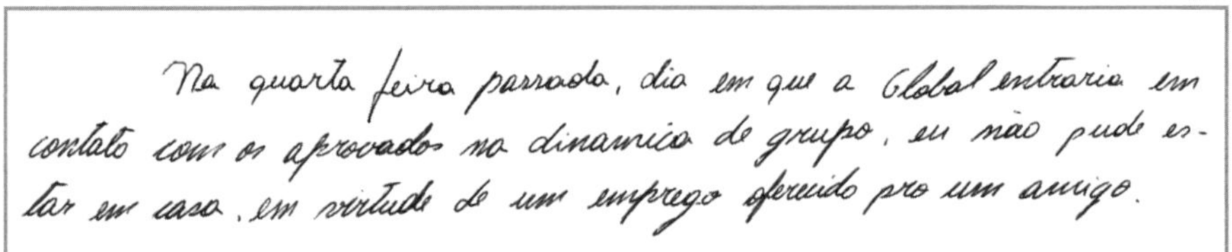

FIGURA 161: Acelerada.

Desigualdades de velocidade

O grafismo pode apresentar várias desigualdades de velocidade, e a interpretação depende da maneira como ele ocorre no texto. Certas desigualdades devem ser consideradas normais.

A variação pode acontecer do início para o fim do texto, do meio para o fim, na mesma linha, apenas em certas linhas ou até mesmo em uma palavra. Consideramos a aceleração ou a diminuição da velocidade e suas relações com os outros aspectos gráficos.

O aumento de velocidade que consegue manter a forma e a pressão no grafismo mostra capacidade de aumentar o trabalho sem a perda de eficiência. A diminuição pode indicar prudência. Nesses casos, estamos falando de um movimento de aceleração uniforme.

Existem grafismos em que isso acontece de maneira brusca, até mesmo violenta, funcionando como um sobressalto – como se estivéssemos em um carro andando lentamente e pisássemos com força no acelerador ou, se em alta velocidade, colocássemos o pé de repente no freio. Em qualquer exemplo, há uma mudança que nos afeta de várias maneiras. Poderíamos dizer que a freada nos salvou de uma batida; no sentido grafopsicológico, trata-se da contenção de instintos.

- Velocidade diminuindo: contenção de instintos, prudência, medo, vacilação, dúvidas, agitação.
- Velocidade aumentando: arrojo, impulsividade analisada, nervosismo, imprudência, riscos calculados.
- Bruscas variações: tendência a conter o ardor, instintos e necessidades conscientes, mediante um esforço de contenção consciente (Vels). Ritmo de pensamento superior às próprias pernas (Vels). Insegurança, incerteza, falta de confiança nos contatos sociais.

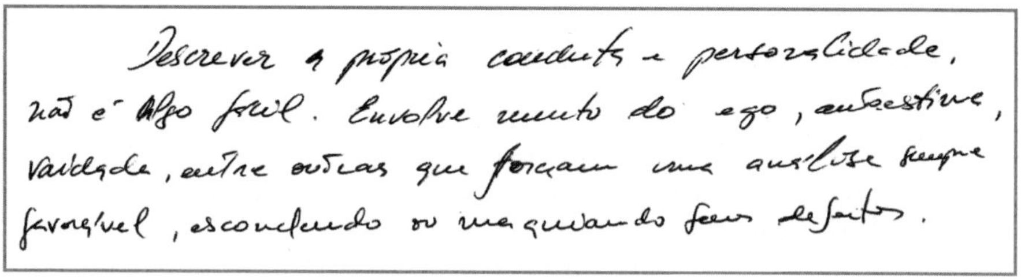

FIGURA 162: Desigualdades de velocidade. A modulação na velocidade é própria de pessoas que sabem ajustar o tempo às suas necessidades (sentido positivo), e por isso mesmo, muitas vezes, um sinal de inteligência.

12 | INCLINAÇÃO

O grau de inclinação é um dos aspectos mais fáceis de serem observados na escrita. Para observá-lo basta traçar uma linha vertical (90 graus) ao lado de certas letras como t, b, f etc.

A inclinação reflete a necessidade e o desejo da pessoa de entrar em contato com seus semelhantes; como se relaciona com o outro e como deseja ser tratada, dominada ou repudiada. Revela a espontaneidade afetiva e o grau de vinculação com os objetos e os seres humanos. E, além disso, indica se a pessoa está em contato com o futuro ou mais ligada ao passado.

A inclinação pode ser dinâmica (com traços firmes e velocidade) ou passiva (frouxa, sem vigor, lenta etc.). A primeira exprime um movimento enérgico, enquanto a segunda é sinal de passividade e abandono.

Klages descreveu a inclinação na escrita como uma questão de representação, mas para Dubouchet é uma questão de expressão.

Tipos de inclinação

Inclinada

Divide-se em dois tipos: muito inclinada e inclinação moderada.

Muito inclinada (entre 35 e 45 graus à direita)

O grau de inclinação para o lado direito é bem acima do normal. Michon considerava como signo exclusivo de sensibilidade, porém Jamin discorda totalmente, dizendo que a grande indicadora de sensibilidade era, na verdade, a espécie desigual, de modos bastante variados e de muitas possibilidades.

Para alguns grafólogos, a inclinação mede o grau de extroversão, o que para nós nem sempre chega a ser exato, pois a extroversão pode ser avaliada por vários outros sinais além da inclinação.

A escrita muito inclinada indica audácia, mobilidade, atividade, dinamismo e sociabilidade, certa dramatização dos fatos, irritabilidade, vontade de chamar atenção, exibicionismo, extroversão – ou seja, o sair de si mesmo para o mundo. Falta de reflexão, agressividade, ansiedade, atividade sexual acima da média; todavia, sem freios ou controle. Necessidade de ser influenciado (Brach). Impulsividade, paixão, espontaneidade, afetividade. Seu antônimo é a escrita invertida.

- Com escrita fina: influenciável.
- Espasmódico: forte sexualidade ou irritabilidade (Desurvire).
- Escrita angulosa e firme: obstinação, dureza, agressividade.
- Prolongamentos nas zonas superior e inferior: energia dispersa.

Inclinação moderada (em torno de 75 graus)

Nesse caso, a inclinação é menor que a anterior, mas as características a serem interpretadas não guardam proporção com o grau de inclinação porque outras espécies podem influir de maneira decisiva.

> Mostra que a pessoa não gosta de ser influenciada. Boa afetividade, amabilidade, ternura e cordialidade, equilíbrio entre a sensibilidade e a razão e entre o sentimento e a lógica, constância de sentimentos e estabilidade afetiva, capacidade de observar o mundo sem agitação, relacionamentos bem estruturados.
>
> Adaptação aos gostos e costumes sociais por interesses próprios, convencionalismo e adaptação às rotinas de trabalho, cortesia nos parâmetros formais. Com inclinação rígida: perfeccionismo e contatos inflexíveis, atenção exagerada às ideias e pensamentos dos outros.

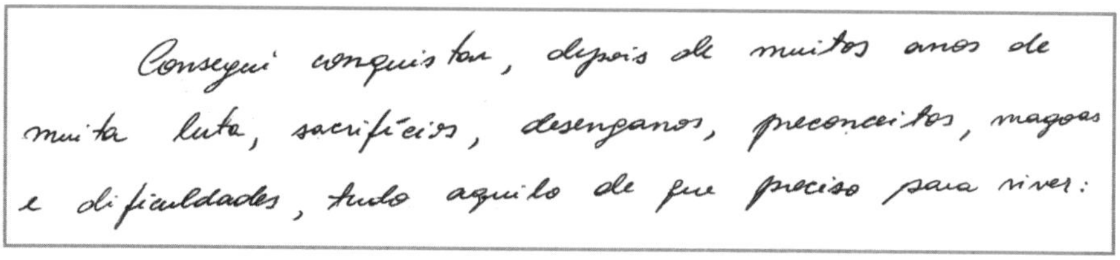

FIGURA 163: Inclinada.

Deitada ou tombada

Quando a escrita é exageradamente inclinada, com traços de inclinação maior do que 35 graus com a vertical, recebe o nome de deitada. Se estiver associada a outros sinais, indica fácil excitação e temperamento exagerado. Para Gille-Maisani, é um modo da espécie arrebatada. Michon observou que os signos gráficos de ódio são os mesmos do amor. Portanto, a inclinação exagerada é o signo gráfico dos que amam apaixonadamente ou odeiam com fúria.

Indica ciúmes, desejo de exclusividade nas relações, hipersensibilidade, histeria, incapacidade de exercer controle de si mesmo, caráter apaixonado ao extremo.

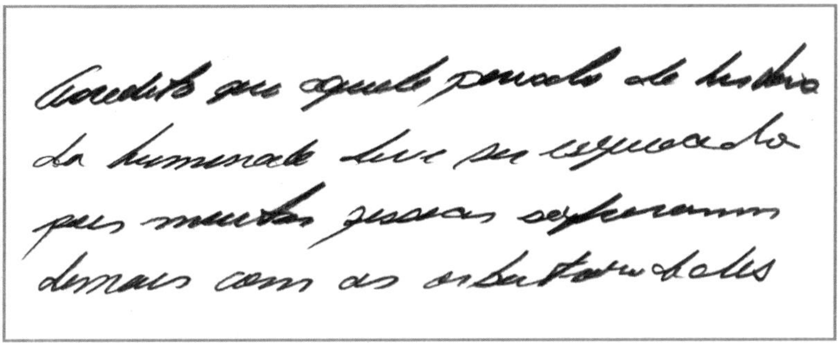

FIGURA 164: Deitada.

Vertical ou reta

Este tipo de escrita apresenta predominância do eixo vertical que naturalmente reforça a integração entre a parte superior e inferior da escrita, ou seja, um controle consciente de si. O eixo vertical é sinal de individualidade: a pessoa não deseja tomar partido ou demonstrar seus sentimentos.

> Firmeza para permanecer coerente com as relevâncias e considerações feitas, estabilidade, regularidade, reserva e solidez, tendência à análise imparcial antes de emitir julgamentos, atitudes aristocráticas e firmeza de intenções, reflexão, claridade de espírito, controle de desejos e sentimentos, autossuficiência, predomínio de atitude serena e razoável, controle da espontaneidade e das emoções, predomínio da razão sob os sentimentos, orgulho, capacidade de evitar influências exteriores e de ser mediador.
>
> Indiferença e isolamento, falso orgulho, frieza, dureza de atitudes e inflexibilidade, desconfiança e certa intransigência, egocentrismo, desejo de ocultar suas emoções e sentimentos, falta de vontade em tomar partido nas questões, egoísmo, dissimulação. Quando a zona superior é maior, isso ocorre no âmbito das ideias.
>
> - Com escrita firme: vontade, energia.
> - Grandes espaços entre as linhas e palavras: desejo de isolar-se.
> - Escritas tipográficas: necessidade de anonimato.
> - Ovais fechadas: reserva, impessoalidade, frivolidade, egoísmo.

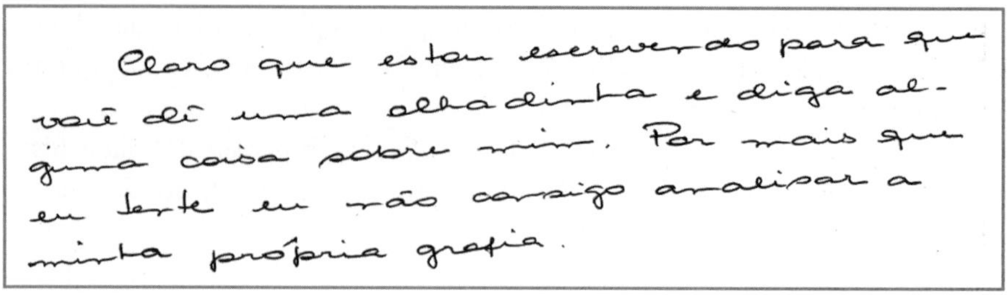

FIGURA 165: Vertical.

Invertida (à esquerda)

A inclinação à esquerda recebe o nome de invertida e trata-se de um movimento regressivo. Sugere um modo da escrita ao revés, cujo traçado vai de encontro ao modelo caligráfico escolar. Quando a marcha é inibida, pertence à espécie artificial.

Adolescentes podem apresentar temporariamente esse tipo de grafismo por causa da introspecção comum nessa fase da vida. Seu antônimo é a escrita inclinada.

Indica introversão para com os outros e com a vida, precaução nos contatos sociais, poucas demonstrações de afetividade e ternura, renúncia em prol de terceiros (altruísmo), adoção de atitudes reservadas e vigilantes em relação aos afetos de seus semelhantes, capacidade de abstração, falta de espontaneidade, reserva, emotividade débil, medo e baixo interesse sexual, pouca vontade de ser influenciado. Pode denotar também hostilidade, ausência de segurança e equilíbrio interno, vulgaridade e tendência à violência (sentido negativo). Com formas sóbrias, angulosas, revela emotividade contida, rechaçada.

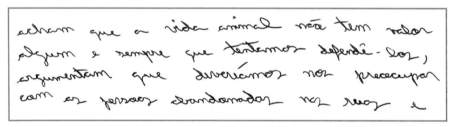

FIGURA 166: Invertida. Escrita frouxa, pequena, palavras imbricadas ascendentes.

Oscilante (ou variável, desigual, hesitante)

A inclinação é desigual em todo o grafismo. Quando ocorre de modo intenso na mesma palavra, assinala conflitos internos de grandes proporções, principalmente se a escrita for angulosa. Qualquer espécie de contradição ou conflito tende a absorver energia do indivíduo, resultando em baixo ou variável rendimento nas tarefas. O termo *hesitante* foi sugerido por Del Torre.

O grafólogo analisa a inclinação entre as letras e as palavras, entre o texto e a assinatura; primeira letra e as demais etc. Caso a primeira letra seja vertical e as que se seguirem forem inclinadas à direita, trata-se de um indicativo de que, nas relações sociais, a atitude formal se dá apenas nos primeiros contatos.

A diferença de inclinação entre as diversas zonas deve ser interpretada do modo como ocorre; na maioria das vezes, o traço é obrigado a realizar uma torção que pode indicar doenças, ansiedade, anomalias, dor e sofrimento. Essa diferença indica, sempre, as oposições e as contradições internas do escritor.

Desigualdades de inclinação na zona média revelam conflitos profissionais ou na vida cotidiana. Entre o traço inicial e final, indicam arrependimento e medo.

A escola francesa fala de escrita *changement de train*, quando ocorre *mudança de sentido*. Essa escrita dá-nos a nítida impressão de ter sido elaborada por duas pessoas diferentes, por causa das fortes irregularidades (por grupos de palavras ou frases inteiras) em relação à inclinação, como também aos outros gêneros.

No caso de pequenas oscilações de inclinação, a escrita é chamada de vibrante, revelando que a pessoa possui uma sensibilidade extremamente positiva, capaz de captar, com precisão, as leves mudanças que ocorrem em seu entorno, lhe garantindo alto nível de perspicácia.

As características tendem a ser exacerbadas quando a desigualdade de inclinação ocorre nas palavras e durante todo o grafismo.

A escola francesa chama de *écriture redressée*; *endireitada* ou *verticalizada* – quando na escrita vertical ou inclinada há uma mudança de inclinação, endireitamento à esquerda de uma ou mais letras que se constitui em espécie grafológica. Em nossas pesquisas, esse tipo de grafismo pode ocorrer em apenas algumas palavras ou até mesmo somente em uma, fato que pode se constituir em um lapso.

O grafólogo argentino C. Honroth observa que as palavras *hesitantes* podem ser indícios de palavras reflexas.

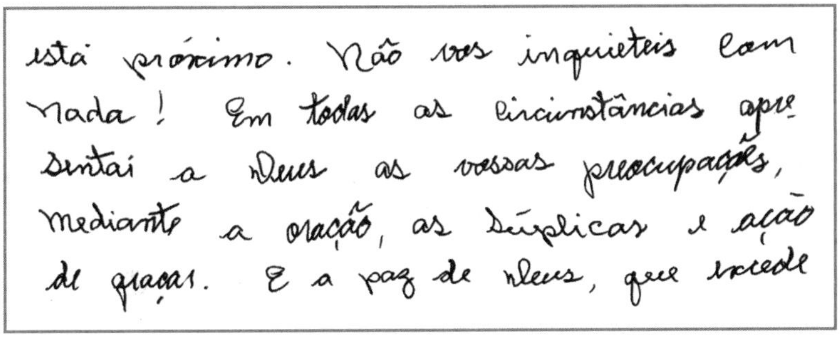

FIGURA 167: Oscilante.

Variação de ânimo e atitudes, facilidade em adaptar-se a qualquer situação com arte e diplomacia, capacidade de compreensão, adaptação e possibilidade de sintonizar as próprias necessidades com as dos outros, aptidão para amar e se fazer amado, capacidade de contemporização, vontade controlada e prudência nos contatos com terceiros, adaptação às regras e aos costumes da sociedade. Com escrita vertical, revela caráter maleável e suscetibilidade, e com escrita decrescente pode indicar experiência de vida.

Conflitos internos, insegurança, indecisão e temperamento variável, incerteza nas tarefas e trabalhos em grupo, ambivalência afetiva, angústia, incapacidade de responder aos estímulos com constância, dispersão, necessidade de aprovação, insegurança, emoções bruscas, sentimentos contraditórios, emotividade exagerada, luta para conter as próprias emoções, conflito entre o coração e a razão (Michon).

Conceitos da escola italiana

A escola italiana possui alguns conceitos extremamente originais e que se adaptam com grande facilidade aos nossos estudos.

Hastes retas

Tipo de escrita semelhante à escrita vertical, mas com as hastes retas. Para observá-lo, se traçam linhas no eixo das letras *b, t, f* etc. Nesse eixo observamos se as hastes são retas, côncavas à esquerda ou côncavas à direita. Todas as posições das hastes são avaliadas como signos modificantes da vontade.

Demonstra caráter inflexível que não se deve confundir com firmeza nem com arrogância. Rigidez e dificuldade em conciliar pontos de vista, mesmo que a situação exija. Boa capacidade para resistir a pressões de todos os tipos. Resistência à mudança, fidelidade ao estilo pessoal, métodos e diretrizes. Retidão e linearidade no comportamento. Cumprimento das promessas feitas, mesmo que custem grandes sacrifícios. Resposta constante a quaisquer estímulos em qualquer tempo. Interpretação e aplicação das leis, ignorando seu espírito. Quando em postos de chefia, tende a ser rígido e algumas vezes tirânico.

Se as hastes retas vêm acompanhadas de curva e larga entre as letras, significa que o escritor tem predisposição para honestidade e fidelidade (Torbidoni).

Hastes côncavas à direita

Indica perdão tanto no juízo como na ação. Normalmente a pessoa com esse tipo de escrita rende-se a qualquer tipo de pressão e é fácil de ser conduzida e influenciada. Em geral, atua de acordo com as circunstâncias para evitar os conflitos e transitar facilmente na sociedade.

Por conseguinte, muitas vezes muda de opinião e entra em graves contradições com suas próprias convicções. Com outros sinais associados, as hastes côncavas podem revelar conflitos pessoais, cujas origens estão na forma de atuar perante o mundo.

- Com escrita inclinada: tendência à covardia.
- Descendente: debilidade, envelhecimento.
- Retilínea: maleabilidade, espírito de adaptação, disponibilidade, flexibilidade diante de demandas legítimas.

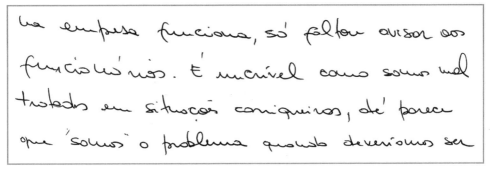

FIGURA 168: Hastes côncavas à direita.

Hastes côncavas à esquerda

Tendência a contradizer, divergir e desconfiar, mesmo sem motivos. Dificuldades para trabalhar em equipe, acolher e compartilhar ideias. Está sempre voltado para si e teme perder alguma coisa ao aceitar os demais; medo de trocar carinhos e afetividade com as pessoas, até mesmo com o parceiro. Sendo assim, muitos de seus relacionamentos acabam – não porque deixa de amar e sim porque evita o amor. Assim como o caso anterior, é sinal de conflitos internos, que podem ter causas mais profundas.

Sua reação de interiorizar-se é quase sempre instintiva e injustificada, porque não valoriza as razões dos demais; descarta-as de antemão (Torbidoni).

Quando as hastes côncavas à esquerda estão associadas com escrita estreita e angulosa, podem indicar contradição e desconfiança exasperantes.

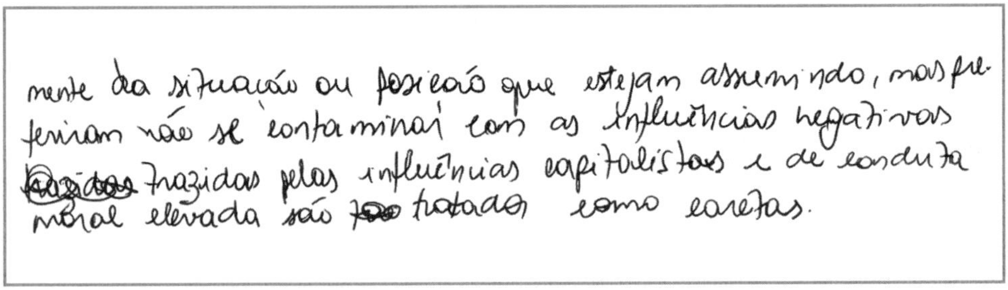

FIGURA 169: Hastes côncavas à esquerda.

Direção dos eixos – Paralela – Sinuosa – Contorcionada

Trata-se de outro conceito original e importante de Moretti. Ao traçarmos linhas nos eixos verticais das hastes (t, b, d, f, j, l etc.), vamos comparar se existe ou não paralelismo entre elas.

A escrita pode ser vertical, inclinada ou invertida; e os traços que marcamos, paralelos ou convergentes, sendo que essa convergência pode ser suave ou brusca. Os exemplos falam por si.

Paralela *(it.* **Parallela***)*

A inclinação das hastes é idêntica. Para Moretti e seus seguidores, a direção dos eixos é analisada como signo substancial de vontade e inteligência.

Revela intelectualidade pedante, escassa compreensão, tendência à técnica executiva. Não tem habilidade para aprimorar ou adaptar um modelo aprendido, aplicando sempre de modo rígido aquilo que adota sempre – ou seja, responde aos estímulos de maneira idêntica, sem acrescentar nada.

Diante de desafios ou novas ideias, torna-se reacionário e até agressivo, pois na maioria das vezes não consegue adaptar seu método. É unilateral em seus juízos e não sabe ter em conta as mudanças de situações, não sabe compreender as distintas disposições das pessoas.

Não é maleável, quase sempre é frio e rígido ao julgar fatos ou pessoas e dificilmente entende o espírito das leis. Apto para tarefas que necessitam de rotinas programadas e que sejam executadas de forma constante. Tem boa aptidão para aplicação atenta, fiel e rígida das normas – por exemplo, pode se sair muito bem em trabalhos que exijam classificação, arquivos, registros etc.

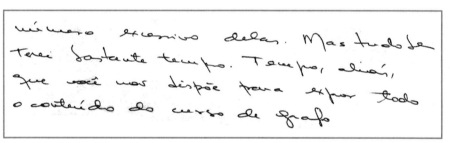

FIGURA 170: Paralela. Os traços paralelos tanto podem ser para a esquerda como para a direita. Escrita invertida, ligeiramente descendente. Ligações em bucles.

Sinuosa *(it.* **Sinuosa***)*

Aqui, as hastes das letras se inclinam docemente até se aproximarem. Essas pequenas oscilações são interpretadas pela escola jaminiana, mas não com a profundidade atingida por Moretti.

Assinala inteligência superior à média. O escritor possui talento psicológico, penetração intelectual, compreensão do ânimo e dos sentimentos dos demais. Avança na verdade dos problemas, avalia todos os aspectos diferentes das questões, principalmente os mais profundos, valoriza os dados e a situação não só pelo seu reflexo mais imediato, mas também pela forma que eles podem afetar outras pessoas.

Observador atento, vê as particularidades em relação ao conjunto, ao essencial. É dotado de uma sensibilidade profunda que lhe leva a conhecer o ânimo dos demais, examinar e valorizar todas as delicadezas (Torbidoni).

Forte perspicácia para compreender quem esconde intenções e projetos pouco lícitos. Aptidão para escutar a alma humana. Escrita comum em bons psicólogos, psiquiatras, professores e grafólogos, principalmente pela habilidade de se inserir nas situações no momento oportuno.

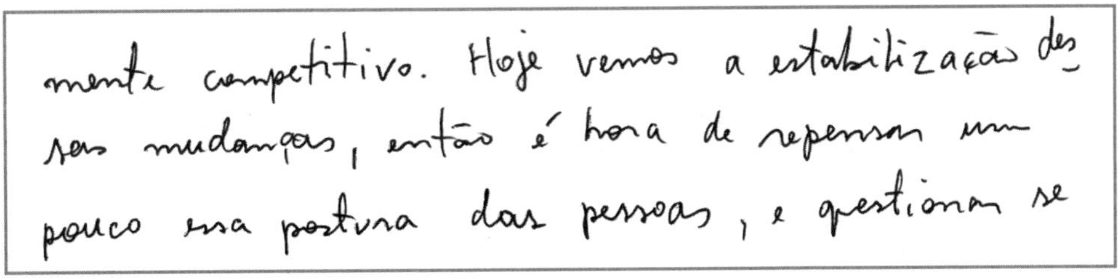

FIGURA 171: Sinuosa.

Contorcionada *(it. Contorta)*

Na terminologia francesa, a definição que mais se aproxima da "contorta" é a escrita *tiraillée*, quando há mudança de inclinação bastante acentuada dentro da mesma palavra. Pode ocorrer também dentro de uma letra, e o traçado muda de direção, por exemplo, a letra *f* em forma de bumerangue.

Ocorre quando os eixos das letras caem bruscamente nas letras vizinhas. Tendência ao controle, à verificação e à oposição. Busca a segurança e a objetividade, não confia no aprendizado imediato nem na intuição. Controla rigorosamente cada ideia, verificando sua importância e contrastando-a com outras opostas (Torbidoni).

Sua inteligência é mais complicada no processo do que na aprendizagem. Sob o perfil psíquico, tende ao contraste e à oposição de pensamentos, afetos e sentimentos.

Interiormente, está sempre demasiado tenso e pouco sereno, porque se contraria com certa facilidade. Seu estado habitual de irritação e contraste pode gerar escassa adaptabilidade e tendência à soberba. Sem dúvida, esse escritor é muito difícil e intratável.

Quando em seu caminho encontra obstáculos persistentes e insuperáveis, torna-se agitado; sendo assim, as respostas aos estímulos podem ser desconexas e ambíguas.

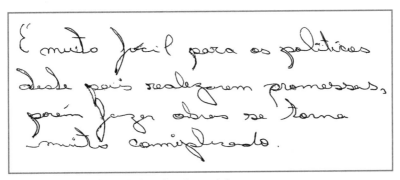

FIGURA 172: Contorcionada, letra *f* em forma de bumerangue.

13 | MOVIMENTO

A grafologia brasileira, assim como a de outros países, nem sempre deu grande importância ao estudo dos movimentos na escrita. Mesmo recentemente, muitos grafólogos ignoram esse tipo de estudo. Pulver dizia que "o grafólogo é um tradutor de movimentos". Para Jamin, "o movimento revive para definir uma escrita".

Mesmo com grande resistência e ressalvas de alguns membros, a grafologia francesa deixou de avaliar a velocidade como um dos gêneros clássicos e passou a dar mais importância ao estudo dos movimentos. C. Pinon e Villeneuve, dois expoentes da grafologia na França, acham que é melhor não definir velocidade do que fazê-lo de modo impreciso. Ao nosso entender, o assunto está longe de se esgotar, portanto o grafólogo deve apoiar o estudo do movimento como gênero sem qualquer tipo de restrição, mas continuar estudando a velocidade.

Mesmo que o grafólogo não consiga avaliar a velocidade com precisão, o estudo do movimento sempre permite que se tire conclusões muito mais consistentes a respeito da escrita. Vamos observar de maneira mais profunda as motivações, as necessidades e o controle das tensões internas do escritor.

O movimento é expressivo e praticamente observado de modo direto, diferentemente de outros gêneros, como a forma.

Os grafólogos alemães estudam o movimento dentro do modelo global, do ritmo de movimento.

A primeira grafóloga que separou de modo claro o estudo da velocidade na escrita do movimento foi Hélène de Gobineau, que descreveu cinco tipos de movimentos.

É interessante notar que os estudos foram feitos com escritas infantis. Basicamente, podemos observar o movimento na execução das letras e outro movimento na progressão da escrita, normalmente da esquerda para a direita nos modelos caligráficos.

Atualmente, muitos grafólogos mesclam os estudos de Jamin com Gobineau e Suzane Bresard, chegando a dez tipos de movimentos. O grafólogo espanhol J. Tutusaus fala de tipos de movimentos colocados em cerca de dez contrapostos. No entender de muitos de seus pares é algo demasiado.

Muitas espécies jaminianas são grandes espécies qualitativas e mostram sinteticamente aquilo que é essencial na escrita, por exemplo a escrita inibida, contida, ágil etc.

Peugeot diz que o movimento é eminentemente pessoal e, por excelência, participa do ritmo na escrita.

Para traçar o gesto gráfico, existem basicamente quatro tipos de movimento:

- Extensão – de baixo para cima;
- Flexão – do alto para baixo;
- Abdução – da esquerda para a direita;
- Adução – contrário ao anterior.

A flexão e a adução aproximam o gesto gráfico do corpo do escritor; os outros dois afastam. A verticalidade está presente nos primeiros gestos, enquanto nos dois seguintes está a horizontalidade.

No gesto de extensão, existe o relaxamento dos músculos; nos de flexão, a contração. No primeiro caso existe a propulsão; no segundo, a concentração. No movimento de flexão há diminuição do grau de articulação; e nos de extensão, o aumento do grau da articulação.

A terminologia médica denomina um músculo como *agonista* quando ele é o agente principal na execução de um movimento e *antagonista* quando se opõe ao trabalho de um agonista, para regular a rapidez ou a potência de sua ação. Caso esses movimentos não estejam ajustados, certamente ocorrerão distúrbios dos movimentos, por exemplo em pessoas que sofrem de ataxia.

No gesto de abdução, existe a expansão; o movimento é progressivo; no de adução, o gesto é regressivo, de inibição.

A combinação entre os quatro movimentos faz que possamos escrever de infinitas formas. O jogo entre a flexão e a contração revelará o equilíbrio interno do escritor.

Um dos grandes estudiosos do movimento gráfico foi Rudolf Pophal, que utilizou muitas das teorias de Klages sobre a expressão, como a que diz que "a tensão muscular corresponde a um estado de tensão psicológico ou intelectual".

A grafologia da fisiologia dos movimentos não é a explicação casual dos modos de movimento, mas a análise apoiada nos princípios da expressão (Pophal).

Klages dizia que "todo estado interior exterioriza-se por um movimento em analogia com esse estado". Pophal aperfeiçoa tal axioma, dividindo os movimentos em dois grupos principais: os movimentos *expressivos*, no estrito sentido do termo; e os movimentos *descritivos* ou *representativos*, em segundo plano.

Pophal diz que devemos ter cuidados ao avaliar a tensão na escrita, pois ela pode sofrer variações ao longo do texto.

Movimentos expressivos no estrito sentido do termo

São expressões diretas do movimento dentro do gesto gráfico; representam os elementos da motricidade individual. Trata-se da expressão cinética. Discrimina o princípio da necessidade; movimentos de impulsão de conteúdo expressivo. É dividido em movimentos análogos simples e análogos com determinados fins.

Movimentos análogos simples fazem analogia entre os processos motores e os processos psíquicos. Fazem correspondência entre o humor calmo e o repouso corporal; entre o ardor e o movimento animado (C. Bose).

Movimentos análogos com determinados fins fazem analogia entre o movimento expressivo e a atividade com determinado fim. A expressão é a analogia para com uma atividade biológica útil. Busca de um objeto atrativo; ou afastamento, fuga; recusa, rejeição.

Movimentos descritivos, de representação

A tradução da palavra alemã *darstellend* para o francês *descriptifs* feita por Hégar não conseguiu traçar a verdadeira dimensão com que é empregada no original.

Expressão de largo sentido. Gestos aprendidos, adquiridos especialmente na aquisição da linguagem; produtos de acordo com afinidades individuais, determinadas pelo senso pessoal de espaço. Margens direita e esquerda e posição da assinatura, entre outros. São os movimentos voluntários automáticos.

Movimentos análogos dirigidos para determinados fins

Criação de determinadas formas por uma impressão. Essa impressão é aquela com a qual o indivíduo tem afinidades; será imitada segundo um esquema da vontade e representação como expressão das características e tendências. Interrogar-se a que interesse específico serve a imitação, se ela é voluntária, e qual característica pessoal dessa intenção podemos descobrir.

As mais diversas modalidades de expressão mostram-se de modo muito mais preciso quando a escrita é espontânea. Sempre que o ritmo de movimento for dominante na escrita, teremos a expressão da personalidade no estrito sentido do termo.

Para Pophal, a altura do movimento é "expressiva" caso venha da amplitude do movimento espontâneo e será "descritiva" (ou impressiva) se em uma escrita grande a pressão for dominante e testemunha das afinidades do escritor com a grandeza, a pretensão.

Para a grafóloga Renna Nezos, movimento é espécie e não um "sinal", e a grafologia moderna está cada vez mais se afastando dos sinais e movendo-se para as espécies que podem dar mais informações a respeito do escritor. Na verdade, movimento é uma espécie composta que agrega outras, por isso a quantidade de informações pode ser mais precisa.

Existem escritas que podem apresentar vários tipos de movimento. Captar as nuanças, as variações e os locais onde ocorrem (no início, meio ou fim do texto, qualidade, quantidade etc.) torna-se tarefa capital para o grafólogo.

Para a grafologia moderna, existem basicamente dez tipos de movimentos: estático ou imóvel; flutuante; inibido, contido; controlado; fluido ou sem esforço; vibrante, efervescente; dinâmico; propulsivo; retardado; revirados para a esquerda.

Estático ou imóvel

Divide-se em dois outros grupos: vital e não vital, porém em ambos os casos existe a repetição do ritmo. No caso do movimento vital, é notável a energia que se coloca no traçado, o escritor a possui, mas ela não é utilizada de forma que possa matizar a personalidade, pelo contrário, contribui para a monotonia. No caso da não vital, o traço carece de energia e tensão.

A progressão parece uniforme, regular e monótona, e existe a predominância da forma.

O movimento parece inexistente, as letras possuem aspecto regular, e as proporções são constantes, quase sempre de acordo com o padrão caligráfico. A escrita tende a ser ligada e ter letras bem estruturadas, frequentemente verticais.

O escritor preocupa-se com sua imagem e não está satisfeito com o que vê. Sente necessidade de mostrar-se diferente do que realmente é, ou seja, cria uma imagem de si que acha melhor (ou conveniente) para mostrá-la ao mundo. Os conflitos internos neutralizam sua espontaneidade, capacidade de comunicação, adaptação e desenvolvimento. Superego forte. Bastante escrupuloso, respeita os demais, porém apresenta grande dificuldade em estabelecer relações sociais com aqueles que estão ao seu lado ou com os que acabam de chegar. Pode revelar-se desconfiado e inseguro, dependendo do conjunto do texto. Em trabalhos que exijam regularidade e paciência, tende a apresentar bom rendimento.

A ocupação dos espaços tende a ser constante e até mesmo monótona. Essa ocupação mostra tendência aos contatos acima descritos.

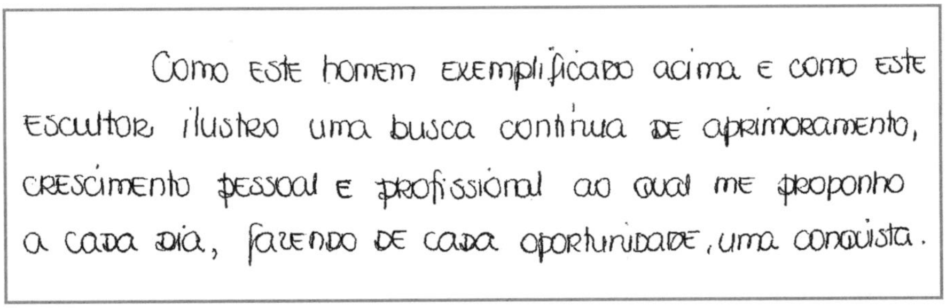

FIGURA 173: Movimento estático. A pessoa precisa passar a imagem de si que considera ideal, por isso tenta sempre estar no controle de sua ações.

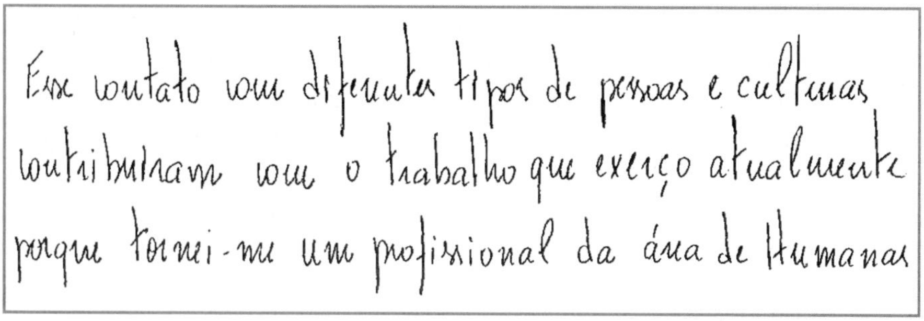

> *Em contato com diferentes tipos de pessoas e culturas contribuíram com o trabalho que exerço atualmente porque tornei-me um profissional da área de Humanas*

FIGURA 174: Movimento estático. Neste caso, as tensões são menores do que as do exemplo anterior. Existe vitalidade na escrita.

Flutuante

A escrita flutuante é resultante da dialética entre a forma e o movimento. Assim como a escrita vibrante, dá-nos a impressão de que não avança verdadeiramente sobre o espaço gráfico e sim que se agita no mesmo lugar. Nem a forma nem o movimento dominam a escrita, são os dois que fazem o grafismo avançar. Nesse caso, a resultante entre forma e movimento revela mais consenso do que equilíbrio.

Existem irregularidades e falta de firmeza no traçado. Sua correspondência seria a escrita frouxa de Jamin. A direção das linhas é fraca e não existe definição clara do movimento para a direita. A escrita parece mover-se no mesmo lugar, não possui firmeza e a pressão é frouxa. Ao contrário da escrita vibrante, cuja indecisão do movimento cria formas de aspecto mais ou menos anguloso, mais ou menos fragmentado, e a indecisão do movimento flutuante arredonda as formas. O ritmo da escrita vibrante parece curto, ao contrário da fluente, que parece longo.

Existem irregularidades de dimensão, forma e direção. A estrutura das letras não é bem definida ou, pode-se dizer, insuficiente. Não existe rigidez no traçado.

O trajeto da escrita, sem sombra de dúvida, parece não se projetar decididamente para a margem direita do campo gráfico. A escrita dá-nos a impressão de agitar-se de forma incerta e, às vezes, no mesmo lugar. O traçado pode ser descuidado; a direção das linhas, incertas; e a pontuação, negligenciada.

O escritor pode ter dificuldade nas escolhas, nas decisões e até mesmo na forma de adaptação. É receptivo, intuitivo, com boa capacidade de imaginação e habilidade para improvisar diante das mais diversas situações.

Como as tensões internas do escritor não são fortes, ocorre a falta de afirmação, autoridade e incapacidade de tomar decisões com energia, as quais a situação pode requerer. Renúncia aos esforços mais elementares. Falta de disciplina.

Suas convicções não são fortes e muitas vezes pode mudá-las visando à estabilidade pessoal. Com isso, é capaz de adaptar-se às mais diversas situações, o que pode levá-lo a ser um ótimo negociante ou vendedor, porém nesse caso muitas vezes de caráter duvidoso.

Nem sempre destaca-se pela maturidade, podendo afirmar que não se trata de grande empreendedor, porém em certos casos revela-se conciliador e mediador. Na maioria das vezes é incapaz de guardar segredos.

O espaço tende a sofrer variações ao longo da página, que vão desde as pequenas até as maiores, sendo que algumas vezes não existe uma diretriz para essas variações; ao contrário, são aleatórias, podendo ocorrer em qualquer parte do texto. Acusam a instabilidade do escritor.

Os termos *flutuante* e *vibrante* mostram com intensidade os aspectos das escritas: um com pequenas chamas que animam a escrita com pequenas vibrações, o outro com ondas calmas que carregam a escrita para a direita (Danièle Dumont).

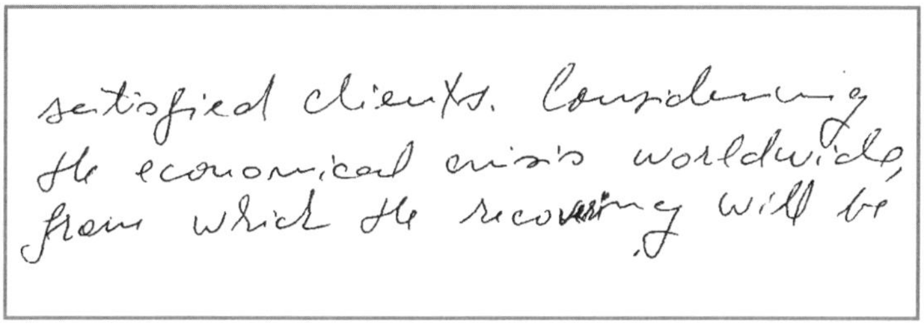

FIGURA 175: Movimento flutuante.

Inibido, contido

Manifesta-se pela diminuição ou interrupção mais ou menos brusca dos movimentos (Crépieux-Jamin. *ABC da grafologia*. Barcelona: Ariel, 1957).

Jamin nem sempre vê nesse tipo de escrita um aspecto negativo. Para ele, a inibição deveria ser um meio de se controlar, e não de se sujeitar. Quando demasiada, ela pode constituir-se em signo patológico.

A inibição gráfica é vista por meio de diminuição da progressão, retoques, contração das letras, espaços interiores das letras etc. Pode manifestar-se por meio de uma ou duas síndromes. A inibição mais normal é provocada pela emotividade. A pessoa emotiva reage a solicitações e a relacionamentos interpessoais de diversas maneiras. Uns têm tendência a minimizar, outros a exacerbar.

A escrita inibida manifesta-se pela diminuição ou interrupção mais ou menos brusca dos movimentos. Portanto, divide com o antônimo da escrita dinâmica e sua associada, a desigual, o privilégio de afetar todos os modos de expressão do grafismo. Essas três grandes espécies qualitativas são inseparáveis no pensamento do grafólogo; sua importância é enorme, e a sua ação é flexível e constante (Jamin, *ABC da grafologia*).

O movimento normalmente é travado por interrupções, letras suspensas, endurecimento ou abandono das formas. As letras inutilmente barradas são sinais de inibição, mais voluntária e consciente, da diminuição do impulso dentro do caráter que se seduz facilmente.

A escrita pode ser baixa, estreita, fina, com margens superiores e inferiores grandes, à direita, à esquerda ou enquadradas, e apresentar grandes espaçamentos no interior do texto.

Dentre as dominantes gráficas da inibição destacam-se as escritas indecisas, inacabadas, pequenas, invertidas, pontuadas, massivas, lentas/pausadas, retocadas, sóbrias, suspensas. Cada uma dessas particularidades representa características do caráter inibido. Isso quer dizer que se a pessoa se inibe com alguma coisa pode não se inibir diante de outras.

Assim, uma espécie de inibição não constitui uma escrita inibida, ela resulta da conjugação de muitos signos de inibição e de suas influências recíprocas. O deslocamento da pressão é uma reação à inibição.

Conceito de si: exprime-se pela linha de base e pela verticalidade das letras, pressão nos pontos e acentos e outros detalhes que assinalam a vigilância ativa.

Como resumo: a síndrome de inibição que se manifesta por meio da soltura ou contração do gesto permite observar inibições de ordem afetiva.

A inibição é uma situação emocional. O traço é fraco, e a pressão geralmente frouxa, sem vida. As principais características são: controle de si, modéstia, falta de imaginação, é reservado, inibido, ansioso, contido e triste.

No movimento inibido, o escritor mostra medo de progredir por meio dos espaços em branco que existem à sua frente.

O movimento inibido pode ser um convite a espaços pequenos, contudo podem aparecer espaços maiores, o que amplifica o medo dos contatos e a insegurança nos relacionamentos.

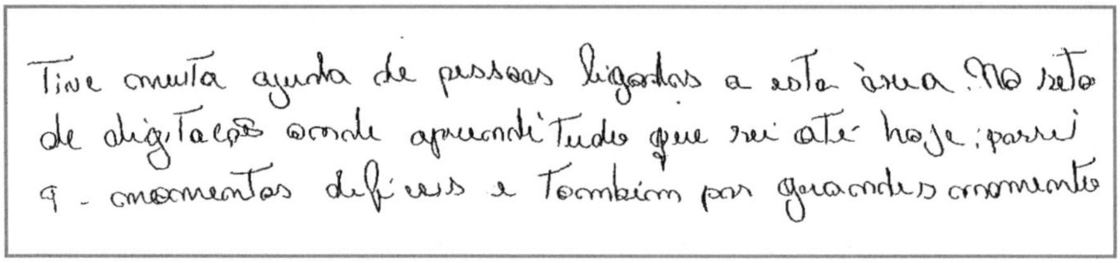

FIGURA 176: Movimento contido.

Controlado

A escrita controlada é resultado da tendência de frear a expansão que poderia nos arrastar para longe; seus movimentos, particularmente os finais, estão voluntariamente cortados ou limitados; é reconhecida pela maior espessura do traço, por clavas, por arpões e, às vezes, pelo traçado inacabado, mais lento ou regressivo. Podemos dizer que o traçado contido está controlado (Jamin, *ABC da grafologia*).

Jamin ainda faz distinção entre o traçado harmonioso, que é fruto de inibição consciente, flexível, prova de autodomínio, reflexão, sabedoria, manifestação negativa, do que inarmônico, daquele que tem medo de comprometer-se, que não deseja atuar e dissimula, na impossibilidade de comportar-se de forma razoável. Entre ambos os casos existem diversos matizes.

A progressão em direção à margem direita e para baixo é executada sem traumas. Nota-se que o controle que existe na escrita é natural, sem afetações ou paradas bruscas. O jogo entre tensão (apertar a caneta) e pressão (força sobre o papel) é equilibrado, mostrando o que ocorre na pessoa que escreve. Existe grande equilíbrio entre as formas.

O movimento tende a ser contínuo. Caso tivéssemos que traçar uma similaridade, o escritor poderia ter algumas (não todas) das principais características descritas no Grau III de Pophal. (Escrita sóbria, simplificada, com ligeira tendência a curvas; a ligação é em guirlanda, porém não muito alta. Ordenada com precisão e naturalidade das formas. Um pouco ascendente ou retilínea, porém sem rigidez. Não existem bruscas inibições, lapsos de coesão, cortes ou fragmentações nas letras. Os espaços entre as letras e as palavras estão bem claros.)

Estabilidade, reflexão e eficiência. Atividade concentrada, bem adaptada e realista. Boa adaptação prática que une o útil ao agradável com alto sentido harmônico e estético que satisfaz a maioria.

Maturidade socioprofissional e autocontrole mental em sua conduta, sem chegar à ocultação, à insinceridade, ao fingimento ou à dissimulação. Integridade na conduta, sentido da formalidade e responsabilidade no comportamento e em seu trabalho. Consciência sensível aos juízos sociais e desejo de evitar críticas adversas, pois, quando tratado, o temor é vencido abordando-se questões perigosas e adversas (amor à justiça e à verdade). Equilíbrio emocional, caráter prudente, sereno, judicioso e confiável, sensível e imparcial.

Nesse caso, a utilização do espaço gráfico é constante e equilibrada, e os espaçamentos não sofrem grandes alterações durante o texto. O controle nos espaços entre palavras demonstra que sabe exatamente como manter contato com o mundo circundante, quando necessário, e cede sem ferir seus sentimentos. Isso nada mais é do que alto grau de assertividade.

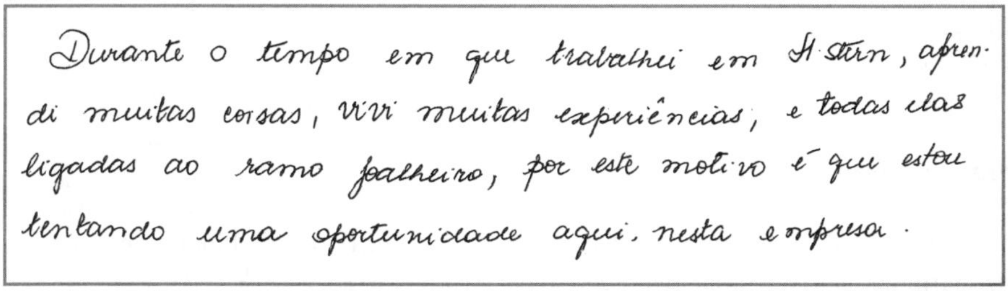

FIGURA 177: Homem, 29 anos. Movimento controlado.

Fluido ou sem esforço

O gesto gráfico progride por meio do campo gráfico livremente, sem estar contido.

Para que a escrita avance normalmente é necessário que a pressão seja equilibrada. Quanto maior a pressão, maior o atrito, tendo como consequência a diminuição de velocidade. Com isso, a pressão no movimento fluido tende a ser mediana; e a escrita tende a ser simples, inclinada à direita, semiaberta, com boa regularidade.

Ocorre certo predomínio das curvas, pois a boa fluidez não se adapta a ângulos fortes (exigem tensão).

A elasticidade aparece nesse tipo de escrita, resultando em maturidade, equilíbrio e controle do escritor.

A progressão dos traços pode ser facilmente notada. Temos então uma escrita quase sem grandes excessos, todas as irregularidades que aparecem contribuem para matizar o ritmo.

Entre os eixos pode predominar o horizontal, tendo em vista que a verticalidade exige tensão.

Prático e pragmático, guia seus julgamentos pelo excelente senso de lógica e justiça. Bem ajustado ao meio, revela quase sempre ótimo equilíbrio entre as suas necessidades, motivações e capacidades.

Trata-se da pessoa de fácil adaptação ao meio em que vive. Para "fluir" necessita colaborar com os que o rodeiam, possui facilidade nos contatos e é capaz de mudar de ideia. Apesar de ter suas próprias opiniões, não cria obstáculos quando necessita ceder em benefício do ambiente familiar ou profissional.

Aqui notam-se pequenas variações de espaço, fruto da flexibilidade no contato com os demais. Cede para evitar conflitos, mas faz isso de forma positiva; avança de modo quase imperceptível nas relações interpessoais e sabe o momento exato de falar e ouvir.

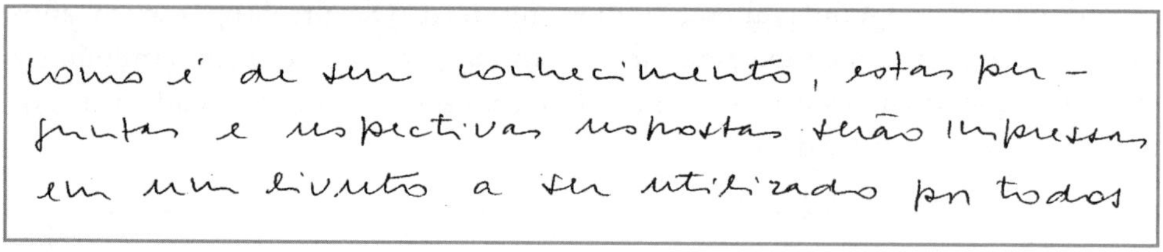

FIGURA 178: Movimento fluido.

Vibrante, efervescente

Assim como o movimento flutuante, o vibrante é fruto da dialética entre a forma e o movimento. Nos dois casos, revela hesitação entre a satisfação da imagem antecipadora de Klages e o desejo, ou as veleidades, de se deixar guiar pela impulsão do movimento. Esse confronto, se é que podemos chamar assim, em muitos casos, acompanha o escritor (e consequentemente sua escrita) até o fim de sua vida.

A escrita é delicada. A animação e a sobriedade correspondem ao antagonismo entre o movimento e a contenção do gesto gráfico. O progresso é pequeno e vibrante.

Caminha discretamente, sem confusão. Na realidade, a escrita vibrante "borbulha" ao redor de si mesma.

A zona média sofre variações. A estrutura forma um conjunto único, e existe boa separação entre as palavras, letras e linhas (ritmo de distribuição, espaço).

A pressão é "suavemente firme". O traço pode ser apoiado e fino, e a inclinação varia dentro do eixo vertical e dificilmente é bastante inclinada. O traçado é vivo e progressivo. A escrita pode ter aspecto mais anguloso do que curvo, contudo de maneira alguma as curvas são ausentes; pelo contrário, fazem-se presentes em variada intensidade.

A imagem antecipadora (de acordo com Klages), portadora das escolhas conscientes e inconscientes e sua relação com o mundo, existe sem se impor. Aliada à impulsão vital, essa conjugação revela intensa compreensão do mundo. Mais intuitiva do que formal, mais intelectual do que afetiva, embora esteja presente.

Existe nesse tipo de grafismo grande quantidade de dados (gêneros e espécies) que podem ser observados.

Quando acontece a amplificação dos pequenos movimentos, a escrita passa a ser efervescente. Nesse caso, as qualidades aumentam.

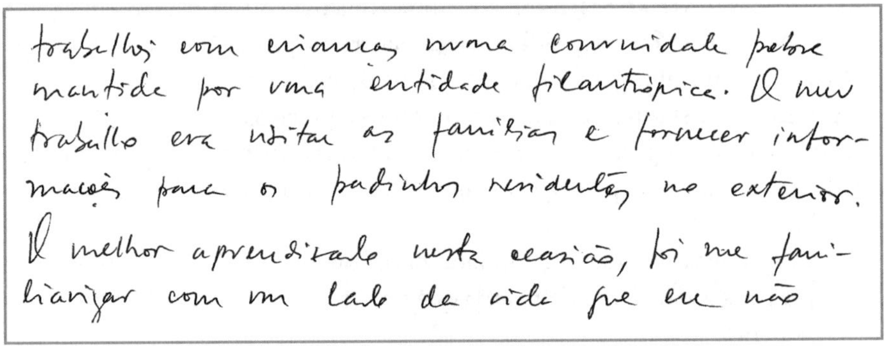

FIGURA 179: Movimento vibrante.

Principais características:
- Sensibilidade e emotividade às mais diversas nuanças; mente aberta para novas técnicas e curiosidade mental dotada de raro ecletismo. Espírito em constante ebulição.
- Emotividade com certa disposição nervosa. Pode demonstrar hesitação, dificuldade para tomar decisões, mudar, engajar-se em projetos complicados.
- Pensamento refinado e intuitivo que reflete a cada momento, fazendo que o comprometimento intelectual seja extremamente profundo, dentro da dimensão que muitas vezes transcende.
- Quando a escrita é rítmica, o escritor acrescenta a eficiência em seus trabalhos. Modesto, sempre é capaz de voltar atrás para rever suas posições, não por necessidade ou obrigação, mas sim por ser um componente essencial de sua personalidade.

- Capacidade de conciliar os mais diversos ambientes. Sua necessidade do novo, das coisas em movimento, leva-o a ficar ao lado de pessoas jovens, de lugares onde "as coisas acontecem", ou até mesmo faz "as coisas acontecerem", por isso pode ser bom pesquisador ou debatedor pela originalidade de suas ideias ou posições.

Nesse caso, temos boa utilização do espaço em branco, ou seja, do mundo em que transita o escritor: o diálogo branco/negro do texto é sempre matizado, e embora possua unidade, jamais parece idêntico. Algumas vezes, as letras parecem soltas no ar, e as ligações também parecem que não são materializadas pelo traçado.

Dinâmico

O movimento é progressivo, sem vacilação, à direita, realizado com velocidade e vivacidade. A escrita é enérgica, agressiva, firme e progressiva.

Destaca-se a forte projeção à direita, por isso é possível concluir que seu espírito é voltado para o futuro. Existe ritmo na escrita, e a nítida impressão de que ela tem velocidade. Os sinais de acentuação e os signos livres (barra do *t*) são lançados à direita. Podem ocorrer irregularidades na direção.

As ligações são ágeis e projetam-se de uma zona para outra. Há tendência ao alargamento das letras e uma boa diferenciação entre as zonas. Os traços finais projetam-se para a frente, alongando-se mais do que o necessário.

A pressão é constante, e os traços são limpos e precisos.

A rapidez e a boa ligação dão ao escritor a rápida visão dos acontecimentos e a capacidade de decidir após perceber as mais diversas situações que ocorrem em seu meio ambiente.

Senso, responsabilidade e habilidade para tomar decisões. Pode tentar impor suas ideias e pensamentos aos demais, já que possui energia e vontade para levar seus empreendimentos adiante.

A pessoa possui boa saúde, vitalidade e otimismo. Por seu impulso em realizar e desejar que as coisas aconteçam, pode tornar-se irritada diante da monotonia e de trabalhos rotineiros.

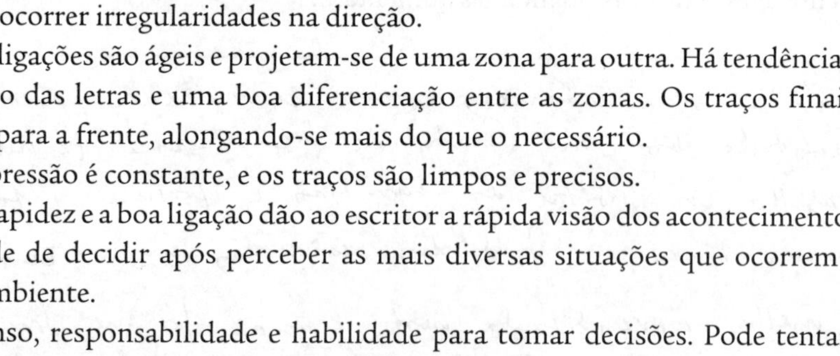
presente que não quero deixar de receber.
Regressarei na próxima segunda-feira
via São Paulo, direto para Houston. Espero
que possamos nos tornar a ver brevemente.
Até lá, desejo o melhor para você.

FIGURA 180: Movimento dinâmico, em que pese o controle que o autor tenta exercer sobre o gesto gráfico. A escrita é inclinada, com ligações combinadas.

Revela o dom de criar objetivos e capacidade de alcançá-los nos prazos aos quais se propõe.

Os espaços, nesse caso, são ocupados, ao contrário do anterior, em que existia intensa e efervescente variação entre palavras, letras e linhas. Aqui, o que se deseja é ocupar tais espaços por meio de um movimento decisivo. Podemos dizer que o escritor deseja controlar os espaços; simbolicamente, ocupar os vazios.

Propulsivo

Os movimentos são espontâneos e rápidos. A vivacidade da escrita revela-se pela impaciência na maneira de executar os traços.

Os espaços ocupados, a qualidade do traço, a falta de proporção e a tensão devem ser parâmetros confiáveis para deduzirmos esse tipo de escrita.

A impulsividade pode levar o indivíduo a perder o contato com a realidade. Forte emotividade, impaciência, dinamismo, atividade, ambição, excitabilidade e combatividade. Suas paixões são ardentes e sem freios.

A tendência geral é exagerar certos fatos. Seu grande ardor pode levá-lo a empreendimentos de sucesso e criatividade sem igual.

Reage aos fatos de maneira pronta e quase sempre necessita de assistência para que suas realizações possam ser notadas.

Nesse caso, é comum que existam variações no espaço entre linhas, letras e palavras. Nesse tipo de pessoa, a ansiedade está presente em alto grau, por isso aparecem nos textos chaminés e espaços arrítmicos.

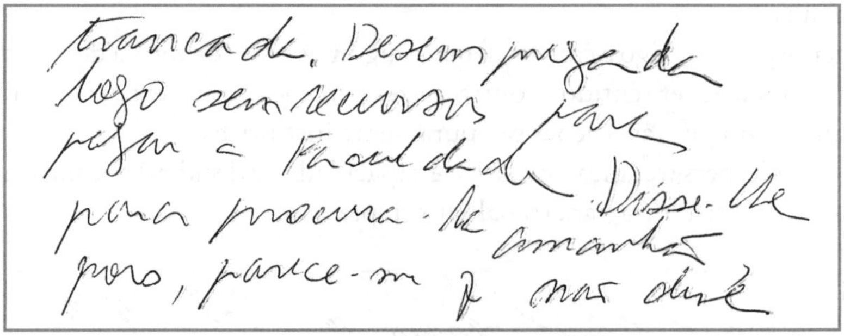

FIGURA 181: Movimento propulsivo. Falta firmeza ao traço. Chaminé: espaço vertical em branco, abaixo da palavra "trancada".

Retardado

Nesses dois últimos tipos, existe o conflito entre a forma e o movimento, ou seja, entre a impulsão vital produzida pelo movimento e a imagem antecipadora produzida pela forma. Esse embate dificultará o traçado ao longo do espaço gráfico, tornando-o perturbado, tirando-lhe o ritmo. O conflito interior é visto com certa facilidade na escrita.

Nos dois casos, as tensões internas não se equilibram de maneira alguma no escritor.

A imagem antecipadora que produz a forma funciona como uma espécie de "consciência" que inibe o processo de fluir do movimento, impedindo-o de caminhar no papel.

Nos dois casos aparecem traços sobrelevados, como se dissessem: "se não posso caminhar para a frente, tento escapar para cima ou para baixo", e no caso dos movimentos revirados à esquerda, como o conflito tende a ser maior, tenta-se voltar com traços regressivos e algumas vezes com escrita invertida.

O gesto gráfico parece que enfrenta vários obstáculos para progredir no papel. A escrita "sofre" para avançar.

O entorpecimento dos traços verticais produz repentino entrave no movimento da escrita, impedindo-o de fluir. Essas variações de pressão representam de forma clara como elas agem no interior do escritor. Muitas de suas exigência pessoais são puramente instintivas e ocorrem de forma constante, mas sem aviso prévio.

Aparecem traços justapostos e quebras. Letras suspensas, traços apoiados, cortes largos no meio das palavras, espaços grandes entre letras, estreitamentos bruscos, atrofia dos signos livres, finais regressivos.

Os traços são estreitos e verticais, e com isso existe aumento de tensão e certa tendência a manter a mesma inclinação durante o trajeto.

O escritor tem vontade própria e deseja realizar coisas com sucesso. Para isso, investe altas doses de energia em suas opiniões e ideias. Forte sentimento de si e princípios difíceis de serem mudados.

Forte controle de suas impulsões. Reivindicações afetivas que quase sempre não são satisfeitas.

Exigente para consigo e com os demais, algumas vezes de forma descabida – mas que para ele pode fazer sentido –, outras vezes percebendo sua extensão, pois, como foi dito anteriormente, as reações são puramente instintivas.

Tenacidade, perseverança, iniciativa e capacidade de decidir de pronto. Independente, com boa resistência para trabalhar sob pressão.

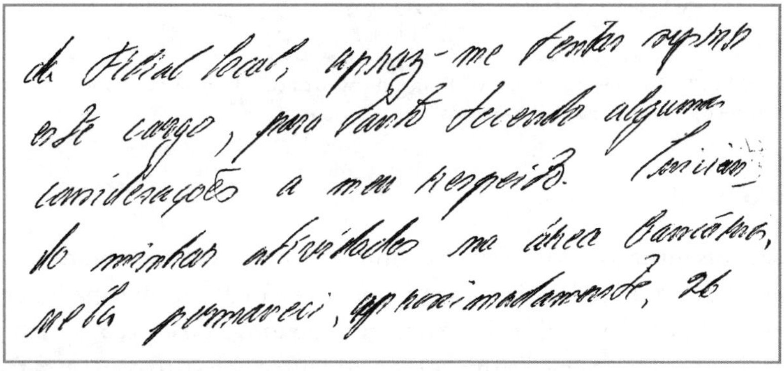

FIGURA 182: Movimento retardado.

Dificilmente teremos o espaço equilibrado nesse tipo de movimento. Em alguns casos, a forte tensão vai gerar espaços iguais; em outros, desordenados. A tentativa de controlar os espaçamentos sempre criará tensões inúteis e despropositadas ao escritor.

Revirados para a esquerda

Trata-se de uma variação do tipo anterior. H. de Gobineau e Roger Perron fazem distinção entre as duas. Contudo entra na mesma classificação do movimento (IV. a- *Barré*, b- *Cabré*). Nesse caso, ocorre maior contenção, a progressão do gesto gráfico é mais inibida e apresenta um ritmo menor que o anterior.

A tendência da inclinação é para a esquerda. O grafismo parece reprimido, contudo não ocorrem gestos regressivos e a continuidade parece ser boa, quase sempre aliada à boa constância. Existe maior vivacidade no traço e na impressão de movimento, mas a escrita parece caminhar pelo espaço gráfico como se tivesse um freio de forma constante limitando seu avanço.

Os traços iniciais e finais são curtos ou inexistentes.

A imagem antecipadora força o escritor, que fica preso em esquemas nos quais pode ter dificuldades de sair; o mais comum é não sair. As relações interpessoais ocorrem sob o manto da atenção. Como no caso anterior, as exigências pessoais são instintivas; como resultado, há uma série de comportamentos que atingem de forma definitiva sua afetividade. Como a escrita tende a ser invertida (inclinada à esquerda) existe forte oposição ao meio ambiente. Simbolicamente, parece que a escrita caminha contra um forte vendaval.

Muitas vezes o impulso vital é tão grande que o escritor tem dificuldades de voltar às questões.

Como os contatos são difíceis, é mais fácil para o escritor tomar atitudes defensivas e de oposição do que de adaptação.

Forte oposição ao meio ambiente, seu potencial parece sempre atado a um freio. Resiste como uma fortaleza para tentar impor suas ideias. Sua conduta aparenta sua insegurança.

A intensidade do movimento subjacente revela coragem e busca de eficácia.

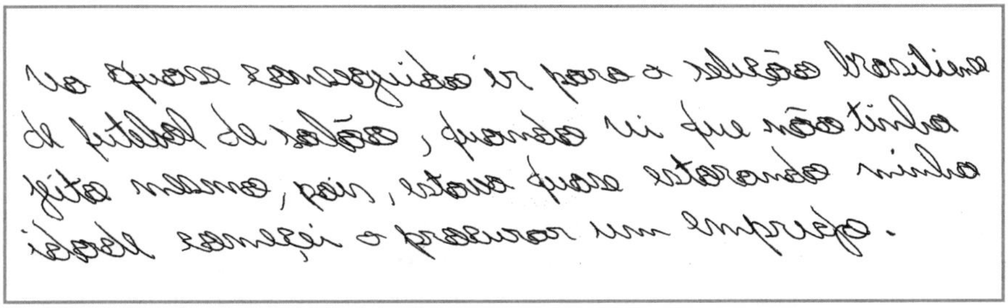

FIGURA 183: Movimento revirado à esquerda.

Nesse caso, a má utilização dos espaços é ampliada se comparada ao movimento anterior. É comum que apareçam letras coladas ou até mesmo sobrepostas: sinais claros de ansiedade e insegurança ou medo.

Para Gobineau, é imprescindível que, ao estudar o movimento, seja observado que existem diversas causas e que nem sempre há um tipo puro. Conjugar essas observações com outras teorias grafológicas elimina erros comuns, agiliza e dá-nos maior precisão no perfil.

14 | DIREÇÃO

A direção das linhas no campo gráfico reflete, antes de tudo, as variações de humor e de vontade de quem escreve. Trata-se da vontade em determinada direção. A linha de base na escrita é o eixo em que caminhamos pelo mundo. A escrita chinesa caminha segundo um eixo vertical. A direção da escrita está intimamente ligada ao controle das nossas energias e/ou à falta dele.

A linha de base segue, portanto, uma regra que devemos respeitar. Normalmente as escolas usam o papel pautado para o ensino caligráfico, mas nas análises grafológicas usa-se o papel sem pauta. É normal que exista certa rigidez da criança ao acompanhar as linhas nos primeiros anos da escola; e, ao escrever no papel sem pauta, certamente apresentará uma escrita sinuosa, sinal de insegurança ao caminhar no mundo sem apoio.

As pessoas que escrevem acima das linhas pautadas mostram independência – e Xandró vê nesse aspecto a luta individual para alcançar as metas pessoais.

Direção das linhas

A escrita pode ser: retilínea; rígida; ascendente; descendente; de linhas côncavas; de linhas convexas; sinuosa; imbricada ascendente; imbricada descendente; escalonada; em saltos; em colas de zorro (rabos de raposa); mista; em leque.

Retilínea

Acompanha o sentido horizontal do papel – isto é, sua trajetória é reta. Michon já interpretava essa escrita como signo de constância, perseverança e inflexibilidade.

Gille-Maisani cita em *Psicologia da escrita* que Del Torre e Zanetti acreditam que essa espécie está para a direção das linhas como a escrita angulosa está para a direção dos traços. Os autores acham que a rigidez de conduta que se manifesta na escrita retilínea ("angulosidade linear") é mais permanente e fundamental que a dureza, às vezes superficial, da escrita angulosa.

> É sinal de firmeza, estabilidade, ordem e controle das tarefas, calma e serenidade, equilíbrio moral, força de caráter e harmonia das funções psíquicas e orgânicas (boa saúde física e mental), natureza pacífica e serena, sem excitações e depressões, firmeza de caráter, constância, perseverança e vontade, integridade social e afetiva, autocontrole e humor estável, adaptação às necessidades da vida, domínio das emoções, confiança e constância de sentimentos, maturidade mental, adulto em análise transacional, literalmente: "capacidade de se manter na linha".
>
> Convencionalismo e rotina, natureza pouco emotiva e apática, sentimentos frios, necessidade de aceitar os fatos para evitar conflitos.

Interpretação da escola italiana

De modo geral, a escola italiana interpreta a direção das linhas de maneira semelhante à da escola jaminiana, com pequenas diferenças.

Para os italianos, a direção retilínea recebe o nome de *mantiene il rigo*. Signo substancial de vontade, indica firmeza de caráter, constância, perseverança, linearidade de conduta nos compromissos, tenacidade psíquica em perseguir um objetivo por sua finalidade, espírito de sacrifício (Torbidoni). Demonstra, ainda, firmeza e resistência psíquicas, força de vontade.

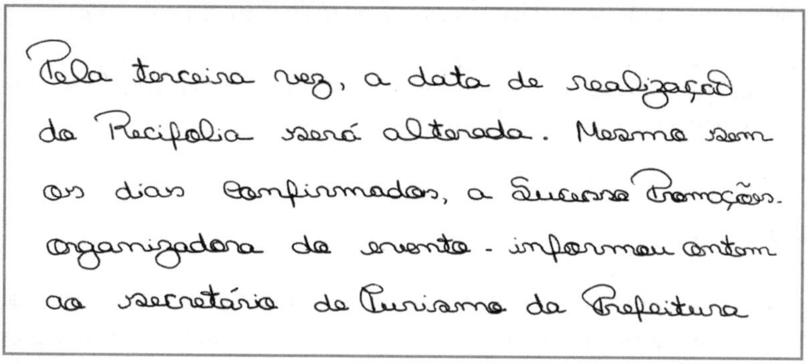

FIGURA 184: Retilínea. Escrita redonda, ligada, caligráfica, ligeiramente invertida, com traços inflados e ovais fechadas, tamanho médio, formas em arcadas e predomínio da forma.

A pessoa com escrita retilínea não desanima diante das dificuldades e se empenha ao máximo para superar os obstáculos. Dificilmente se deixa levar pelo entusiasmo momentâneo, avalia com precisão os dados para atingir os objetivos planejados, mantém sempre os "pés no chão". Bastante linear e coerente com os seus princípios, assume compromissos e faz todo o possível para conservar-se à altura do que foi prometido, e para não se desmerecer, pode sacrificar-se ao máximo.

Por fim, segundo Torbidoni, pode indicar idoneidade para cargos que necessitem de constância, assiduidade, forte empenho, seriedade de propósitos etc.

Rígida

Caso em que as linhas são extremamente retilíneas. A rigidez das linhas normalmente acompanha as dos traços, mas isso não é obrigatório, pois em alguns casos pode haver forte tensão nas linhas e energia escassa nos traços.

Poderíamos simbolicamente dizer que o pretoriano morto na cidade de Pompeia porque seu chefe ordenou-lhe que aguardasse sua volta teria uma escrita de linhas rígidas.

> Correção moral, autocontrole, razão, dever e honra, rigidez nos princípios morais, obstinação, severidade e rigor para consigo e seus subordinados, energia perseverante, fidelidade e intolerância à amoralidade.
>
> Incapacidade de aceitar ponto de vista diferente do seu, apego à forma das leis e à tradição, fanatismo e intransigência, severidade nos mínimos erros, "fidelidade canina" aos princípios ou àqueles a que serve. O indivíduo não possui uma liberdade interior e se sujeita aos seus deveres, rotinas e normas que muitas vezes são criadas por ele próprio; qualquer quebra desses conceitos pode gerar reações violentas contra aqueles que estão ao seu redor. Falta de tolerância com os erros dos outros. Crítica insistente aos erros alheios. Inflexibilidade retaliatória e vingativa. Obstinação orgulhosa.

- Escrita harmônica e homogênea: retidão e caráter confiável.
- Firme, semiangulosa, em relevo, inclinação irregular, com ganchos: consciência de sua superioridade social.
- Escrita rebaixada: falta de um ideal.
- Rígida, fechada, monótona: síndrome obsessiva, ideias fixas.
- Finais lançados para nordeste, barra do *t* alta: orgulho dominador.
- Uniforme, pequena: mente rotineira e repetitiva.
- Finais lançados para noroeste: autoritarismo inexorável (Gille).

Interpretação da escola italiana

A escrita rígida recebe o nome de *piantata sul rigo* entre os italianos. Ocorre quando a escrita apresenta os traços enquadrados facetados e quase plantados sobre as linhas. As letras parecem figuras geométricas, descarnadas e essenciais. Signo substancial de vontade, indica seriedade e pensamento, de firmeza de propósitos, virilidade e coragem.

O escritor é volitivo, constante e decidido. Persegue com esforços as metas fixadas anteriormente e tem dificuldade em mudar suas opiniões. Fiel e, muitas vezes, obstinado em seus propósitos, o escritor não se distrai para fantasiar, não é um idealista, pois suas deduções têm coerência absoluta com as premissas e os princípios iniciais.

Reflete muito e nunca faz as coisas de maneira impensada, não se deixa levar pelo entusiasmo e permanece solidamente ancorado no concreto e na realidade.

Seu comportamento é rígido, alheio às amenidades, inclinado a impor suas ideias a si mesmo e aos demais. Sob o aspecto intelectual, além da sobriedade de pensamento e de expressão, tem um forte poder de racionalizar. Revela ainda idoneidade para estudos científicos, magistrado e investigação.

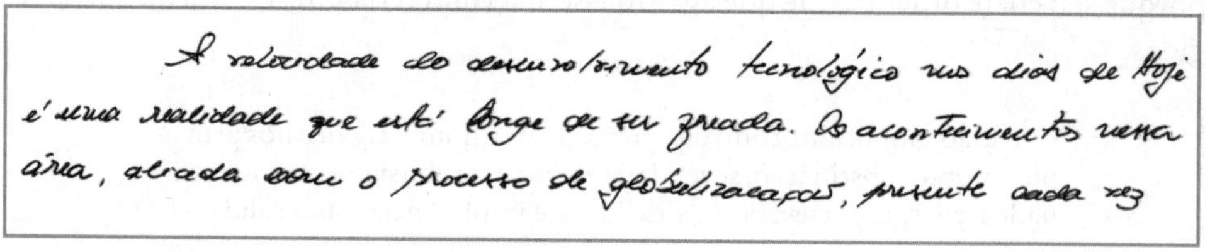

FIGURA 185: Rígida. Escrita rápida, inclinada, agrupada, barra do *t* dupla.

Ascendente

Neste caso, as linhas são ascendentes, isto é, vão subindo à medida que a onda gráfica avança pelo papel. Esse detalhe deve ser comparado com a assinatura quando se realiza uma análise grafológica, uma vez que as contradições ou semelhanças entre o texto e a assinatura (ou rubrica) revelam detalhes importantes entre o íntimo de quem escreve e a maneira como se mostra ao mundo. Em amostras de militares da Brigada Paraquedista e das Forças Especiais do Exército Brasileiro, cerca de 90% das escritas são ascendentes com forte pressão. É a escrita dos progressistas e também dos arrivistas. Seu antônimo é a escrita descendente.

A escrita ascendente pode ocorrer em breves períodos da vida em razão de vários fatores, tais como entusiasmo momentâneo, influência etc.

Os casos de escrita extremamente ascendente indicam falta de noção da realidade, otimismo visionário, ambição desmedida, impulsividade desenfreada, energia mal utilizada.

Quando somente a última letra da palavra ou da linha sobe, "o consciente está contrariando o natural de forma contínua" (Pulver).

> Entusiasmo, bom humor e otimismo, grande energia, ardor e atividade constante, imaginação e fantasia, boa saúde física, ambição de superioridade e poder, necessidade de domínio espiritual e intelectual sobre os demais. Espírito empreendedor, entusiasta e progressista, extroversão, excitação, agressividade e energia, coragem e combatividade, capacidade de pronta resposta, tônus à flor da pele.

Nervosismo, precipitação e inquietação, delírios de ordem moral, mania de grandeza, pensamentos incompatíveis com as reais possibilidades, desequilíbrio psíquico, exibicionismo e arrogância, orgulho e ambição desmesurados. Possibilidade de períodos de exaltação e depressão. Quando o indivíduo está cheio de fervor e euforia, assume compromissos e faz promessas (com sinceridade) sem valorizar sua capacidade de mantê-los (Torbidoni). Como a energia do escritor está sempre em alto nível, não existe oportunidade para relaxar – o que resulta em atitudes violentas e agressivas.

Interpretação da escola italiana

A escrita *ascendente* ocorre quando o texto se separa progressivamente da linha para o alto, o que pode ocorrer do início ao final da linha ou do início ao final da palavra.

Signo substancial de vontade, demonstra entusiasmo exagerado, presunção, excessiva segurança de si mesmo, ambição desmedida, que pode chegar a ser patológica.

O indivíduo tende a exagerar os conceitos, as palavras e atitudes (Torbidoni). Muitas vezes se lança em empreendimentos subestimando os obstáculos e os riscos e se baseando somente nos próprios conhecimentos, que normalmente são supervalorizados.

Como está sempre cheio de fervor e de euforia, assume compromissos e faz promessas com sinceridade, mas sem avaliar de maneira correta sua capacidade de mantê-los. Carece de reflexão preventiva. É um otimista, algumas vezes com razão. Caso seu empreendimento falhe, pode responsabilizar os outros, pois dificilmente reconhece suas próprias deficiências.

Apresenta, por fim, disposição para trabalhos que requeiram decisão, entusiasmo e forte carga de energia interior, audácia e também despreocupação. Atua com facilidade em trabalhos imprevistos e de curta duração (Torbidoni).

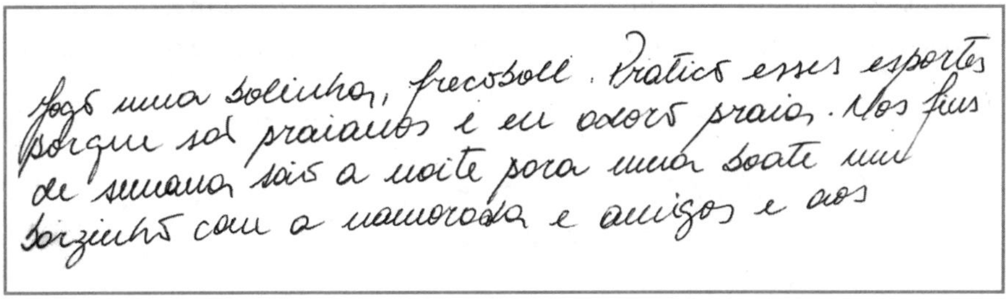

FIGURA 186: Ascendente. Escrita ligada, grande, com traços regressivos no final e barra do *t* alta.

Descendente

À medida que a massa gráfica avança, o grafismo tende a cair principalmente nas linhas, mas também pode ocorrer em palavras, incluindo os finais de letras.

Na escrita descendente de forma constante, simbolicamente o escritor caminha para o abismo. A interpretação é mais negativa quando o traçado é lento, frouxo e sem profundidade. Esse sinal está presente em algumas escritas de pessoas com tendências suicidas. Seu antônimo é a escrita ascendente.

A pessoa que escreve assim tem decréscimo da capacidade de trabalho e falta de energia para enfrentar problemas de ordem moral, física e afetiva. Impressiona-se facilmente e tem vontade fraca. Pode indicar doenças e esgotamento físico. Pode também revelar indolência, alcoolismo, dependência de drogas, estresse, fadiga, depressão, debilidade mental, falta de ambição, angústia e ausência de combatividade, falta de concentração, tristeza e falta de confiança, conflitos profundos, falta de motivação, cansaço físico momentâneo por um excesso de trabalho, mau humor passageiro, egoísmo, decadência física e mental, perda de tônus muscular, incapacidade de realizar trabalhos físicos e mentais por longo tempo, incapacidade de manter-se na ação.

Em alguns casos, a escrita descendente pode ser temporária em razão de:

- Partos e pós-operatórios.
- Cansaço (trabalhos pesados).
- Infecções, tensão pré-menstrual.
- Decepções ou desilusões etc.

A assinatura descendente mostra pessimismo em relação a si, ausência de objetivos, autodestruição. Segundo Vels, indica, ainda, pressentimento de um fim próximo.

Interpretação da escola italiana

A escrita é *discendente* quando a grafia se separa gradualmente da linha, indo para baixo. Sinal substancial de vontade que indica debilidade moral, tendência a ceder diante das dificuldades. Pode ser indício de depressão psíquica e física.

O escritor que adota a escrita descendente é facilmente influenciado. É um débil que cede às solicitações de qualquer tipo, porque estas lhes causam fadiga, ou seja, as dificuldades e os obstáculos debilitam facilmente sua resistência e o levam a ceder.

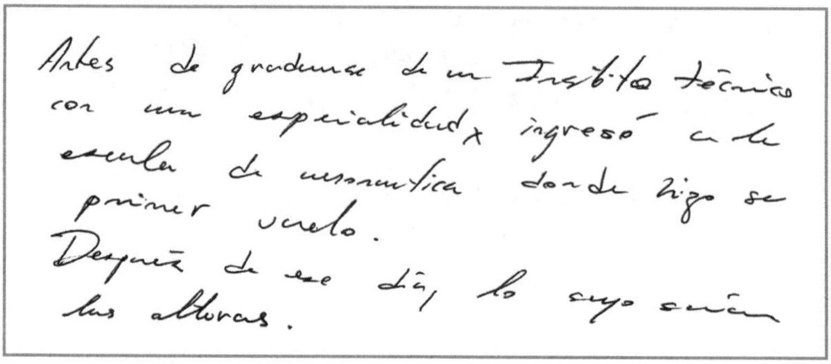

FIGURA 187: Descendente. Escrita desproporcional que apresenta finais inacabados, ovais abertas embaixo e arpão na letra *d*. Escrita cedida pelo grafólogo costa-riquenho Oscar Chacon.

Tende a deixar que os outros assumam seus compromissos e responsabilidades. Pode, facilmente, ser vítima dos prepotentes e ser condicionado por seus gostos e decisões; além disso, dificilmente chega a ser corajoso e arrojado, mesmo quando há necessidade.

Tem pouca aptidão para tarefas que requeiram fervor, entusiasmo, espírito de iniciativa, resistência e autonomia. Necessita de apoio e estímulos contínuos para agir (Torbidoni).

Linhas côncavas

É aquela que forma uma espécie de barriga para baixo. Indica que a pessoa inicia o trabalho desanimada, mas depois retoma o ânimo e volta a trabalhar no mesmo ritmo.

Denota reações tardias ou capacidade de reagir positivamente a estímulos. Falsa humildade e desordens emocionais. Trata-se do corredor que se considera derrotado ao ser dada a largada – provavelmente, vai chegar ao fim em último. A pessoa necessita ser arrastada, conduzida e influenciada para que realize algo.

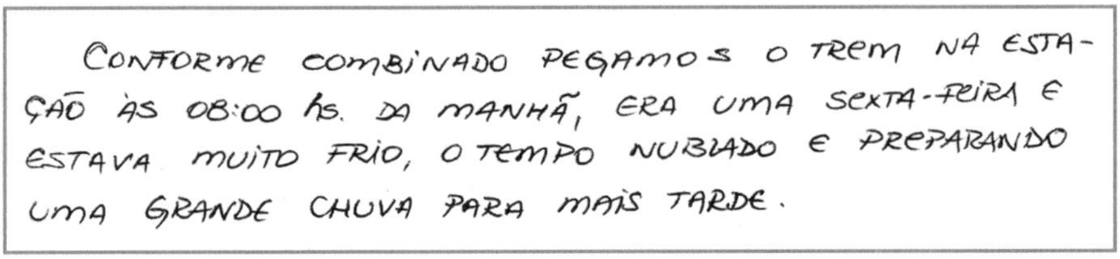

FIGURA 188: Côncavas. Escrita tipográfica, em relevo, limpa.

Linhas convexas

No início, começa subindo e depois desce; é a escrita própria das pessoas que têm "fogo de palha". O trabalho começa com grande entusiasmo e depois tende a decair.

Indica impressionabilidade e facilidade de ser sugestionado. Excitação de curta duração (Jamin). Revela ardor passageiro, desordens emocionais, capacidade de inventar planos mirabolantes que quase sempre não serão executados, retórica a serviço de seus próprios interesses. Agressividade seguida de angústia (Vels). Sonhador que sempre "cai na real". Pouca capacidade de planejamento para desenvolver um traba-

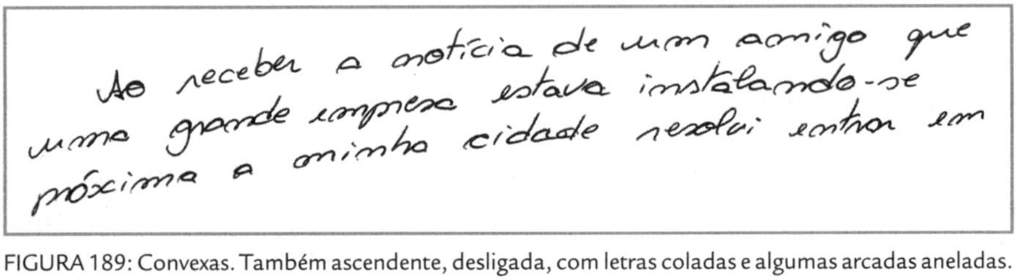

FIGURA 189: Convexas. Também ascendente, desligada, com letras coladas e algumas arcadas aneladas.

lho. Falta de perseverança e força para enfrentar a realidade. Visão curta, incapacidade de pensar e trabalhar com dados e fatos em longo prazo.

Sinuosa

Aqui, as letras e as palavras oscilam de forma ondulada na mesma linha de base.

> Emotividade, capacidade de modificar a própria iniciativa de acordo com a oportunidade e a força ou debilidade alheia (Marchesan, citado por Vels). Adaptação às condições do momento.
>
> Revela grande sensibilidade e emotividade, finura, tato e diplomacia, flexibilidade de sentimentos, humor e propósitos, oportunismo, capacidade de se adaptar às mais diversas situações. Nas empresas, desenvolve projetos mudando seu ritmo, velocidade e duração, sem perda de eficiência. Habilidade diplomática, visão curta, incapacidade de pensar e trabalhar com dados e fatos em longo prazo.
>
> Espírito tortuoso, falsidade, mentira e insinceridade, amoralidade e ausência de escrúpulos, pouca capacidade de debate sem perder o controle, oportunismo; só ataca quando está em vantagem, assim como as hienas do filme infantil *O rei leão*.

As escritas em que as ondulações ocorrem somente nas linhas são chamadas de *serpentina*, e a avaliação psicológica é praticamente a mesma da sinuosa.

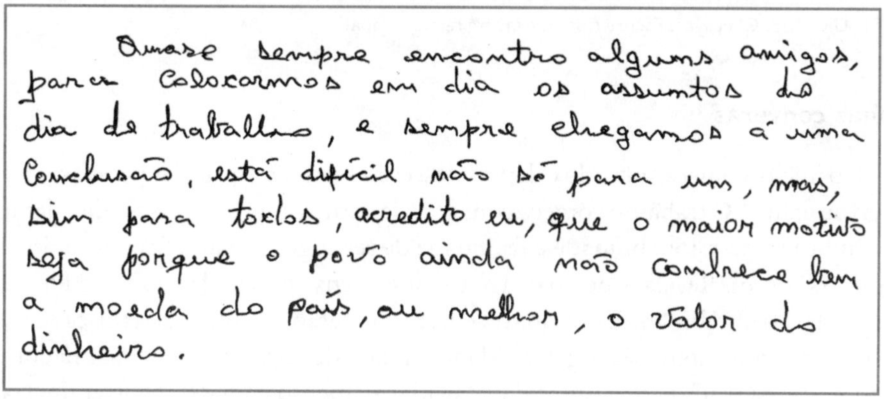

FIGURA 190: Sinuosa. Escrita pequena, lenta, com traços finais regressivos, torções e quebras, falsas ligações, e as linhas finais levemente descendentes. Algumas letras ovais são separadas das hastes.

Imbricada ascendente

As palavras ou as letras finais são ascendentes. Para que esse tipo de grafismo aconteça, são necessários dois tipos de energia, uma para que a letra suba e outra para que volte ao ponto original – em ambos os casos a vontade tem de estar em ação.

Ardor e entusiasmo controlados. A vontade impera na personalidade. Bom humor (Klages). Ambição. Mediador. Impulsos controlados pela vontade.

Alternância entre estados de excitação e depressão. Imprudência (Klages). Descargas emotivas pouco dominadas pela vontade.

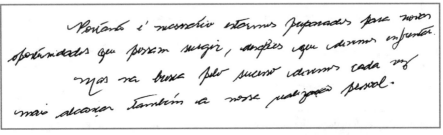

FIGURA 191: Imbricada ascendente. Escrita rápida, inclinada e pequena, com barra do *t* alta e ascendentes ovais abertas à direita.

Imbricada descendente

Neste caso, as palavras ou letras finais vão descendo, sendo que a próxima (palavra) volta à posição original. A escrita inicialmente perde sua energia e depois volta à posição original, em decorrência do esforço do escritor.

Indica luta contra sentimentos tristes (Klages) e luta da vontade contra o desânimo e da razão contra o sentimento (Vels). Revela cansaço e enfermidade, falta de vontade para enfrentar obstáculos, obstinação sem esperança (Jamin), luta contra os fracassos da vida, contenção de ânimo (Honroth). O escritor realiza os empreendimentos sob o manto do pessimismo, e quando atinge seus objetivos acredita que eles não valeram a pena.

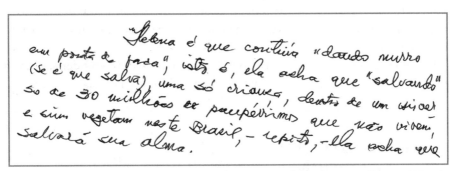

FIGURA 192: Imbricada descendente. Escrita confusa, pequena, descendente, com ligações desiguais, em arcadas, traços regressivos, torções e ângulos.

Escalonada

As palavras sobem e descem na linha. Parece que existem duas linhas de base na execução do grafismo.

Existe um esforço constantemente renovado, mas sem audácia. Revela dispêndio de energia, sobressalto na forma de agir e atuar, inconstância e insegurança, necessidade de ser notado pelos demais por meio de seus enormes esforços, perturbação de ânimo e critérios vacilantes.

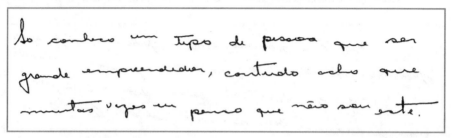

FIGURA 193: Escalonada. Escrita pequena (pata de mosca), vertical, pausada, ligeiramente ovalada e com barra do *t* colocada à direita.

Em saltos

No caso anterior, as palavras subiam ou desciam em relação à linha de base. Na escrita em saltos, quem "salta" sobre a linha de base são as letras no interior das palavras. Trata-se de um interessante conceito denominado *scattante* pela escola italiana e *desprendida* pelos espanhóis.

Interpretação da escola morettiana

O escritor que adota a escrita em saltos normalmente se deixa levar pelos impulsos e pelo nervosismo, que se transformam em repentinos saltos na ação e no pensamento. Quase sempre é passional, porque seus impulsos são imediatos e difíceis de serem controlados racionalmente. Encontra-se em um contínuo fervor de sentimentos e passa rapidamente da benevolência para o enfrentamento, do nojo para a doçura e da ira para a calma.

Essa escrita demonstra também pouco sentido de medida e moderação, falta de preocupação com os riscos, reação instintiva aos estímulos, entusiasmo fácil.

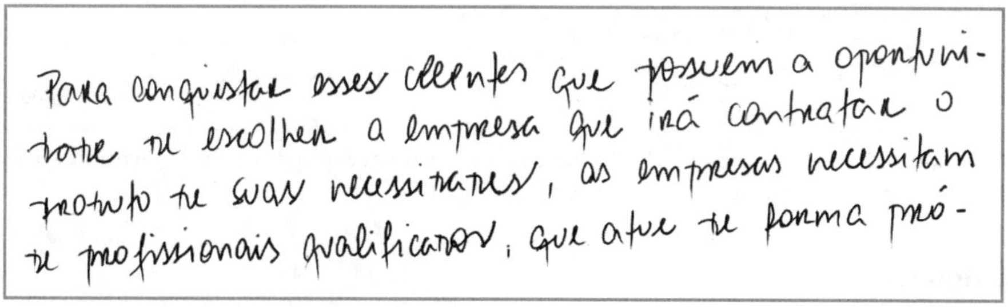

FIGURA 194: Em saltos. Escrita vertical, rápida, com finais dos traços verticais acerados, ligações ágeis e ângulos da escola morettiana. A letra *r* colocada no interior das palavras em forma de maiúscula é chamada de "pequeno rei", indicando orgulho e sentimento de inferioridade.

O indivíduo não reflete preventivamente, não conserva o pleno domínio de si e se deixa levar pelos impulsos. Parece disposto a sacrificar-se para obter o triunfo. Geralmente é sincero e leal, mas pode se tornar agressivo e brutal ao expressar o que pensa. Sabe reconhecer suas próprias injustiças e em seguida repará-las.

Sob o perfil intelectual, tem capacidade para expressar suas ideias e passa com rapidez das premissas às conclusões. Muito ativo, inclinado a criar e produzir, tem exuberância psíquica que manifesta em sua atividade (Torbidoni).

Em colas de zorro (rabos de raposa)

Existe um tipo especial de escrita imbricada na qual somente a última palavra ou letras da margem direita são descendentes. Parece que o escritor sente certa repugnância ao mudar de linha (Gille-Maisani). E até dá a impressão de que vai se jogar, de repente, no abismo.

André Lecerf, um dos principais discípulos de Jamin, chamou essa escrita de "rabo de raposa" (*queues de renard*, em francês; *colas de zorro*, espanhol; *fox tail*, inglês; *code di volpi*, italiano; *sinkende zeilenende*, alemão).

Em nossas pesquisas, observamos que esse tipo de escrita quase nunca apresenta bom espaçamento entre as linhas; além disso, as margens direita e esquerda não possuem equilíbrio, e o grafismo tende a ser inclinado. Essa associação de espécie pode trazer diversas conclusões, mas estas fogem ao objetivo deste livro.

As colas de zorro representam adaptabilidade mundana e fácil (Saint-Morand), negligência e modos relaxados (Jamin), avareza, indolência, mau gosto (Brosson, Periot), agitação maníaca, hiperatividade, graforreia (Streletski), fatalismo (Xandró), discernimento falho (E. Singer), comportamento inoportuno, estado depressivo (Crépy), mudança repentina de humor, ajustamento de tempo defeituoso por falta de planejamento. Por fim pode-se dizer que o escritor segue apenas as próprias ideias sem deixar que os outros deem opiniões (Marchesan).

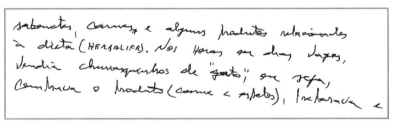

FIGURA 195: Colas de zorro. Escrita imbricada descendente, torções, com variações de pressão e ambiente gráfico negativo.

Mista

A escrita mista apresenta ao mesmo tempo vários tipos de direção, e sua interpretação depende de como as direções variam no grafismo. Essas mudanças de direção indicam quase sempre uma mudança no tônus do indivíduo e variação do ânimo e da vontade.

Normalmente, as pessoas que apresentam escrita de direção mista são dotadas de instabilidade, podem passar rapidamente do entusiasmo ao abatimento, da agressividade à doação, muitas vezes com um ritmo intenso e desconcertante.

Além disso, prometem, cheios de euforia, aquilo que não podem cumprir, e renunciam às promessas feitas com idêntica facilidade. Em geral, não têm a intenção de mentir ou enganar. São pessoas que se movem bastante e realizam pouco.

Essas flutuações de ânimo afetam o desempenho e muitas vezes comprometem as relações profissionais e pessoais, pois ao longo do tempo perdem a confiança dos outros.

Caso a escrita se inicie de maneira retilínea e depois passe a ser ascendente, é indicativa de variação da vontade, que pode ser bem controlada no início e diminuir com o tempo.

Quando a direção é muito imprecisa, mostra instabilidade, falta de domínio de si mesmo, insinceridade e deslealdade.

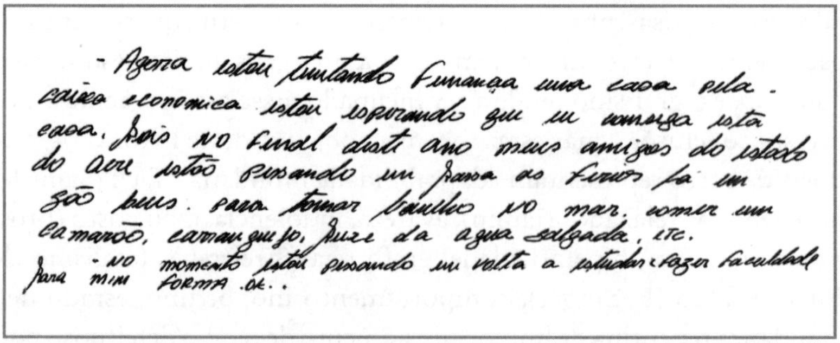

FIGURA 196: Mista. Vários tipos de direção em uma escrita estreita, profunda, com variações de dimensão. O afunilamento das linhas, para a margem direita, chamado de "leque invertido", é visível.

Em leque

Esse tipo de variação ocorre da seguinte maneira: a escrita começa ascendente, torna-se retilínea e depois descendente.

Foi descrita em 1905 por J. Rogues de Fursac (*Les écrits et les dessins dans le maladies nerveuses e mentales*) e estudada por Jacques Salce e Pierre Faideau, entre outros.

Os leques podem ser parciais ou completos e são facilmente encontrados em esquizofrênicos, segundo Gille-Maisani. Refletem, entre outras coisas, a perda da noção do espaço no campo gráfico e uma falta de conexão saudável com o mundo, podendo indicar estados depressivos.

No grafismo de pessoas "saudáveis", a interpretação é muito fácil: forte impulso inicial, seguido de acomodação e desânimo.

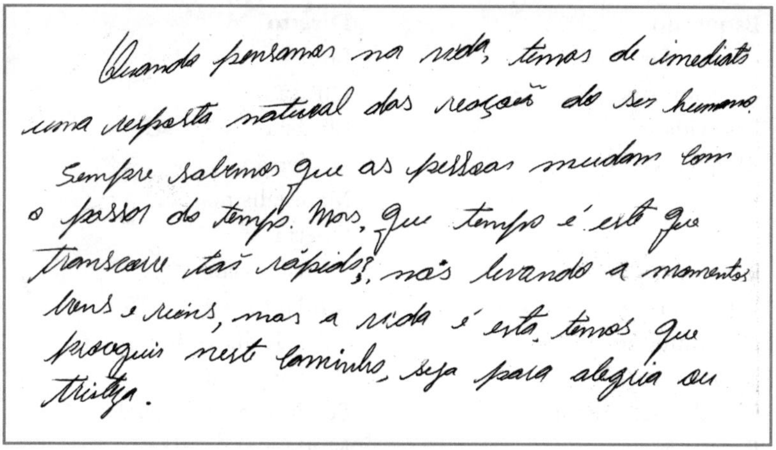

FIGURA 197: Em leque. Escrita frouxa, estreita, inclinada.

Orientação geral do traço

A direção do traço divide-se em: progressiva, regressiva, mista, ao revés e com torções.

A direção do traço está intimamente ligada às nossas motivações e mecanismos de compensação. Os traços são executados no sentido horário ou anti-horário. A escrita ocidental parte da esquerda para a direita – escrevemos de "dentro" para "fora" de nosso corpo –, logo a escrita sinistrogira é um gesto voltado para dentro que expressa "instinto de apropriação", com a energia dirigida para o interior. Temos de levar em conta também a zona em que o gesto predomina.

Na escrita dextrogira, o gesto é dirigido para a direita, para fora. O caráter dextrogiro encontra-se ao lado da "liberação d'alma"; e o sinistrogiro, ao lado da "constrição" (Klages).

O gesto à esquerda não é, na maioria das vezes, um gesto forte, porque exprime exclusão da força como objetivo primordial. Evidentemente, outros dados devem ser observados para a conclusão final. Como o indivíduo não faz uso de sua força, é natural que ele procure outros meios para conseguir seus intentos, como sedução, convencimento etc. Indica ainda calma e receptividade.

Esquerdo	Direito
Conformismo	Necessidade de evolução
Conservador	Visionário
Falta de urgência	Prontidão
Tradição	Impulso
Uniformidade de conduta	Oportunismo
Taciturno	Exibicionismo
Egocêntrico	Alocêntrico
Disciplina intelectual	Ação pela força

▶

Esquerdo	Direito
Consolidar	Fluir
Colecionismo	Difusão
Passividade	Eficácia
Bloqueios	Dispersão
Idealismo	Materialismo
Paz	Guerra
Obediência	Transgressão
Permanência	Mudança
Dissimulação	Falta de discrição
Teórico	Experimental
Timidez, isolamento	Segurança superficial
Permanência	Mudança
Sombras – trevas	Luz
Sensível – subjetivo	Prático
Análise metódica	Independência de espírito
Disciplina intelectual	Ação pela força
Análise	Instinto
Previsão	Improvisação
Desejo de obediência	Necessidade de transgressão

Orientação progressiva ou dextrogira

Os movimentos gráficos se dirigem para a frente, sem qualquer esforço, e são executados de maneira espontânea. A massa gráfica avança o papel naturalmente, com melhor economia dos movimentos. O sentido dos traços é executado da esquerda para a direita.

Foi descrita pela primeira vez pelo Dr. J. Héricourt, no *Bulletin de la Société e Psychologie physiologique*, em 1897; no qual chama a atenção sobre o caráter diferencial das escritas que têm os traços dirigidos para a esquerda e para a direita. Pierre Humbert prefere usar os termos progressiva e regressiva em detrimento da denominação de Héricourt.

Para Jamin, a progressiva é a síntese das escritas: curva, centrífuga, combinada, ligada, acelerada, simples, simplificada e sóbria, em suas manifestações mais afortunadas.

Não deve ser confundida com a escrita disparada, na qual a agitação do escritor preterir o discernimento da progressiva.

São características da escrita progressiva:
- Predomínio das curvas, ligações e aberturas das ovais.
- Escrita inclinada, pressão em relevo, rapidez.
- Pequenas desigualdades.
- Margem esquerda crescente.

São traços contrários à escrita progressiva:

- Barra do *t* e pingo no *i* à esquerda.
- Escrita angulosa, contida.
- Invertida, com traços regressivos no final das palavras.
- Estreita, desligada, com ornamentos exagerados no início das letras.

Inteligência (Héricourt). Atividade, imaginação, atenção, facilidade de adaptação e clareza de intenções, resposta enérgica e constante aos estímulos, habilidade para trabalhar com estímulos múltiplos ou de diferentes origens, necessidade de contatos físicos e espirituais, socialização das tendências, instintos e necessidades, orientação da vida para o mundo, extroversão, coordenação de pensamentos, sentimentos e interesses materiais, franqueza, simpatia e amizade, capacidade de reunir sobre a mesma égide interesses de diversas procedências e ordem. Parte rapidamente do pensamento para a ação. Espírito empreendedor, com iniciativa.

Autoritarismo, oportunismo, ausência de timidez, expansividade que incomoda aos outros, falta de disciplina e inquietação.

Interpretação de Klages

Necessidade de doar, desinteresse, bondade, benevolência, "altruísmo", compaixão, "adaptação", "amor ao próximo".

Vontade débil, falta de independência, irresolução, influenciabilidade.

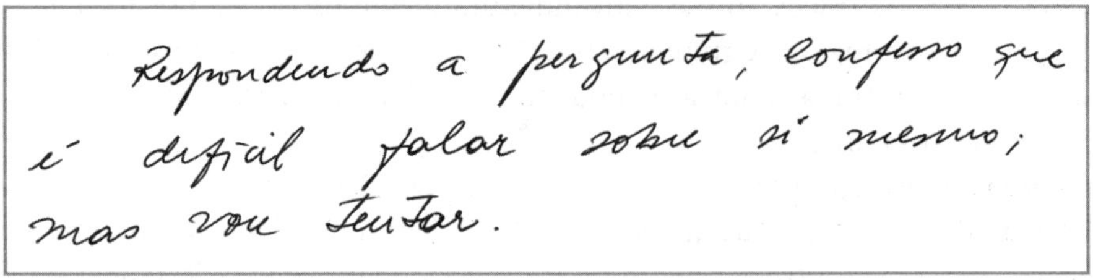

FIGURA 198: Progressiva.

Orientação regressiva ou sinistrogira

Os movimentos que deveriam ser executados para a direita são realizados para o lado esquerdo, no sentido contrário ao modelo caligráfico. Muitas vezes isso ocorre no início da palavra ou no traço final.

Os movimentos regressivos são produzidos por arpões, curvas, ganchos, arcos, nós etc. São interpretados de acordo com o ambiente gráfico e a forma que são executados.

Outras escritas podem ser associadas à regressiva, tais como: estreita, invertida, desligada, complicada, lenta, angulosa, invertida etc.

Indica falta de espontaneidade, pouca capacidade de tomar iniciativa. Concentração em si mesmo, reserva, prudência e reflexão. Os estímulos permanecem mais do que o tempo necessário, causando tensões que inibem o ritmo. Predomínio das tendências individuais sobre as coletivas. Atua muito mais por gostos próprios do que pelas normas. Avidez e necessidade de guardar para o futuro. Solidão e timidez.

Com ângulos: egocentrismo, indisciplina e falta de adaptação (Desurvire).

Segundo Klages em *Expression du caractère dans l'ecriture* (Delachaux, Niestlé, 1953), significa energia, independência, resolução, instinto de conservação, "altruísmo", necessidade de apropriação, interesse próprio, falta de compaixão, avidez, indiferença, avareza, inveja, maldade, "ressentimento".

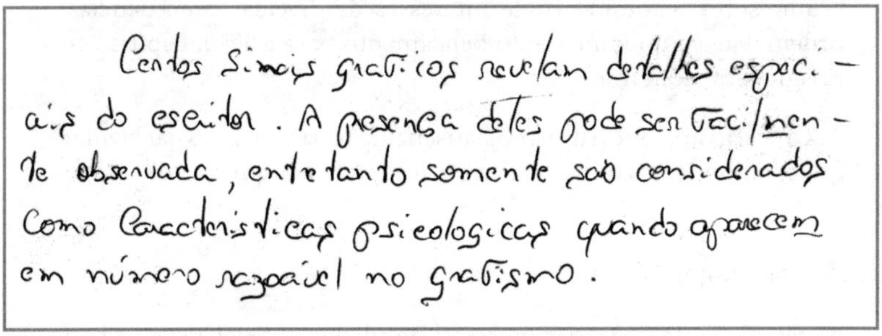

FIGURA 199: Regressiva.

Orientação mista

Neste caso, os traços apresentam indistintamente os sinais das duas escritas mostradas anteriormente. Algumas escritas começam dextrogiras e terminam de forma sinistrogira, outras ao contrário. Podem se mesclar e até mesmo serem dextro/sinistrogiras em um único traço.

Revela ambivalência entre as atitudes de introversão e extroversão, necessidade de reserva e discrição, vontade de socializar as tendências e o desejo de aperfeiçoar as emoções, alternância entre os estados de amabilidade e irritabilidade, tendência à regressão, respostas diferentes a estímulos idênticos, variações de atitudes, de humor, falta de constância nos relacionamentos, dúvidas, indecisão.

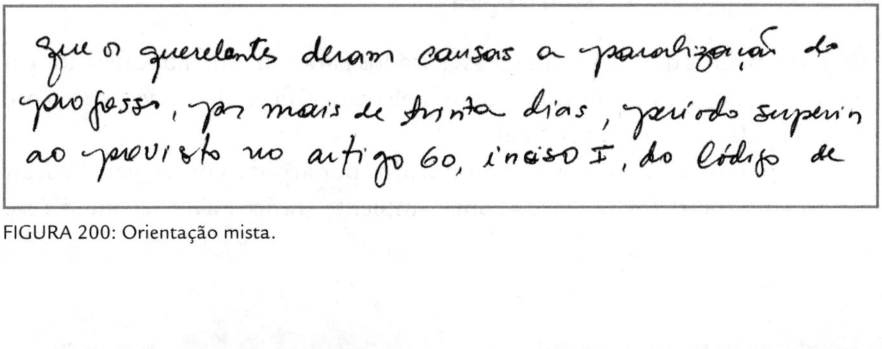

FIGURA 200: Orientação mista.

Escrita ao revés (fr. *écriture à rebours*)

É caracterizada quando os traços ou letras se formam no sentido contrário do modelo caligráfico. A face mais visível desse tipo de escrita é a inclinação à esquerda no texto. Para o perfil grafológico, quando bem compreendido, é sem dúvida, um dos meios mais seguros.

Gille-Maisani diz que essa noção pode ser aplicada a todas as categorias gráficas, portanto deve ser considerada uma "espécie qualitativa". Ele define como escrita reversa "aquela em que pelo menos um aspecto é sistematicamente contrário à prática da caligrafia comum".

Jamin, de modo acertado, a considera antônimo da escrita progressiva, já que para nós, ocidentais, o gesto gráfico caminha para a direita.

Um traço reverso na escrita não dá a ela essa classificação, pois a verdadeira escrita reversa se encaixa em pelo menos duas categorias.

Gille brilhantemente afirma que, de acordo com o axioma básico da grafologia, admite-se que a escrita revela sua maneira de viver, e a escrita ao revés deve ser interpretada como tendência de agir de modo diferente de todas as outras.

Pulver encontrou escritas reversas em ladrões e vigaristas, afirmando que são signos de falsidade.

O ambiente gráfico é essencial para a correta avaliação dessa espécie, além da observação do movimento gráfico e dos movimentos reversos que ocorrem na escrita.

O tipo mais comum de escrita reversa e mais fácil de ser observado é o que apresenta a inclinação reversa, ou escrita à esquerda. Embora não demonstre uma afronta ou modo de agir contrário à sociedade, é evidente que a pessoa deseja agir de maneira diferente. Trata-se da reação emocional contra o mundo exterior; segundo nossa experiência, muitas vezes, ocorre em decorrência de traumas na infância. Também é comum em adolescentes contestadores.

Continuidade reversa

O modelo caligráfico (existem escolas que ensinam o tipográfico) nos ensina a escrever com as letras ligadas entre si, e permite apenas algumas desconexões com a escrita agrupada. Contudo, quando a escrita é totalmente desligada, mas a última letra de uma palavra se liga à primeira da palavra seguinte, é chamada de continuidade reversa. Esse fenômeno compromete a coerência na sequência de ideias e ações.

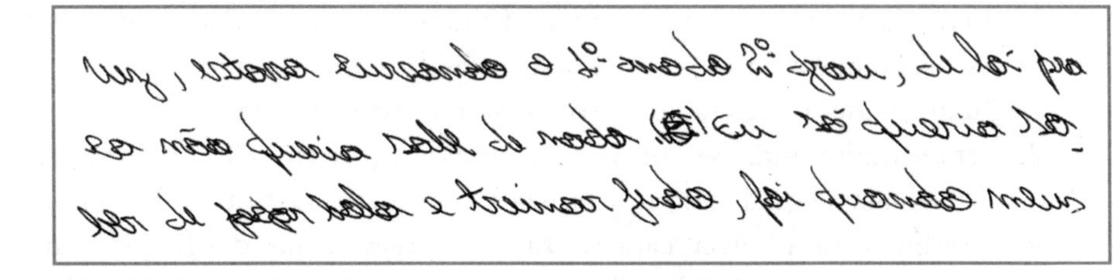

FIGURA 201: Escrita ao revés. Com traços de inclinação, continuidade e forma reversa.

Forma reversa

Embora existam várias características de escrita reversa na forma, a mais importante é a inversão do movimento da escrita. Para interpretar corretamente, temos de relacionar as outras espécies, e isso pode representar desde a originalidade até a bizarrice.

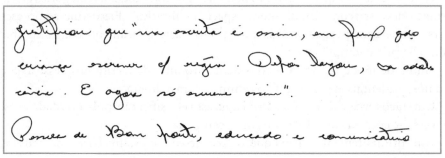

FIGURA 202: Escritas ao revés. Inclinação, forma e dimensão (letra *p*).

Dimensão reversa

O tamanho das letras baixas é exageradamente grande. Existe também a inversão no interior das letras. A letra *p*, que os italianos chamam de traço da independência, ao ter sua haste invadindo a zona superior, representa a inversão de dimensão que indica como a presunção pode falsear o pensamento normal.

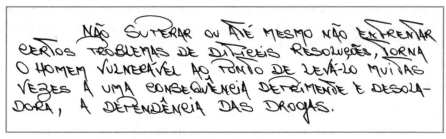

FIGURA 203: Dimensão reversa. Traços invertidos, regressivos.

Pressão reversa

A pressão revela as características mais profundas da personalidade. No caso da pressão reversa, ela tende a ser menor nos traços descendentes do que nos traços ascendentes. Quando esses traços são precisos, a escrita é considerada em relevo, signo clássico de mente equilibrada, e se imprecisos, temos a escrita em relevo reverso. Trata-se de uma anomalia na qual o escritor utiliza seus recursos instintivos fundamentais da vida cotidiana. Para Pulver, caracteriza o "emprego errado das forças vitais". Trata-se de um tipo de pressão deslocada.

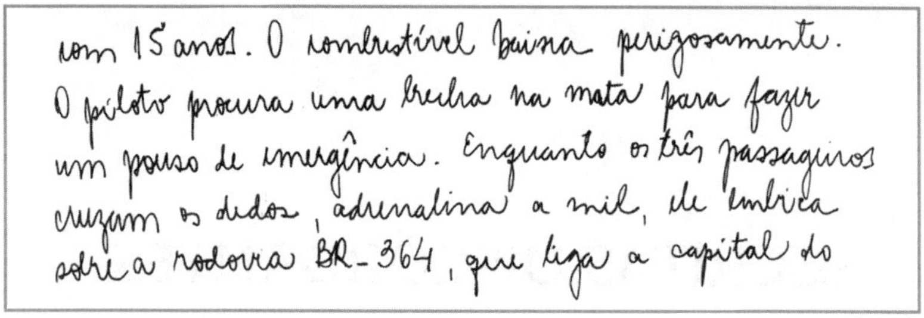

FIGURA 204: Pressão reversa. Na letra g da palavra "passageiros", é visível a diferença entre os plenos e os perfis.

Escrita com torções

Trata-se do desvio na direção dos traços, que normalmente deveriam ser retos. Esse desvio muitas vezes se torna sinuoso, chegando até a deformidade. A torção dificulta e inibe o movimento, impedindo a progressão normal do grafismo. A velocidade tende a diminuir. Foi descrita pela primeira vez por Crépieux-Jamin, em 1976 (*Les Éléments de l'écriture des canailles*).

Muitos autores, em especial grafólogos médicos, veem nesse tipo de escrita diversas doenças ligadas às glândulas endócrinas.

A torção em geral revela uma adaptação deficiente em face de um problema, seja ele físico ou mental. É comum em pessoas idosas.

Tanto em adultos como em adolescentes, quando a torção ocorre nas letras *m* e *j* (maiúsculas ou minúsculas), a afirmação de si, do "eu", está sendo colocada em questão pelo próprio escritor. Devemos ter em mente que é comum o jovem se colocar nessa posição, e que tal fato seja passageiro; no adulto, porém, as causas podem ser mais profundas. Simbolicamente, está ligada à deformação, distorção, entorse, deformidades, tortura etc.

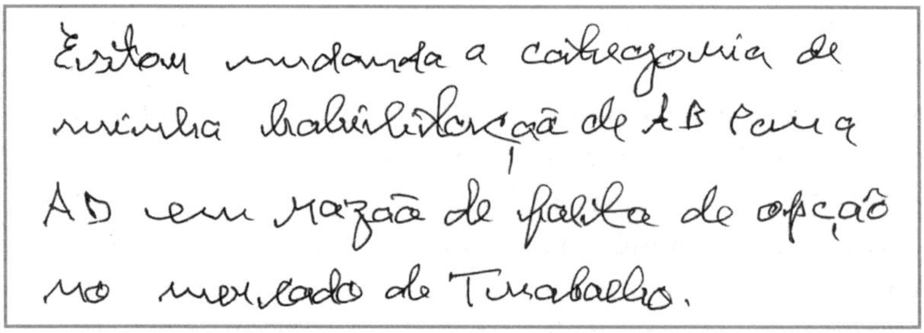

FIGURA 205: Torções. Escrita com quebras, gesto truncado, variações de velocidade e pressão. Desigualdades de inclinação.

Indica ansiedade, sofrimento, libido débil, casos de doenças e cansaço extremo. Em adolescentes, deve ser levada em conta a problemática da idade. Dor, medo, pavor. Alcoolismo, angústia, estresse, intoxicações, instabilidade, vacilação, timidez, falta de vontade (a pessoa curva-se ao receber pressões exteriores, procurando dessa maneira plasmar-se ao meio de modo a se acomodar, mas isso é quase sempre defeituoso).

15 | ESCRITAS DISCORDANTES

Segundo Jamin, "uma escrita é discordante quando suas características não se harmonizam. Toda desigualdade excessiva, toda exageração parcial também cria discordâncias" (*ABC da grafologia*, p. 251). Para o autor, as desigualdades significavam *sensibilidade* e *emotividade*. Toda desigualdade revela emoção.

A chave da escrita desigual aplica-se à:

- Inteligência: sensibilidade intelectual que produz maleabilidade e espírito. Conduz poderosamente para a finura, habilidade e astúcia, imprevisibilidade, entusiasmo e delicadeza.
- Moralidade: sensibilidade moral, ternura, bondade, devoção, generosidade e expansividade. Seu excesso resulta em paixão, ódio, brutalidade, inveja e falsidade.
- Vontade: favorece a atividade, mobilidade, versatilidade e indecisão.

A discordância pode ocorrer entre todos os gêneros, embora normalmente apareça em apenas um ou dois: por exemplo, grafismo grande e pequeno, ou ângulo e curva. Quando ocorre em mais de dois aspectos, a desordem é bastante espantosa, indicando distúrbios na personalidade e anomalias na conduta.

De acordo com A. Lecerf, principal discípulo de Jamin, se a discordância afeta vários gêneros, é sinal de conduta sexual anormal. Para ele, dois terços dos indivíduos sexualmente anormais têm escrita discordante e em uma proporção de três ou mais gêneros. Ainda de acordo com dados estatísticos, ocorrem em escrita sacudida, sobressaltada, lenta, espasmódica, tremida e monótona.

Para a prática do diagnóstico grafológico, também é válido lembrar:

- A discordância em vários gêneros costuma evocar sinais de desequilíbrio de temperamento com possibilidade de anomalias sexuais e de caráter.
- A probabilidade desse diagnóstico aumenta quando o grafismo é extremamente monótono.

Para a grafologia, grafismos discordantes são aqueles cujos principais aspectos e subaspectos da classificação grafológica não estão em conformidade com os critérios de equilíbrio, igualdade e homogeneidade.

As contradições entre o conjunto do texto, as letras e as palavras apresentam-se de tal forma que, se a análise for realizada de modo precipitado, podem nos levar muitas vezes a tirar conclusões erradas.

A discordância é própria de pessoas que não controlam suas emoções e, em decorrência disso, têm dificuldades de adaptação em todas as áreas da vida.

Ela ocorre no conjunto do texto, em determinadas palavras ou letras, podendo acusar desde pequenas variações a até mesmo outras mais espantosas. Devemos, portanto, observar sua intensidade.

Algumas vezes, essas falhas se dão apenas em uma área, porém quando acontecem em todas, o resultado pode ser altamente problemático.

Discordâncias

As discordâncias podem ser de: forma, tamanho, pressão, direção, velocidade, inclinação e continuidade.

Discordâncias de forma

Ocorre na execução, na ligação e na estética, tanto de maneira individual como em conjunto.

A maneira como o escritor executa as ligações presta-se de maneira extraordinária para o perfil final. A ligação entre as letras e as palavras é indicativa do relacionamento entre o "eu" e o "tu" e do relacionamento entre o "eu" e o sexo oposto, revelando até mesmo transtornos na esfera sexual (Vels).

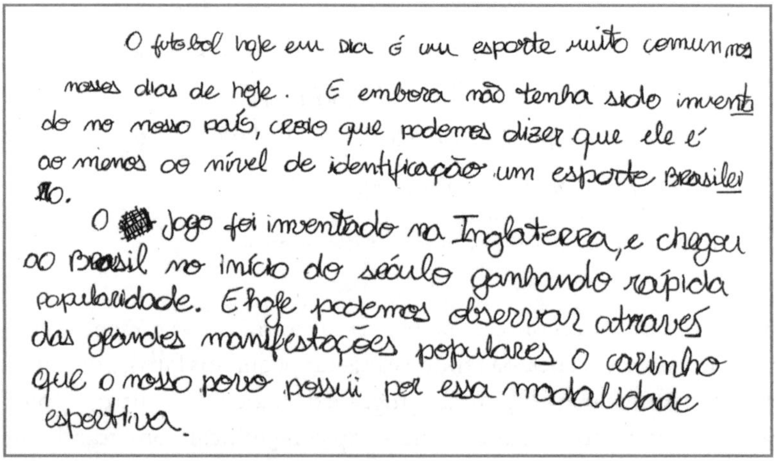

FIGURA 206: Discordâncias de tamanho e pressão. Escrita lenta com torções.

É comum a pessoa começar a escrever com um tipo de ligação e depois passar para outro (guirlanda-arcada, filiforme-ângulo etc.), o que talvez indique adaptação relativamente problemática à sociedade. Trata-se do ajustamento social que na maioria das vezes não é natural. Entretanto, o grafólogo deve observar essa discordância com grande atenção, pois certos fatores podem conduzir as pessoas a esse tipo de comportamento.

Quando há discordância de forma, a maneira de sentir e de pensar influi sobre o comportamento do indivíduo. Em geral, a pessoa é contraditória naquilo que pensa e faz. Mente e finge para se sentir bem. A fuga da realidade funciona como defesa contra sua própria impotência ou sentimento de culpa.

Em resumo, esse tipo de escrita denota versatilidade, mentira, falsidade.

Discordâncias de tamanho

São observadas pela variação constante no tamanho das letras. Por exemplo, em uma palavra, a primeira e a última letra oscilam de tamanho, ou a assinatura tem tamanho diferente do restante do texto.

Nesse aspecto, a problemática psicológica se dá na forma de avaliar as coisas, na maneira de comparar e na medida de proporção. A falta de proporção no grafismo indica emotividade e, ainda, falta de critério.

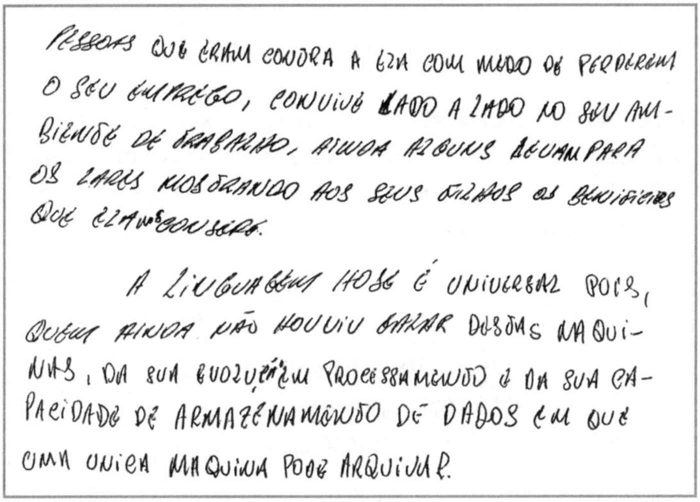

FIGURA 207: Discordâncias na direção, pressão e inclinação.

As distorções podem acontecer na própria autoimagem e no sentimento subjetivo de si mesmo. Às vezes, a pessoa tende a exagerar pequenos fatos, por outras, a minimizar grandes acontecimentos; um dia julga-se o "maior", no outro, o "pior".

O tamanho do texto e da assinatura é capaz de indicar com grande precisão os sentimentos de inferioridade e seus deslocamentos para outras áreas, que, na grafologia, podem aparecer na desproporção entre as diversas zonas. Quando a discordância é observada na zona média, indica que a esfera da autoestima é sempre o centro das discordâncias. A letra *m* e as ovais devem ser objetos de estudos.

Para Jamin, as discordâncias de tamanho e forma são as mais importantes.

Discordâncias de pressão

O grafismo neste caso mostra variações de pressão bruscas e sem motivo; ora a pressão é leve, ora muito forte. Trata-se de um dos principais aspectos a serem observados na análise.

Essas discordâncias costumam estar ligadas às emoções e à saúde do escritor. Demonstram, entre outros dados, alternâncias entre a violência e a vulnerabilidade ou entre ternura e agressividade, que podem acontecer em um curto período de tempo.

Algumas discordâncias de pressão, normalmente observadas na zona inferior, estão diretamente ligadas a transtornos na esfera sexual.

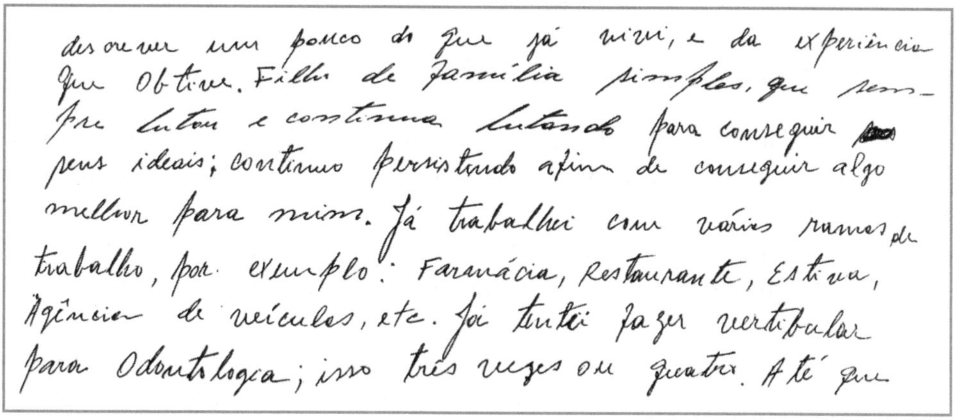
descrever um pouco do que já vivi, e da experiência
que Obtive. Filha de família simples, que sempre lutou e continua lutando para conseguir
seus ideais; continuo persistindo afim de conseguir algo
melhor para mim. Já trabalhei com vários ramos de
trabalho, por exemplo: Farmácia, Restaurante, Estética,
Agência de veículos, etc. Já tentei fazer vestibular
para Odontologia; isso três vezes ou quatro. Até que

FIGURA 208: Discordâncias de inclinação e velocidade.

Discordâncias de direção

Aqui, a direção varia constantemente, subindo, descendo, oscilando etc., mostrando a instabilidade de humor ou a alternância entre os estados de euforia e abatimento de pessoas que, normalmente, são incapazes de manter o controle adequado sobre a esfera emocional, os desejos e objetivos. Tais discordâncias são muito comuns em pacientes com distonias neurovegetativas e manias depressivas.

O estresse é outro caso em que se observa a variação da direção das linhas. Indivíduos com problemas circulatórios, respiratórios e palpitações têm a direção das linhas diferentes da retilínea. Na direção observamos estados de angústia e ansiedade. Muitos desempregados que se candidatam a um trabalho apresentam escrita descendente, característica que tende a desaparecer quando o indivíduo consegue a vaga.

As discordâncias de direção também são indicativos da variação da capacidade de trabalho do indivíduo.

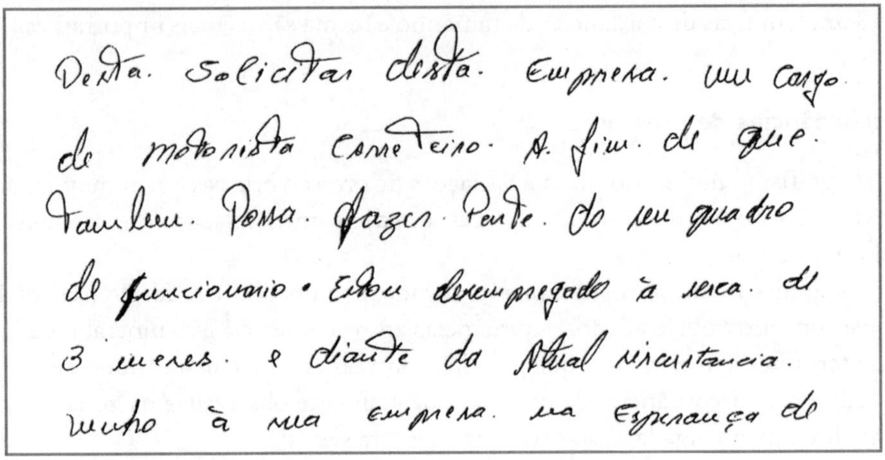

FIGURA 209: Discordâncias de forma e pressão.

Discordâncias de velocidade

As discordâncias de velocidade normalmente têm origem em estados de inquietude e agitação nervosa. Frequentemente, a pessoa se detém diante de um obstáculo por simples medo de enfrentá-lo.

Repressões na esfera sexual e a necessidade de conferir várias vezes o trabalho executado podem fazer parte deste quadro. Ansiedade e angústia são detalhes observados.

Quanto mais rápido escrevemos, mais cedo alcançamos nossa meta. Portanto, as variações indicam a maneira como estamos chegando ao objetivo, ou fugindo dele inconscientemente.

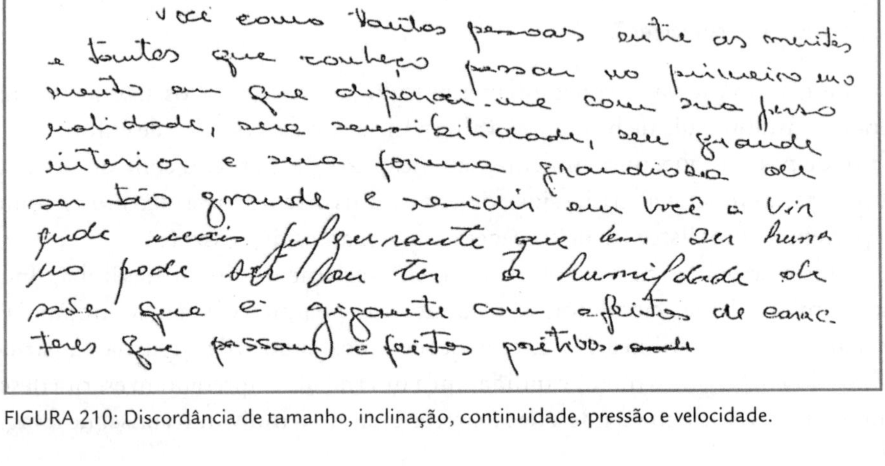

FIGURA 210: Discordância de tamanho, inclinação, continuidade, pressão e velocidade.

Discordâncias de inclinação

Neste caso, o contato com outras pessoas se realiza de modo ambivalente, num jogo de duplas atitudes e emoções contraditórias – amor-ódio, atração-repulsão, simpatia-antipatia, o que no final das contas leva à desorganização na forma de agir e de se conduzir. A ambivalência pode provocar intensas lutas internas.

A discordância se acentua quando ocorre na mesma palavra. A presença de até duas discordâncias de inclinação em uma palavra é aceitável; mais do que isso é sinal bastante preocupante e afeta, na maioria das vezes, outros gêneros como direção e velocidade.

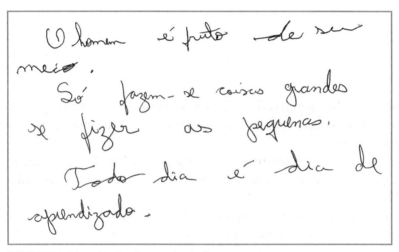

FIGURA 211: Discordâncias de tamanho, inclinação e espaços.

Discordâncias de continuidade

Revelam que a personalidade não está bem estruturada. A principal característica psicológica que se pode deduzir das discordâncias de continuidade é a desonestidade, mas o grafólogo deve se munir de todos os outros meios disponíveis para chegar a essa conclusão.

A falta de continuidade nas letras, palavras, na abertura e no fechamento das ovais, traços inúteis e regressivos são sinais evidentes de que a conduta da pessoa não flui de maneira espontânea.

Traços inúteis, zona inferior regressiva e truncada indicam vários tipos de desvios que têm de ser observados com extrema cautela.

Se há discordâncias em muitas áreas, é provável que a pessoa sofra algum tipo de distúrbio psicológico, e, nesse caso, o grafólogo sempre deve orientar seu cliente a procurar um especialista, médico ou psicólogo.

É normal que apareçam no grafismo pequenas discordâncias de causas momentâneas.

16 | SIGNOS ESPECIAIS

Certos sinais gráficos revelam detalhes especiais do escritor. Sua presença, no entanto, só pode ser considerada característica psicológica se acontecer em número razoável no grafismo.

São chamados de **gestos-tipo** (termo criado por Saint-Morand), sinais gráficos que se repetem ao longo do texto e de certo modo caracterizam e individualizam o autor do grafismo.

De acordo com Renna Nezos, a despeito de outros dados, precisamos ter em mente que os sinais não são fixos e dependem de quatro fatores:

- o número de vezes que o sinal é repetido na mesma página;
- a zona em que aparece;
- os outros sinais;
- o nível de forma do grafismo.

O gesto-tipo é analisado segundo sua projeção (sinistrogira, dextrogira), como já estudamos anteriormente.

A complexidade do ato gráfico pode ser resumida em duas formas: à direita e à esquerda. Esse simbolismo deve ser observado na estrutura do gesto-tipo.

A escrita em ângulos e à direita mostra força, afirmação, vontade de lutar, energia exteriorizada, capacidade de enfrentar obstáculos, liderança, vigor, força física. O traço à esquerda é sinal de interiorização, refúgio, falta de vontade de lutar, desejos de paz em vez de guerra (M. Desurvire), amenidade e suavidade nas relações.

Signos gráficos

O grafólogo não pode confundir as formas das letras como são executadas com a ligação entre elas. A letra *m*, por exemplo: sua forma clássica é executada em arcadas, mas também pode ser filiforme ou em guirlandas. A diferenciação deve ocorrer quando o *m* em forma de arcada liga-se à próxima letra por meio de guirlanda ou ângulo.

Os tipos de signos gráficos são: guirlanda, arco, bucle, laço, serpentina, espiral, triângulo, arpão e nó.

Guirlanda

Consiste no movimento em forma de arco e aberto para cima; é também uma das formas de ligação. A curva, em geral, é um gesto que reflete amenidade, suavidade.

Indica também afetividade, simpatia, bondade, amabilidade, cordialidade e cortesia. Às vezes, revela exageros e imaginação desproporcional.

Arco

A escrita em arcos ou arqueada está incluída no gênero forma. Ocorre quando há exagero nas formas das letras arqueadas e transformação de outros traços em arcos. A presença de muitos arcos pode indicar escrita artificial, principalmente se a velocidade for lenta.

A interpretação tende a ser mais negativa se os traços são regressivos e encobrem aqueles feitos anteriormente, uma vez que a pessoa não deseja mostrar aquilo que realizou.

O arco simboliza construção, composição, invenção, arquitetura, arqueologia, aparato etc. O arco por si só é um elemento de solidez, edificação.

Denota indício de orgulho, dissimulação, originalidade, distinção, virtuosismo e reserva.

A escola francesa chama de escrita *arqueé* os traços em arcada acentuada no rejunte ou a curvatura dos traços retos.

Bucle

Consiste em formar voltas ou pequenos círculos sobre certas partes das letras; é comum aparecer nas letras *a, o* e *g*.

> Forma de contato amável e certa facilidade de transformar problemas em pequenas amenidades. Trato para realizar amizades e elogiar terceiros.

> Atitudes interesseiras. A pessoa é capaz de falsos elogios e bajulações para conseguir seus intentos.

Laço

Caracteriza o laço a execução de um duplo bucle. Deve ser analisado de acordo com o meio, principalmente se for bastante regressivo.

Tato, habilidade, sedução.

Vaidade e desejo de intrigar e provocar polêmicas.

Serpentina

O movimento é ondulado, a direção, imprecisa. Ocorre na barra do *t*, no *m* e *n*.

Bom humor, habilidade e facilidade de adaptação.

Insinceridade e capacidade de dissimular, debilidade física e moral, atitudes evasivas, moleza.

Espiral

Assemelha-se mais ou menos a um caracol. Aparece principalmente nas letras *l*, *m*, *n*, *r* e *s*.

Indica narcisismo, egocentrismo e vaidade. É característica do contador de vantagens.

Triângulo

São movimentos que ocorrem principalmente nas partes inferiores das letras *g*, *f*, *z* e *t*. Como qualquer ângulo, indica repressão dos instintos. É comum na escrita de militares.

Revela capacidade de mandar e impor sua vontade sobre a dos outros, oposição agressiva a certas críticas, agressividade e energia, rigor, tenacidade e perseverança, dureza, virilidade, sentido exagerado de responsabilidade, disciplina e irritabilidade, tendências autodestrutivas, senso crítico excessivo, necessidade de defender suas posições com paixão, necessidade de penetrar profundamente nas coisas que faz, ciúmes, violência, conflitos internos e repressão.

Arpão

O arpão, um dos signos mais antigos da grafologia, foi descrito por Michon em 1871, que o interpretou como sinal de teimosia. Para Gille-Maisani, essa interpretação é válida para o ambiente gráfico com escrita firme e angulosa.

O arpão, assim como qualquer movimento regressivo, indica um freio brusco, contenção ou bloqueio na atividade que se está realizando. De uma maneira ou de outra, trata-se da energia cuja fluidez não é normal e afeta o ritmo da escrita.

A interpretação desse signo é extremamente variável e depende da zona em que ocorre e se o traço é final ou inicial. Uma das interpretações mais desfavoráveis se dá quando o arpão é encontrado na zona inferior.

Gille-Maisani, ampliando a obra de Jamin, classifica a escrita "arponada" no gênero direção e cita as diversas interpretações de autores europeus. O arpão voltado para cima no final de um traço ou palavra (noroeste) denota alguma agressividade.

O grafólogo alemão Preyer vê no gancho a memória subconsciente do gesto de agarrar do bebê. Klages interpreta-o como teimosia, perseverança e tenacidade.

Quando se volta para baixo, funciona como um soco na mesa de quem quer ter a palavra final.

Indica esperteza e tenacidade, perseverança e resistência física. Pode mostrar avidez, agressividade e desejo de vingança. Se o arpão estiver associado à escrita confusa e desordenada, é sempre um péssimo sinal. Associado à escrita com traços iniciais curvos, revela sinais de amabilidade interesseira.

Nó

O nó é um movimento de tensão, que prende, segura e ata, ao contrário do laço, que envolve e seduz. É, portanto, compromisso que não se desfaz senão pelo rompimento. Quanto maior a pressão no nó, mais "atada" é a característica psicológica.

Trata-se de laço regressivo. Indica reserva e necessidade de manter segredo da vida íntima, afetiva e emocional.

1. Guirlanda	
2. Arco	
3. Bucle	
4. Laço	
5. Serpentina	
6. Espiral	
7. Triângulo	
8. Arpão	
9. Nó	

Sinais cujos nomes facilitam sua identificação

1. **Dente de vampiro**: extremamente negativo em qualquer tipo de escrita. Agressividade, sadomasoquismo, agressão etc.

2. **Escorpião**: autoagressividade.

3. **Bandeirola**: tensão energia, repressão.

4. **Rabo caído**: depressão, cansaço, desânimo, obstinação.

5. **Árvore**: passividade, receptividade (ver escrita redonda).

6. **Rabo do diabo**: traço regressivo, atitudes defensivas e egoístas.

7. **A ressaca**: variações de humor, irritabilidade.

8. **Balão**: excesso de imaginação, impressionável.

9. **Onda**: oportunismo, caráter ondulante (escrita decrescente).

10. **Dente de tubarão**: insinceridade, agressividade.

11. *Coup de sabre* (francês): exclusividade, vontade de cortar o mal pela raiz (E. Singer).

12. **Unha de gato**: insinceridade, vontade de reter para si.

13. **Traço do procurador**: prudência desconfiada (Klages). Segundo Pierre Faideau, o prolongamento final é uma defesa ativa contra o medo do desconhecido. Para nós, denota vontade de ter informações privilegiadas, necessidade de estar à frente dos demais (em escritas de sentido positivo).

Letras ovais

Nenhuma letra tem importância sozinha, o que determina sua validade é o conjunto. Contudo, por sua formação, as ovais revelam características importantes da escrita. Refletem o íntimo, o ego de quem escreve.

As principais letras em que se notam esses detalhes são *a, o, d, g*, com especial importância para as duas primeiras.

Crépieux-Jamin, em seu livro *ABC da grafologia*, calculou que apenas a letra *i*, junto com o ponto e seus aspectos (pressão, velocidade etc.), teria aproximadamente $8,37 \times 10^{25}$ tipos diferentes. O estudo das letras ovais encaixa-se perfeitamente aqui.

Volto a advertir que alguns livros de grafologia com dicionários de letras são inúteis. Traçar perfis grafológicos tendo como base 600 tipos de letras e observando sua frequência é desconhecer as normas mais elementares da grafologia.

Normalmente, observam-se as ovais por meio de dois parâmetros:

- Abertura: a forma e o lugar onde são abertos.
- Forma com que são executados os ângulos, as curvas, as suavidades e outros tipos de deformações.

A abertura revela como nos comunicamos com o mundo exterior e se divide em:

- Aberta.
- Fechada.
- Mista (mescla os dois tipos).

Escrita fechada

Gille-Maisani classifica a escrita cujas ovais, *a*, *o*, *g* e *q* são fechadas como espécie pertencente à forma. Opõem-se às que estão abertas, que também considera uma espécie, sejam elas abertas à direita ou à esquerda.

A interpretação principal é a de personalidade fechada, contida, retraída, que sabe guardar segredos e opiniões. Revela também introversão, desejo de privacidade, pouca capacidade de contatos com o mundo exterior.

Exemplos de ovais

1. Abertura para cima: ternura e facilidade de expressão, extroversão e sinceridade nos atos do cotidiano, franqueza. Indiscrição e dificuldade em guardar segredos. Tendência a aceitar normas impostas. Exageradamente abertos, credulidade extrema.

2. Abertas à esquerda: discrição, tato e prudência nas relações com terceiros. Timidez e experiência de vida em pessoas extrovertidas. Atitudes evasivas e ocultação de detalhes.

3. Abertas para baixo: deslealdade, falta de sinceridade e má-fé. Xandró cita encobrimentos de inferioridade como uma das suposições mais benignas.

4. Abertas à direita: abertura do ânimo, socialização do "eu", caráter voltado para o futuro.

5. Fechadas: prudência e reserva, revelam que a pessoa pensa antes de tomar decisões; capacidade de controlar os sentimentos e emoções. Desconfiança e atitudes materialistas.

6. **Fechadas em forma de bucle:** de acordo com Jointoyée, denotam capacidade de calar e falar no tempo certo; habilidade para tornar um fato penoso em atraente, principalmente para os outros. Cálculo e interesse próprio. Reserva, ocultação, fingimento, simulação etc. Varia de acordo com o ambiente gráfico.

 7. **Abertas e fechadas:** capacidade de convencimento, de mostrar e insinuar-se no devido tempo. Reserva quando necessário.

 8. **Ovais pinchadas (do espanhol):** o traço final volta-se sobre si mesmo em forma de ponta (acerado), ou seja, "espeta" o centro do próprio "eu". Masoquismo. Sentimento de culpa.

 9. **Ovais fechadas ou cegas:** anulação da personalidade por diversos motivos: cansaço, fadiga, tristeza etc. Alcoolismo.

 10. **Ovais deformadas (amassadas ou protuberantes):** descritas por Moretti. A maioria dos autores diverge em sua interpretação. Talento político, comercial, apropriação ilegítima etc.

 11. **Ovais em forma de espirais:** egocentrismo, sensibilidade, emotividade e certa dose de narcisismo. Indecisão, falta de sociabilidade.

Ângulos das ovais na escola italiana

Para a grafologia italiana, existem três sinais grafológicos substanciais na escrita angulosa, que correspondem às três manifestações do egoísmo:

- Ressentimento e suscetibilidade.
- Tenacidade e teimosia.
- Sagacidade e astúcia.

Esses signos são representados pelo *ângulo A*, *ângulo B* e *ângulo C*, e podem ocorrer ao mesmo tempo, de forma individual ou aos pares.

Ângulo A

O ângulo A está representado nos vértices inferiores agudos ou achatados. Nota-se particularmente nas letras *a*, *o*, em suas derivadas e nas que apresentam bordas na base como *r, u, v, l, i, m, n, c* etc. Sem dúvida, a letra *a* é a que apresenta esta característica com maior frequência.

Indica ressentimento legítimo e suscetibilidade, desejo de vingança, defesa do próprio "eu", reação contra ataques, fácil irritabilidade, agressividade, escassa disposição para aceitar sugestões e observações dos outros (Torbidoni). O escritor contradiz, refuta e ataca com veemência, mesmo sem motivos. Tem baixa tolerância às frustrações e guarda ressentimentos ainda que não saiba o motivo.

Permanece em constante estado de irritação, que descamba para a agressividade sem a menor cerimônia. Faz isso para aliviar suas tensões internas, mas a tendência é que elas voltem com mais intensidade.

Gosta de ser confrontado para descarregar sua agressividade verbal ou física sobre os demais, principalmente se notar neles sinal de fraqueza. Sob o aspecto intelectual e temperamental, tende a contradizer; e, embora possa ter êxito em matérias polêmicas, não parece ser apto a trabalhar em equipe e a viver em ambientes tensos (Torbidoni).

FIGURA 212: *Ângulo A.*

Ângulo B

O ângulo B está estreitamente relacionado com o A, tanto no aspecto grafológico quanto no psicológico. Caracteriza-se pelo aparecimento de dois ou mais ângulos agudos nas letras *a* e *o* e em suas derivadas (*d, g, b, p, h*). A letra com maior probabilidade de apresentar esse signo é a letra *o*.

Signo substancial da vontade, revela tenacidade e teimosia em altas doses. Indica que o escritor é capaz de resistir a fortes pressões e de responder imediatamente a qualquer tipo de agressão. Disposição habitual para a resistência.

A simples tenacidade não é um defeito, o que mostra a legitimidade da própria exigência, pois se empenha em tomar consciência da legitimidade e conquistar o respeito dos demais. Ao contrário da teimosia, seus motivos de defesa e de resistência não são frutos da tomada objetiva de consciência, mas da determinação instintiva e prejudicial de considerar justo e válido somente aquilo que tem ou que deseja (Torbidoni).

Defende e insiste nas próprias teses, mesmo sabendo que está errado. As tensões interiores o privam da serenidade e do equilíbrio para valorizar de forma objetiva o que é meu e o que é teu, para dar e ter.

Sob o perfil de aptidões, indica disposição para discutir com insistência e tentar fazer valer seu próprio pensamento, o que corresponde a um espírito estreito para considerar aquilo que dizem os demais. Escassa maleabilidade e difícil ambientação, além de forte propriedade psíquica para raciocinar sobre determinados fins prefixados (Torbidoni).

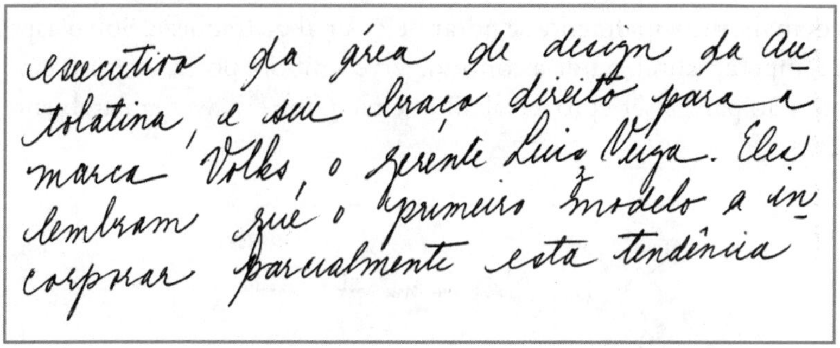

FIGURA 213: *Ângulo B*. O traço horizontal antes da palavra "gerente" é chamado de *traço do subjetivismo* pela escola italiana.

Ângulo C

O ângulo C comporta:

- Ângulos A e B achatados.
- Bordas curvas nos vértices, aqui ou ali.
- Flexões e enlaces artísticos.
- Ângulos agudos, ou quase, de vez em quando.
- Fluidez na grafia – ainda que esmerada, é natural e sóbria.

Vontade é a palavra-chave para pessoas com esse tipo de escrita. Revela iniciativa, astúcia, senso de oportunidade, organização, liberalidade vigilante.

O escritor que adota o ângulo C defende-se de forma leal diante das mais diversas situações ou circunstâncias difíceis, adequando a elas seus métodos e diretrizes que estão dentro de uma ética e moral. Seus ressentimentos e a tenacidade são freados e regulados de acordo com as circunstâncias do momento.

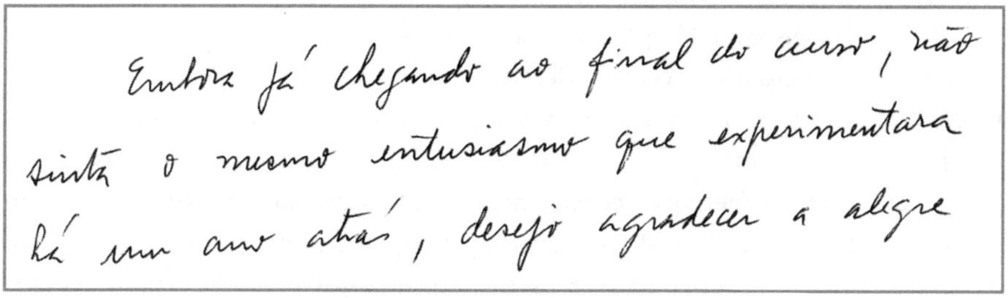

FIGURA 214: *Ângulo C*.

Além disso, tem senso de oportunidade em suas intervenções, se expressa ou é mais reticente segundo o que considera mais conveniente para a conquista do que lhe interessa (Torbidoni). Dificilmente se deixa surpreender pelos imprevistos, porque sua perspicácia o leva a observar longe. Utiliza a discrição para atrair a simpatia das pessoas, entendendo os seus sentimentos e interesses. Evita habilmente contendas que possam lhe infringir algum dano. É capaz de suavizar ressentimentos de ambas as partes em conflito.

Por fim, sob o perfil profissional, revela atitude para realizar missões em que os contatos sociais são proeminentes, o que implica habilidade no trato e nas tarefas diplomáticas (Torbidoni).

Letra *m* – Conceito que a pessoa faz de si

A primeira perna do *m* representa o valor que a pessoa concede a si própria. Quando é maior que as demais, denota orgulho, sentimento de superioridade. A segunda perna mostra a influência que o "tu", a família e os amigos têm sobre quem escreve. A terceira indica a importância dada pela pessoa aos outros, à profissão e, em última análise, à sociedade.

1. Tamanho igual nas pernas: equilíbrio de personalidade. Com tamanho pequeno, revela humildade e simplicidade.

2. Primeira perna maior: autoimportância, valorização própria. Quando exagerada, mostra falta de humildade.

3. Pernas baixas: modéstia ou falta de confiança em si mesmo.

4. Pernas estreitas: timidez, retraimento, inibição, falta de confiança.

5. Pernas largas: confiança, desenvoltura.

6. Com traço inicial longo: nostalgia, gosto por recordar o passado. Gosto também por obras de arte e monumentos, sensibilidade estética.

7. Em forma de laços: facilidade de expressão, tato, amabilidade, autoelogio.

8. Terceira perna embaixo: valorização excessiva do dinheiro.

9. Complicada: vulgaridade, vaidade, atitudes despropositadas e fora de hora.

10. Grande laço inicial: ego inflado, segurança de si.

11. Traço sobre si mesma: descontentamento consigo e com os outros. Culpabilidade (Xandró).

12. Fechada no final: egoísmo.

Letra *g*

Mostra detalhes da libido; lembrando que libido é produção, criação, agressividade, sexualidade, combatividade etc.

Didaticamente, divide-se a letra *g* em quatro partes:

A. Oval inicial: atitude ética e prévia.
B. Perna: tensão, profundidade e força dos instintos.
C. Curva: tempo de prazer, retenção.
D. Volta para zona média: realidade, ego etc.

 1. Pernas triangulares: forte reação a críticas, poder de mando e despotismo doméstico.

 2. Em forma de oito: vida instintiva intensa, repleta de desejos.

 3. Pernas longas: vitalidade, materialismo, energia física.

 4. Pernas curtas: sobriedade, modéstia, misticismo, timidez, insegurança, debilidade física.

 5. Movimento regressivo: defensividade, talvez masoquismo.

 6. Agressividade: talvez sadismo.

 7. Laço curto: tendência a dissimular a libido. Ciúmes do tipo erótico (Xandró).

 8. Desviada: egoísmo no prazer, relação de trocas defeituosa.

 9. Sem a volta: repressão, prazer truncado, falta de maturidade ou deficiência sexual.

 10. Inacabada: timidez ou falta de maturidade sexual.

 11. Sem ovais: ausência de preliminares, pressa, imaturidade, falta de compromisso nas relações, sexo apenas pelo prazer.

12. Ovais com várias voltas: medo e retraimento sexual, dificuldade de estabelecer contatos, intensa necessidade de jogos preliminares.

17 | ASSINATURAS

Um dos detalhes mais fascinantes que se pode estudar em grafologia é a assinatura. Trata-se da marca individual e pessoal que identifica quem escreve. Alguns grafólogos a chamam de "cartão de visitas grafológico".

"Assinatura" tem origem na palavra latina *assignare*, que significa afirmar, fazer verdadeiro o que está escrito antes.

Ela está presente em diversos atos cotidianos e documentos, tais como certidões, contratos, cheques, registros e cartas. O que está escrito na carta pode ser mentira, mas a assinatura será sempre verdadeira.

Os grandes mestres da grafologia mundial realizaram estudos a respeito da assinatura, apesar de a escola italiana de Moretti não dar grande importância ao tema.

A regra básica é: "O texto revela o comportamento social; e a assinatura, o íntimo".

Definições dos grandes mestres: "A assinatura é uma reflexão da atitude adotada pelo individual face ao coletivo" (G. Beauchataud). "A assinatura é uma biografia abreviada" (Pulver). "A assinatura é o sinal ou signo mais evidente do eu"; "Na assinatura, vemos as mais secretas ambições do homem" (Xandró).

Para nós, a assinatura pode funcionar como um "vazamento", termo usado na psiquiatria para designar as palavras ditas pelo paciente em uma sessão que, geralmente, são mais reveladoras e de maior conteúdo que toda a sessão em si. Isso também estaria de acordo com as teorias de Klages a respeito dos movimentos inconscientes, segundo as quais os primeiros movimentos do texto muitas vezes podem ser conscientes; e os finais, na maioria das vezes, inconscientes.

Atualmente, entre os vários estudos sobre a assinatura, destaca-se o "Seminário de Firmas", realizado pela Sociedade Espanhola de Grafologia, tendo à frente o professor Mauricio Xandró.

Analisando assinaturas

Ao analisar a assinatura, observamos todos os gêneros da grafologia (pressão, velocidade, tamanho etc.) e suas correspondências com o texto.

A assinatura é considerada "boa" quando apresenta:

- Forma simples ou combinada, legível.
- Mesma gênese do texto.
- Boa continuidade, mostra adaptação.
- Ligeiramente ascendente ou retilínea e à direita.
- Pressão firme e sem exageros.
- Limpa, indica superioridade moral.

A assinatura é analisada sob os seguintes aspectos:

- Psicológicos (caráter e personalidade).
- Grafopatológico.
- Grafotécnico.

Nesse último caso, trata-se de perícia realizada por especialistas. A grafotecnia ocupa-se da verificação da falsidade ou veracidade de uma assinatura, sem se preocupar com os aspectos da personalidade de quem escreve. Alguns grafotécnicos estudam grafologia porque acreditam, com razão, que, conhecendo as características da personalidade, conseguem avaliar as falsificações mais facilmente.

Assinar é acima de tudo um ato de responsabilidade; e, ao fazer isso, empenhamos nossa "palavra" de forma cabal e com todas as consequências jurídicas implicadas.

A assinatura se perpetua no tempo e no espaço. A da princesa Isabel, por exemplo, é reconhecida cem anos depois de ela ter assinado a Lei Áurea.

Existem várias regras para analisar uma assinatura, além dos detalhes de pressão, velocidade, inclinação, coesão etc.

A assinatura isolada tem muito pouco significado grafológico, e qualquer consideração a esse respeito resulta em graves erros no perfil. A análise é sempre feita em conjunto com o texto. Em determinados casos, ela poderá modificar, realçar, minimizar ou acentuar os detalhes observados no decorrer do texto.

A análise de diversas assinaturas da mesma pessoa, modificadas ao longo do tempo, mostra a evolução pessoal do escritor.

Quando se trata da assinatura de pessoas públicas, é importante lembrar que nem sempre a imagem social corresponde à verdadeira.

Autógrafo e assinatura

A palavra "autógrafo" significa "do próprio autor", portanto, o adágio segundo o qual qualquer assinatura é um autógrafo, mas nem todo autógrafo é uma assinatura, está correto.

Segundo Pedro Corrêa do Lago, um dos maiores colecionadores de autógrafos do mundo, a palavra "autógrafo" é bastante ambígua, pois para quase todas as pessoas é sinônimo exato de assinatura, quando, na verdade, qualquer peça escrita na letra de uma pessoa é seu autógrafo, seja ela assinada ou não. O termo "autógrafo" também pode ser usado como adjetivo: um documento autógrafo é um documento produzido inteiramente pela mão do autor, assim como um quadro ou uma pintura autógrafa são, na expressão dos especialistas, inteiramente da lavra ou do pincel do próprio artista (*Documentos autógrafos brasileiros*, Salamandra, 1977).

O autor lamenta em seu livro a confusão que se faz entre "colecionador de autógrafos" e "caçador de autógrafos", posto que este último só está interessado na assinatura de seus ídolos no papel.

A assinatura e sua posição em relação ao texto

Se a assinatura toca o texto, ela indica cordialidade, extroversão, facilidade nos contatos sociais, calor humano, pouca preocupação com protocolos, simplicidade e rusticidade.

Quando está próxima do texto, sem tocá-lo, é sinal de naturalidade nas relações sociais e simplicidade.

Assinatura longe do texto revela caráter introvertido, distanciamento, personalidade voltada para o lado profissional e protocolar; em sentido negativo, orgulho e pouco comprometimento com o que escreveu.

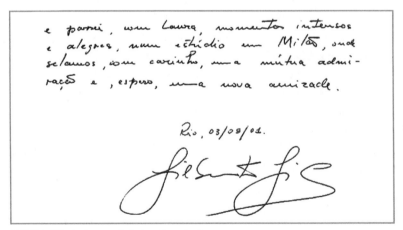

FIGURA 215: Assinatura inflada, afastada do texto.

Se o escritor prefere assinar do lado esquerdo, trata-se de indício de excessiva prudência e introversão, timidez e, no sentido negativo, de temor e desconfiança.

Posicionada no centro da página, demonstra que o indivíduo tem autocontrole e domínio dos impulsos, reflexão, equilíbrio entre introversão e extroversão, além de imparcialidade ao julgar diversas situações.

FIGURA 216: Assinatura colocada no centro do texto.

Quando aparece à direita da página, significa extroversão e pensamento dirigido para o futuro, característica de quem vai à luta tomando sempre a iniciativa; negativamente, indica tendência à precipitação.

Tamanho

Assinaturas grandes são comuns em pessoas confiantes e de ego expandido, ao passo que as pequenas revelam timidez, modéstia e autocontrole.

Comparação do tamanho da assinatura com o texto

Deve-se comparar principalmente o tamanho entre a zona média do texto e da assinatura, embora as outras zonas também precisem ser comparadas.

- **Assinatura maior que o texto**: quando a zona média da assinatura é maior que a zona média do texto, ela revela orgulho e vontade de ser superior, desejo de ser notado. O autor com esse tipo de assinatura se acha mais importante que os valores sociais. Em alguns casos, pode indicar exageros na própria valorização, culto à personalidade e megalomania.
- **Assinatura muito maior que o texto**: aqui a zona média da assinatura é muito maior que a zona média do texto, indicando orgulho que ultrapassa a realidade, amor-próprio exagerado, falta de equilíbrio entre o que o "eu" quer e o que realmente pode, imaginação exacerbada, falta de equilíbrio pessoal e exagero.

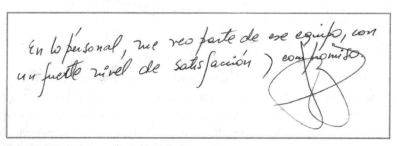

FIGURA 217: Assinatura ilegível invadindo o texto.

- **Assinatura menor que o texto**: a zona média da assinatura é menor que a zona média do texto. Nesse caso, o ego do escritor (zona média da assinatura) está diminuído, revelando humildade, modéstia e aceitação de ordens. Pode indicar sentimento de inferioridade. Quando a diferença de tamanho é exagerada, trata-se de um sinal de complexo de inferioridade, mas esse aspecto deve ser confirmado com outros dados.
- **Assinatura do mesmo tamanho que o texto**: caracteriza-se quando as zonas médias do texto e da assinatura têm o mesmo tamanho, revelando equilíbrio entre a personalidade íntima e os valores sociais. O escritor apresenta comportamento idêntico nas relações pessoais, profissionais e familiares.

Legibilidade

Escrita legível geralmente é sinal de sinceridade. Se apenas o sobrenome do escritor aparece de maneira legível, neste caso, sua assinatura mostra orgulho da família e desejo de tratamento formal. Quando a ênfase é dada ao primeiro nome, denota familiaridade, infância feliz e tratamento informal.

A **assinatura ilegível** pode ser produto de doenças, rapidez, condições precárias para escrever etc. Revela que a pessoa quer preservar sua intimidade, seja por dissimulação, timidez ou covardia. Indica também confusão mental e tendência a enrolar em certas situações. No sentido negativo, assinala tendência à desonestidade.

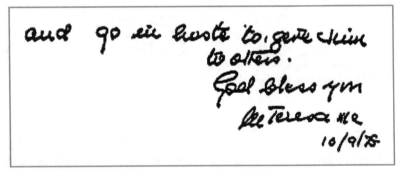

FIGURA 218: Assinatura legível, colocada à direita do texto.

Comparação entre o texto e a assinatura

- **Assinatura legível e texto ilegível**: indica que o escritor sente felicidade e alegria consigo mesmo, o que, contudo, pode não acontecer no ambiente profissional, social e familiar. Sinal de insegurança e conflitos no ambiente profissional. Sugere ainda incapacidade de expor de maneira correta fatos ou acontecimentos.
- **Assinatura e texto legíveis**: revela vontade de ser compreendido, necessidade de relações interpessoais francas, diretas e sem rodeios, clareza de intenções e lealdade. O escritor mantém a mesma postura nas relações familiares e profissionais.

- **Assinatura ilegível e texto legível**: demonstra desejo de ocultar a intimidade pessoal sem revelar o que pensa, faz e gosta. Timidez, medo e insegurança. Comumente encontrada na escrita de adolescentes.
- **Texto sem assinatura**: é comum nas pessoas que não gostam de aparecer ou se mostrar. Pode ser intencional, por exemplo, quando se enviam cartas anônimas.
- **Diferenças entre nome e sobrenome**: o primeiro nome indica a infância, o passado, a informalidade de nossa vida; enquanto o sobrenome simboliza os valores familiares, o passado e o tratamento formal.
- **Primeiro nome legível**: infância feliz, tratamento informal. Simplicidade e franqueza.
- **Sobrenome ilegível**: indício de reserva, aversão ao nome de família, problemas familiares ou com o passado. Mulheres que estão se separando tendem a assinar assim; em recém-casadas, vemos exatamente o contrário, o sobrenome sendo mais legível.

FIGURA 219: Assinatura ilegível, confusa, com traços regressivos.

Direção

A **assinatura retilínea** é aquela que acompanha o sentido horizontal do papel. Sua trajetória, portanto, é reta.

Comparação entre o texto e a assinatura

- **Assinatura retilínea e texto com linhas ascendentes**: entusiasmo no trabalho e com os amigos, impulso social maior que o íntimo, controle pessoal e medo de expor sua intimidade.
- **Assinatura retilínea e texto com linhas descendentes**: sinal de cansaço ou esgotamento físico por motivos passageiros, como viagens e excesso de trabalho. Pode acusar pequena "depressão social", comum em grafismos de pessoas desempregadas.

- **Assinatura e texto retilíneos**: característica de escritor com energia moral e física constante. Capacidade de levar a bom termo trabalhos que exijam energia e disciplina pessoal.
- **Assinatura ascendente e texto reto**: indica alegria e dinamismo. Muitas vezes, porém, o escritor tenta realizar mais do que pode.
- **Assinatura e texto ascendentes**: demonstra grande energia física e mental, gosto por realizar as coisas. Espírito empreendedor e aparenta ser imbatível.
- **Assinatura ascendente e texto descendente**: é comum em pessoas desempregadas. O escritor tem energia pessoal muito grande, e acredita que, apesar das dificuldades, no final, tudo sempre vai dar certo. Mostra capacidade e potencial para vencer independentemente das condições adversas.
- **Assinatura descendente e texto reto**: o escritor aparenta estar bem com o mundo, mas está sofrendo e não gosta de demonstrar.
- **Assinatura e texto descendentes**: pouco vigor físico, falta de tônus, cansaço físico e mental e esgotamento. Esse tipo de escrita é comum em pessoas doentes ou que foram operadas recentemente. Pode ser indício de depressão profunda, o que deve ser avaliado por outros exames.
- **Assinatura descendente e texto ascendente**: desânimo e fadiga perante as dificuldades da vida. O escritor acha que seus problemas estão longe de serem solucionados.

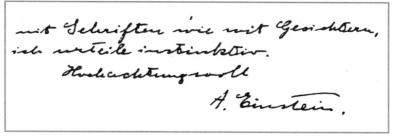

FIGURA 220: Assinatura colocada à direita do texto e ligeiramente descendente.

Inclinação

A **assinatura inclinada:** audácia, mobilidade, atividade, exibicionismo, extroversão, impulsividade, paixão, espontaneidade, afetividade, dinamismo e sociabilidade. Indica que o escritor tem necessidade de contatos e vontade de chamar a atenção.

Comparação com a inclinação do texto

- **Assinatura vertical e texto inclinado à direita**: a verticalidade na escrita pressupõe uma posição gestual de equilíbrio, quase neutra. A inclinação mostra um movimento de ir para a frente e tentar encontrar-se com o "objeto" ou ato em questão. Esse escritor é mais afetuoso na vida social e profissional que na familiar.

- **Assinatura inclinada à direita e texto vertical**: poderoso autocontrole social e formalidades nas relações profissionais. O escritor é mais afável nas relações pessoais e familiares do que nas profissionais. Pode ser, por exemplo, chefe sisudo e pai amoroso.
- **Assinatura vertical e texto inclinado à esquerda**: é sinal de prudência nas relações sociais. O escritor parece estar sempre desconfiado dos outros, contudo pode ser bastante seguro de si.
- **Assinatura invertida e texto vertical**: timidez, medo, distância social, formalismo nas relações como forma de defender a intimidade, medo de amar. O indivíduo pode estar ligado ao passado e ter fixação na fase infantil.
- **Assinatura inclinada e texto invertido**: nota-se grande discordância no grafismo, uma vez que as tendências são opostas. O escritor gosta de mostrar qualidades que não possui. Esse tipo de assinatura pode ser sinal de insinceridade, mas outros fatores precisam ser avaliados.
- **Assinatura invertida e texto inclinado**: como o caso anterior, trata-se também de um grafismo discordante. O escritor procura ocultar os desejos e sentimentos como uma forma de defender-se dos outros.
- **Assinatura e texto verticais**: aqui, a posição postural é neutra tanto na vida social quanto na intimidade. Indica orgulho, equilíbrio, consciência do próprio valor, nobreza e diplomacia. O indivíduo gosta de formalidade e atitudes aristocráticas. Evita tomar partido para não se expor.
- **Assinatura e texto na mesma direção**: esta pessoa mantém a mesma conduta nas relações sociais e familiares. É constante na maneira de agir. Nesse caso, o grafólogo deve interpretar a maneira como o texto e a assinatura se identificam.

Pressão

Na **assinatura firme** não existe vacilação no ato de escrever e, portanto, os traços são firmes, seguros, limpos, precisos e em relevo. O grafismo é dinâmico; a direção das linhas, regular; a continuidade, estável; e o grafismo apresenta coesão em toda a estrutura. Revela bom nível de resistência diante de influências exteriores, predisposição para a ação, personalidade forte, ambição, determinação e eficácia.

Comparações entre o texto e a assinatura

Devemos observar a pressão e toda sua gama de variações, pois discordâncias entre a assinatura e o texto são importantes para o perfil grafológico final.

- **Assinatura e texto com pressão forte**: sinal de energia e força física, capacidade para realizar trabalhos prolongados, opiniões fortes, brio, sentimento de força, capacidade de criação, tônus elevado. Quando inicia um trabalho, o escritor tende a terminá-lo com a mesma energia que começou.

- **Assinatura forte e texto fraco**: característica de pessoa que se sente quase sempre mais segura no convívio familiar do que no profissional.
- **Assinatura fraca e texto forte**: esse escritor deseja parecer forte e poderoso perante os outros, mas, no fundo, pode ser tímido e inseguro.
- **Assinatura em relevo e texto sem relevo**: revela capacidade de criação que não é adequadamente realizada.

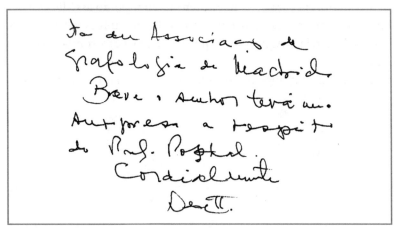

FIGURA 221: Assinatura no centro do texto. Descendente. Variações de pressão.

Símbolos nas assinaturas

É comum nas assinaturas o aparecimento de símbolos ou desenhos, muitos dos quais colocados de forma inconsciente, e outros, intencionalmente, por causa do desejo de chamar a atenção.

Adolescentes gostam de enfeitar a assinatura com flores, corações e os mais diversos tipos de desenhos.

Profissionais de diversas áreas desenham símbolos ligados a sua profissão, geralmente de maneira inconsciente. É prematuro afirmar que exista qualquer tipo de relação entre a profissão e a escrita.

Sabe-se que o homem se expressa por meio de símbolos e muitas vezes os coloca na sua escrita. São comuns: olhos, facas, pernas, braços, objetos de estimação, aparelhos com que trabalham e uma infinidade de outras coisas.

Grafólogos de todo o mundo apontam uma bola no *p* de Pelé como um símbolo que o ex-jogador teria inserido de modo inconsciente em sua assinatura.

Profissões

Não podemos dizer que exista uma escrita específica de determinada profissão. Embora se note a presença de alguns traços comuns entre as assinaturas de profissionais da mesma área, isso está longe de ser um padrão.

Vejamos alguns casos:

- Políticos: gostam de ser vistos e compreendidos, e executam assinaturas de maneira legível. Normalmente, são maiores que o normal, pois o orgulho e o ego tendem a ser inflados. Em outros casos, as assinaturas podem ser ilegíveis, confusas e bizarras.
- Desportistas: a atividade física intensa resulta em traços largos e abertos, cheios de energia, com enfeites e sublinhados.
- Artistas: procuram, em geral, chamar a atenção ou fugir do assédio constante a que são submetidos. Muitas vezes, inventam, modificam ou reestruturam a assinatura por questões comerciais. Algumas escritas mostram a dicotomia entre o artista e o ser humano.
- Ditadores: os sinais grafológicos dos ditadores costumam ser péssimos.

18 | SIGNOS LIVRES

Alguns sinais são chamados de signos livres em razão da relativa liberdade com que podem ser traçados no campo gráfico. Diversos autores os denominam "movimentos livres" (*free movements*), pois eles não dependem de outros sinais. No entanto, nunca devem ser tomados como padrão para a análise final e sim como elemento auxiliar.

Exemplos de signos livres

Pontuação e acentuação

O grafólogo analisa qualquer tipo de sinal na escrita, como os espaços em branco deixados no papel e até a colocação correta de abreviaturas e siglas no texto. Lembrando sempre que, para o grafólogo, o conjunto é o mais importante.

Dentre todos os sinais avaliados na escrita, a pontuação e a acentuação não podem ser deixadas de lado. Acentuar de forma correta indica aceitação de normas, boa capacidade de observação e consciência moral. A falta de pontuação total pode significar desordem mental, precipitação e desequilíbrio. Os sinais de pontuação representam, antes de tudo, a atividade mental (R. Crépy).

Assim como outros signos livres, a pontuação e a acentuação são analisadas de acordo com os seguintes parâmetros:

- Gêneros de Jamin.
- Simbolismo. Espaço gráfico que ocupam ou deveriam ocupar.
- Regras de acentuação e continuidade.

Certos sinais são obrigatórios no texto, como o ponto final; e outros, de livre escolha, a exemplo do ponto de exclamação. A supressão do ponto pode indicar falta de atenção ou pouca cultura.

Se o escritor segue as normas, o ponto final deve estar na zona média, na linha de base da escrita e logo após a última palavra. Mas existem variações que devem ser conjugadas pelo grafólogo, por exemplo: ponto acima ou abaixo da linha de base, próximo ou distante da palavra, em forma de círculo, pingo esmagado, como um traço etc.

Segundo Domingos P. Cegalla, a pontuação na língua portuguesa tem tríplice finalidade:

1. Assinalar pausas e inflexões de voz.
2. Separar palavras, expressões e orações que devem ser destacadas.
3. Esclarecer o sentido da frase, afastando qualquer ambiguidade.

A língua portuguesa possui vasta pontuação e acentuação. Sua correta colocação indica cultura e refinamento, além de dar excelentes pistas a respeito do grau de escolaridade de quem escreve.

Exemplos:

- Acento agudo: expressão de reflexão (Crépy), entonação, firmeza. Fator regressivo.
- Acento grave: sinal progressivo, entonação aberta.
- Circunflexo: assinala gravidade, muda o valor da letra.
- Trema: complemento, particularidade. Quando usado, mostra certa erudição.
- Cedilha: atividade viril. Elemento de mutação.
- Vírgula: fator de atividade, expressão de senso prático, capacidade de separar.
- Ponto e vírgula: indica *finesse*, refinamento, uma pausa maior, reflexão.
- Ponto final: pensamento objetivo, capacidade de julgamento e decisão.
- Ponto de exclamação: afetividade, transbordamento.
- Dois-pontos: capacidade de expor (trata-se de um anúncio), citar, esclarecer.
- Ponto de interrogação: pergunta, dúvida, desejo de esclarecer, confundir, questionar.
- Reticências: capacidade de deixar questões abertas. Mostra desejos de insinuar, conduzir, fazer suspense. Sinal de cultura e erudição.
- Aspas: citação, vontade de colocar fatos e acontecimentos em evidência.

Estudo do til

O til é o sinal gráfico que nasala a vogal à qual se sobrepõe. Normalmente, está colocado no meio das letras ou nos finais. Trata-se de um elemento de transformação. É considerado ainda signo de precisão.

Enquanto o acento circunflexo é por si próprio um ângulo, que exige tensão em sua formação original, o til é uma serpentina, que, para sua execução, não implica a mesma energia do circunflexo.

Na atualidade, há um tipo de sinal muito comum, que chamamos de "naja" em virtude da semelhança com a serpente.

Sobre o a (ã)

De modo geral, a fim de sobreviver em nossa sociedade, é necessário um forte senso de defesa, o que se traduz por gestos defensivos para nosso interior. A exemplo de quando tentamos nos fechar para o mundo cercando condomínios, vilas e até cidades, todavia, se a defesa não é possível, guardamos nossas forças para atacar – como a naja em seu bote.

Em razão da grande quantidade de grafismos analisados com esse gesto, concluímos que se trata, de certo modo, de um gesto social.

Igual a todo sinal, depende do ambiente em que está inserido. Podemos analisá-lo como escrita mista, entre progressiva e regressiva.

> Praticidade, gesto vivo (o traço não sai do papel), lógica. Defensividade natural, necessidade de manter reserva e canalizar energia para o futuro.

> Egocentrismo, conflitos, irritabilidade, canalização das intenções para fins agressivos.

Sobre o a e o (ão)

Nesse caso, trata-se da escrita que possui as características anteriormente citadas, mas que deve ser analisada como inacabada.

O til em forma de ponto de interrogação é encontrado em pessoas que passam por traumas ou que estão se questionando.

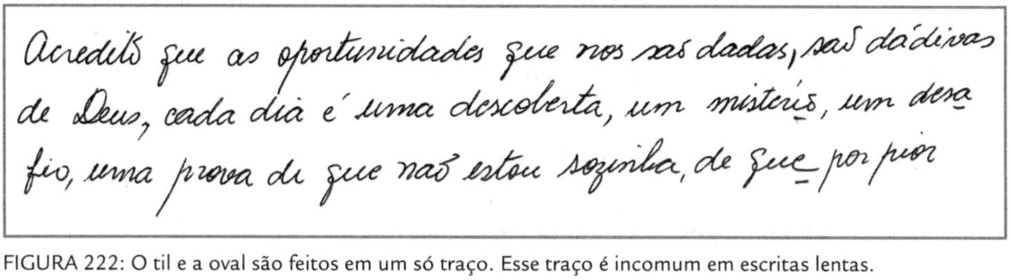

FIGURA 222: O til e a oval são feitos em um só traço. Esse traço é incomum em escritas lentas.

Pingo na letra *i*

O ponto indica expressão de discernimento. Toda acentuação mostra o estado de tensão psíquica do escritor.

1. Pontuação precisa: exatidão, pontualidade, capacidade de organização. Preocupação exagerada com a exatidão, convencionalismo e rotina, falta de imaginação.

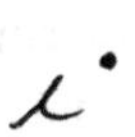

2. À direita: extroversão, iniciativa.

3. À esquerda: introversão, reserva, precaução, timidez. Falta de vontade para enfrentar o mundo.

4. Embaixo: angústia, debilidade, falta de vontade.

5. Muito acima: misticismo, religiosidade.

6. Em círculo: preocupação, fantasia, infantilidade, pensamento mágico.

7. Em forma de acento: vivacidade, agilidade mental.

8. Em ângulo: tensão, energia gasta de maneira desordenada.

9. Acento agudo à esquerda: vivacidade, aferramento às ideias e crenças (Xandró).

10. Em traço reto: agressividade, impaciência, dinamismo.

11. Forma de bola: insegurança, falta de precisão.

12. Acentuação ligada: vontade de se proteger dos demais, desconfiança, praticidade.

13. Círculo rápido: originalidade e criatividade, imaginação exagerada.

14. Ausência: falta de organização, de vontade, imprecisão, inteligência pragmática, independência (sentido positivo).

15. Triângulos: energia e irritabilidade, insegurança.

16. Em X: contradição, depressão.

17. Vários pingos: insegurança, necessidade de ser notado.

18. Embaixo: ocultação, depressão, reserva, insegurança.

Escrita pontuada inutilmente

Jamin classificava esse signo nos gêneros *continuidade* e *ordem*. A interpretação varia de acordo com a posição no texto, frequência etc.

- Pontos entre as palavras: tendências contraditórias, hesitação, ansiedade, escrúpulos, problemas psíquicos, tabagismo; doenças cardíacas ou respiratórias – mas tais diagnósticos devem ser deixados a cargo de um médico.

- Pontos no meio e/ou final das palavras: problemas respiratórios.
- Pontos entre as letras: caráter lento, inativo, instintos materiais desenvolvidos, incapacidade de desencadear seguramente suas atividades. Trata-se de um movimento de inibição e contenção do ritmo da escrita.
- Pontos no início da frase ou palavras: vacilação, difícil conceituação e reflexão, mais ou menos exagerada, dependendo do contexto gráfico.

A escrita que apresenta traços horizontais e verticais colocados exageradamente ou barra do *t* extremamente grande é chamada de **barrada inutilmente**. Indica atenção, autoritarismo, impetuosidade, coragem, valor, entusiasmo, decisão, vigor, firmeza etc. Negativamente: revolta, hostilidade, impaciência, violência etc.

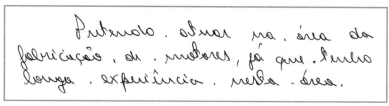

FIGURA 223: Pontuada inutilmente.

Sublinhado

Ao executar um traço debaixo da palavra, letra ou assinatura, o escritor deseja pôr em evidência determinado fato diante de todo o texto. Trata-se de um gesto que indica desejo de chamar a atenção, realçar o fato ocorrido. Nas assinaturas, funciona como um pedestal no qual o escritor se coloca.

O texto pode ser sublinhado de diversas maneiras, aumentando o tamanho, a pressão, alterando a inclinação (observe as letras em negrito ou itálico), ou com pontos de exclamação.

O bom sublinhado dá vida ao texto, claridade e precisão. Já sua excessiva frequência indica veemência ou excitação.

- Um traço: necessidade de clareza, precisão, capacidade de mostrar os detalhes.
- Dois traços: insistência, impertinência.
- Mais de dois: irritação, excitação, nervosismo.
- Na assinatura: vontade de se impor, desejo de destacar-se acima dos demais.

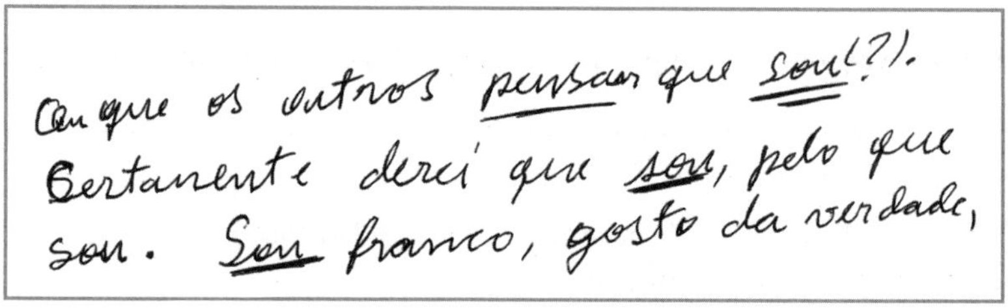

FIGURA 224: Sublinhado.

Traços iniciais e finais

O traço inicial, também chamado de *ataque* pelos grafotécnicos, mostra como o indivíduo toma contato com o mundo. Segundo Vels, o movimento inicial está ligado aos problemas íntimos do escritor. A interpretação depende da forma e da zona em que se iniciam ou terminam.

O traço final (fuga) mostra a saída do "eu" para o "tu", os contatos com o mundo exterior.

Quando o traço inicial é realizado em forma de curva, a atitude inicial é amável, com base na emoção e nos sentimentos; em ângulos, indica agressividade, tensão etc.

O esquema fundamentado em Curt Honroth é de grande utilidade para a análise de qualquer traço inicial ou final de uma palavra ou letra:

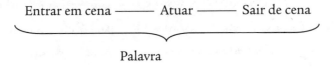

Entrar em cena ——— Atuar ——— Sair de cena

Palavra

Traços iniciais

O traço inicial revela como tocamos o mundo primeiramente.

- Na zona superior: necessidade de contatos intelectuais e espirituais.
- Na zona média: necessidades afetivas, pessoais.
- Na zona inferior: tendências instintivas e apaixonadas, contatos físicos.
- Traço em curva: atitudes amenas e hábeis.
- Em arpão: tensão, nervosismo, intransigência, vontade de se impor, tenacidade.
    - Na zona superior: capacidade de defender ideias, enganchando-se nelas tal qual um anzol grudado na pele, do qual só é possível se livrar com muita dor e sofrimento.
    - Na zona inferior: resistência física e instintos desenvolvidos.
    - Na zona média: atritos na convivência pessoal.
- Em espiral: vaidade física (zona inferior), intelectual (zona superior), egocentrismo.
- Horizontal: obstinação.

Reforço no traço inicial segundo Klages – Necessidade de autoestima

Necessidade de importância, gosto pelo grandioso, sentimento de honra, consciência de si, altivez.

Vaidade, afã imperioso de notoriedade, necessidade de vangloriar-se, arrogância, petulância, megalomania.

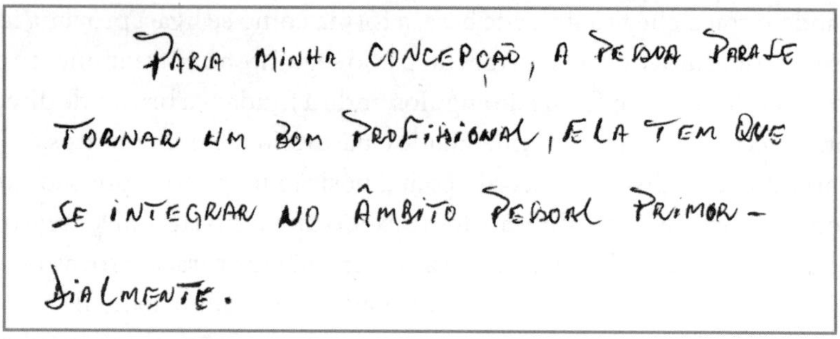

> Para minha concepção, a pessoa para se tornar um bom profissional, ela tem que se integrar no âmbito pessoal primordialmente.

FIGURA 225: Reforço nos traços iniciais.

Traços finais

- Horizontais: necessidade de espaço (Del Torre). Com escrita acerada, indica agressividade.
- Em espiral: vaidade, presunção, egoísmo.
- Em arco: ocultação, reserva.
- Ausência de traço: avareza, capacidade de concentração.
- Alongados e ascendentes: generosidade.
- Para baixo e curto: egoísmo.
- Para baixo e à direita: crueldade e obstinação.
- Largo e em curva: desconfiado.
- Em guirlanda: amabilidade.

Letra *t* – O testemunho da vontade

A letra *t* reflete, antes de tudo, "força de vontade". Isso porque, a fim de executar a barra, o escritor precisa de tônus muscular e que sua vontade seja direcionada para a retaguarda e acima da zona média.

Ao percorrer as quatro direções cardeais (alto-baixo, esquerda-direita), dá-nos dois elementos de grande valia: a afirmação e a realização.

1. O traço para baixo mostra a força do "eu", isto é, como nos comportamos perante influências exteriores, como enfrentamos o mundo (trabalho, amigos, família etc.).
2. A barra assinala a quantidade de energia que é despendida quando avançamos sobre os obstáculos.

O equilíbrio entre o tamanho da barra e o traço vertical pode mostrar proporção entre a capacidade pessoal e a de realização.

A linha de base da escrita é o limite para o traço descendente. O ideal seria que ele parasse ali, contudo a impulsividade exagerada e o descontrole levam a pessoa a ultrapassar essa linha. A timidez, o medo e a insegurança de enfrentar os obstáculos, o mundo e a sociedade impedem o traço de chegar até a linha de base.

Quando o traço chega à linha de base, a forma como se liga à próxima letra deve ser analisada com cuidado, pois se trata do passo seguinte ao enfrentamento do mundo. Caso a ligação se dê em forma de ângulos, indica mudança brusca de direção, tensão, contato seco; em guirlanda, amenidade e naturalidade nos contatos.

A barra do *t* é analisada de acordo com a posição no texto, a pressão exercida, a forma com que é executada, a direção dos traços, o tamanho etc. Talvez seja o gesto livre que mais nos dá condições de analisar determinadas características do escritor, com grandes possibilidades de serem confirmadas pelo conjunto final.

Segundo H. Saint-Morand, traçar uma letra *t* em forma de triângulo ou laço pressupõe todo um planejamento. No primeiro caso, a pessoa o faz por decreto; no segundo, por habilidade e sedução. Os dois pertencem ao gênero forma.

O *t* em forma de triângulo é chamado de golpe de sabre (*coup de fouet*, em francês). O golpe de látego representa a liderança por convencimento; o de sabre, por imposição. Indica imaginação, ideias fecundas, atividade e energia.

Para Jamin, tratava-se de uma modalidade de escrita disparada, e não fazia diferença entre o gesto em curva ou em triângulo.

O *t* em triângulo indica brusquidão, arrebatamento, despropósito. Além de vivacidade, energia dinâmica canalizada para determinado fim, sagacidade, respostas prontas e objetivas. Liderança despótica. Em excesso, brutalidade, impaciência, agressividade, indisciplina, cólera, rispidez, oposição sistemática ao meio em que vive.

Letra *t*

1. Curtas: moderação, equilíbrio, clareza intelectual e objetividade, prudência e discrição, falta de imaginação.

2. Forma da letra *v*: insatisfação, reivindicação, revolta, amargura.

3. Largas: vivacidade, iniciativa, certa impaciência e desejos descontrolados.

4. À direita: impetuosidade, extroversão, espírito voltado para o futuro, iniciativa, imprudência.

5. Ascendentes: idealismo, força de caráter que às vezes tende a desrespeitar as opiniões alheias. Tendência a polemizar.

6. Descendentes: insegurança e falta de vontade.

7. Apontando para baixo: obstinação, impotência, autocrítica – principalmente se for acerada.

8. Em linha reta: firmeza de opiniões e constância de atitudes.

9. Baixa: falta de vontade, a pessoa entende suas limitações.

10. Dupla barra: intensa atividade, capacidade para dobrar esforços em prol de um ideal, tensões desproporcionais.

11. Em cima da perna: capacidade de mando, energia.

12. Altas: necessidade de independência, dominação, utopia, energia mal regulada, rebeldia contra o estabelecido (Xandró).

13. Ligada com um bucle à letra seguinte: paciência, perseverança e resignação, vontade que trabalha em silêncio.

14. Base angulosa: firmeza e brios em suas afirmações, tensões, capacidade de manter-se na ação em defesa de seus valores.

15. Sem barra: falta de prudência e força de vontade, indisciplina, esquecimento e talvez pressa, inteligência e independência.

16. Perna que fica acima ou abaixo da linha de base: controle da vontade deficiente quer por abandono, quer por rigidez.

17. Golpe de sabre: liderança por imposição.

18. Golpe de látego: liderança por convencimento, sedução.

Traços da escola italiana[1]

Para Moretti, o "gesto fugitivo" se materializa frequentemente nos traços (*rizos*), que podem ser encontrados não só nos finais das palavras, mas também no início e também na barra do *t*, sobre o pingo no *i*, nos acentos, nos sublinhados e parágrafos.

Podemos, portanto, afirmar que captar o "gesto fugitivo" significa ter encontrado o fio condutor que leva a compreender as características dominantes da escrita que se examina, sem deixar de atender às modificações que intervêm no encontro entre aquelas características com os outros signos expressos em toda a escrita (Torbidoni).

---

1 Os traços da escola italiana são estudados aqui por uma questão de praticidade.

Traço da sobriedade

É constituído por traços indispensáveis, pouco pronunciados, colocados no final da palavra.

O *ricci della sobrietà* (em italiano) mostra a expressão de um gesto lacônico, risada jovial, riso moderado, andar espontâneo e simples mas não negligente. Indica sentido de dignidade, compostura interior e autocontrole.

Seus gestos se limitam ao essencial, às alegrias de um simples sorriso. A dor e as expressões de comoção são apenas perceptíveis.

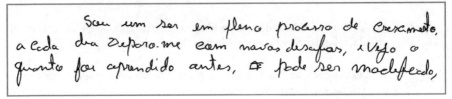

FIGURA 226: Traço da sobriedade.

Traço da dissimulação

Este traço pode ser notado quando o final da palavra é lançado para baixo da última letra e volta para a esquerda. O tamanho do gancho não tem importância, mas de maneira geral é breve.

O *ricci del nascodimento* revela reserva, reticência, tendência a ocultar o próprio "eu". Deseja esconder de forma cuidadosa seus pensamentos e sentimentos. Dificilmente se compromete em afirmações e juízos, contendo-se para não perder a consideração dos outros, especialmente dos superiores. Sua atitude não vai diretamente contra a verdade, contudo prejudica a sinceridade, porque não diz o que pensa nem quando exigido pela justiça (Torbidoni).

Muitas vezes, concilia as tarefas de diplomacia e administração, graças à sua capacidade de manter segredo e tendência a não se mostrar abertamente aos demais.

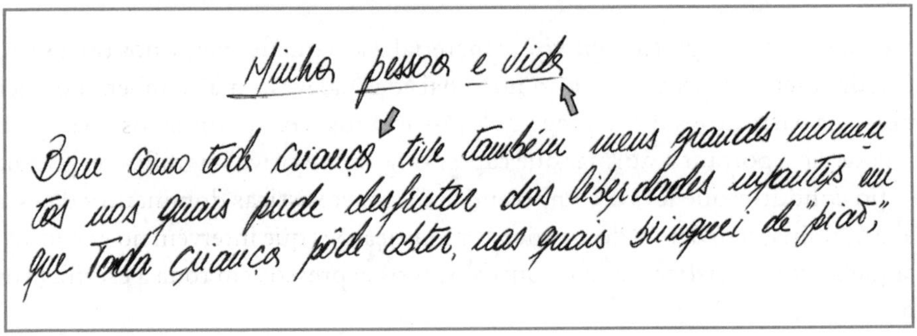

FIGURA 227: Traço da dissimulação.

Traço do subjetivismo

Neste caso, os traços finais de uma palavra são alargados na base em linha horizontal e executados com esmero e segurança.

O *ricci del soggettivismo* expressa tendência a formar juízos sobre as pessoas, fatos ou coisas segundo seus próprios sentimentos, sua própria comodidade ou interesse. Revela pretensão, sentimento de superioridade, falta de espontaneidade e de sinceridade. Tem sonhos de imposição e prepotência. Chega a se ofender quando lhe fazem sugestões. Desejo de ser admirado e valorizado.

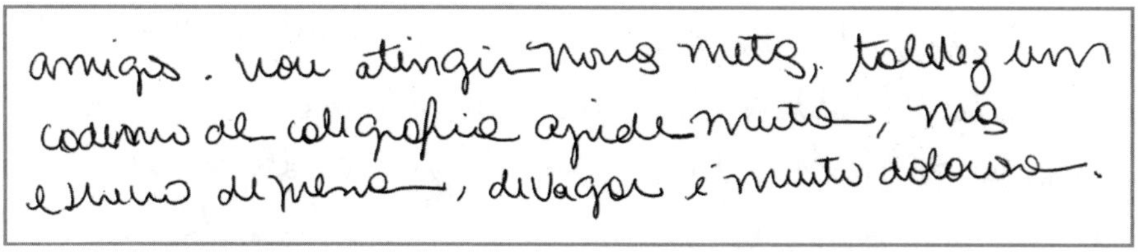

FIGURA 228: Traço do subjetivismo.

Traço da afetação

Aqui, a escrita apresenta traços artísticos no princípio, meio e fim da palavra. É crucial que esses traços não invadam o campo de outras palavras. Todo o complexo é estudado e afetado.

O *ricci dell'ammanieramento* indica tendência à hipocrisia, falta de sinceridade e lealdade, gesto bajulador e irônico. Aparentemente, é acolhedor e serviçal, quer dar aos outros a impressão de desejar grandemente o encontro e a amizade, mas seus sentimentos interiores não correspondem aos exteriores. Na realidade, é precavido, preocupado somente em sustentar e afirmar os próprios interesses (Torbidoni). Faz qualquer coisa para conseguir a simpatia das pessoas que lhe possam trazer benefícios, frequentemente sendo desleal com aqueles que estão ao seu redor.

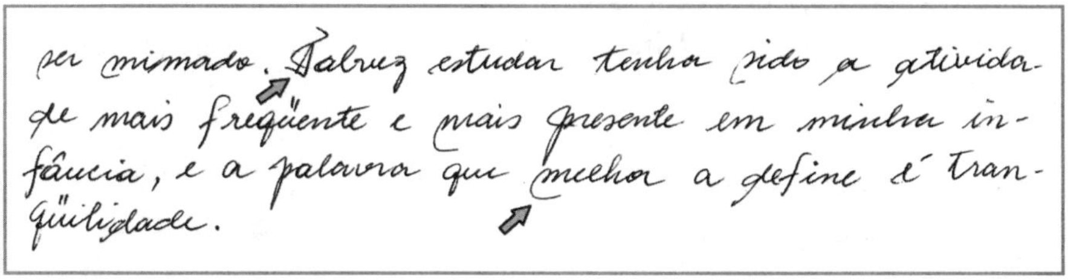

FIGURA 229: Traço da afetação.

Traço da fleuma

Nesta variante, existe, no final da palavra, um pequeno traço, executado como um movimento preguiçoso e lento, que da letra retorna acima e tende a descer abaixo da base com um pequeno gancho final mais ou menos visível, ou se dirige abaixo por breve espaço em linha pouco reta ou curva.

O *ricci della flemma* expressa carência de fervor e entusiasmo, renúncia à luta e ao sacrifício, negligência. O escritor não se empenha em qualquer atividade que comporte esforço e sacrifício, chegando a ser preguiçoso e indolente. Dificilmente, essa pessoa assume qualquer tipo de responsabilidade. Acomodado e despreocupado, não tem capacidade de tomar iniciativas, quaisquer que sejam os estímulos a ele endereçados.

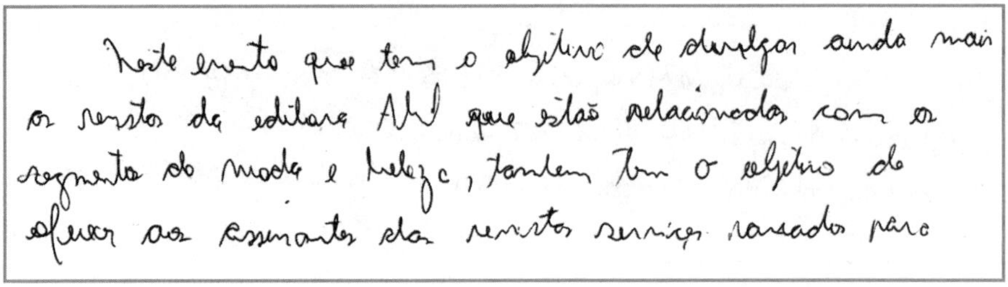

FIGURA 230: Traço da fleuma.

Traço do desprezo

Neste caso, a escrita apresenta traços curvilíneos alargados excessivamente para o alto e para a esquerda, podendo voltar-se também para dentro. Esses traços devem ser vistosos e executados de modo seguro.

O *ricci descaro* é expressão de segurança excessiva em si mesmo e sentimento de superioridade nas confrontações com os demais. Tendência a exteriorizações, pompas e prosopopeia nas atitudes. O escritor é grandioso e eloquente nas aspirações, e irreflexivo em suas decisões.

Qualquer que seja o estímulo, especialmente se desconhecido, provoca irritação e inquietude. Suas atitudes são exteriorizadas de acordo com o que quer aparentar para as outras pessoas, frutos de seus instintos e não de sua reflexão. Pode parecer generoso e atento sem que verdadeiramente tenha essas características (Torbidoni).

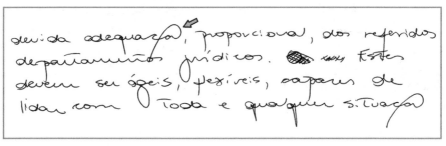

FIGURA 231: Traço do desprezo.

Traço da mitomania

Aqui, os traços, sobretudo no final das palavras, são alargados para o alto em linha reta até ultrapassarem a altura das letras, marcados e fechados com lançamento embaixo das letras da palavra seguinte, ou marcados e tirados em linha reta quase abaixo da mesma letra. O primeiro caso é o mais genuíno.

O *ricci della mitomania* expressa tendência a fixar-se em uma ideia, a inventar fatos imaginários, a dar uma interpretação subjetiva a fatos reais. Essas características aparecem particularmente nos traços do primeiro tipo, porque o segundo indica dissociação da personalidade e o terceiro, autossugestão.

A pessoa tem o campo de consciência muito restrito, pois os estímulos e as solicitações estão dirigidos a uma ideia ou imaginação que o comprometem e o concentram largamente, impedindo a lucidez para compreender os demais fatos.

A matriz comum é a mitomania, uma vez que nos três casos existe a evasão da realidade. No primeiro, o lançamento para o alto é a expressão de fantasia; no segundo, o lançamento marcado e fechado por debaixo das letras das palavras seguintes indica carência no sentido das proporções e justa medida do que pensa e faz; no terceiro caso, o lançamento marcado e tirado em linha reta por baixo da mesma letra expressa fidelidade às próprias ideias e juízos, impondo-os aos outros (Torbidoni).

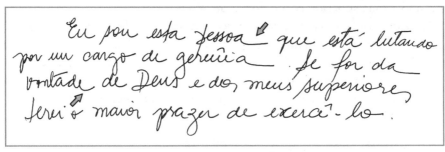

FIGURA 232: Traços de mitomania. Homem, 36 anos, engenheiro.

Traço da confusão

A barra do *t* ou outros traços análogos vão da direita para a esquerda, entrelaçando toda a palavra. A confusão deriva do fato de que aqueles traços invadem o campo reservado a outras letras.

O *ricci della confusione* revela mistura de ideias, sentimentos e gestos. Normalmente, a pessoa é contraditória, tem memória frágil e confusa, é incapaz de situar fatos e posições exatas. Pode ser vivaz, ativo no compromisso e também muito expressivo, mas sempre com resultados escassos por causa de sua ofuscação mental e psíquica.

Em razão de suas tensões internas, potencializa, muitas vezes de forma negativa, qualquer tipo de estímulo. Não tem habilidade para realizar julgamentos precisos, fazendo juízos de tudo e de todos sem razão plausível ou precisão. Está sempre agitado e preocupado, mesmo desconhecendo o motivo. Sua sexualidade pode se manifestar de forma agressiva e violenta, pois não sabe trocar estímulos e carinhos de modo adequado.

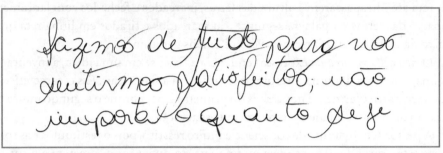

FIGURA 233: Traço da confusão. As ovais em dupla volta mostram que a pessoa deseja colocar "um véu" nas suas relações. O grafólogo italiano Marchesan (não morettiano) chamava esse gesto de *occhielli doppi*. Gille-Maisani o classifica como escrita encaracolada. Para Michon, é o signo de uma natureza propensa à dissimulação e desonestidade. Homem, 28 anos, publicitário.

Traço da independência

Costuma ocorrer na letra *p*, quando o traço vertical ultrapassa a zona média, invadindo a zona superior. A verticalidade do traço mostra capacidade de imposição, avançando a zona superior, entrando na esfera das ideias.

Esse é um dos traços em franca evolução na sociedade brasileira, muito comum em jovens que estão se formando em universidade e em mulheres que procuram autonomia. Em homens com mais de 40 anos, vemos uma intensa preocupação em mandar e chefiar. A contrapartida desse traço revela sofrimento em posições subalternas, dificuldade de receber ordens de pessoas que considera menos qualificadas.

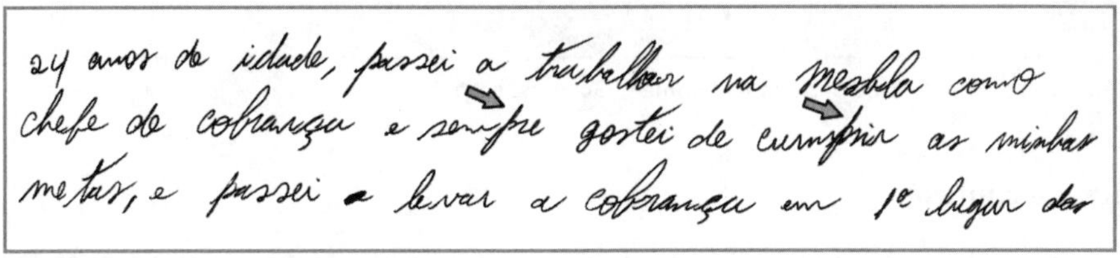

FIGURA 234: Traço da independência.

Traço da insegurança material

A escola italiana aborda esse traço como "aferramento à vida", simbolicamente igual ao cordão umbilical. É comum em pessoas que tiveram carências afetivas ou até mesmo material na infância. Também pode ser avaliado como insegurança, pois o indivíduo pensa que pode perder tudo que possui e voltar ao estágio anterior. A escola italiana associa esse medo da privação com a hipocondria.

Outros autores acreditam que esse seja um traço de rancor, hostilidade, desconfiança, raiva, ressentimento, descontentamento consigo e com o mundo. O escritor fica ruminando as injustiças que pretensamente sofreu e deseja se vingar. Não gosta de interferência em suas atividades e sente necessidade de contatos diretos.

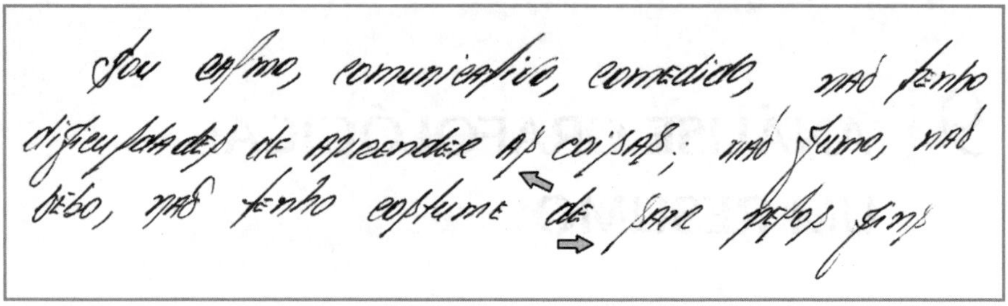

FIGURA 235: Traço da insegurança material.

19 | ANÁLISE GRAFOLÓGICA: UM RESUMO

Realizar uma análise grafológica é um processo que requer do grafólogo uma série de conhecimentos, principalmente de terminologia, além de experiência e maturidade. Por isso, cursos rápidos de grafologia não dão sequer as noções elementares para que o aluno comece a traçar um perfil com o mínimo de segurança.

O estudo de grafologia deve se iniciar pelo conhecimento dos gêneros e espécies. Após essa etapa, deve focar nas teorias grafológicas das mais diversas escolas, para então aprender as teorias de psicologia ligadas à grafologia.

Tenho observado que alguns de meus alunos, apesar dos estudos, aplicação e conhecimentos, só começam a realizar análises com grande eficiência após os 25 anos, mesmo que antes tenham mais do que seis anos de estudos.

O grafólogo precisa deixar de lado todas as impressões preconcebidas e trabalhar com uma única análise. Lidar com quatro ou cinco ao mesmo tempo é impossível, pois as impressões se misturam e não se chega a lugar nenhum. A esse respeito, temo em dizer que algumas consultorias no Brasil contratam estagiários para realizar cerca de 15 análises por dia, o que para nós é um grande equívoco.

A fim de traçar o perfil psicológico, a técnica de observação deve ser utilizada em seu grau máximo. Divide-se em três fases:

- Observação passiva.
- Observação ativa.
- Estudo dos gêneros.

Observação passiva

Nesta etapa, o grafólogo observa margens, traços, assinatura, números, retoques, inclinações, linhas, pressão, variações do texto etc.

Observação ativa

É fase do estudo do campo gráfico por meio das diversas sínteses. Escolhida uma das sínteses de orientação, tiramos a diretriz principal de nosso perfil grafológico. Mediante a combinação e a dedução dos diversos sinais, concluímos a análise da personalidade do escritor.

A síntese mostra o caminho mais direto a ser seguido e antecipa informações que serão confirmadas ou não nos próximos passos.

Estudo dos gêneros

Aqui, avaliam-se os gêneros e as espécies. Desde o primeiro momento, devemos conjugar mentalmente os gêneros e a forma como eles se inter-relacionam, por exemplo: como a pressão atua na velocidade, como a inclinação e a velocidade se combinam no grafismo. Essa série de "conjugações" ao longo do tempo proporciona a flexibilidade mental sem precedente, e o grafólogo passa a "ler" a escrita com uma precisão quase inimaginável. Porém não se faz isso com menos de cinco anos de intensa prática.

Dados para o perfil grafológico

- Nome.
- Idade, sexo e nacionalidade, pois a escrita de determinado país pode ser diferente da nossa; nesse caso, a análise deve ser feita por alguém com experiência suficiente.
- Profissão e nível de escolaridade.
- Mão que escreve (direita ou esquerda).
- Objetivo final da análise (autoconhecimento, recrutamento etc.).
- Saúde.
- Outros dados que o grafólogo julgar necessário.

O material ideal é aquele que não foi escrito com o objetivo de ser analisado. Grafismos anteriores são muito úteis para comparação, mas nem sempre isso é possível.

Pede-se uma folha de papel em branco, sem pauta, com cerca de vinte linhas escritas e assinatura no final. A cópia pura e simples deve ser evitada. Não existe tempo fixo para que se realize o texto.

Fatores como iluminação, assento, material, local etc. têm de deixar a pessoa confortável e tranquila para a coleta da redação. O material é considerado bom quando preenche todas as qualidades descritas.

Após a coleta do material, o candidato deve ser avisado de que será traçado o perfil grafológico, tendo em vista uma avaliação para o cargo. Entretanto, precisa estar ciente de que a grafologia não aprova ou reprova, e sim procura colocar a pessoa na função mais adequada.

O perfil grafológico

A observação do grafismo exige técnica de análise e síntese. A perfeita definição de cada detalhe é fundamental para um bom perfil grafológico. É essencial conhecer profundamente a terminologia e os conceitos de grafologia.

A interpretação é a exploração das informações, das tendências e motivações que aparecem na escrita. Trata-se de um trabalho de pesquisa, documentação, troca de ideias, inferências, de capacidade de canalização da intuição e do raciocínio.

A redação final não é uma novela, um oráculo do tipo pitonisa, uma lista de características perdida no tempo e no espaço.

O perfil deve evitar termos técnicos e psicológicos, como libido em progressão, ambivalência afetiva etc. O diretor formado em engenharia provavelmente desconhece esses termos.

O grafólogo tem de ser claro, preciso, conciso e acima de tudo imparcial. Jamais tentar ser impositivo ou criar um libelo acusatório. Ao contrário, tem de ser positivo, respeitar a pessoa e nunca tentar dar conselhos no perfil ("acho que você deve fazer isso...").

Deve-se evitar informações que possam estabelecer contradições e ater-se aos aspectos mais importantes. Dificilmente um diretor terá tempo de ler o perfil com cerca de oito páginas.

Podem ser criados distintos tipos de perfil; o do gerente é diferente do mecânico. Perfis com características pré-selecionadas reduzem o tempo gasto e facilitam a vida do grafólogo.

Outros detalhes

Não se faz grafologia sem psicologia, por isso o grafólogo precisa ter bons conhecimentos nessa área – sem esquecer que a grafologia deve vir antes da psicologia. O fato de o grafólogo ser também psicólogo não torna o estudo da grafologia mais fácil nem mais rápido. Procure ler tantos livros de psicologia e de grafologia quanto puder, mas lembre-se de que em nosso país existem poucos títulos e alguns de qualidade duvidosa.

A grafologia tem de ser encarada como uma ciência que necessita de pesquisas e bastante estudo. Com o tempo, pode se tornar uma profissão rentável, o que depende unicamente do esforço pessoal.

A grafologia não é matéria exclusiva de uso dos psicólogos, uma vez que, entre os melhores grafólogos do mundo, destacam-se muitos que não são dessa área.

Caso não queira seguir essa profissão, a grafologia pode ser utilizada como instrumento de cultura e aperfeiçoamento pessoal. Muitos gerentes de empresas, médicos e psicólogos utilizam-se da grafologia como ferramenta auxiliar na vida profissional e pessoal.

Execução da análise – uma sugestão

As etapas descritas a seguir são apenas uma sugestão, pois ao longo do tempo o grafólogo escolherá o próprio caminho.

Primeira Etapa – Avaliar o campo gráfico. Essa escolha é uma tendência e não um padrão. Nesse momento, a obrigatória *observação passiva* já foi realizada.

Ao definir o ambiente gráfico, o grafólogo deve imaginar como a dinâmica dos traços revela as mais diversas características das pessoas e como todas as características comportam qualidades ou defeitos que podem ser sublimados, bloqueados ou acentuados por outras tendências.

O complexo de inferioridade, por exemplo, tem efeitos dos mais diversos na agressividade, algumas vezes quase que a anulando. Portanto, não basta ver um sinal isolado e o conjunto dos traços.

Da interação global de todos os dados é que o grafólogo tira sua conclusão. Como resultado de não comparar as várias tendências, o grafólogo traça o perfil totalmente errado do escrito.

Ampliando este estudo: sem a análise do movimento da escrita não se chega à dinâmica da personalidade. Parodiando o psicólogo P. Ekman: o grafólogo sem o estudo do movimento pode cair no "equívoco de Otelo", que interpreta o medo nos olhos de Desdêmona como traição – o grafólogo vê um sinal, mas avalia de modo errôneo sua dinâmica, já que o *mesmo movimento* pode ter várias causas.

Melhor explicando: caso observemos através da janela uma pessoa correndo, a primeira interpretação dessa situação é a de que ela está somente correndo. Muitos grafólogos fazem isso; trata-se de uma interpretação muito pobre. A pessoa pode estar correndo para pegar o ônibus, para fugir da chuva, de um cão raivoso, para encontrar alguém etc. O mesmo ocorre na grafologia: temos que entender essa dinâmica para que os processos de compreensão da personalidade do autor sejam os mais amplos possíveis.

Segunda etapa – Sínteses de orientação: alguns grafólogos usam duas, outros escolhem a síntese de acordo com o grafismo; também é interessante variar para não se restringir somente a uma delas.

A síntese de harmonia deve ser amplamente utilizada, especialmente porque para muitos grafólogos modernos ela é a chave mestra para quase todas as outras, pois de uma maneira ou de outra possui a fonte principal.

Terceira etapa – Gêneros: estudar e avaliar cada um dos gêneros e suas espécies. Definir a qualidade da espécie; se é regular, boa, excelente etc. A descrição desses aspectos é muito importante, porque sem o conhecimento da terminologia grafológica não se chega a lugar nenhum. Isso pode ser feito da seguinte maneira:

- Ordem: escrita ordenada (excelente).
- Velocidade: bastante rápida.

- Forma: extremamente caligráfica (modelo escolar rígido).

Você também pode criar o seu código pessoal, quando a espécie estiver presente em grande intensidade:
- *Muito bom,* média intensidade;
- *Bom,* pouca intensidade;
- *Regular.*

Determinar então as **dominantes**, os gêneros que se destacam dos demais em uma escrita.

Quarta etapa – Signos gráficos: definir os signos gráficos e suas qualidades.
- Arpão: mais de cinco, bem estruturados.
- Golpe de látego: poucos, mas bem visíveis.
- Dente de tubarão: vários, em toda a escrita.

Quinta etapa – Traços: avaliar os traços iniciais e finais, além das letras-testemunho.
- Traço inicial na zona inferior.
- Traço do procurador – diversos, bem visíveis.
- Letra *m* – primeira perna maior.
- Letra *g* – bastante profundidade, pouca pressão, oval pequena.
- Outras letras.

Sexta etapa – Assinatura: analisar a assinatura e sua relação com o texto. Exemplo: assinatura pequena e texto grande, sinal de valorização defeituosa.

Sétima etapa – Hierarquizar as espécies: consiste em valorizar o grau de importância de uma espécie em relação à outra. Em determinado grafismo, a pressão pode ter muito mais importância que a inclinação, a velocidade precipitada mais que a direção e assim por diante. Ao colocarmos no topo, em relação à importância, determinada espécie, estamos escolhendo o gênero dominante na escrita, que terá um grau maior de importância para o perfil grafológico final.

Oitava etapa – Perfil psicológico: seguir avaliação do capítulo 1, página 28.

Revisão: fazer uma revisão completa seguindo a orientação no fim do capítulo 1, página 28.

RESUMO DOS GÊNEROS

1. Síntese de orientação

    Evolução (Jamin)   1. Inorganizada 2. Desorganizada 3. Combinada 4. Organizada

    Harmonia   1. Harmônica 2. Inarmônica

    Nível de forma (Klages)

    Síntese entre forma e movimento

2. Ambiente gráfico   Sentido positivo
                                  negativo

3. Síndromes   1. Inibição 2. Expansão 3. Impulsividade 4. Relaxamento do traço 5. Rigidez do traço 6. Deterioração gráfica 7. Impessoalidade

4. Distribuição   1. Clara 2. Arejada 3. Confusa 4. Legível 5. Ilegível 6. Concentrada 7. Condensada 8. Espaçada 9. Organizada 10. Desorganizada 11. Limpa 12. Suja 13. Invasiva

5. Dimensão   Zona média - Eixo vertical
                  1. Grande 2. Pequena 3. Crescente 4. Decrescente

                Zona média - Eixo horizontal - Amplitude
                5. Estreita 6. Extensa

                Zona média - Proporção
                7. Baixa 8. Alta 9. Rebaixada 10. Sobressaltada 11. Uniforme 12. Pedante

                Zona média - Extensão - Amplitude
                13. Dilatada 14. Sóbria 15. Compensada

6. Pressão   Espécies de acordo com o apoio do instrumento no papel (pressão no sentido estrito do termo)
1. Apoiada 2. Leve 3. Em relevo 4. Sem revelo 5. Relevo desigual 6. Deslocada 7. Espasmódica 8. Acerada 9. Massiva 10. Fusiforme 11. Profunda 12. Superficial 13. Robusta 14. Em sulcos

	Espécies de acordo com a qualidade dos traços (neste caso, o interior e as bordas) 15. Nítida 16. Pastosa 17. Nutrida 18. Desnutrida 19. Seca 20. Congestionada 21. Empastada 22. Filiforme 23. Frouxa-borrada
7. Condução do traçado	1. Hipotensa 2. Flexível 3. Firme 4. Contraída 5. Hipertensa
8. Forma Execução	1. Caligráfica 2. Redonda 3. Sistematizada ou monomorfa 4. Estilizada 5. Polimorfa 6. Angulosa 7. Simples 8. Simplificada 9. Seca 10. Ríspida 11. Ornada 12. Complicada 13. Extravagante 14. Artificial 15. Tipográfica 16. Filiforme 17. Inflada 18. Infantil 19. Ovalada/ovoide
9. Continuidade Ligação	1. Ligada 2. Hiperligada 3. Desligada 4. Agrupada 5. Combinada
Progressão da escrita	1. Inibida 2. Contida 3. Monótona 4. Cadenciada 5. Ágil 6. Rítmica
Deficiências na continuidade	1. Fragmentada 2. Ligações desiguais 3. Lapso de ligação 4. Retocada 5. Pontilhada/Em bastão 6. Sacudida 7. Suspensa 8. Inacabada
10. Ligação	Tipos de ligação 1. Em ângulos 2. Arcada 3. Guirlanda 4. Anelada 5. Filiforme 6. Mista 7. Dupla curva - duplo ângulo
11. Velocidade	1. Lenta 2. Pausada 3. Rápida 4. Precipitada 5. Lançada 6. Acelerada 7. Desigualdades de velocidade
12. Inclinação	1. Inclinada 2. Deitada ou tombada 3. Vertical ou reta 4. Invertida 5. Oscilante (ou variável, desigual, hesitante)
13. Movimento	1. Estático ou imóvel 2. Flutuante 3. Inibido/contido 4. Controlado 5. Fluido 6. Vibrante/efervescente 7. Dinâmico 8. Propulsivo 9. Retardado 10. Revirados para a esquerda
14. Direção das linhas	1. Retilínea 2. Rígida 3. Ascendente 4. Descendente 5. Linhas côncavas 6. Linhas convexas 7. Sinuosa 8. Imbricada ascendente 9. Imbricada descendente 10. Escalonada 11. Em saltos 12. Em colas de zorro 13. Mista 14. Em leque
	Orientação geral do traço 1. Progressiva 2. Regressiva 3. Mista 4. Escrita ao revés 5. Escrita com torções
15. Discordâncias	1. Forma 2. Tamanho 3. Pressão 4. Direção 5. Velocidade 6. Inclinação 7. Continuidade
16. Signos especiais	1. Guirlanda 2. Arco 3. Bucle 4. Laço 5. Serpentina 6. Espiral 7. Triângulo 8. Arpão 9. Nó
17. Assinaturas	
18. Signos livres	1. Pontuação e acentuação 2. Traço iniciais e finais 3. Barra do *t* 4. Traços da escola italiana

BIBLIOGRAFIA RESUMIDA

AJURIAGUERRA, J. *La escritura del niño*. v. I e II. Barcelona: Editorial Laia, 1984.
BELDA GARCÍA-FRESCA, Germán. *Grafología y firma: aplicaciones técnicas*. Madri: EOS Gabinete de Orientación Psicológica, 2006.
BOILLE, Nicolle. Il Gesto grafico, gesto criativo. In: *Trattato di grafologia*. Roma: Edizioni Borla, 1998.
BRADLEY, Nigel. *A multi-lingual dictionary of graphology*. 4. ed. Londres: N. R. Bradley, 2001.
BRESARD, Suzanne. *A grafologia*. Lisboa: Europa-América, 1976.
CAMARGO, Paulo Sergio de. *Assinatura e personalidade: um estudo*. Rio de Janeiro: PSG, 2000.
_____. *O que é grafologia*. São Paulo: Brasiliense, 1993.
_____. *A grafologia no recrutamento e seleção de pessoal*. São Paulo: Ágora, 1999.
_____. *Dicionário de traços de grafologia*. Rio de Janeiro: PSG, 2001.
_____. *Psicodinâmica do espaço na grafologia*. São Paulo: Vetor, 2006.
_____. *Manual de reeducação gráfica e grafoterapia*. São Paulo: Vetor, 2007.
_____. *Sua escrita, sua personalidade*. São Paulo: Ágora, 2009.
CARTON, P. *Le diagnostic de la mentalité par le écriture*. Paris: Le François, 1942.
_____. *Diagnostic et conduit des tempéraments*. Paris: Le François, 1962.
COBBAERT, A. M. *Os segredos da grafologia*. Lisboa: Presença, 1980.
CRÉPIEUX-JAMIN, J. *ABC de la graphologie*. Paris: PUF, 1960.
_____. *Grafologia: escrita e caráter*. Rio de Janeiro: Minerva, 1943.
_____. *Les élements de l'écritures des canailles*. Paris: Flammarion, 1976.
_____. *Traité pratique de graphologie*. Paris: Flammarion, 1948.
CRÉPY, R. *L'interprétation des signes de l'écriture*. v. I-VI. Paris: Delachaux et Niestlé, 1992.
DE BOSE, C. *La graphologie Allemand. Ses tendences, ses lignes de force*. Paris: Masson, 1990.
DEL CAMPO, Juan Allende. *Carácter, angustia, emotividade, resonancia, y grafología*. Buenos Aires: Lasra, 2005.
DESURVIRE, M. *Feuillets de graphologie*. v. 1-6. Paris: Masson, 1990-1992.
_____. *Graphologie et recrutement*. Paris: Masson, 1992.
DUMONT, Danièle. *La graphologie*. Paris: Retz Nathan, 1993.
_____. *Les bases techniques de la graphologie*. Paris: Delachaux et Niestlé, 1994.
FAIDEAU, Pierre. *Dictionnaire pratique de graphologie*. Paris: M. A. Éditions, 1989.
_____. *Dictionnaire pratique de graphologie*. Paris: Solar, 1991.
GAILLAT, Giséle. *A grafologia*. Lisboa: Ática, 1977.

GILBERT, Patrick; CHARDON, Christian. *Analiser l'écriture*. Paris: ESF Éditeur, 1989.
GILLE-MAISANI, Jean-Charles; LEFEBURE, Fanchette. *Graphologie et test de Szondi*. v. 1 e 2. Paris: Masson, 1990.
GILLE-MAISANI, Jean-Charles. *Psicologia de la escritura*. Barcelona: Herder, 1991.
_____. *Temperamentos biológicos e grupos sanguineos*. Barcelona: Herder, 1995.
_____. *Types de Jung et tempéraments psychobiologiques*. Paris: Maloine, 1978.
GOBINEAU, H. de; PERRON, R. *Génétique de l'écriture et étude de la personalité*. Paris: Delachaux e Niestlé, 1954.
HEISS, Robert. *L'interpretazione della scrittura*. Padova: Messaggero Padova, 2005.
HONROTH, Curt A. *Grafología emocional objetiva*. Buenos Aires: Troquel, 1962.
HUGHES, Albert E. *Manual de grafologia*. Madri: Edaf, 1986.
IANETTA, Kimon; CRAINE, James; MCLAUGHLIN, Dennis. *Danger between the lines*, Private Publication, 2000.
KLAGES, Ludwig. *Escritura y carácter*. Buenos Aires: Paidós, 1959.
LEFEBURE, Fanchette; VAN DEN BROEK, Claude. *Le trait en graphologie*. Indice Constitutionnel, Paris: Masson, 1992.
MARCHESAN, Marco. *Tratado de grafopsicologia*. Madri: V. Suarez, 1950.
MICHON, Jean Hippolyte. *Système de graphologie*. Paris: Payot, 1970.
MÜLLER, W. H.; ENSKAT, H. C. *Graphologische Diagnostik*. Bern: Verlag Hans Huber, 1993.
NEZOS, Renna. *Graphology*. v. I e II. Londres: Scriptor Books, 1992.
OLIVAUX, R. *L'analyse graphologique*. Paris: Masson, 1990.
PELLAT, Solange. *Le lois de l'écriture*. Paris: Libraire Vuibert, 1927.
PEUGEOT, J.; LOMBARD, A.; NOBLENS, A. *Manuel de graphologie*. Paris: Masson, 1990.
PRÉNAT, Marie-Thérèse. *Graphométrie: aproche de la personnnalité profonde*. Paris: Masson, 1992.
PULVER, Max. *Le symbolisme de l'écriture*. Paris: Stock, 1992.
SAINT-MORAND, H. *Cours de graphlogie, les bases de l'analyse de l'écriture*. Paris: Vigot frères, 1937.
SAUDEK, Robert. *Experiments with handwriting*. Califórnia: Books for Professionals, 1978.
_____. *The psychology of handwriting*. Califórnia: Books for Professionals, 1978.
SCHERMANN, Rafael. *Os segredos da grafologia*. Rio de Janeiro: Record, 1976.
SERPA LOEVY, O. *Grafologia*. São Paulo: Sarvier, 1987.
TEILLARD, Ania. *El alma y la escritura*. Madri: Paraninfo, 1974.
TRISCOLI, Edoardo; CHINAGLIA, Carlos. *Graphologie: manuel d'analyse psychologique et court de l'écriture*. Roma: Gremese, 1996.
VÁRIOS. *Quaderni di scrittura*. v. 1-7. Urbino: Libreria Moretti, 1992.
VELS, A. *Diccionario de grafología*. Barcelona: Herder, 1983.
_____. *Escrita e personalidade*. São Paulo: Pensamento, 1991.
_____. *Grafología de A a la Z*. Barcelona: Herder, 2001.
_____. *Grafología estructural y dinámica*. Barcelona: Salvadó, 1993.
VIÑALS, Francisco; LUZ PUENTE, Maria. *Psicodiagnóstico por la escritura: grafoanálisis transaccional*. Barcelona: Herder, 2001.
_____. *Grafologia criminal*. Barcelona: Herder, 2009.
WIESER, Roda. *Écriture, rythme, personalité*. Nancy: Presses Universitaires de Nancy, 1992.
WITKOWSKI, F. *Psycopathologie et écriture*. Paris: Masson, 1993.
XANDRÓ, M. *Grafología superior*. Barcelona: Herder, 1986.
_____. *Grafología elemental*. Barcelona: Herder, 1989.
ZAZZO, René. *Manual para el examen psicologico del niño*. v. I e II. Madri: Fundamentos, 1984.
ZERBI, Margherita. *Manuale di grafologia*. Casale Monferrato: Edizione Piemme, 1992.

www.gruposummus.com.br

IMPRESSO NA
sumago gráfica editorial ltda
rua itauna, 789   vila maria
02111-031   são paulo   sp
tel e fax 11 2955 5636
sumago@sumago.com.br